2018

Yearbook of China's Forestry Intellectual Property

中国林业知识产权

年度报告

国家林业和草原局科技发展中心
国家林业和草原局知识产权研究中心 ▣编

中国林业出版社
China Forestry Publishing House

图书在版编目(CIP)数据

2018中国林业知识产权年度报告 / 国家林业和草原局科技发展中心,
国家林业和草原局知识产权研究中心编. -- 北京 : 中国林业出版社,
2019.4
ISBN 978-7-5219-0041-5

Ⅰ. ①2… Ⅱ. ①国… ②国… Ⅲ. ①林业－知识产权－研究报告－中国－
2018 Ⅳ. ①D923.404

中国版本图书馆CIP数据核字(2019)第066019号

中国林业出版社·自然保护分社（国家公园分社）
策划编辑：刘家玲
责任编辑：刘家玲　甄美子

出　版　中国林业出版社（100009　北京西城区德内大街刘海胡同 7 号）
网　址　http://www.forestry.gov.cn/lycb.html
电　话　(010) 83143519　83143616
印　刷　三河市祥达印刷包装有限公司
版　次　2019 年 4 月第 1 版
印　次　2019 年 4 月第 1 次
开　本　889mm×1194mm　1/16
印　张　15
字　数　450 千字
定　价　59.00 元

前　言

2018 年，国家林业和草原局深入学习贯彻党的十九大精神和习近平新时代中国特色社会主义思想，按照"四个全面"战略布局和新发展理念的总体要求，全面推进林业知识产权工作，为提升林业自主创新能力、加快林业发展方式转变、提高林业核心竞争力提供了有力支撑和引领，林业知识产权工作取得新成绩、获得新突破、迈上新台阶。

2018 年，国家林业和草原局组织开展了全国林业知识产权宣传周系列活动，加快林业植物新品种权的受理和审查，完成了全国核桃遗传资源调查编目工作，推动林业专利技术和授权植物新品种的转化应用，加强了林业植物新品种权行政执法工作，开展林业重点领域专利分析研究，建设林业知识产权基础数据库和信息共享平台。2018 年，国家林业和草原局植物新品种保护办公室共受理国内外植物新品种权申请 906 件，授予植物新品种权 405 件；国家知识产权局中国专利数据库公开的林业相关专利共计

86842 件，其中林业科研院所的专利公开量为 1450 件，林业高等院校的专利公开量为 6421 件；4 项林业发明专利荣获第 20 届中国专利优秀奖；全国 30 个省（自治区、直辖市）、中国林业科学研究院、国际竹藤中心、中国龙江森林工业集团、大兴安岭林业集团的林业知识产权工作取得较好成绩，提升了林业知识产权的综合能力和水平，促进了林业产业发展。

在认真回顾和总结 2018 年度林业知识产权工作的基础上，组织编撰了《2018 中国林业知识产权年度报告》，旨在通过对一年来林业知识产权工作主要进展和成果的展示，让更多的人了解、关心和支持林业知识产权工作，共同促进林业知识产权的创造、运用、保护和管理，为加快推进林业现代化建设提供有力支撑。

本报告资料系统、内容翔实，具有较强的科学性、可读性和实用性，可供林业行政管理部门和企事业单位的干部、科研和教学人员参考。

国家林业和草原局科技发展中心

2019 年 3 月

目 录

能力建设

国际合作

各地动态

统计分析

附表

概　述

　　2018 年，国家林业和草原局以实施知识产权战略为重点，全面落实《国家林业局关于贯彻实施〈国家知识产权战略纲要〉的指导意见》和《全国林业知识产权事业发展规划（2013—2020 年）》，从组织实施《2018 年深入实施国家知识产权战略 加快建设知识产权强国推进计划》林业重点工作入手，全力推进林业知识产权工作，有效提高了林业知识产权创造、运用、保护和管理水平，取得了显著成效，加快了林业发展方式转变，增强了林业核心竞争力。

1. 完善林业知识产权管理制度与政策

　　国家林业和草原局植物新品种保护办公室积极配合全国人民代表大会和最高人民法院开展植物新品种保护相关调研和座谈，参与《中华人民共和国植物新品种保护条例》的修订和相关司法解释的研讨工作。全国人民代表大会常务委员会发布了《关于专利等知识产权案件诉讼程序若干问题的决定》，从 2019 年 1 月 1 日起，对植物新品种等专业技术性较强的知识产权民事案件和行政案件第一审判决、裁定不服，提起上诉的，由最高人民法院审理。

2. 加快林业植物新品种权受理和审查工作

　　以加快品种权受理、审查为突破口，林业植物新品种申请量、审查量大幅上升。2018 年，国家林业和草原局植物新品种保护办公室共受理国内外植物新品种权申请 906 件，授权植物新品种 405 件。全年共完成 5 批 684 件申请品种的初步审查；358 件申请品种的 DUS（特异性、一致性、稳定性）专家现场审查；申请人变更、品种更名和实审补正 218 份；购买 DUS 测试报告 29 份；转田间测试 102 件。加强了林业植物新品种保护宣传和培训，印制了《如何认识植物新品种》彩色宣传册，面向林业科研单位和社会公开发放。在杭州举办了 2018 植物新品种保护国际研讨会，在西安举办了林业植物新品种保护培训班。截至 2018 年底，国家林业和草原局植物新品种保护办公室已受理国内外植物新品种申请 3717 件，授予植物新品种权 1763 件。

3. 推进林业生物遗传资源管理工作

贯彻落实《中国林业遗传资源保护与可持续利用行动计划（2015—2025 年）》，继续在云南省开展林业遗传资源及相关传统知识调查与研究，完成了 15 个省（自治区、直辖市）核桃遗传资源调查编目项目验收，共调查分析核桃遗传资源 4000 多份，筛选出特异性状个体资源 2700 多份，并完成了代表性样本的数据填报和图像采集录入工作，编制了 15 个省（自治区、直辖市）的《核桃遗传资源状况报告》和《核桃遗传资源目录（初稿）》。

4. 推动林业知识产权联盟建设

国家林业和草原局科技发展中心指导建立了木地板、竹材、木门和地板锁扣 4 个专利联盟。2018 年，经国家林业和草原局、国家知识产权局批准，中国林产工业协会组建了"地板锁扣专利保护联盟"，并于 2018 年 11 月 30 日在北京召开成立大会。地板锁扣专利保护联盟主要由从事地板相关业务的中国大陆境内具有独立法人资格的企业、科研院所、高等院校等自愿组成。联盟的宗旨是充分运用市场机制，建立以市场为驱动、技术为支撑、项目为纽带的开放式产、学、研合作模式，以此提升整个地板行业和企业的核心竞争力。

5. 实施林业知识产权试点示范和转化运用项目

2018 年，遴选中国林业科学研究院木材工业研究所、国际竹藤中心、河北省林业科学研究院等 15 家优秀的林业知识产权试点单位，实施林业知识产权试点示范项目。组织实施了平卧菊三七蔬菜脆小球的开发与产业化、'湘韵'紫薇新品种及高效繁育技术产业化开发和智能林火视频监测系统产业化推广等 6 项林业知识产权转化运用项目。组织专家分别对竹缠绕复合压力管的产业化加工技术、木材湿热压缩增强处理技术产业化示范和木本油料高效制油及其能源化利用关键技术示范等 15 项林业知识产权转化运用项目进行了现场查定和验收。

6. 开展林业植物新品种权行政执法工作

国家林业和草原局参加全国打击侵权假冒工作现场考核，分别对天津、内蒙古进行了检查，现场打分，并向全国打击侵犯知识产权和制售假冒伪劣商品领导小组办公室正式汇报，顺利完成了考核任务；组织开展打击侵犯林业植物新品种权专项行动，指导品种权人积极维权，营造良好的市场氛围；在浙江杭州举办了全国林业植物新品种行政执法培训班；对已开展行政执法试点的河北省、陕西省和山东省进行具体工作指导，推动了林业植物新品种权行政执法试点工作。

7. 完善林业植物新品种测试体系

2018 年，组织并指导昆明月季测试站对 98 个月季品种进行田间测试，上海一品红测试站对 4 个一品红品种进行田间测试；启动了杜鹃花属、山茶、油茶、绣球属申请品种田间测试工作；组织国内相关科研院所开展紫薇属、梓树属、紫藤属等 10 项测试指南的编制（修订）工作；2018 年黄栌属测试指南以国家标准发布，银杏、木瓜属、圆柏属、杉木属 4 项测试指南以林业行业标准发布；在上海举办植物新品种 DUS 测试技术国际培训班，举办林业植物新品种测试方案座谈会。截至 2018 年底，共开展了 147 项林业植物新品种测试指南的编制工作，已完成了槐属、蔷薇属、桉属、枸杞属、榆属和崖柏属等 52 项测试指南标准的制定，分别以国家标准或行业标准发布，其中国家标准 12 项，林业行业标准 40 项，有效提高了授权质量和审查测试能力。

8. 开展国际林业知识产权动态跟踪与专利分析研究

开展了遗传资源获取和惠益分享协议中的知识产权问题、澳大利亚土著知识的保护与管理问题、塞尔维亚植物新品种的法律保护、国际社会保护和可持续利用粮农植物遗传资源的历史沿革、植物微生物和动物遗传资源的产权化等问题研究。对美国植物新品种相关法规进行翻译，完成了《美国植物品种保护法及条例和实施细则》编译工作。开展了紫杉醇、泡桐、刺槐、胶合板、木材分选技术、木结构的专利分析研究，正式出版了《木塑复合材料专利分析报告》和《木地板锁扣技术专利分析报告（2017)》；开展了木地板行业核心专利识别研究，完成了《木地板行业核心专利分析与汇编》。

9. 建设林业知识产权基础数据库和共享平台

国家林业和草原局知识产权研究中心系统收集和整理了国内外与林业知识产权相关的主要科学数据和文献资料，完善和建设了林业专利、植物新品种权、林产品地理标志、林业知识产权动态等 15 个林业知识产权基础数据库，2018 年新增数据量 10 万条，累计数据量 145 万条；2018 年对中国林业知识产权网进行了全新改版，维护和管理中国林业知识产权网和中国林业植物新品种保护网，2018 年用户访问量超过 10 万人次，网站提供全年不间断、安全稳定的在线检索服务；开通了"2018 林业知识产权宣传周"网站，图文并茂地展示林业知识产权成果和最新进展，进一步扩大了林业知识产权的影响。

10. 开展国际履约和合作交流

国家林业和草原局认真履行《国际植物新品种保护公约》，参加了在瑞士日内瓦国际植物新品种保护联盟（UPOV）总部召开的国际植物新品种保护联盟（UPOV）年度会议，会前精心准备应对方案，积极提出意见和建议，履行了成员国责任；参加了在菲律宾马尼拉举办的第十一届东亚植物新品种保护论坛会议。切实履行林业生物遗传资源相关国际公约，参加了在意大利罗马召开的联合国粮农组织（FAO）森林遗传资源政府间技术工作组第五次会议，对《森林遗传资源养护、可持续利用和开发全球行动计划》实施情况、森林遗传资源获取和利益分享、编写《第二份世界森林遗传资源状况报告》等相关议题进行了认真讨论。

11. 加强林业知识产权宣传培训

组织开展了 2018 年全国林业知识产权宣传周系列活动；在湖南长沙举办了全国林业知识产权保护与管理培训班，林业系统知识产权先进集体和个人受到表彰；在《中国绿色时报》和《中国知识产权报》上发表林业知识产权重点报道 35 篇，2018 年 4 月 26 日在《中国绿色时报》刊发《提升核心竞争力，林业知识产权都贡献了啥？》的专题文章，报道全国林业知识产权主要成果，扩大了林业知识产权的影响力；出版了《2017 中国林业知识产权年度报告》《中国林业植物授权新品种（2017)》；编印了《林业知识产权动态》6 期。

12. 林业知识产权数量稳步增长，质量明显提升

随着林业自主创新能力的不断增强，林业植物新品种权和林业专利、商标、林产品地理标志、版权数量稳步增长，质量明显提高，知识产权对现代林业发展的支撑作用日益明显。

截至 2018 年底：

- 林业植物新品种申请量 3717 件，授权量 1763 件。
- 林业相关专利公开量 438547 件，其中发明专利 241118 件。
- 林业科研院所专利公开量 8270 件，其中发明专利 5987 件。
- 林业高等院校专利公开量 30324 件，其中发明专利 18446 件。
- 林产品地理标志 978 件。
- 林业软件著作权 7721 项。

完善林业知识产权管理制度与政策

2018 年，国家林业和草原局植物新品种保护办公室积极配合全国人民代表大会和最高人民法院开展植物新品种保护相关调研和座谈，参与《中华人民共和国植物新品种保护条例》的修订和相关司法解释研讨工作。

1.《中华人民共和国植物新品种保护条例》修订工作

新修订的《中华人民共和国种子法》于 2016 年 1 月 1 日开始施行。修订后的种子法增加了"植物新品种保护"的内容，并在法律责任一章中规定了侵犯植物新品种权的法律责任。依据新的《中华人民共和国种子法》，将对《中华人民共和国植物新品种保护条例》及《中华人民共和国植物新品种保护条例实施细则（林业部分）》等法规制度进行修订。2016 年，国家林业局会同有关部门联合成立了《中华人民共和国植物新品种保护条例》修订工作组，召开了 2 次条例修订工作研讨会，提出了《中华人民共和国植物新品种保护条例》修改工作思路。2018 年多次参加《中华人民共和国植物新品种保护条例》修订工作的方案制定、修订内容研讨等，并参加了条例修订工作的实地调研。重点对《中华人民共和国植物新品种保护条例》及《中华人民共和国植物新品种保护条例实施细则（林业部分）》等法规制度进行修订研讨。

2. 植物新品种维权再迎政策利好——《关于专利等知识产权案件诉讼程序若干问题的决定》

2018 年 10 月 26 日，全国人民代表大会常务委员会发布了《关于专利等知识产权案件诉讼程序若干问题的决定》（以下简称《决定》），从 2019 年 1 月 1 日起，对植物新品种等专业技术性较强的知识产权民事案件和行政案件第一审判决、裁定不服，提起上诉的，由最高人民法院审理。

《决定》具体内容：为了统一知识产权案件裁判标准，进一步加强知识产权司法保护，优化科技创新法治环境，加快实施创新驱动发展战略，特作如下决定：一、当事人对发明专利、实用新型专利、植物新品种、集成电路布图设计、技术秘密、计算机软件、垄断等专业技术性较强的知识产权民事案件第一审判决、裁定不服，提起上诉的，由最高人民法院审理。二、当事人对专利、植物新品种、集成电路布图设计、技术秘密、计算机软件、垄断等专业技术性较强的知识产权行政案件第一审判决、裁定不服，提起上诉的，由最高人民法院审理。三、对已经发生法律效力的上述案件第一审判决、裁定、调解书，依法申请再审、抗诉等，适用审判监督程序的，由最高人民法院审理。最高人民法院也可以依法指令下级人民法院再审。四、本决定施行满三年，最高人民法院应当向全国人民代表大会常务委员会报告本决定的实施情况。五、本决定自 2019 年 1 月 1 日起施行。

最高人民法院院长周强就《决定》草案向十三届全国人大常委会六次会议作说明时指出，由最高人民法院统一审理专利等专业技术性较强的民事、行政上诉案件，促进有关知识产权案件审理专门化、管辖集中化、程序集约化和人员专业化，为建设知识产权强国和世界科技强国提供有力司法服务和保障，有利于激励和保护科技创新，有利于营造良好营商环境，有利于统一和规范裁判尺度。

3. 参与修订《关于审理植物新品种权纠纷案件具体应用法律问题的规定》

参与最高人民法院《关于审理植物新品种权纠纷案件具体应用法律问题的规定》的修订工作，国家林业和草原局组织召开了专题座谈会，并结合林业特点，积极参与有关条款的修订工作。（王琦、杨玉林）

实施《2018年加快建设知识产权强国推进计划》林业重点工作

为深入实施国家知识产权战略、加快建设知识产权强国、充分发挥知识产权对推进林业现代化建设的支撑和保障作用，国务院知识产权战略实施工作部际联席会议办公室发布了《2018 年深入实施国家知识产权战略 加快建设知识产权强国推进计划》，从深化知识产权领域改革、强化知识产权创造、强化知识产权保护、加强日常监管执法、强化知识产权运用、深化知识产权国际交流合作、加强组织实施和保障 6 个方面提出了 109 项重点任务，明确了各部门的分工，国家林业和草原局负责的重点任务有 7 项。

国家林业和草原局认真履行国务院知识产权战略实施工作部际联席会议工作职责，组织实施了《2018 年深入实施国家知识产权战略 加快建设知识产权强国推进计划》中林业方面的重点工作，推动《植物新品种保护条例》修订；推进生物遗传资源获取管理法规和《人类遗传资源管理条例》立法进程；继续加强植物新品种保护执法体系建设，组织开展打击侵犯植物新品种权专项行动；加强林业知识产权信息共享平台建设；开展林业重点领域专利预警分析研究；发布《2017 中国林业知识产权年度报告》；积极参加国际植物新品种保护联盟系列会议，履行《生物多样性公约关于获取遗传资源和公正和公平分享其利用所产生惠益的名古屋议定书》，加强履约能力建设等，各项工作扎实推进，取得了明显成效。各单位通过整合行业资源，形成工作合力，有力提升了林业知识产权的综合能力和水平，提高了林业在国家知识产权战略实施中的影响力。

国家林业和草原局信息化管理办公室按照《国家林业局使用正版软件规范》（林信发〔2013〕88号）要求，明确了各司局、各直属单位主要负责人为使用正版软件工作的第一负责人。信息化管理办公室积极采取有效措施，加大工作力度，扎实做好国家林业和草原局的软件正版化相关工作。在各单位自查的基础上，由信息化管理办公室牵头，组织技术力量进行了软件正版化抽查。从抽查结果看，被抽查的司局、单位通用软件均为正版软件。通过自查和抽查，进一步增强了干部职工的软件正版化意识和安全意识，达到了以查促管、以查促改、以查促防的目的。做好源头管控，要求各司局、各直属单位购置计算机设备时，采购预装正版操作系统软件的计算机产品，同时对需要购置的办公软件和杀毒软件一并作出购置计划。操作系统和办公软件均采用批量许可授权方式，杀毒软件采用集中部署，一年期授权方式。严格运维管理，由专业运维人员负责操作系统和办公软件安装、卸载。落实了正版软件购置资金渠道，建立了正版软件使用台账，明确了软件资产管理人员，规范了验收、入账、领用等流程，指定专人保管软件序列号、授权许可等。通过培训交流，提高了工作人员的知识产权重视程度，进一步增强了知识产权意识和运用水平，服务林业高质量发展。

中国林业科学研究院各研究所、中心进一步完善知识产权管理制度、奖惩制度、保密制度、技术资料档案管理制度、工作考核办法等多项知识产权规章制度，加强了对知识产权的保护和转化运用，对专利申请、保护、奖励、实施转化等相关问题都作了详细的规定。制定了《中国林业科学研究院鼓励科技人员创新促进林业科技成果转移转化的实施办法（试行）》，推动了知识产权的转移转化。充分利用北京市知识产权局和海淀区政府授予的"中国林业科学研究院专利运营办公室（OPT）"、海淀区政府委托的知识产权运营公司——北京望远迅杰科技有限公司等平台，协助推进"中国林业科学研究院知识产权运营办公室"建设，盘活全院知识产权，提高了知识产权转化效率。启动了林业研究所、亚热带林业研究所、资源昆虫研究所、桉桐中心和竹子中心的专利摸底和筛查工作，遴选出杜仲、核桃、楸树及多酚、仁用杏、山核桃等5个具有商业价值的系列专利技术，完成仁用杏和山核桃的商业计划书，拟通过专利转让、授权及投资入股等方式进行专利运营。2018年中国林业科学研究院的专利技术交易合同金额为1208.75万元，其中到账713.75万元。专利转让交易额284.75万元，专利转让17件；许可交易额275万元，许可交易9件。

国际竹藤中心进一步完善知识产权管理制度及奖励机制，修订完善《国际竹藤中心知识产权暂行管理办法（试行）》，加强知识产权信息管理，举办"科研成果转化与专利知识讲座"，做好科技成果认定、评价等工作，提升知识产权的创造、运用、保护、管理和服务能力，搭建专利技术合作平台，促进专利创造和转化，推动竹加工产业结构优化升级。国际竹藤中心牵头组建"国家竹产业技术创新中心"，促进政产学研协同创新，提升知识产权的创造能力和自主知识产权的拥有量以及知识产权的转化运用能力，为国家重大技术创新提供战略支撑。2018年，国际竹藤中心以专利技术为依托，开展横向合作项目，广泛开展合作交流和技术服务，支持地方竹产业发展。在继续做好与永安、黄山、宜兴、咸宁等基地科技合作的基础上，与三亚市人民政府、三亚市林业科学研究院、合肥（国家）林业辐照中心、青神县人民政府、长宁县人民政府、绥宁县人民政府签署科技合作协议，与多家竹藤企业开展技术合作，并签订技术服务协议，利用科技人才和技术优势为企业服务，努力推动竹藤科技成果转化。（龚玉梅）

加快林业植物新品种权受理和审查工作

以加快品种权受理、审查为突破口，林业植物新品种申请量、审查量大幅上升。2018 年，国家林业和草原局植物新品种保护办公室共受理国内外植物新品种权申请 906 件，同比增长 45.4%。全年共完成 5 批 684 件申请品种的初步审查，358 件申请品种的 DUS（特异性、一致性、稳定性）专家现场审查，申请人变更、品种更名和实审补正 218 份，购买 DUS 测试报告 29 份，转田间测试 102 件。

2018 年国家林业和草原局公告授权植物新品种 2 批共 405 件，同比增长 153%，完成了 405 件品种权证书的制作、盖章和登记发放工作。编辑完成《林业植物新品种保护公报》2 期；对品种权申请、初审、授权及其他事项及时在"中国林业植物新品种保护网站"及《林业植物新品种保护公报》上公告，共发布了初审公告、品种权变更转让公告、品种权提前终止公告、申请撤回公告、申请人变更公告、品种权人变更公报、品种名称变更公告和授权公告等 4 批，发布植物新品种授权公告（国家林业和草原局公告）2 批，确保了林业植物新品种审批和授权的公开公正，审批规范高效，接受社会的监督。

截至 2018 年底，国家林业和草原局植物新品种保护办公室已受理国内外植物新品种申请 3717 件，授予植物新品种权 1763 件。

在规范管理、提高效率的基础上，国家林业和草原局植物新品种保护办公室组织专家团队开发了林业植物新品种信息管理系统 2.0 版。2018 年对所有受理和实审的植物新品种信息实时录入信息系统数据库，对数据库中以往年度的数据进行了核查、修正和补充完善，保证了数据质量，提高了植物新品种的申请和审批效率。

国家林业和草原局植物新品种保护办公室完成了向 UPOV 报送 2017 年度林业植物新品种申请、授权、品种权统计等 4 类数据的工作，完成植物新品种保护名录 206 个属的英文名和拉丁名的核对，向 UPOV 数据库填报了 160 个授权品种的详细信息，包括数据的整理、翻译和数据报送，以实现林业授权植物新品种数据的全球共享。（王琦、杨玉林、黄发吉）

推进林业生物遗传资源调查编目工作

深入贯彻落实《中国林业遗传资源保护与可持续利用行动计划（2015—2025 年）》，继续在云南省开展林业遗传资源及相关传统知识调查与研究，完成了 15 个省（自治区、直辖市）核桃遗传资源调查编目项目验收工作。

1. 加强部门协作，做好林业遗传资源管理工作

2018 年，国家林业和草原局就生物遗传资源保护与可持续利用工作，加强与农业农村部、生态环境部的沟通与协作，对涉及林业遗传资源国际合作中的获取与惠益分享事宜，积极提出部门建议，以保护国家利益。

2. 完成 15 个省（自治区、直辖市）核桃遗传资源调查编目项目验收

核桃是中国重要的木本油料植物，遗传资源十分丰富。为全面系统掌握中国核桃遗传资源的分布及利用状况，切实加强核桃遗传资源的保护管理与开发利用，促进核桃产业健康、可持续发展，自 2014 年以来，国家林业局组织开展了全国核桃遗传资源调查编目工作。其目标是在全国范围内开展全面系统的核桃遗传资源调查，查清中国核桃遗传资源的分布、数量及利用状况等，建立全国核桃遗传资源信息数据库，编制完成中国核桃遗传资源状况报告和中国核桃遗传资源目录。

2018 年 3 月，国家林业和草原局科技发展中心下发了《关于做好生物安全与遗传资源管理到期项目结题验收的通知》，对核桃遗传资源调查与编目项目进行总结与验收。2018 年共完成全国 15 个省（自治区、直辖市）的核桃遗传资源调查编目工作，调查分析核桃遗传资源 4000 多份，筛选出特异性状个体资源 2700 多份，并完成了代表性样本的数据填报和图像采集录入工作，编制了 15 个省（自治区、直辖市）的《核桃遗传资源状况报告》和《核桃遗传资源目录（初稿）》。

3. 开展林业遗传资源及相关传统知识调查

为了更好地加强林业遗传资源及相关传统知识保护和管理，2018 年继续在云南省开展林业遗传资源及相关传统知识调查与研究工作，项目由中国林业科学研究院资源昆虫研究所承担，国家林业和草原局科技发展中心积极协调相关单位，做好配合工作，对该项目进行了中期检查。目的是通过对云南林业遗传资源及其相关传统知识的调查研究，为中国林业遗传资源及相关传统知识管理提供经验和依据，为履行国际公约提供支撑。（李启岭）

开展中国专利奖组织推荐工作

根据国家知识产权局关于组织推荐中国专利奖的通知要求，国家林业和草原局科技发展中心积极组织中国专利奖林业项目的推选工作，强化知识产权保护和运用工作导向，通过积极动员、广泛征集、公平筛选，挑选出林业行业对技术创新及经济社会发展具有突出作用的林业专利，参加中国专利奖评选。2012—2018 年共有 21 项林业专利荣获中国专利优秀奖，有效激励了林业科研创新主体和发明人，有利于促进林业科技自主创新，增强林业核心竞争力。

1. 中国专利奖的组织和推选工作

国家林业和草原局科技发展中心根据中国专利奖评选的基本条件，每年均从全国各地的林业企事业单位征集优秀林业专利项目。采用集中评审与实地调查相结合的方式，做好优秀林业专利的筛选工作，重点放在对于林业发展具有重大影响的核心技术专利，以及已经转化应用且经济社会生态效益显著的林业专利和在实际侵权案件中保

护效果良好的林业专利。专家组既包括林业技术专家也包括知识产权研究人员，确保筛选工作的公平、公正。

通过媒体报道、网站宣传和出版书籍等多种形式，对林业专利获奖情况进行宣传，每年及时将林业专利获奖情况在国家林业和草原局政府网、中国林业知识产权网和《中国绿色时报》上公布，并将重点内容收录《中国林业知识产权年度报告》，增强了林业企事业单位对中国专利奖评选的关注，提高了自主创新的积极性，提升了林业行业的知识产权保护意识。同时将中国专利奖的推选工作与林业知识产权试点示范、林业专利产业化推进、林业知识产权宣传周等各项工作相结合，扩大中国专利奖组织推选工作的影响。

2018 年，根据《国家知识产权局关于评选第二十届中国专利奖的通知》，国家林业和草原局按照技术先进、运用效果及对经济社会发展的贡献显著等要求，积极组织林业专利项目的推荐申报工作。经专家评审，国家林业和草原局推荐南京林业大学的"烯丙基缩水甘油醚的合成方法"、国际竹藤中心的"一种重组竹材与定向刨花板复合结构板及其制造方法"、中国林业科学研究院木材工业研究所的"铜三唑木材防腐剂"和中国林业科学研究院林产化学工业研究所的"一种机用制刷胶黏剂制备方法" 4 个发明专利项目申报第二十届中国专利奖。

2.4 项林业专利荣获第二十届中国专利优秀奖

2018 年共有 4 项林业专利荣获第二十届中国专利优秀奖，分别是南京林业大学的发明专利"烯丙基缩水甘油醚的合成方法""利用常压冷等离子体提高木质单板胶合性能的方法"，保山市林业技术推广总站的发明专利"螺旋状交替环剥促进泡核桃早实丰产方法"和寿光市鲁丽木业股份有限公司的发明专利"一种芯层超厚的胶合板及其制备工艺"。这 4 项获奖专利的创新及设计水平高、实用性强，为专利权人赢得了显著的经济效益和市场竞争力，表现出很强的创新发展优势（表 1）。

表1　2018年中国专利优秀奖——林业项目

序号	专利号	专利名称	专利权人	发明人
1	ZL200610096426.7	烯丙基缩水甘油醚的合成方法	南京林业大学、安徽新远科技有限公司	朱新宝、程竑
2	ZL201010266266.2	利用常压冷等离子体提高木质单板胶合性能的方法	南京林业大学	周晓燕、章蓉、汤丽娟、周定国、梅长彤、潘明珠、徐咏兰、郑菲、许娟、钱滢、唐苤君、刘学源
3	ZL201410227313.0	螺旋状交替环剥促进泡核桃早实丰产方法	保山市林业技术推广总站	黄佳聪、龚发萍、万晓军、杨晏平、吴建花、尹光顺、杨开保、尹瑞萍
4	ZL201510061762.7	一种芯层超厚的胶合板及其制备工艺	寿光市鲁丽木业股份有限公司	钟笃章、李守禄

"烯丙基缩水甘油醚的合成方法"（ZL200610096426.7）发明专利涉及一种烯丙基缩水甘油醚的合成方法，包括以烯丙醇、环氧氯丙烷为原料，在固体酸催化剂作用下

进行开环反应，制得中间体烯丙基氯醇；再与氢氧化钠进行闭环反应制得烯丙基缩水甘油醚，其特征是固体酸催化剂为高氯酸盐，其用量为反应物质量的 0.05%～0.5%；烯丙醇与环氧氯丙烷投料的摩尔配比为烯丙醇∶环氧氯丙烷 = 1～5∶1；环氧氯丙烷与氢氧化钠的摩尔配比为环氧氯丙烷∶氢氧化钠 = 1∶1～1.3；开环反应的反应温度为 60～130℃；闭环反应的反应温度为 30～60℃。本发明具有固体酸催化剂使用方便、对设备腐蚀性低、能提高开环反应选择性、最终产物的产品环氧值高、有机氯含量低等优点。

"利用常压冷等离子体提高木质单板胶合性能的方法"（ZL201010266266.2）发明专利属于人造板制造技术领域。其工艺是先将木质单板含水率调至 8%～15%，置于常压冷等离子体处理系统进料输送带上，调节两电极辊间距，使木质单板表面与电极间距保持在 0.5～1.5mm。开启电源，调节处理功率至 500～2000W，使两电极之间的空气通过介质阻挡放电产生冷等离子体。木质单板以 10～40m/min 的速度通过两放电电极，在常压下对其两个表面同时进行冷等离子体改性处理。单板表面涂布脲醛树脂胶，经陈化、组坯和热压制成板材。用常压冷等离子体改性处理后的单板制成的产品其胶合强度可提高 10%～75%。该方法节能环保，操作简便，可控性强，效率高。

"螺旋状交替环剥促进泡核桃早实丰产方法"（ZL201410227313.0）发明专利公开了一种螺旋状交替环剥促进泡核桃早实丰产的方法，使泡核桃幼旺树早结果多结果，包括以下步骤：①植株选择；②环剥时期及时间确定；③环剥工具准备；④环剥操作；⑤环剥植株的管护。通过对不结果或结果较少的泡核桃幼旺植株，于生长旺盛期进行螺旋状交替环剥处理，可有效促使其提前结果和多结果，缩短投资年限。结果表明：对 5 年树龄泡核桃幼旺树进行螺旋状交替环剥处理，可使其提前约 5 年进入经济收益期，第 6～10 年间产量增加 7.3 倍。本发明与其他造伤技术比较，具有安全性高和植株无衰弱死亡现象、省工、操作简便、容易被农户掌握、早实丰产效果明显等优势。

"一种芯层超厚的胶合板及其制备工艺"（ZL201510061762.7）发明专利涉及一种芯层超厚的胶合板及其制备工艺，所述胶合板由芯层、表层和底层 3 层结构构成，芯层厚度为 8～12mm，表层和底层厚度分别为 4～6mm，胶合板的整体厚度可达到 16～24mm，其制备工艺包括单板制备、选择、热压干燥、整理涂胶、预压、热压等步骤，制得的胶合板胶黏剂用量少，胶黏剂用量减少 20%～50%，健康环保，甲醛释放量达到 E0 级甚至超 E0 级，板材各项强度指标较普通胶合板均有不同程度的提升，静曲强度和强性模量高，胶合强度高，胶合强度较普通胶合板提高 10%。

中国专利奖是中国唯一专门对授予专利权的发明创造给予奖励的政府部门奖，已被联合国世界知识产权组织（WIPO）认可，在国际上有一定的影响力。中国专利奖由国家知识产权局于 1989 年设立，已评选了 20 届，从 2009 年第十一届起，中国专利奖评选周期由每两年一届改为每年一届。为了更好地发挥专利奖的导向作用，国家知识产权局完善了中国专利奖评选办法和评奖指标。新的评奖办法更加强调评选的科学性，扩大了社会的参与面，在评价内容上进一步突出了专利的质量导向，更加注重专利的技术先进性，强调专利运用的实际效益及其对经济社会发展的贡献和对行业发展的引领作用。中国专利奖的公信力、权威性、代表性和影响力日益增强，目前已成为推进中国知识产权事业发展的重要平台，对引领创新驱动发展、推动知识产权强国建设发挥了积极作用。

2018 年 12 月 26 日，国家知识产权局以国知发运字〔2018〕36 号文件印发《关于第二十届中国专利奖授奖的决定》。根据《中国专利奖评奖办法》的规定，经国务院有关部门知识产权工作管理机构、地方知识产权局、有关全国性行业协会，以及中国科学院院士和中国工程院院士等推荐，中国专利奖评审委员会评审，社会公示，国家知识产权局和世界知识产权组织决定授予 30 项发明、实用新型专利中国专利金奖，10 项外观设计专利中国外观设计金奖；授予 59 项发明、实用新型专利中国专利银奖，15 项外观设计专利中国外观设计银奖；授予 695 项发明、实用新型专利中国专利优秀奖，61 项外观设计专利中国外观设计优秀奖。按照《关于第二十届中国专利奖授奖的决定》要求，对荣获中国专利奖的发明人（设计人），所在单位应将其获奖情况记入本人档案，作为考核、晋升、聘任职务的重要依据，所在单位或上级主管部门应给予相应奖励。（龚玉梅、王忠明）

推动林业知识产权联盟建设

林业知识产权联盟（以下简称"联盟"）是由全国林业行业具有民事主体资格的企事业单位、社会团体，根据相关法律、法规自愿组成的互助协作联合体。

联盟的目标：关注知识产权、共建美丽中国，促进林业知识产权事业规范、健康和有序发展，推动林业产业转型升级，提升产业核心竞争力。

联盟的宗旨：联盟成员在平等互利的基础上，通过资源共享、协同行动、自律互助等合作形式，建立产学研合作机制，协同攻关，权益共享，共同突破林业产业发展技术瓶颈，应对林业知识产权纠纷和风险。

联盟的职责：构建林业知识产权信息共享平台，促进信息资源共享，为会员提供准确的知识产权信息服务；建立林业知识产权展示平台，为专利、植物新品种权提供展示推介、价值评估、质押融资等综合服务，促进会员知识产权转化运用；建立联盟知识产权协作机制，建立林业领域核心专利池，推动会员之间的知识产权转让、交叉许可和对外协同实施，促进知识产权向产业技术体系集聚，实现增值共赢；促进联盟会员守法自律，针对重点侵权案件提供维权救助，参与国际知识产权谈判和争议解决，共同应对知识产权纷争，维护联盟会员合法权益；定期举办知识产权培训、研修、交流活动，提升意识、增强能力；举办研讨会、展览会、论证会、交流会等相关活动，组织专题调研，就林业知识产权相关问题进行探讨，向相关部门提出政策建议；开展联盟宗旨所允许的其他活动。

成立联盟有利于进一步完善产学研相结合的林业技术创新体系，有利于林业行业资源的优化配置，有利于开展国内企业专利技术的合作与推广，有利于共同应对国际知识产权纠纷。

为完善产、学、研相结合的林业技术创新体系，搭建了林业专利技术合作和信息交流平台，使林业产业核心竞争力得到提升。国家林业和草原局科技发展中心指导建立了木地板、竹材、木门和地板锁扣 4 个专利联盟。专利联盟通过交流信息、提出专利需求和技术需求、整合资源、相互许可等，促进了林业专利创造。

2018 年，为有效应对地板行业国际贸易壁垒，推进我国地板行业专利保护工作，经国家林业和草原局、国家知识产权局批准，中国林产工业协会组建了"地板锁扣专利保护联盟"，并于 2018 年 11 月 30 日在北京召开成立大会，正式挂牌。地板锁扣专利保护联盟主要由从事地板相关业务的中国大陆境内具有独立法人资格的企业、科研院所、高等院校等自愿组成。其宗旨是充分运用市场机制，建立以市场为驱动、技术为支撑、项目为纽带的开放式产学研合作模式，以此提升整个地板行业和企业的核心竞争力。运行模式以企业技术需求为主导，按照"谁投入、谁受益"的市场机制运行。运行的决定权由加入联盟的企业确定，以联盟成员缴纳年费的额度确定联盟理事会的投票权重。职责包括：①组织联盟成员按照地板锁扣的技术、产业和市场需求，开展行业共性问题、关键技术的研究和推广工作；②建立地板锁扣技术创新服务平台，为联盟成员提供专业、高效的技术支持等；③构建地板锁扣专利信息服务平台，实行信息共享机制，促进联盟成员间的技术交流与合作，并通过开展对外交流与合作，加快地板锁扣技术的提升；④承担国家和地方有关地板锁扣相关产业技术创新研究任务，也可自筹资金设立联盟科研计划课题，并向国家有关部门提供产业咨询以及政策建议；⑤建立联盟自主知识产权保护制度，加强联盟内的知识产权保护力度，维护联盟成员的合法权益。

中国林业科学研究院木材工业研究所推进"木地板专利联盟"运营工作，维护和完善了木地板专利联盟网站，为会员单位提供了优质的信息服务，获得了会员单位的好评。木地板专利联盟在促进木地板专利的保护、运用和创造，搭建专利技术合作平台，推动木地板产业结构优化升级，提升我国木地板产业的核心竞争力等方面起着重要作用。

国际竹藤中心推进"竹材专利联盟"运营工作，建立了竹材专利联盟网站，并成立了专家委员会，搭建专利技术合作平台，促进专利创造，推动竹材产业结构优化升级，提升我国竹材产业的核心竞争力。

中国林产工业协会进一步推动"木门行业专利保护联盟"建设，收集整理木门产品和木门相关专利，分析核心专利技术并找到其前沿技术；收集木门关键生产技术专利，对其产业发展态势进行分析，为木门产业的科技创新、产业升级等重大决策提供科学依据。对专利集中的技术和申请人进行追踪，建立木门专利信息交流中心，推进联盟内的企业开展专利许可、交叉许可，并适时构建专利池。根据专利反馈信息，强化政府对行业的引导作用，联盟将就加强木门产业知识产权海内外维权、产业品牌与标准化建设、加快基础技术与关键技术专利协同创新及应用转化、完善知识产权服务等推动成员加强交流与合作。提高木门产业知识产权创造、运用、保护、管理水平，充分发挥知识产权对木门产业的引领和带动作用。（龙三群、马文君）

开展林业重点领域专利分析研究

专利文献的信息内容分析服务可以为科技创新寻找技术解决方案，使技术创新获得灵感，并能提高技术创新和科研的起点，同时避免重复研究、节约经费。因此，整合全球林业专利信息资源，利用科学的专利分析方法挖掘全球林业技术情报，不仅能为林业技术创新指明方向，而且还能为国家政策制定、林产品国际贸易和国际谈判提供技术支撑。

国家林业和草原局知识产权研究中心引进了德温特世界专利索引数据库（DWPI）、Derwent Innovation（DI）和 Derwent Data Analyzer（DDA）等专利分析工具，建成了集专利检索、管理和分析功能于一体的林业专利信息预警分析系统，采用智能化的数据挖掘技术和先进的可视化技术，可自动进行几十种重要的专利分析、自动生成近百种统计图表，并可实时监测和分析国内外林业行业相关领域的专利动态变化，为林业专利预警分析研究提供基础数据分析平台。

国家林业和草原局知识产权研究中心针对林业行业容易遭到国外专利壁垒的重点林产品领域进行了动态跟踪和调查，对专利数据做统计和分析，聘请技术专家全程参与，采用定量和定性相结合的分析方法，建立了一套科学、严谨的重点出口林产品领域的知识产权预警指标体系和应急机制。运用数据挖掘技术和可视化技术，从海量、异构、分散的专利数据中挖掘和分析隐含的规律和发展趋势，掌握目标技术的专利分布情况和发展趋势、主要竞争对手和近年来的研究热点，剖析技术发展重点及空白点，判定知识产权风险及被侵权嫌疑，查明该领域现有的专利法律状态，重点防范已授权专利，密切关注已公开专利，积极利用失效专利，提出应对措施和方案，增强知识产权预警能力，为政策制定和破解林产品出口的技术贸易壁垒提供支撑。

2018 年组织开展了紫杉醇、泡桐、刺槐、胶合板、木材分选技术、木结构的专利分析研究；选择木塑复合材料和木地板锁扣技术，开展深入和持续的专利追踪研究，正式出版了《木塑复合材料专利分析报告》和《木地板锁扣技术专利分析报告（2017）》；开展木地板行业核心专利识别研究，采用多指标体系的识别方法来识别木地板行业的核心专利，完成了《木地板行业核心专利分析与汇编》初稿，将于 2019 年正式出版。

《木地板行业核心专利分析与汇编》针对我国木地板出口不断遭遇专利纠纷的现状，开展全球木地板专利分析及核心专利识别研究，检索并下载了 1960—2018 年的全球木地板专利文献 43035 件，建立了木地板专题数据库，进行数据加工整理，对木地板专利整体状况进行了分析研究，包括总量分析、发展趋势分析、受理国家 / 地区分析、各国技术实力分析、主要申请人分析。研究采用专利引文、同族专利数量、权利要求数量和专利诉讼 4 个指标的综合加权分值来识别核心专利，其中专利被引数量、同族专利数量、权利要求数量和专利诉讼的权重系数分别设定为 0.4、0.4、0.1、0.1。各个单项指标的分值计算主要采用 K 均值聚类算法。基于上述专利重要性评估指标及分值计算方法，识别出专利文献重要性指数 50 以上的专利共 123 件，作为木地板行业核心专利文献。在这些核心专利文献中 80% 以上的涉及木地板锁扣技术，可见锁扣技术专利在整个木地板行业处于十分关键的位置。在木地板行业核心专利文献中，有效专利 56 件，失效专利 45 件，国际专利文献 22 件，这些核心专利主要掌握在 VALINGE（62 件）、UNILIN（23 件）和 PERGO（16 件）3 家企业手中，这 3 家企业的核心专利文献拥有量比重高达 82%。报告对识别出的 123 件木地板行业核心专利进行了详细介绍，包括发明内容、专利布局、专利法律状态、发明附图等。根据数据分析结果，并结合专家意见，提出了我国木地板行业发展的建议，报告将为我国木地板行业的技术创新和战略布局提供参考，为"木地板专利联盟"提供专利信息服务。（马文君、黎祜琛）

开展国际林业知识产权动态跟踪与履约研究

国家林业和草原局知识产权研究中心跟踪世界各国林业知识产权动态，开展国内外植物新品种保护和林业生物遗传资源获取与惠益分享的现状和发展趋势研究，组织专家进行信息采集、分析、翻译、编辑整理和综述，形成研究报告，提供林业知识产权信息服务，为国际履约和谈判提供技术支撑。2018年重点开展了遗传资源获取和惠益分享协议中的知识产权问题、澳大利亚土著知识的保护与管理问题、塞尔维亚植物新品种的法律保护、国际社会保护和可持续利用粮农植物遗传资源的历史沿革、植物微生物和动物遗传资源的产权化等问题研究。开展了美国植物新品种政策法规研究，对美国植物新品种相关法规进行翻译，《美国植物品种保护法及条例和实施细则》（编译）初稿已经完成，将于2019年正式出版。

1. 植物新品种保护研究

随着科学技术的进步和知识水平的提高，人类已经培育出许多新的植物品种。植物新品种培育是一个漫长而复杂的过程，需要付出巨大的努力、知识和资金。要培育新的植物品种，需要遗传学、分子生物学等多个学科领域的知识，还需要有丰富的经验。培育植物新品种既可以用传统的方法，也可以采用基因工程手段，也就是在基因水平上使生物体具有所期望的特性。在国际上，《国际植物新品种保护公约》（UPOV）确保了对植物育种者的法律保护，当然1995年《与贸易有关的知识产权协议》（TRIPS）的重要性也不容忽视。2013年，塞尔维亚成为UPOV的第71个成员国。塞尔维亚2009年通过《植物育种者权利法》并在2011年进行了修订。该法案是一项建设性的法律，为塞尔维亚植物新品种提供了专门的法律保护。对植物新品种的法律保护由农业部负责法律事务的部门提供。保护程序应植物育种者或其授权代表的申请启动。登记了育种权的植物品种应在农业部受保护植物品种登记簿上注册，受保护植物品种的名单会在《塞尔维亚共和国官方公报》上公布。育种者对受保护的植物品种的权利有效期为25年，土豆、藤本植物、木本水果和其他树木的植物育种权有效期为30年。育种权持有人可以将自己拥有的受保护品种的全部或部分权利通过合同转让给他人。育种权也可以根据许可协议转让给他人。政府对育种权的保护提供2种法律诉讼手段，一种是侵权诉讼，另一种是确权诉讼。塞尔维亚的法律对植物新品种持有人的专门法律保护制度不仅意味着特殊的权利来源，而且还带有组织机构的特点，因为塞尔维亚将这一特定的生物技术法律事务的法律适用任务委托给农业部，而不是像专利那样交由知识产权局管理。但是，塞尔维亚需要对植物品种实施充分的法律保护，目前塞尔维亚的植物育种者仅仅对不到1%的植物品种拥有知识产权，而发达国家几乎对所有的植物品种都实施了保护。

2. 林业生物遗传资源获取与惠益分享研究

《名古屋议定书》的全称是《生物多样性公约关于获取遗传资源和公平和公正分享其利用所产生惠益的名古屋议定书》。根据该议定书，各缔约方可以选择采用遗传资源提供国关于"获取和惠益分享"（ABS）的措施，但遗传资源使用国采取的执行方式必须与遗传资源提供国的规定相符合。关于遗传资源提供国的规定与印度、丹麦（格陵兰）、法国（主要是海外领地）、巴西和南非等生物多样性丰富的国家的相关性最大。首先，作为遗传资源的提供者，这些国家可能需要得到公众的许可才能从其领地获得这些资源。这样的许可通常会注明可以获得什么遗传资源以及研发成果是否可以商业化。其次，这些国家可能需要与公共或私人实体就如何分享遗传资源研发所获利益进行谈判。货币形式的惠益分享包括向公共基金付款或以优惠价格提供产品。非货币形式的惠益分享包括提供研发的科学成果。关于遗传资源使用国的规定与拥有先进技术能力的国家的关系更为密切。公共和私人实体利用获得的遗传资源进行研究，开发商业产品。根据《名古屋议定书》，各缔约方必须采取强制性措施确保在其管辖范围内使用的遗传资源符合提供国的规定。

主要的遗传资源提供国包括南非、中国、印度、法国（主要是海外领地）、丹麦（格陵兰），其主要规定如下：①南非对生物勘察的定义比较宽泛，有一个将"土著"生物资源发现与商业化研发区别对待的通知和许可系统。外国实体只能与南非的实体共同申请许可证。②中国采取的基本方式是对遗传资源利用进行限制，遗传资源相关研究应有中方的参与。此外，中国鼓励这些中外合作研究项目将研究中取得的发明在中国登记知识产权。③印度对于为了研究和商业目的获取生物资源、但未在印度注册的实体规定了准入要求。从印度获得生物资源、为资源研发成果申请专利或转让生物资源均需得到印度国家生物多样性管理局的授权。印度国家生物多样性管理局可能会拒绝对与印度生物资源或相关传统知识相关的知识产权授权。④法国对遗传资源的获取进行授权管理。法律规定，经济利益分享根据源自遗传资源的产品在全球实现的经济效益计算，上限为5%。如果申请人提出的利益分享方案明显不符合其经济能力，则其提出的获取申请可能会遭到拒绝。⑤丹麦（格陵兰）对获取遗传资源没有特别的要求，但是有遗传资源使用者必须遵守的规则。格陵兰政府对于为了研究目的获取生物资源需要审查。遗传资源使用者有义务向政府报告研发活动产生的专利申请。基于对生物资源研发取得的产品和专利的商业化需要另行获得许可。

主要的遗传资源使用国包括欧盟、法国、德国、瑞士、美国，遗传资源使用国的规定要确保符合遗传资源提供国的规定，其主要规定如下：①欧盟自2015年10月12日起要求研发公司遵守《名古屋议定书》缔约方中关于遗传资源提供国的有关规定。为此，欧盟规定公司必须从原产地、研发过程到最终产品对遗传资源进行全程追踪。在提出商业化授权要求（例如药品）或将产品投放市场（例如化妆品、食品）之前，公司必须提交"合规声明"。欧盟要求各国主管部门对公司进行审计，对违规行为给予处罚。②法国既有遗传资源提供国的规定，也有遗传资源使用国的规定，有关法律包括对违反上述2种规定的惩罚措施。如果在没有必备的追踪文件的情况下开展遗传资源研发，将被判处1年徒刑，并处以最高15万欧元的罚款。如果在没有必备文件的情况下进行"商业性"研发，将被处以最高100万欧元的罚款。对于使用公共研究经费的研发者，违反合规义务可能导致被追回经费。如果用研发成果申请商业化授权，申请人必须将主申请文件与合规文件一起提交。批准授权的机构本身不得审查这些文件，而必须将其转给新的生物多样性机构进行审查。③德国实施《名古屋议定书》和欧盟条例的法律，故意或无意违反合规义务的行为将被处以最高5万欧元的行政罚款。但是，如果侵权获得的经济利益超过这一数额，则罚款额不受限制。德国专利法也为此进行了修改。现在，德国专利和商标局有义务在专利申请涉及生物材料时通知联邦自然保护局。④《瑞士名古屋法令》于2016年2月1日生效，其中的合规义务与欧盟的遗传资源使用者合规规定非常相似，但是在技术上有重要的不同。根据瑞士法律，遗传资源使用者必须向联邦环境局（FOEN）提交合规报告。在随后提交授权申请，例如为使用《名古屋议定书》所涉及的微生物研制的药品申请授权时，申请人必须向瑞士药品管理局（Swissmedic）声明已尽到《名古屋议定书》所规定的通知义务，并提供从联邦环境局获得的登记号。⑤美国不是《生物多样性公约》的缔约方，因此也不是《名古屋议定书》的缔约方。但这并不意味着美国公司完全没有上述义务。首先，遗传资源提供国的规定通常适用于美国的国家法。其次，美国公司如果在遗传资源使用国进行研发或开展活动，可能会受遗传资源使用国合规规定的制约。例如，即使美国在本土研发了一种产品，只要在欧盟 28 个成员国中任何一个国家进行 3 期临床试验，就足以构成违反《名古屋议定书》规定的履约义务的罪名。

3. 传统知识的知识产权保护研究

首先是对土著知识本质的理解。尽管澳大利亚及国际上的法律和文献都提供了许多关于土著知识的定义，但对其构成、特征及其与文化不可分割的联系却鲜有提及，关于土著知识的经济价值的数据和理解也非常有限。然而，土著知识广泛的商业应用却并未得到土著人民的同意，而且也没有与土著社区分享利益。在土著知识保护中反复提及的是"自由、事先和知情同意"基本原则。该原则赋予土著人民参与决策的权利，并被视为行使自决权的必要条件。使用土著知识必须获得土著人民提供的自由、事先和知情同意书，但在这个方面存在挑战。在通常情况下，希望使用土著知识的那些人不知道如何满足自由、事先和知情同意要求。这个问题目前主要通过与土著社区协商并达成一致意见，尽管这个方法可以被广泛采用，但基本上还是零散的、临时性的、针对个案而实行的。为了保护土著知识，澳大利亚在现有法律框架下已经实施了许多策略来解决这些问题。澳大利亚政府的土著援助计划和教育计划通过协议、规范、准则、合同、政策以及建立土著相关的主管部门，为土著知识提供不同程度的保护。其中，签订协议已被认为是保护澳大利亚土著知识的主要方式，特别是在法律机制未提供足够保护的情况下。这对于提高公众对这些问题的认识，理解协商同意的概念，并为处理土著知识问题设定了可接受的最低基准，例如，承认和尊重土著文化和权利、自主权以及事先知情同意。

在保护和管理土著知识时需要考虑 6 个首要问题，这些问题很复杂，而且往往是相互关联和重叠的。①土著艺术品及手工艺品的盗用问题。包括仿制艺术品、生产土著艺术品、手工艺产品的赝品。虽然针对这种情况常常采用版权法阻止对土著艺术作品的仿制和进口，但盗用行为在海外还是屡见不鲜。②土著语言和氏族名称的盗用问题。这些名称在未经土著传统监护人同意的情况下正在商业上使用。现有的商标法律机制，如免责声明或异议，可以提供帮助，但土著人民可能缺乏商标法相关资源或知识，无法利用这些机制来维护自身利益。③土著知识的记录和数字化问题。虽然版权通过控制对土著知识的记录形式（例如书面文件、录音或电影）的访问和使用以及要求第三方获得使用作品的法律许可来提供某些间接机制，但这些权利通常是由合法所有者拥有，即记录的作者或创作者，而并非记录内容所涉及的土著人。一旦对土著知识进行了记录，那么对这些作品中所包含的潜在土著知识的获取、使用与解释就会超出土著知识权利所有者的控制。而第三方也可以自由使用这些潜在的土著知识，只要他们不侵犯作品中以土著知识方式存在的任何知识产权。④土著人民传统知识的商业化利用问题。土著人民传统知识的商业化利用没有对土著社区带来任何利益。因此，惠益共享是继协商同意之后的另一个合理举措。然而，法律中对与土著社区共享惠益的具体规定却非常少。⑤与遗传资源相关的土著知识的利用问题。与灌木食品、药用植物等遗传资源相关的土著技能、工艺以及其他知识仍然在很大程度上得不到保护，而这些知识却越来越多地用于科学研究与研发。⑥对尤为敏感的神圣（或秘密）知识的滥用问题。土著社区的习惯法规定了土著知识是否被视为神圣或秘密。出于宗教原因，这些法律限制了土著知识的使用和获取。因此，这些知识需要得到保护，虽然没有专门保护神圣（或秘密）知识的特殊法律，但是可以通过机密信息法获得部分保护。（马文君、范圣明）

试点示范

实施林业知识产权试点示范项目

为进一步推动全国林业知识产权试点示范工作，加强林业知识产权创造和转化运用。国家林业和草原局科技发展中心遴选 15 家优秀的林业知识产权试点单位，组织实施 2018 年林业知识产权试点示范项目。承担单位分别为：中国林业科学研究院木材工业研究所、国际竹藤中心、河北省林业科学研究院、山西省林业科学研究院、上海植物园、福建省林业科学研究院、江西省林业科学院、山东省林业科学研究院、湖南省林业科学院、广东省林业科学研究院、广西壮族自治区林业科学研究院、四川省林业科学研究院、宁夏林业研究院股份有限公司、北京林业大学和重庆星星套装门（集团）有限责任公司。

各示范单位通过完善管理制度，增强创造能力，加大保护力度，促进转化运用，健全服务体系等方式，促进知识产权与林业科研、生产、经营等活动有机结合，提高知识产权工作能力和水平，定期举办知识产权保护和管理培训班，总结林业知识产权转化应用的典型案例，促进林业知识产权创造和转化运用。（龚玉梅）

实施林业知识产权转化运用项目

为深入贯彻实施国家知识产权战略，促进林业专利技术转化应用，推动林业产业转型升级，国家林业和草原局科技发展中心在地方林业部门和有关单位推荐的基础上，经过专家评审，在 2011—2018 年期间组织实施了 60 项林业知识产权转化运用推进项目，有 36 项林业知识产权转化运用项目通过了验收。国家林业和草原局科技发展中心围绕林业重点产业发展对新技术的需求，优选林业专利技术成果，通过工艺完善及技术组装配套，进一步熟化专利技术，形成完整的技术体系和产品线，扶持符合林业发展需要和市场推广前景广阔的专利技术转化和推广运用项目，建立林业专利产业化示范基地，既扶持开发科技含量高、特色鲜明、市场竞争优势明显的专利新产品、新技术，又重视培育科技型林业中小企业的发展，开展林业专利转化服务，以点带面，推动林业专利成果转化。以林业龙头企业的专利转化运用为突破口，带动中小企业积极参与，形成专利产业化集群和示范基地。

1. 实施6项林业知识产权转化运用项目

2018年，国家林业和草原局科技发展中心组织实施了平卧菊三七蔬菜脆小球的开发与产业化、'湘韵'紫薇新品种及高效繁育技术产业化开发和智能林火视频监测系统产业化推广等6项林业知识产权转化运用项目（表2）。

表2 2018年林业知识产权转化运用项目

序号	项目名称	承担单位	负责人
1	平卧菊三七蔬菜脆小球的开发与产业化	江西省林业科技培训中心	余江帆
2	'湘韵'紫薇新品种及高效繁育技术产业化开发	湖南省林业科学院	蔡能、乔中全、李永欣
3	油茶果剥壳清选生产线推广	湖南省林业科学院	陈泽君、康地、马芳
4	杉木优良新品种'鄂杉1号'规模化无性繁殖与转化运用	湖北省林业科学研究院	杜超群、许业洲
5	铁皮石斛原生态栽培专利技术产业化	浙江森宇有限公司	俞巧仙
6	智能林火视频监测系统产业化推广	广东省林业科学研究院	李小川、周宇飞

（1）平卧菊三七蔬菜脆小球的开发与产业化

应用"一种平卧菊三七蔬菜脆小球的加工方法"（ZL201510216761.5）发明专利技术，进行技术熟化，在江西省仙客来生物科技有限公司改建平卧菊三七蔬菜脆小球中试生产线1条，加工技术路线为：平卧菊三七清洗→漂烫护色→打浆→混料→细化→注模烘烤→外皮浆液制备→加外皮→检验包装，使平卧菊三七蔬菜脆小球年产能达2000kg。平卧菊三七原料主要来源于江西省兴国、靖安、新余、九江等基地。制定企业标准《平卧菊三七蔬菜脆小球质量标准》。

（2）'湘韵'紫薇新品种及高效繁育技术产业化开发

开展授权植物新品种'湘韵'（品种权号：20160169）紫薇"一次性成苗"扦插育苗技术研发，包括插穗、扦插基质、生根剂种类及浓度等，实现苗木规模化扦插繁殖生产，扦插苗成活率90%以上。建立'湘韵'紫薇新品种整形修剪、施肥等园艺化栽培技术体系。在湖南省林业科学院试验林场建立新品种繁殖基地，扦插繁殖新品种小苗5万株，苗高20～30cm。在郴州市永兴县油市镇板梁乡新建'湘韵'紫薇新品种培育示范基地10亩[①]，每亩600株，成活率90%以上，定植1年后苗高1.0m以上，地径0.8cm。编写了《'湘韵'紫薇新品种培育技术手册》。

---

① 1亩 =1/15hm²，以下同。

（3）**油茶果剥壳清选生产线推广**

应用"揉搓型油茶果分类脱壳分选机"（ZL201310236967.5）发明专利技术，对油茶果处理关键技术进行熟化，在成套装备生产示范基地批量生产，经油茶果集中处理示范基地规模化处理油茶果，实现转化运用目标。在湖南省怀化中方县的油茶基地，加工生产油茶果剥壳清洗生产线 2 套，示范处理油茶果 2500t，指标为：油茶鲜果喂入量为 2t/h，油茶籽成品净度 ≥ 98%，油茶果剥壳率 ≥ 99%、破碎率 ≤ 1.0%，损失率 ≤ 1.0%。申请专利 1 项。

（4）**杉木优良新品种'鄂杉1号'规模化无性繁殖与转化运用**

完善和熟化'鄂杉1号'（品种权号：20150026）优质苗木无性繁殖技术体系，通过营建生产性采穗圃，开展新品种标准化、规模化无性繁殖。根据'鄂杉1号'树冠窄小、自然整枝能力强、适宜密植的特点，集成配套高密度人工林集约栽培技术体系，进行授权植物新品种试验示范造林。新建试验性采穗圃 1 亩，改建萌芽更新林生产性采穗圃 20 亩，改造育苗设施 200m²，繁育优质无性系苗木 6 万株，营建试验示范林 50 亩。

（5）**铁皮石斛原生态栽培专利技术产业化**

应用"一种铁皮石斛的原生态栽培方法"（ZL201210113342.5）发明专利技术，以自然生长的森林环境作为载体，利用森林环境中枝叶的适当遮阴效果，形成有利于铁皮石斛生长环境的一种种植方法。在浙江省温州市文成县建成活树附生原生态种植铁皮石斛示范基地 10 亩，需适合于活树栽培的 1.5 年生丛苗 3.5 万丛，种植 3 年后每亩增加产值 2 万元，可提高林业附加值。开展示范基地技术推广服务和培训，辐射推广示范 500 亩。

（6）**智能林火视频监测系统产业化推广**

应用"一种应用于林火监测系统的干扰源智能屏蔽方法及装置"（ZL201210518455.3）发明专利技术进行智能林火视频监测系统产品的研发与生产，并进行技术熟化，改进提高现有林火视频监测系统的效率和功能。在广东省林业科学研究院建立智能林火视频监测系统的推广示范基地，在广东省肇庆市四会市大南山基地建立远程监控视频前端系统，监测约 1400hm² 的林区。与相关企业合作推广智能林火视频监测系统产品 30 套以上。

2.15 项林业知识产权转化运用项目通过验收

2018 年，国家林业和草原局科技发展中心组织专家分别对竹缠绕复合压力管的产业化加工技术、木材湿热压缩增强处理技术产业化示范和木本油料高效制油及其能源化利用关键技术示范等 15 项林业知识产权转化运用项目进行了现场查定和验收。项目均完成了合同规定的任务和考核指标，取得了良好的社会经济效益，促进了林业专利技术和授权植物新品种的产业化应用（表3）。

（1）**木材湿热压缩增强处理技术产业化示范**

中国林业科学研究院木材工业研究所应用"一种木材密实化的方法及密实化木材"（ZL201010522617.1）和"一种密实化木材"（ZL201020580419.6）专利技术，通过技术熟化和工艺完善，在浙江南浔久盛地板有限公司改建年产 1 万 m² 的湿热软化压缩增强地板基材示范生产线 1 条，生产了奥古曼、杨木、坎诺漆 3 个树种 8 个品种的表面压缩增强实木地板，产品经检测，木材的表面密度由 0.44g/cm³ 提高到 0.80g/cm³，提高

表3 2018年通过验收的林业知识产权转化运用项目

序号	实施年份	项目名称	承担单位
1	2016	木材湿热压缩增强处理技术产业化示范	中国林业科学研究院木材工业研究所
2	2016	竹缠绕复合压力管的产业化加工技术	国际竹藤中心
3	2016	红花荷矮化盆栽产业化示范推广	广东省林业科学研究院
4	2016	防火耐水生态秸秆复合材料低碳制造关键技术示范	中南林业科技大学
5	2016	山桐子食用油加工技术产业化	四川省林业科学研究院
6	2016	杜仲系列专利技术推广应用	国家林业局泡桐研究开发中心
7	2016	竹材原态重组技术产业化推广	国家林业局北京林业机械研究所
8	2016	天然右旋龙脑提取设备产业化推广应用	江西林科龙脑科技有限公司
9	2016	无患子提取物除草制剂加工与应用示范	国际竹藤中心
10	2016	新型花盆扦插红叶石楠专利技术产业化	芜湖市雨田润农业科技股份有限公司
11	2016	异色瓢虫人工饲料专利技术产业化	山西省林业科学研究院
12	2017	天敌昆虫赤眼蜂繁殖产业化示范	广西壮族自治区林业科学研究院
13	2017	叶用枸杞'宁杞9号'产业化示范	宁夏林业研究院股份有限公司
14	2017	降低发病率、提高收益的核桃棉花间作专利技术示范	新疆林业科学院经济林研究所
15	2017	木本油料高效制油及其能源化利用关键技术示范	湖南省林业科学院

80%以上，木材的硬度提高60%以上。申请发明专利5件，实用新型专利1件。

（2）竹缠绕复合压力管的产业化加工技术

国际竹藤中心应用"竹纤维缠绕复合管"（ZL200920121209.8）专利技术，进行技术熟化，完善了薄竹篾加工工艺与竹缠绕复合压力管制造工艺，实现了厚度为0.91～1.00mm薄竹篾的规模化加工。在鑫竹海（山东）管道制造有限公司年产2.5万t的生产线上制造了直径1.6m的竹缠绕复合压力管，经检测产品的环刚度为5300N/m²，导热系数为0.165～0.205W/（m·K）。产品在国际竹藤组织青岛科技基地（山东即墨）完成了412.52m泄洪排水工程的应用示范，专利技术已在湖北、山东和内蒙古的3家企业进行了技术转让。制定林业行业标准《竹缠绕复合管》（LY/T2905-2017）。

（3）红花荷矮化盆栽产业化示范推广

广东省林业科学研究院应用"一种红花荷的矮化栽培方法"（ZL201110079286.3）发明专利技术，进行红花荷苗木培育，熟化了嫁接和矮化盆栽技术，嫁接成活率达到85%以上。在广东省林业科学研究院后山花圃建立繁育示范基地，培育地径2～3cm的盆（袋）苗800株、4～5cm的盆（袋）苗103株。编印《优良野生观赏花卉红花荷矮化栽培技术指南》。

（4）防火耐水生态秸秆复合材料低碳制造关键技术示范

中南林业科技大学应用"一种低成本高效木材阻燃剂"（ZL201110242942.7）、"一种低成本高强阻燃抑烟人造板无机胶黏剂及其制备方法"（ZL201410114444.8）、"一种非木质植物纤维增强无机复合材料制造方法"（ZL201210040041.1）等核心专利技术，进行集成创新、技术熟化和产业化推广，研发无醛防火硅镁系无机胶黏剂及其高效制备、秸秆 / 无机材料界面调控和防火耐水生态秸秆复合材料自加热成形 3 项新技术，研制应用于家具、地板、室内装修及建筑墙体等领域的高附加值环保防火系列材料，产品高强耐水、防霉防腐、无甲醛释放，防火等级最高达到 A2 级。在江苏连云港保丽森实业有限公司建成 3 万 m³/a 阻燃耐水秸秆基家具室内装饰用复合材示范生产线 1 条、江苏木易阻燃科技股份有限公司建成 2 万 m³/a 防火耐水生态秸秆基地板用复合材示范生产线 1 条、湖北省福江集团有限公司建成 1.5 万 m³/a 防火耐水生态秸秆基轻质防火门及墙体用复合材示范生产线 1 条，新增产值达 4000 万元 /a。申请发明专利 8 件。

（5）山桐子食用油加工技术产业化

四川省林业科学研究院应用"一种食用山桐子油的制备方法"（ZL201110114765.4）发明专利技术，进行山桐子油中试生产和技术熟化，通过压榨与溶剂浸提相结合，脱胶、脱酸、脱色等精制工艺的优化，使山桐子油的提取率超过 95%。在四川省成都市郫县四川省林业科学研究院唐昌中试基地，建成年产 20t 山桐子油示范生产线 1 条，产品经检测：食用油酸值（KOH）≤ 0.30mg/g，过氧化值 ≤ 0.1mmol/kg，无溶剂残留。申请发明专利 3 项，授权专利 1 项。

（6）杜仲系列专利技术推广应用

国家林业局泡桐研究开发中心应用"利用药用植物剩余物培育功能型杜仲香菇及其生产方法"（201110020280.9）、"一种利用药用植物剩余物生产的功能型饲料及其制备方法"（201210029939.1）2 项发明专利技术，进行技术熟化，完善了杜仲功能饲料生产工艺，制订了杜仲香菇生产技术规程。充分利用杜仲生产中的废弃物，在河南省洛阳市嵩县建成杜仲香菇示范基地，年产杜仲香菇 4000kg；在河南省新乡市原阳县建成杜仲功能饲料示范基地，年生产蛋鸡 2000 只。

（7）竹材原态重组技术产业化推广

国家林业局北京林业机械研究所应用"竹材原态多方重组材料及其制造方法"（ZL2007101790017）、"弧形竹材原态重组材料及其制造方法"（ZL200610114353.X）2 项发明专利技术，进行工艺优化、关键设备调试、技术熟化和产业化推广，完善了竹材原态弧形重组工艺。在湖南益阳海利宏竹业有限公司建成竹材原态重组制品生产线 1 条，竹材原态重组材料生产能力达 1313m³/a，竹砧板、竹家具等制品生产能力达到 10500 件 /a，竹材利用率大于 30%，竹制品同体积生产成本降低 10% 以上，一次性重组厚度提高 90% 以上。申请发明专利 4 件，登记软件著作权 10 件。

（8）天然右旋龙脑提取设备产业化推广应用

江西林科龙脑科技有限公司应用"天然右旋龙脑提取设备"（ZL201110445240.9）发明专利技术，进行技术熟化，完善了天然右旋龙脑提取加工工艺，提取率达到 1.08%。在江西省吉安市井冈山国家农业科技园建成了年产天然右旋龙脑 40t 的生产线 1 条（天然右旋龙脑粗加工厂房 1760m²，安装了 4 套蒸馏釜、4t 的锅炉等配套设备），完成了 2031 亩龙脑樟枝叶的提取加工，生产天然右旋龙脑 13.18t。申请发明专利 1 项，授权实用新型专利 2 项。

（9）无患子提取物除草制剂加工与应用示范

国际竹藤中心应用"一种植物源除草剂的可溶性粉剂及其制备方法"（ZL201010261779.4）发明专利技术，对无患子提取工艺进行优化，在安徽金寨乔康药业有限公司进行了中试提取，为制备 30% 无患子提取物可溶性粉剂和水剂 2 种制剂提供原料。开展无患子提取物质量标准研究，明确了无患子提取物中 3 种具有除草作用的皂苷活性成分。在实验室纯化、制备了 30% 无患子提取物可溶性粉剂和水剂 2 种制剂，开展了 2 种制剂在玉米、大豆的田间除草试验研究，明确了使用剂量、使用时期和使用方法等关键技术，编制了无患子提取物除草制剂安全施药技术规程。在安徽省和县蔬菜科技示范园示范应用 350 亩，在保证除草效果的前提下，减少化学农药使用量 50% 以上。

（10）新型花盆扦插红叶石楠专利技术产业化

芜湖市雨田润农业科技股份有限公司应用"一种分层式花盆"（ZL201220644926.0）专利技术，制作新型花盆 3 万只，采用安徽省林木良种红叶石楠'雨田红 1 号'插穗，应用"一种红叶石楠小苗扦插繁殖方法"（ZL2010210498977.1）发明专利技术，植入新型花盆，扦插苗木 3 万株，并进行技术优化和扦插培育管理。在安徽省南陵县籍山镇茶丰村基地建成控温控湿育苗床应用示范基地，生产红叶石楠'雨田红 1 号'盆栽 3 万盆。申请实用新型专利 5 项。

（11）异色瓢虫人工饲料专利技术产业化

山西省林业科学研究院应用"异色瓢虫人工饲料"（ZL201010212700.9）发明专利技术，改进饲料配制工具、卵卡制作材质和结构、运输和释放器皿。在山西省林业有害生物天敌繁育基地建立异色瓢虫繁育室，累计繁育异色瓢虫成虫百万余头，卵 60 余万粒。在黎城、昔阳、太谷、天镇等地建立示范基地 6hm²，在核桃、枣、仁用杏、柿树、桃树等经济林中，释放异色瓢虫对蚜虫、蚧虫等进行天敌生物防治，平均防治率达到 80% 以上，辐射和带动周边地区 55hm²。编制了山西省地方标准《异色瓢虫人工饲料生产技术规程》（DB14/T 1419-2017）。

（12）天敌昆虫赤眼蜂繁殖产业化示范

广西壮族自治区林业科学研究院应用"一种室内繁殖暗黑赤眼蜂的方法及米蛾饲养饲料"（ZL201410074195.4）发明专利技术，进行技术熟化，完善了中间寄主米蛾的饲养和收集、赤眼蜂的繁殖与释放方法，总结了一套赤眼蜂繁育新技术。在广西壮族自治区林业科学研究院建立赤眼蜂繁殖中心示范点 1 个，面积 500m²，包括中间寄主米蛾养殖场地 300m²、赤眼蜂接种室 200m²，繁育赤眼蜂 6000 多万头。应用赤眼蜂防治红树林、油茶和珍贵树种的主要害虫 2000 多亩。利用无人机释放赤眼蜂，提高了防治效率。

（13）叶用枸杞'宁杞 9 号'产业化示范

宁夏林业研究院股份有限公司、国家林业和草原局枸杞工程技术研究中心应用授权植物新品种'宁杞 9 号'，开展叶用枸杞新品种种苗繁育、绿色高效栽培、水肥一体化精准施肥、标准化产品采收管理等技术熟化与示范，形成了叶用枸杞高效栽培技术体系。在宁夏永宁、陕西杨凌建立叶用枸杞'宁杞 9 号'标准化栽培示范基地 2131 亩，种苗定植成活率达 93% 以上，建园当年产量达 300kg/亩以上，第二年平均产量达 600kg/亩以上。叶用枸杞'宁杞 9 号'在山西朔州、南京江陵等地授权转化应用，自主开发的森淼天精菜鲜菜、即食芽菜、芽茶、芽菜饼干、芽菜面等系列新产品，已进入市场销售。编写了《叶用枸杞'宁杞 9 号'高效繁育与栽培技术手册》，授权实用新型专利 3 项。

（14）**降低发病率、提高收益的核桃棉花间作专利技术示范**

新疆林业科学院经济林研究所应用"一种降低发病率、提高收益的核桃棉花间作方法"（ZL201410248677.7）发明专利技术，进行产业化技术示范。通过打防水圈、建保护带、核桃优良品种改接、降低棉花播种密度等综合配套技术，降低了有害生物危害，提高了产量，提升了核桃品质。在新疆麦盖提县库木库萨尔乡铁米热克村1小队建立示范区500亩，经测产，核桃亩产由项目实施前的96kg提高到118kg，平均增产22kg/亩。棉花籽棉产量由实施前213kg/亩提高到218.3kg/亩，平均增产5.3kg/亩。

（15）**木本油料高效制油及其能源化利用关键技术示范**

湖南省林业科学院应用"一种低温螺旋榨油机"（ZL201510210808.7）、"一种提高油脂与低碳醇酯交换反应速率的方法以及组合物"（ZL200810143436.0）、"一种正丁醇研磨同步提取油脂与高附加值产品的工艺"（ZL201210307888.4）3项发明专利技术，进行技术熟化和中试示范，以压榨茶籽饼为原料进行微乳化萃取，建立了正丁醇-水复合溶剂同步萃取油脂/皂素/磷脂工艺，实现茶籽饼中油的萃取率达到90%以上，经检测饼粕残油率为0.44%。创制多级萃取装备、闪式高效提取等两套核心装备，搭建了微乳液同步萃取油和高附加值组分示范成套装置，在湖南省林业科技示范园进行中试示范，处理能力分别为120kg/h、100L/批次。专利技术在湖南奇异生物科技有限公司推广应用，油茶籽（饼）年加工能力为1万t。申报发明专利1项。（龚玉梅、王忠明）

促进林业授权植物新品种转化应用

授权植物新品种转化应用是展示新品种生产潜力、发挥新品种效益的重要途径。促进植物品种权的转化运用，防止植物新品种"闲置"，是促进林业发展和保障育种人权益的基础。

1. 植物新品种权转化应用调研

5月13日，国家林业和草原局科技发展中心（植物新品种保护办公室）参加了在北京市延庆举办的"2018国际（延庆）植物新品种保护与维权论坛"，国内外的新品种育种商、品种权人、律师及新品种权管理公司代表等80余人聚集一堂，以"新时代新品种保护的新路径"为主题，展开了交流和研讨。介绍了林业植物新品种保护的最新进展和有关新的政策情况，对植物新品种转化应用起到了推动作用。

国家林业和草原局科技发展中心到江苏、浙江、湖南、云南、中国林业科学研究院、北京林业大学等地和有关单位进行调研，指导植物新品种转化应用工作。

2. 植物新品种转化成效显著

2018年，福建连城兰花股份有限公司、国家林业和草原局泡桐研究开发中心、北京林业大学、江苏省农业科学院、江西齐云山食品有限公司、金华市永根杜鹃花培育有限公司、棕榈生态城镇发展股份有限公司、河北省林业科学研究院、石家庄市绿缘达园林工程有限公司、宁夏农林科学院枸杞工程技术研究所（国家枸杞工程技术研究中心）等10多个品种权人单位（企业），累计推广了茶花、松树、桉树、刺槐、油茶、杨树等85个授权植物新品种。据中国林业科学研究院统计，种植面积约1200万亩，累计经济效益可达 774 亿元。可以看出，授权品种的应用，不仅使人们生活更加美好，同时有效带动了生态脱贫、劳动就业，促进产业发展，壮大了自主知识产权的民族种苗业。

3. 授权植物新品种权拍卖——第三届植物新品种拍卖会成交 2768 万元

授权植物新品种权拍卖，对植物新品种的转化应用起到了积极的推动和示范作用。2018 年 3 月 31 日，第三届中国（国际）植物新品种新技术拍卖会在河北保定举办，落槌成交金额达 2768 万元。此次拍卖会由中国野生植物保护协会植物新品种分会、广东省园林植物创新促进会、国家花卉工程技术研究中心主办，北京棕科植物新品种权管理有限公司、保定筑邦园林景观工程有限公司承办，共有 43 家单位提供了 88 个（项）植物新优品种及新技术，共计 166 个拍卖标的参与竞拍。不同标的起拍价从数万元到数百万元不等，最高的一个品种权转让标的起拍价更是高达 2000 万元。拍卖标的设计形式丰富多样，除了品种权转让外，还有区域授权经销权、区域许可繁殖、无扩繁权的苗木现货、全国许可扩繁、苗木定购、独占许可等，可以满足不同竞拍者的需求。在 166 个拍卖标的中，最终落槌成交的共有 51 个。其中，大多数为授权经销、区域许可繁殖、苗木现货等。由品种权人北京林业大学、辽宁思路文冠果业科技开发有限公司提供的 18 个文冠果生产权、销售权转让拍卖标的全部成交，成为当天拍卖会上的最大亮点。来自全国各地的 200 多位业内人士参加了本届拍卖会，并就新时代植物新品种保护与推广等相关话题展开研讨。

4. 植物新品种权转让

国家林业和草原局植物新品种保护办公室发布的《林业植物新品种保护公告》（第 201805 号）涉及 3 个植物新品种权转让，嘉汉林业(广州)有限公司的 2 个桉属新品种'普桉 1 号''普桉 2 号'转让给新汉林业投资（中国）有限公司；江苏省中国科学院植物研究所的落羽杉属新品种'中山杉 703'转让给江苏恒诺园林建设有限公司。授权新品种的市场潜力越来越大。（王琦、杨玉林）

执法保护

加强林业植物新品种权行政执法工作

1. 参加全国打击侵权假冒工作现场考核

按照全国打击侵犯知识产权和制售假冒伪劣商品领导小组办公室（以下简称"双打办"）的部署，国家林业和草原局参加全国打击侵权假冒工作现场考核工作组，分别对天津、内蒙古进行了检查，现场打分，并已向全国"双打办"正式汇报，顺利完成了考核任务。

2. 组织开展打击侵犯林业植物新品种权专项行动

为了落实《国务院关于新形势下加强打击侵犯知识产权和制售假冒伪劣商品工作的意见》（国发〔2017〕14号），下发了《国家林业局科技发展中心关于继续组织开展植物新品种保护行政执法专项行动的通知》（林技执字〔2018〕8号），组织全国林业系统打击未经品种权人许可，生产或者销售林业授权品种的繁殖材料、假冒林业授权品种的行为，以及销售林业授权品种时未使用其注册登记名称的行为。尤其要对各种林木、花卉博览会、交易会等进行检查，按照有关法律、法规，严格查处有关违法行为，净化交易市场。

专项行动期限为2018年5~11月。要求各省（自治区、直辖市）林业主管部门要高度重视植物新品种权行政执法工作，切实加强领导，抓好措施落实。要与本地打击侵犯知识产权和制售假冒伪劣商品工作牵头部门沟通协调，将打击侵犯植物新品种权工作纳入地方"双打"工作方案。同时积极进行宣传，追踪报道，形成打击侵犯植物新品种权的强大态势，集中打击侵犯植物新品种权行为，切实保护品种权人和林农的合法权益，积极引导全社会合法使用授权植物新品种，推动林业现代化发展。

3. 组织全国林业系统植物新品种行政执法工作评分活动

为了配合全国"双打办"做好打击侵犯林业植物新品种权行为，进一步讨论完善了考核各省份打击林业植物新品种权工作考核体系，力求完整、准确地评价各地"双打"情况，有效促进保护林业品种权工作。按照全国"双打办"《关于开展 2017 年度省（区、市）打击侵犯知识产权和制售假冒伪劣商品违法犯罪活动绩效考核的通知》，国家林业和草原局科技发展中心根据各省（自治区、直辖市）报送的 2017 年度林业植物新品种行政执法材料进行了部门考核打分。

4. 举办全国林业植物新品种行政执法培训班

2018 年 12 月 4~7 日在浙江杭州举办了全国林业植物新品种行政执法培训班。各省林业系统行政执法人员、国家林业和草原局科技发展中心、林业测试机构技术人员等 100 多人参加了培训班。培训班就《中华人民共和国种子法》《中华人民共和国植物新品种保护条例》《林业植物新品种保护行政执法办法》以及全国"双打"总体部署等进行了培训，各省林业系统进行了行政执法工作交流。

5. 指导品种权人积极维权，营造较好的市场氛围

仔细解答品种权人的各种维权咨询，认真解释《中华人民共和国植物新品种保护条例》《中华人民共和国植物新品种保护条例实施细则（林业部分）》及《林业植物新品种保护行政执法办法》的有关规定，指导利害关系人积极维权。同时，对各省林业部门在实施《林业植物新品种保护行政执法办法》过程中的疑问及时解答，认真指导，努力促进各地营造良好的新品种市场氛围。（周建仁）

开展林业植物新品种权行政执法试点

林业植物新品种权行政执法试点的目的是探索建立行政执法长效机制，推动试点地区建立品种权行政执法信息平台，促进新品种权行政执法与刑事司法的衔接，实现数据共享和协调配合。

2018 年对已开展行政执法试点的河北省、陕西省和山东省进行具体工作指导，使这些省在行政执法体系建设、打击严重侵权案件、提高公众意识等方面取得了新的进展；加强了植物新品种权行政执法能力建设和宣传培训工作，加大了植物新品种保护执法力度，形成打击侵犯植物新品种权的强大态势，有效保护了育种者的合法权益；增强了全社会的植物新品种保护意识，共同营造了有利于植物新品种保护的法治环境。今后，将进一步督促试点单位完善执法机构，提高执法能力，健全规章制度，有效打击植物新品种权侵权行为，净化品种权交易市场。（周建仁）

宣传培训

开展2018年全国林业知识产权宣传周活动

2018 年 4 月 20～26 日是全国知识产权宣传周，主题为"倡导创新文化　尊重知识产权"。2018 年 4 月 26 日是第 18 个世界知识产权宣传日。为加强林业知识产权宣传普及，提升全社会的知识产权意识，根据全国知识产权宣传周活动组委会的统一部署，国家林业和草原局于 2018 年 4 月 20 日正式启动了全国林业知识产权宣传周系列活动。在宣传周期间，国家林业和草原局科技发展中心与有关司局和单位配合，通过媒体集中报道、出版科技图书、举办培训和座谈会等活动，向公众普及和宣传林业知识产权知识，展示林业实施知识产权战略取得的新进展、新成就。

国家林业和草原局科技发展中心以中国林业网（国家林业和草原局政府网）、中国林业知识产权网、林业专业知识服务系统、《中国绿色时报》等媒体为载体，采取多种形式宣传了林业知识产权知识，其中突出宣传了《国务院关于新形势下加快知识产权强国建设的若干意见》《国家林业局贯彻实施〈国家知识产权战略纲要〉的指导意见》和《全国林业知识产权事业发展规划（2013—2020 年)》以及中国在提升知识产权质量方面的政策和举措，重点宣传了林业发明专利、植物新品种权等高质量的知识产权在推进生态文明和美丽中国建设中的显著成效。开通了"2018 林业知识产权宣传周"网站，图文并茂地展示林业知识产权成果和最新进展，营造了有利于林业知识产权创造、保护和运用的良好氛围。

国家林业和草原局科技发展中心制定了林业知识产权宣传周活动方案，2018 年 4 月 26 日在《中国绿色时报》发表专栏文章《提升核心竞争力，林业知识产权都贡献了啥？》，全面介绍了 2017 年林业知识产权的工作进展和成就，扩大了林业知识产权的影响力。同时编辑出版了《2017 中国林业知识产权年度报告》《中国林业植物授权新品种（2017)》和《木塑复合材料专利分析报告》3 种图书，编印《林业知识产权动态》。

进一步完善了林业知识产权数据库,开展了林业知识产权信息咨询和预警服务,提高了林业知识产权信息资源的利用效率和服务水平,提倡全行业树立"尊重知识、崇尚创新、诚信守法"的知识产权文化理念,引导全行业从注重林业知识产权的数量向注重知识产权的质量、价值和效益转变。

按照国家林业和草原局部署,中国林业科学研究院、国际竹藤中心等直属单位也结合自身特点和需求,开展了知识产权宣传周活动。(龚玉梅)

林业系统知识产权先进集体和个人获表彰

为表彰先进,树立典型,进一步推动新时代国家知识产权战略实施和知识产权强国建设取得更大成绩。2018 年 6 月 22 日,国务院知识产权战略实施工作部际联席会议办公室印发了《关于表彰国家知识产权战略实施工作先进集体和先进个人的决定》(国知战联办〔2018〕18 号),对 100 个国家知识产权战略实施工作先进集体和 100 名先进个人进行表彰。国际竹藤中心科技处、湖南省林业厅科学技术与国际合作处荣获"国家知识产权战略实施工作先进集体"荣誉称号,国家林业和草原局科技发展中心龚玉梅荣获"国家知识产权战略实施工作先进个人"荣誉称号。(王地利)

出版《2017中国林业知识产权年度报告》

为实施国家知识产权战略,推进林业知识产权工作,全面总结 2017 年林业知识产权工作的主要进展和成果,国家林业局科技发展中心和国家林业局知识产权研究中心编写的《2017 中国林业知识产权年度报告》于 2018 年 4 月 20 日正式出版。

报告指出,2017 年,国家林业局深入学习贯彻党的十九大精神和习近平新时代中国特色社会主义思想,按照"四个全面"战略布局和"五大发展理念"的总体要求,全面推进林业知识产权工作,为提升林业自主创新能力、加快林业发展方式转变、提高林业核心竞争力提供了有力支撑和引领,林业知识产权工作取得新成绩,获得新突破,迈上新台阶。2017 年,国家林业局植物新品种保护办公室与欧盟植物新品种保护办公室(CPVO)在北京签署合作协议,组织开展了《国家知识产权战略纲要》实施 10 年林业评估工作,实施了《2017 年加快建设知识产权强国林业推进计划》,推进了全国核桃遗传资源调查编目进程,引导林业专利技术及优良新品种转化应用,组织开展了 2017 年全国林业知识产权宣传周系列活动,加强了林业植物新品种权行政执法工作。对全国 31 个省(自治区、直辖市)、黑龙江省森林工业总局、大兴安岭林业集团公司、内蒙古大兴安岭重点国有林管理局、吉林森工集团和长白山森工集团的林业知识产权工作进行了总结和展示。

2017 年,国家林业局植物新品种保护办公室共受理国内外植物新品种权申请 623 件,授予植物新品种权 160 件,国家知识产权局中国专利数据库公开的林业相关专利共计 65260 件，其中林业科研院所的专利公开量为 1282 件，林业高等院校的专利公开量为 4582 件。有 3 项林业发明专利荣获第十九届中国专利优秀奖。

随着林业自主创新能力的不断增强，林业植物新品种权和林业专利、林产品地理标志、版权数量稳步增长，质量明显提升，知识产权对现代林业发展的支撑作用日益凸显。截至 2017 年底：林业植物新品种申请量 2811 件，授权量 1358 件；林业相关专利公开量 351705 件，其中发明专利 194005 件；林业科研院所专利公开量 6820 件，其中发明专利 5043 件；林业高等院校专利公开量 23903 件，其中发明专利 15128 件；林产品地理标志 941 件；林业软件著作权 6098 项。

报告全面总结了 2017 年林业知识产权工作的主要进展和成果，旨在通过对一年来林业知识产权工作主要进展和成果展示，让更多的人了解、关心和支持林业知识产权工作，共同推进林业知识产权的创造、运用、保护和管理，为全面提升新时代林业现代化建设水平提供有力支撑。（刘婕）

出版《中国林业植物授权新品种（2017）》

植物新品种保护制度的实施大幅提升了社会对植物品种权的保护意识，同时带来了林业植物新品种的大量涌现，这些新品种已在我国林业生产建设中发挥重要作用。截至 2017 年底，国家林业局共受理国内外林业植物新品种申请 2811 件，其中国内申请 2324 件，占总申请量的 82.7%；国外申请 487 件，占 17.3%。共授予植物新品种权 1358 件，其中国内申请授权数量 1170 件，占 86.2%；国外申请授权数量 188 件，占 13.8%。在授权的植物种类中，观赏植物 879 件，占 64.7%；林木 273 件，占 20.1%；果树 129 件，占 9.5%；木质藤本 8 件，占 0.6%；竹子 7 件，占 0.5%；其他植物 62 件，占 4.6%。其中 2017 年共受理国内外林业植物新品种申请 623 件，授权 160 件。这充分表明，林业植物新品种权的申请和授权数量在大幅增加，林业植物新品种保护事业已经进入快速发展时期。

为了方便生产单位和广大林农获取信息，更好地为发展生态林业、民生林业和建设美丽中国服务，国家林业局植物新品种保护办公室将 2017 年授权的 160 个林业植物新品种进行整理，编辑出版了《中国林业植物授权新品种（2017）》一书。该书的出版，能在生产单位、林农和品种权人之间架起沟通的桥梁，使生产者能够获得所需的新品种，在推广和应用中取得更大的经济效益，同时，品种权人的合法权益能够得到有效的保护，获得相应的经济回报，使林业植物新品种在发展现代林业、建设生态文明、推动科学发展中发挥更大作用。（张慕博）

出版《木塑复合材料专利分析报告》

2018 年 4 月，国家林业局知识产权研究中心编著的《木塑复合材料专利分析报告》

由中国林业出版社出版发行。

木塑复合材料是一种绿色环保的新兴材料，主要生产工艺是将木粉或竹粉等木质纤维材料与热塑性塑料混合，经过造粒设备制成木塑复合材料粒料，再经过挤出或者热压等手段制成不同规格、不同形状的产品。木塑复合材料产品充分体现了可再生资源的有效利用和石油产品的循环利用，对缓解木材与石油资源紧缺以及环境污染问题有非常重要的意义。

报告全面收集了截至 2017 年 11 月 10 日的全球木塑复合材料专利文献 2917 件，并对这些文献进行了数据整理和分类标引，对木塑复合材料的各类专利技术进行了深入而全面的分析。专利分析包括发展趋势分析、申请受理国分析、国家技术实力分析、申请人分析、发明人分析、法律状态分析、文本聚类分析、引证分析、同族分析等。木塑复合材料相关技术自 20 世纪 60 年代中期出现以来，已有了 50 多年的发展历程，国外研究木塑复合材料相关技术起步较早，而国内相对稍晚。近年来，全球木塑复合材料相关技术专利量迅速增加，成为现在的研究热点。分析结果表明，全球木塑复合材料相关技术的专利受理十分集中，主要在中国、美国、韩国和日本，其中中国专利受理量占全球总量的 75.21%。从优先权量来看，排名前 5 位的分别是中国、美国、韩国、德国、日本，其中中国优先权专利量占全球总量的 74.01%。在全球排名前 26 位的专利申请人中，中国有 12 个、德国有 2 个、美国有 6 个、韩国有 4 个、荷兰和马耳他各 1 个。排名第一位的是中国的东北林业大学，其全球专利文献总量为 112 件，占全球专利总量的 3.84%，其中海外专利 1 件；排名第二位的是韩国的乐金华奥斯株式会社，其全球专利文献总量为 51 件，占全球专利总量的 1.75%，其中海外专利 32 件，主要布局在中国、欧洲、美国和日本。

报告分析了全球木塑复合材料技术的基本情况、主要竞争对手和发展趋势，为国内木塑复合材料行业了解国际竞争态势，掌握主要竞争对手的技术发展现状和方向提供数据支撑。报告对我国政府和企业如何开展木塑复合材料自主创新提出了建议，这些建议来自于客观数据的分析结果，具有十分重要的指导意义。（付贺龙）

出版《木地板锁扣技术专利分析报告（2017）》

2018 年 12 月，国家林业局知识产权研究中心编著的《木地板锁扣技术专利分析报告（2017）》由中国林业出版社出版发行。

地板锁扣技术是木地板行业的核心技术之一，也是容易引发专利纠纷的技术点。2005 年木地板锁扣美国 337 调查对中国木地板行业造成了沉重的打击。锁扣技术起源于欧洲，其核心技术主要掌握在比利时的 UNILIN 和瑞典的 VALINGE 两家欧洲企业手中。目前，中国地板企业若要顺利进入全球市场，必须缴纳高昂的技术专利费才能参与全球地板市场竞争。锁扣技术自主知识产权的缺失，成为中国地板企业进军国际市场的最大瓶颈。

本研究以专利为切入点，对全球范围内的木地板锁扣技术专利进行分析，为了使得分析更加深入，从木地板锁扣的锁扣结构、插接方式和槽榫层数 3 个方面进行分类分析。全球木地板锁扣技术专利文献采集的数据来源是德温特世界专利索引数据库（Derwent World Patents Index，DWPI），采集日期为 2018 年 1 月 25 日。分析工具采用 Derwent Innovation（DI）、Derwent Data Analyzer（DDA）、智慧芽专利分析系统和开源免费的网络分析软件 Gephi，通过定量与定性相结合的分析方法，从专利角度揭示国际木地板锁扣技术的现状和发展趋势。分析内容主要包括：技术生命周期分析、发展趋势分析、国家技术实力分析、主要竞争对手分析、专利引证分析、技术侧重点分析、技术多维关联分析等。

研究结果表明，木地板锁扣技术始于 20 世纪 90 年代初，经过 20 多年的发展，目前技术发展速度有所放缓，但仍处于技术发展期，每年的专利申请人和专利申请量都很多，竞争十分激烈。基于锁扣技术基础专利的外围专利迅速发展，新加入锁扣行业的企业也较多。木地板锁扣技术主要掌握在欧洲企业手中，特别是比利时的 UNILIN、瑞典的 VALINGE 和瑞典的 PERGO，这 3 家企业占有全球锁扣技术专利总量的近一半（47.37%），且在中国、美国等主要锁扣技术市场布局了大量专利。这 3 家企业的木地板锁扣专利研发具有较好的持续性，近 5 年来研发活动仍然十分活跃，特别是 VAELINGE 公司。近年来，木地板锁扣技术领域出现了一些新的较强竞争者并在全球木地板锁扣技术市场形成了一定影响，锁扣专利研发的国家不再是欧洲垄断模式，而是逐渐呈现多样化，但欧洲企业仍占据主导地位。这些新的锁扣领域的较强竞争者包括荷兰 INNOVATIONS 4 FLOORING HOLDING NV 公司、澳大利亚 INOTEC GLOBAL LTD 公司和美国 US FLOORS INC 公司，它们均是 2010 年前后才进入木地板锁扣技术领域的，属于这个领域的新兴企业。中国锁扣技术实力近年来增长较快，但与欧洲国家相比技术实力差距仍然很大，尤其是缺乏技术力量雄厚的大型企业。此外，中国锁扣技术主要局限于本土，海外专利布局很少，与欧洲和美国相比处于明显的专利逆差地位。在中国获得木地板锁扣技术发明授权的专利权人以国外企业为主，占发明授权总量的 84.34%，特别是瑞典的 VALINGE 和比利时的 UNILIN，他们在中国拥有的木地板锁扣技术发明授权量遥遥领先于其他专利权人。

对全球范围内的锁扣技术进行专利分析，能够全面掌握锁扣技术的发展趋势，摸清锁扣技术专利的全球分布，了解主要竞争对手的最新动向，发掘核心技术和关键技术点，使我国木地板行业的相关企业对地板锁扣技术的竞争环境有一个较为全面和客观的认识，有效地根据企业自身情况进行技术创新与合作，增强企业国际竞争力。（马文君）

编印《林业知识产权动态》

为加强林业知识产权信息服务工作，跟踪国内外林业知识产权动态，实时监测和分析林业行业相关领域的专利动态变化，为国际履约和谈判提供信息支撑，2018 年编印了《林业知识产权动态》6 期，全年共发表动态信息 40 篇，政策探讨论文 6 篇，研究综述报告 6 篇，统计分析报告 6 篇。

《林业知识产权动态》是国家林业和草原局科技发展中心主办，国家林业和草原局知识产权研究中心承办的内部刊物，旨在跟踪国内外林业知识产权动态、政策、学术前沿和研究进展，通过组织专家进行信息采集、分析、翻译和编辑整理，对世界各国的林业知识产权现状及相关政策进行深入解读，提供林业知识产权信息服务。该刊为双月刊，每期20页，设有动态信息、政策探讨、研究综述、统计分析4个栏目，内容包括：各国林业知识产权动态、相关法律法规、国际履约相关问题研究、各国专利、植物新品种和生物遗传资源研究进展、林业重点领域专利分析研究、知识产权信息统计分析等。读者对象为知识产权相关的管理、科研、教学和企业人员。（马文君）

加强林业植物新品种保护宣传和培训

为宣传普及林业植物新品种保护知识，提高育种人员和公众对植物新品种保护制度的认知水平，国家林业和草原局科技发展中心（植物新品种保护办公室）印制了《如何认识植物新品种》彩色宣传册，面向林业科研单位和社会公开发放。该宣传册涵盖了什么是植物新品种、植物新品种与良种的区别、林业植物新品种申报程序、植物新品种品种权人权益等内容，便于各级林业主管人员，广大林业科技工作者，特别是林业科研院所、大专院校和一线科研育种人员，以及林业种苗生产企业了解掌握，以利于激励育种者培育更多的新品种，更加积极地促进植物新品种知识产权保护，更加积极地推广应用优良新品种，形成尊重知识产权、保护知识产权的良好氛围，推动创新驱动发展战略深入实施，为发展民族种业和建设现代林业提供有力支撑。宣传册还印有林业植物新品种保护网站二维码及科技中心（新品办）联系方式，方便植物新品种申请人详细了解、查询林业植物新品种保护的法律法规、国际公约及相关知识，下载申请表格，为申请人提供更便捷、完善的服务。

2018年1月7～10日，2018植物新品种保护国际研讨会在杭州隆重召开。来自东亚植物新品种保护论坛（EAPVPF）成员国和UPOV成员国的PVP管理官员、植物育种者、行业协会负责人、企业家代表等与国内同行一起，共同探讨植物新品种保护问题。本次大会由国家林业局植物新品种保护办公室提供指导，国家林木种质资源共享服务平台、东亚植物新品种保护论坛、中国野生植物保护协会植物新品种分会主办，杭州市园林绿化股份有限公司承办，浙江理工大学风景园林系协办。会议分为实地参观考察、植物新品种选育与测试技术研讨会、植物新品种保护制度研讨会3个议程。在植物新品种选育与测试技术研讨会和植物新品种保护制度研讨会上，来自中国、美国、荷兰、日本、印度、越南等国家的政府官员、育种人、业界专家、企业代表等分别就国际植物新品种保护的最新进展、面临的机遇与挑战、各国PVP体系最新进展、DUS测试、植物新品种培育及产业发展趋势等进行了热烈探讨。虽然不同国籍、不同语言、不同肤色，但大家的目标是一致的，那就是通过不断健全法律法规，加强行业自律，普及公众意识，最大限度地保护育种者的权益，推动植物新品种研发工作的开展，加大植物新品种的市场推广力度，不断提升行业的创新能力，共同推动植物新品种保护工作的开展。植物不分国界，植物新品种保护是一项国际化、全球化的工作，因此，只有不断加强国际合作，打通国际壁垒，求同存异，取长补短，才能推动植物新品种保护工作做得更好。在论坛交流环节，与会专家、学者纷纷畅所欲言，就观赏植物、林木 DUS 测试，植物新品种注册和市场销售名称、植物新品种权申请时间、侵权证据鉴别等问题进行互动交流，观点碰撞，激荡出更多的新思想、新理念。

为了推进林业植物新品种保护工作，提高新品种管理水平，2018 年 9 月 5~7 日国家林业和草原局科技发展中心在西安举办了林业植物新品种保护培训班。各省（自治区、直辖市）林业厅（局）、林业高等院校、科研院所和企业代表共 110 人参加了培训。培训班邀请了南京林业大学教授施季森等专家做育种创新新技术等专题讲座，国家林业和草原局科技发展中心新品种保护处人员介绍了相关法律法规和要求。培训班的内容安排翔实丰富，创造了良好的互动环境，进行了充分的交流与讨论。

2018 年 12 月 27 日，2018 新时代植物新品种保护高端论坛暨植物新品种申请与保护培训班在浙江海宁举办，由中国野生植物保护协会植物新品种分会、国家林木种质资源共享服务平台共同主办，浙江森城实业有限公司承办。会议邀请了美国佐治亚大学张冬林教授、新西兰玉兰育种专家 Vance Hooper、肯尼亚卫理公会大学 Ephraim Njoroge Wachira 教授和日本农林水产省 Kazunari Horiguchi 先生 4 位国外专家，国家林业和草原局科技发展中心、南京农业大学、北京林业大学等国内 10 多位专家进行了论坛报告和培训。来自全国各地的 160 余位专家、学者、育种人参加了此次论坛和培训活动。（王琦、杨玉林）

举办植物新品种DUS测试技术国际培训班

为提升林业植物新品种 DUS 测试技术水平，加强测试人员技术交流，尽快提升我国植物新品种保护水平，根据国家林业和草原局植物新品种保护办公室与欧盟植物新品种保护办公室（CPVO）签订的合作协议，2018 年 9 月 11~16 日，CPVO 技术部主任格哈德一行 5 人，包括 1 位荷兰园艺检测总署、2 位法国国家品种与种子检测中心、1 位美国植物新品种保护办公室的专家来华，就观赏植物特异性、一致性和稳定性（DUS）测试技术和管理经验进行交流。外方专家分享了欧盟、美国的植物新品种保护最新进展，介绍了欧盟、美国的植物新品种保护制度、审查管理信息系统、审查部门质量管理、DUS 测试基础、观赏植物 DUS 测试技术、DNA 技术在 DUS 测试中的应用等，并在国家林业和草原局一品红测试站对林业测试人员进行了现场培训。CPVO 专家还考察了国家林业和草原局设在中国林业科学研究院亚热带林业研究所的山茶测试站，就测试站的建设、山茶新品种测试进行了技术指导。

2018 年 9 月 11~14 日，在上海由农业农村部和国家林业和草原局科技发展中心联合举办了"植物新品种 DUS 测试技术国际培训班"，上海市农业科学院和上海市林业总站承办，来自全国农林业植物新品种测试分中心、实验室、专业测试站 80 多名代表参加了此次培训，14 日在上海市林业总站九亭基地进行了现场教学实践。来自欧盟植物新品种保护办公室（CPVO）技术处、荷兰园艺检测总署、法国国家品种与种子检测中心、法国育种和品种检测研究中心的 4 名 DUS 测试专家现场指导。参观了国家林业和草原局一品红和绣球资源圃，现场交流了品种资源收集和保存方面的经验。4 位欧盟专家以绣球为例进行现场 DUS 测试指导。培训班的举办将有利于提升国内林业植物 DUS 测试技术水平，进一步提高各 DUS 测试站的测试能力。

2018 年 9 月 13 日，正值植物品种测试技术国际培训班召开之际，为应对植物新品种申请量大幅增加的新形势，在上海举办了林业植物新品种测试方案座谈会，来自各林业植物新品种测试分中心、实验室和专业测试站的 20 多名专家参加了会议。座谈会上介绍了欧盟新品种保护体系及新西兰、法国植物新品种保护情况，新品种专家现场审查流程等，测试人员就 DUS 测试试验材料的种植和试验设计等问题的解决方案进行了热烈探讨。针对如何高效开展植物新品种保护工作，国家林业和草原局植物新品种保护办公室将完善林业植物新品种测试工作的思路和对策，进一步加大审查测试工作力度，重点是在文件审查、测试机构集中测试、专家现场审查的基础上，大力推进专家指导下申请人自测的方式，以提高林业新品种测试效率，满足广大育种者申请品种权的需求。各测试机构应加强已知品种数据库的建设，坚持现场实审原则，重视测试指南、DUS 测试操作规程、指导申请人自测试和审查其自测试结果操作手册的编制工作。（王琦、杨玉林）

加强林业知识产权宣传和媒体报道

2018 年 4 月 28～31 日，国家林业和草原局科技发展中心、在湖南长沙举办了全国林业知识产权保护与管理培训班，各省区市林业厅（局）、林业高等院校、科研院所和知识产权试点单位代表 60 人参加了培训。

2018 年充分利用报刊、电视和网络等媒体以及科普平台，结合世界知识产权日、知识产权保护宣传周等，多渠道、多层次扩大林业知识产权动态、政策法规、创新成果和典型案例的宣传面和普及率，积极培育尊重知识、崇尚创新、诚信守法的知识产权文化，营造有利于林业知识产权创造、保护和运用的良好氛围，提高了林业行业的知识产权保护意识，形成了全社会关注和支持林业知识产权工作的文化环境。全年在中国政府网、国家林业和草原局政府网、国家知识产权网、中国林业知识产权网、中国林业信息网、林业专业知识服务系统、中国林业植物新品种保护网等主要网站登载或转载有关林业知识产权的报道 250 多篇；在《中国绿色时报》和《中国知识产权报》上发表林业知识产权重点报道 35 篇（表 4）。2018 年重点报道包括：《中国知识产权报》7 月 31 日刊发的《植物新品种该如何保护？》，8 月 7 日刊发的《国家林业和草原局完善侵犯知识产权行政处罚案件信息公开工作》，12 月 21 日刊发的《加强地理标志保护正当时》；《中国绿色时报》4 月 3 日刊发的《第三届植物新品种拍卖会成交 2768 万元》，4 月 26 日刊发的《提升核心竞争力，林业知识产权都贡献了啥？》，7 月 17 日刊发的《陕西打击林业植物新品种侵权行为》，8 月 28 日刊发的《多方发力保护植物新品种》，12 月 18 日刊发的《保护野生植物资源　建设美丽中国家园》等。（龚玉梅、付贺龙）

表4 主要媒体宣传报道林业知识产权

序号	标题	载体	报道日期
1	北林大^①成果首获中国专利优秀奖	中国绿色时报	20180104
2	20个切花月季新品种专利费下调	中国绿色时报	20180116
3	杭州植物园石蒜新品种获国际登录	中国绿色时报	20180123
4	国内新品种广阔市场尚待开发	中国绿色时报	20180206
5	植物新品种盛会将在雄安召开	中国绿色时报	20180227
6	雄安新品种拍卖会专家报告主题抢先看	中国绿色时报	20180327
7	第三届植物新品种拍卖会成交2768万元	中国绿色时报	20180403
8	北京植物园郁金香营造"秘密花园"	中国绿色时报	20180424
9	提升核心竞争力，林业知识产权都贡献了啥？	中国绿色时报	20180426
10	北京世园会植物新品种展示花园征集展品	中国绿色时报	20180515
11	地理标志商标成精准扶贫新抓手	中国知识产权报	20180522
12	武汉苦苣苔科新品种获国际认证	中国绿色时报	20180619
13	遂川油茶获地理标志商标	中国绿色时报	20180622
14	野生兰科植物亟待保护	中国绿色时报	20180629
15	云南：植物王国资源保护持续向好	中国绿色时报	20180704
16	绣球属DUS测试站通过能力评估	中国绿色时报	20180710
17	2018中国地理标志保护与发展论坛在京举行	中国知识产权报	20180713
18	陕西打击林业植物新品种侵权行为	中国绿色时报	20180717
19	植物新品种维权的三大关键词	中国绿色时报	20180724
20	国家林业和草原局关于印发《国家林业和草原局公开制售假冒伪劣商品和侵犯知识产权行政处罚案件信息工作实施细则》的通知	中国知识产权报	20180730
21	植物新品种该如何保护？	中国知识产权报	20180731
22	国家林业和草原局完善侵犯知识产权行政处罚案件信息公开工作	中国知识产权报	20180807
23	多方发力保护植物新品种	中国绿色时报	20180828
24	贵州确定2018年地理标志产品产业化促进项目	中国知识产权报	20180906
25	四个芍药新品种获国际登录认证	中国绿色时报	20180911
26	全国产品防伪溯源验证平台启动地理标志保护产品进驻征集工作	中国知识产权报	20181012
27	广西柳州打击侵犯地理标志商标违法行为	中国知识产权报	20181016
28	解开紫荆属新品种培育应用的谜团	中国绿色时报	20181030
29	地理标志商标，打通精准扶贫"蜀道"	中国知识产权报	20181031
30	聊城引进近80个新品种改善树种结构	中国绿色时报	20181113
31	睡莲新品种'白玉'获国际登录	中国绿色时报	20181204
32	首届中国野生植物保护大会在烟台召开	中国绿色时报	20181213
33	保护野生植物资源 建设美丽中国家园	中国绿色时报	20181218
34	加强地理标志保护正当时	中国知识产权报	20181221
35	《中国地理标志品牌发展研究报告（2018）》正式发布	人民网	20181225

注：①全称为"北京林业大学"。

完善林业植物新品种测试体系

开展植物新品种 DUS 测试是植物新品种授权机关对申请品种进行实质审查的重要内容。通过建立、健全林业植物新品种保护的技术支撑体系，加快测试指南编制，完善已知品种数据库，加强测试机构的合理布局和条件能力建设，有效提高了审查测试能力。

1. 开展杜鹃花属、山茶、油茶、绣球属申请品种田间测试工作

为了进一步完善林业植物新品种测试体系，国家林业和草原局植物新品种保护办公室在原有对月季、一品红等申请品种进行测试的基础上，组织开展了杜鹃花属、山茶、油茶、绣球属申请品种田间测试工作，指导相关测试机构收集保存了杜鹃花属、山茶、油茶、绣球属的标准品种、已知品种，组织有关测试机构编制了《新品种 DUS 测试校对手册》《性状照片拍摄规范》《测试工作流程》等测试文件，并在"中国林业植物新品种保护网"上发布了启动杜鹃花属、山茶、油茶、绣球属申请品种进行田间测试的公告。

2. 林业植物新品种特异性、一致性、稳定性测试中近似品种确定规则

在 DUS（特异性、一致性、稳定性）测试中，近似品种的确定是测试的关键。为了规范近似品种的选择，从来源、流程、公示等方面进行了规范，努力减小误差，为科学、准确测试提供基础。组织专家编制了《林业植物新品种特异性、一致性、稳定性测试中近似品种确定规则》初稿。

3. 加强植物新品种测试指南编制和审定工作

植物新品种测试指南是对申请品种权的林木新品种进行技术审查和描述的技术标准，也是开展植物 DUS 测试的基础。按照国际植物新品种保护联盟（UPOV）对品种审查的要求，品种测试需依据相应的指南进行。2018 年，国家林业和草原局植物新品种保护办公室组织专家，对中国林业科学研究院林业研究所、北京林业大学等单位编制的金

合欢属、爬山虎属、女贞属、木瓜属、圆柏属、省藤属、杉木、银杏等11项测试指南进行了审定，正按程序办理发布报批手续。同时组织国内相关科研院所开展紫薇属、梓树属、紫藤属等10项测试指南的编制（修订）工作。2018年黄栌属测试指南以国家标准发布，银杏、木瓜属、圆柏属、杉木属4项测试指南以林业行业标准发布（表5）。

截至2018年底，共开展了147项林业植物新品种测试指南的编制工作，已完成了槐属、蔷薇属、桉属、枸杞属、榆属和崖柏属等52项测试指南标准的制定，分别以国家标准或行业标准发布，其中国家标准12项，林业行业标准40项，有效提高了授权质量和审查测试能力。

表5 2017—2018年发布的林业植物新品种DUS测试指南标准

序号	标准号	标准名称	发布日期
1	LY/T 2801-2017	植物新品种特异性、一致性、稳定性测试指南 桦属	20170605
2	LY/T 2802-2017	植物新品种特异性、一致性、稳定性测试指南 白蜡树属	20170605
3	LY/T 2803-2017	植物新品种特异性、一致性、稳定性测试指南 忍冬属	20170605
4	GB/T 35813-2018	植物新品种特异性、一致性、稳定性测试指南 黄栌属	20180206
5	LY/T 3000-2018	植物新品种特异性、一致性、稳定性测试指南 银杏	20181229
6	LY/T 3001-2018	植物新品种特异性、一致性、稳定性测试指南 木瓜属	20181229
7	LY/T 3002-2018	植物新品种特异性、一致性、稳定性测试指南 圆柏属	20181229
8	LY/T 3003-2018	植物新品种特异性、一致性、稳定性测试指南 杉木属	20181229

4. 开展申请品种的田间测试工作

按照品种权审查进度，及时下达品种测试任务，组织并指导测试机构开展测试工作。2018年组织并指导昆明月季测试站对98个月季品种进行田间测试工作，上海一品红测试站对4个一品红品种进行田间测试工作。严格按照测试指南和测试管理规定的要求进行测试，为这些申请品种的依法授权提供了科学的审查依据。

5. 开展测试指南编制相关技术研究

为了提高植物新品种保护水平，国家林业和草原局组织专家开展了测试指南编制技术研究、已知品种数据库建设情况调研、测试机构评估方法研究、欧美植物新品种保护体系比较研究等多方面研究工作，目的是通过研究促进林业植物新品种保护、测试和管理能力。委托中国林业科学研究院林业研究所开展了UPOV测试跟踪研究，通过调查国内研究基础，分析我国优势，同时研究UPOV测试指南制定趋势，编制我国拟争取承担UPOV测试指南的目录。

6. 品种DNA图谱数据库建设

开展植物新品种测试新技术开发应用和DNA快速检测方法等测试技术研究，加强了品种DNA图谱数据库建设，继续完善月季和牡丹品种DNA图谱数据库构建工作，旨在为植物新品种权的行政执法取证提供技术支撑。牡丹品种DNA指纹数据库：从500余个牡丹SSR标记中初步筛选出66对SSR引物，核心引物正在进一步筛选中。月季品种DNA指纹数据库：基于7对SSR核心引物，2018年度增加了200多个品种的数据。

目前，月季品种DNA指纹数据库包含的月季品种约600个，且全部来自月季品种DUS测试站。（周建仁、马梅）

建设林业知识产权基础数据库和共享平台

科技创新的基础是知识的积累、传播、运用和创新，专利文献和科学数据是提供知识和技术的源泉，是科技创新的基础。充分利用和整合国内外林业知识产权信息资源，建立林业知识产权数据库和公共信息服务平台将为林业科学研究和科技创新提供信息支撑。

1. 林业知识产权基础数据库建设

国家林业和草原局知识产权研究中心系统收集和整理了国内外与林业知识产权相关的主要科学数据和文献资料，构建了知识产权信息资源的组织、收集和整合建设机制，加大了林业知识产权信息资源的整合、专家知识的搜集和数据库建设力度，完善和建设了林业专利、植物新品种权、林产品地理标志、商标、著作权、林业知识产权动态、案例、文献、法律法规和资源导航等15个林业知识产权基础数据库（表6），2018年新增数据量10万条，累计数据量145万条。

表6　林业知识产权基础数据库

序号	资源名称	年份范围	记录数
1	中国林业专利全文库	1985—2018	438547
2	世界林业专利全文库	1939—2018	985129
3	林业授权植物新品种库	1999—2018	1763
4	林业植物新品种申请库	2013—2018	2633
5	中国林产品地理标志库	2001—2018	978
6	中国林业软件著作权库	2001—2018	7721
7	植物新品种测试指南库	2009—2018	52
8	中国知识产权法律法规库	1970—2018	531
9	国外知识产权法律法规库	1961—2018	275
10	知识产权转化运用项目库	2011—2018	60
11	中国专利奖林业项目库	2012—2018	21
12	林业知识产权相关论文库	1950—2018	5028
13	中国林业知识产权动态库	1980—2018	7721
14	国外林业知识产权动态库	1990—2018	427
15	林业知识产权学科资源库		164
合计			1451050

2. 中国林业知识产权网全新改版

充分利用林业专业知识服务系统丰富的国内外林业数据库资源，开发专题页面定制功能，通过后台配置与知识产权相关的关键词、学科分类和数据库资源等要素，实现专题数据的自动抽取和聚类，每日更新。可灵活配置专题页面的布局和样式，图文并茂地展示该专题的数据资源，实现了中国林业知识产权网的全新改版，资源整合和统一对外提供服务，为用户获取知识产权信息提供了支撑平台。国家林业和草原局知识产权研究中心网站、2018 年全国林业知识产权宣传周网站也同步改版（图 1）。

中国林业知识产权网主页

国家林业和草原局知识产权研究中心主页

2018年全国林业知识产权宣传周主页

图 1　全新改版后的网站主页

3. 林业知识产权网站运维管理

维护和管理了中国林业知识产权网（http://www.cfip.cn）和中国林业植物新品种保护网（http://www.cnpvp.net）。网上信息每日更新，免费使用，扩大了林业知识产权信息资源的共享途径和使用范围。2018 年网站的用户访问量超过了 10 万人次，网站提供全年不间断、安全、稳定的在线检索服务，提高了林业知识产权信息资源的利用效率和服务水平。开通了"2018 年全国林业知识产权宣传周"网站，采取多种形式宣传林业知识产权知识和林业植物新品种保护成效，图文并茂地展示林业知识产权成果和最新进展，进一步扩大了林业知识产权的影响。（王忠明）

国际合作

开展林业植物新品种履约与国际合作

国家林业和草原局认真履行《国际植物新品种保护公约》，派员参加了 2018 年 10 月 29 日至 11 月 2 日在瑞士日内瓦国际植物新品种保护联盟（UPOV）总部召开的 UPOV 年度会议，此次系列会议包括第五十四届技术委员会会议、第七十五届行政法律委员会会议、第九十五届顾问委员会会议和第五十二届理事会会议等。中国政府代表团由国家林业和草原局、国家知识产权局、农业农村部和中国林业科学研究院专家组成。UPOV 成员国、国际观赏植物和水果无性繁育育种者协会（CIOPORA）、国际园艺生产者协会（AIPH）、欧洲种子协会（ESA）等相关国际组织（UPOV 观察员）代表也参加了会议。中国政府代表团全程参加了会议，依据会议的内容和国际发展趋势，结合国内情况，了解 UPOV 发展动态、积极研读相关文件，跟踪行政、法律以及技术进展，在会上对相关提议进行了积极回应，特别是对 EDV 保护、增加俄语作为工作语言等提出了意见和建议。会议期间，代表团还参加了亚洲植物新品种保护区域合作研讨会，与亚洲其他参会国家代表、美国及欧洲国家代表，以及 UPOV 秘书处人员共同研讨了亚洲 PVP 的合作，履行了成员国责任，维护了中国林业植物新品种保护的国际地位和国家利益。

2018 年 4 月 27 日，国家林业和草原局植物新品种保护办公室在北京与来访的日本植物新品种保护代表团进行会谈，双方就植物新品种保护领域共同关心的问题以及相关合作事项深入交换了意见。双方简要回顾了在植物新品种保护方面的合作，包括人员互访、技术交流，以及推动东亚植物新品种保护论坛（EAPVP）等方面取得的进展。就测试指南编制、已知品种数据库构建、植物新品种网上电子申请、国际植物新品种保护联盟（UPOV）电子申请，以及新品种特异性、一致性和稳定性（DUS）审查方式、DNA 分子技术在品种鉴别上的应用等技术问题进行了交流和讨论。为促进中日植物新品种保护工作的合作，提升新品种保护水平，发挥两国在 UPOV 的更大作用，推动亚洲更多国家建立植物新品种保护制度，双方拟在建立沟通联络渠道、进行人员和技术信息交流、设立品种展示示范区、推进 EAPVP 发展等方面开展合作，待时机成熟时签署合作协议。

第十一届东亚植物新品种保护论坛于 2018 年 7 月 30 日至 8 月 3 日在菲律宾马尼拉召开。来自东亚植物新品种保护论坛（EAPVP）成员国以及中国、日本、韩国及国际植物新品种保护联盟（UPOV）、欧盟植物新品种保护办公室（CPVO）、法国植物新品种保护办公室、日本 JATAFF 咨询公司（EAPVP 秘书处挂靠机构）等机构的代表 60 余人参加了会议。与会代表交流了各自国家植物新品种保护领域的最新进展情况，讨论了第十届论坛会议以来取得的进展和本次会议之后拟开展的合作活动。国家林业和草原局科技发展中心（新品办）派员参加了论坛，并就林业植物新品种保护的最新进展作了报告。大会一致同意并确定由中国于 2019 年 4 月在北京举办第十二届东亚植物新品种保护论坛会议。

2018 年 8 月 29 日，国际观赏植物和水果无性繁育育种者协会（CIOPORA）副主席 Wendy Cashmore 一行 5 人来华访问，与国家林业和草原局植物新品种保护办公室、农业农村部有关部门在北京举办研讨会，就加强植物新品种保护有关问题深入进行研讨。回顾了国家林业和草原局与 CIOPORA 的合作，自 1997 年我国颁布《中华人民共和国植物新品种保护条例》以来，CIOPORA 于 1998 年就与国家林业局进行接触，帮助中国完善植物新品种保护制度。2006 年双方在北京联合举办了"亚洲植物育种者权益保护会议"。双方的良好合作，提升了中国植物新品种保护水平，扩大了中国植物新品种保护工作的影响力。此次研讨会，CIOPORA 对中国的植物新品种保护发展表示肯定，对取得申请量世界第一的成就表示祝贺，并介绍了国外玫瑰、苹果新品种的育种和开发情况，就我国植物育种者权利立法提出了意见和建议。双方就扩大保护名录、引入国外 DUS 测试报告、对实质派生品种进行保护、农民特权等重点议题进行了深入讨论和交流。（王琦、杨玉林）

开展林业生物遗传资源履约

在切实履行好《生物安全议定书》和《名古屋议定书》的同时，积极参加国际履约会议，争取话语权，维护国家权益，在中国主办国际会议和培训，增加中国的国际影响力。

2018 年 5 月 8~10 日，国家林业和草原局科技发展中心派员参加了在意大利罗马召开的联合国粮农组织（FAO）森林遗传资源政府间技术工作组第五次会议，中国政府代表团作为代表亚洲的技术工作组 5 个成员之一，与来自其他 24 个森林遗传资源政府间技术工作组成员国家的代表一起参加了会议。会议的主要议题有《森林遗传资源养护、可持续利用和开发全球行动计划》实施情况、森林遗传资源获取和利益分享、编写《第二份世界森林遗传资源状况报告》等。按照参会对案，积极参与到负责的议题讨论中，会后形成报告，并提出工作建议。（李启岭）

各地动态

北京市林业知识产权

1. 建立专项资金和专人负责知识产权机制

2017 年底开始，北京市园林绿化局由专人负责林木种苗知识产权行政执法工作，每年将林木种苗打假和林业植物新品种保护工作列为年度重点工作。2018 年划拨专项经费 60.679 万元用于开展北京林木种苗知识产权保护工作。同时为方便群众投诉举报，向社会公布了有关情况、投诉电话和电子邮箱，并由专人负责受理相关电话和邮件投诉工作。目前，北京市市级执法人员 20 人，各区平均从事执法工作 3 人，基本可以满足处理相关知识产权案件的需要。配合北京市知识产权局每个季度报送植物新品种申请和授权量，并通过 12330 平台及时向社会公开。

2. 开展各类针对性检查，保护植物新品种权

根据国办发〔2015〕58 号文《关于推广随机抽查规范事中事后监管的通知》要求，在北京市推广随机抽取检查对象、随机选派执法检查人员的"双随机"抽查机制，达到规范事中事后监管的目的。按照市里的统一要求，北京市园林绿化局建立了检查对象库和执法人员库，制定了抽查内容，确定了抽查比例，每次抽查通过摇号的方法随机产生检查对象和检查人员。2018 年，按照 5% 的比例，每月抽查 2 家企业，抽查内容包括种苗质量、植物新品种权保护情况等。2018 年共抽查了 24 家企业，出动执法人员 96 人次。每月的抽查结果通过首都园林绿化政务网进行公开，同时录入北京市行政执法服务平台。在办理林木种子生产经营许可证时认真落实实地踏查环节，详细询问是否涉及新品种苗木，是否准备进行新品种研发，对企业提交的材料进行核实。在规模化苗圃验收时，关注在圃苗木树种、品种，了解苗圃新品种研发、使用情况。2018年收到侵犯植物新品种权案件线索 1 件，某公司举报其新品种被盗用，执法人员赴实地进行了调查。该公司注册地与事件发生地均不在北京，因此为举报人提供解决问题

的 3 条建议。

3. 组织培训宣传，普及法规知识

11 月 21～23 日，北京市园林绿化局举办了林木种苗行政执法年法规知识竞赛，邀请各区种苗管理机构及部分苗圃、林木种子生产经营企业参加。选手们就《中华人民共和国种子法》《中华人民共和国植物新品种保护条例》等法律法规的主要内容进行了重新学习和梳理，加深了对条文内容的理解。向生产经营企业免费发放《中华人民共和国种子法》单行本、生产经营日志等材料，提高企业的法律意识。制作普法动画宣传片，以多种形式宣传种苗相关法律法规。通过首都园林绿化政务网、微信公众平台、种苗执法交流平台发布有关法律知识，政策解读 10 余篇，以案释法，让从业者第一时间了解法规知识，正确理解政策导向，加强企业自律，及时纠正尚未被发现的违法行为。（北京市园林绿化局）

天津市林业知识产权

1. 开展打击侵犯林业新品种权专项工作

打击侵犯林业植物新品种权行为对于维护种苗市场秩序，保护农民利益，推动自主创新，具有十分重要的意义，同时也是全面实施以生态建设为主的林业发展战略和贯彻落实国家保护知识产权战略的需要。天津市规划和自然资源局高度重视，按照国家林业和草原局的部署，及时对全市林业系统打击侵犯林业植物新品种权专项行动做出总体部署。为加强对专项行动的组织管理，保证各项工作落到实处，及时下发了《天津市林业局关于印发〈2018 年天津市打击侵犯林业植物新品种权专项行动方案〉的通知》（津林站〔2018〕7 号），制定了《2018 年天津市打击侵犯林业植物新品种权专项行动方案》，并公布了举报电话和电子邮箱，成立了领导小组，形成了主要领导亲自抓，分管领导具体抓，职能部门协力抓，一级抓一级，层层抓落实的工作格局，全市打击侵犯植物新品种权专项行动全面铺开。

2. 加强宣传、开展培训

积极采取多种形式宣传《国家知识产权战略纲要》《全国林业知识产权事业发展规划(2013—2020)》《中华人民共和国种子法》《天津市实施〈中华人民共和国种子法〉办法》《林业植物新品种保护》等相关法律法规及政策，增强了公众对林木种苗和林业知识产权保护相关法律法规及政策的了解，提高了社会各界对打击侵犯植物新品种权工作重要性、必要性的认识，进一步强化依法治种和科技兴种，营造了良好的林木种苗发展环境。各区结合自身实际，编印了形式多样的宣传手册等资料，充分利用网络、报刊、简报、电视、标语和宣传牌等新闻媒体广泛开展宣传活动；在重点林区和种苗生产经营集中地的道口、房屋墙体等显著位置，设置宣传栏和张贴宣传标语，大力宣传关于打击侵犯植物新品种权涉及的法律法规和相关政策措施。6 月，举办了天津市 2018 年基层林业站能力建设培训班，对市、区林业主管部门科（站）长及技术骨干 40 余人进行了知识产权保护与林业植物新品种保护培训。通过这次培训，进一步提高了天津市知识产权保护与林业植物新品种保护工作水平。

3.扎实工作、开展执法检查

以打击侵犯植物新品种权工作为抓手，整顿和规范林木种苗生产经营秩序，推动了林业知识产权的保护工作。2018年10月由市森林公安局、市种苗站、林业工作站及各区种苗工作人员所组成的检查小组对天津市曹庄子、梨园头等花卉苗木市场采取突击检查，检查询问和走访经营业主40余户，检查植物材料30余种，没有发现侵权行为。（天津市规划和自然资源局）

河北省林业知识产权

1.打击侵犯林业植物新品种权专项行动

河北省林业和草原局高度重视知识产权工作，多次召开相关会议安排部署打击侵犯林业植物新品种权专项行动。局"打击侵犯知识产权和制售假冒伪劣商品工作"领导小组根据国家林业和草原局要求和河北省实际，下发了《河北省林业厅关于开展林木种苗行政执法年活动的通知》，制订了实施方案，明确了责任、目标、步骤、措施、量化工作要求，并就执法工作多次进行督导检查，确保责任落实到位。认真组织开展林业知识产权试点工作。积极开展种苗质量专项执法检查和种苗交易市场监督抽查活动。开展"双随机"抽查活动。据统计，全省共随机抽查了380家持证企业，未发现违规行为，抽查结果已上网公示。

2.植物新品种保护工作稳步推进

2018年，河北省林业和草原局对相关单位申请植物新品种保护情况进行了调查摸底，目前全省共有30个植物新品种申请保护。各苗木生产重点地区，均将新品种保护工作列为2018年度重点工作，明确了开展植物新品种保护的执法机构，并公布了打击侵犯植物新品种权行为举报电话，开展了种苗执法培训，打击侵犯植物新品种权工作取得新的进展。

3.加强林业知识产权宣传培训

通过张贴标语、宣传画、入村入户发明白纸等群众喜闻乐见的形式进行普法宣传，同时利用报纸、电视、网络、广播等现代新闻媒体进行普法宣传。全省共进行户外宣传360次，发放各种宣传资料5万余份，受教育群众达3万人次。通过宣传，生产经营者普遍提高了对林业法律的认识，生产经营者的学法守法意识不断增强，全省未发现植物新品种侵权生产经营违法犯罪行为。

4."两法衔接"信息共享平台畅通

按照"两法衔接"工作要求，河北省林业和草原局接通了打击侵权假冒领域行政执法与刑事司法衔接信息共享平台，严格执行信息共享、案情通报、案件移送制度，实现了行政执法机关之间、行政执法与刑事司法机关之间、行政执法与执法监督部门之间执法、司法信息共享，完善了依法严厉打击侵权假冒违法犯罪行为的长效机制，确保了涉嫌犯罪案件"网上移送、网上受理、网上监督"，提高了执法透明度，规范了案件移送、受理，纠正了"有案不移、有案不立、以罚代刑"行为。另外，河北省林业和草原局还在河北林业网站开设了打侵专栏。各级林业部门也公开了打侵举报电话、电子信箱等，并明确专人在规定时间内完整、准确、如实地汇报林业行政处罚案件信息，及时向省林业打侵办公室及主管部门做好信息月报工作。（河北省林业和草原局）

山西省林业知识产权

1. 开展专项体系建设，鼓励知识融合创新

加强林业科技重大专项和科技计划知识产权管理，将知识产权内容纳入林业科技计划管理、成果管理、成果转化及产业化等各个环节，促进自主创新成果知识产权化，突出林业知识产权在林业科技创新活动中的引领和导向作用。强化林业植物新品种和地理标志产品培育及运用的标准制订，完善以地方标准为主的林业标准体系建设。

2. 加强优良品种创新培育，大力推广精品示范园区

加强林业遗传资源的保护，促进林业植物新品种和地理标志产品的培育。通过优良阔叶乡土树种选优，加强优良林木新品种繁育技术体系建设，建设适宜不同区域、不同利用目的的优良林木新品种繁育中心和示范基地。同时，加大核桃、红枣、仁用杏等干果经济林树种地理标志产品的创造和培育，在山西省不同气候区建立优良林木新品种繁育和示范基地。

3. 加大林业植物新品种保护力度

促进林业专利运用与产业化，加大林业植物新品种权保护力度。积极推进林业专利权的转让、实施许可、投资入股、质押融资等各项政策措施的落实，扶持符合现代林业发展需要和市场推广前景良好的专利转化与推广运用项目。成立打击制售假劣林木种苗、新品种侵权领导组，定期在全省范围开展"双打"执法专项行动，2018年10~12月组织专门人员对全省11市和省直九大林局的重点区域林业植物新品种侵权案件进行了抽查、检查，保护林业新品种权人的利益不受侵害。

4. 开展林业知识产权宣传培训

举办了山西省林业科技管理干部培训班，就植物新品种保护、林业知识产权保护、转基因等林业知识产权保护的前沿发展动向做了细致讲解分析。以专利、植物新品种申请与保护、地理商标为主要内容设计宣传版面，在《山西科技报》《山西林业》《山西林业科技》等杂志发表文章，宣传普及林业知识产权的相关知识。加强平台建设，注重人才培养，升级林业知识产权信息服务，有效促进知识产权运用规模化。（山西省林业和草原局）

内蒙古自治区林业知识产权

1. 开展打击侵犯植物新品种权专项行动

为打击制售假劣林木种苗和侵犯植物新品种权违法行为，进一步规范林木种苗生产经营秩序，保护品种权人合法权益，激励创新，促进植物新品种培育，推动植物新

品种保护事业健康发展，结合自治区林木种苗生产和植物新品种权保护的工作实际，积极开展了打击侵犯、假冒植物新品种权专项行动。近年来，印发了《内蒙古自治区林业厅2014年打击侵犯、假冒植物新品种权专项行动实施意见》和《内蒙古自治区林业厅关于继续开展打击侵犯植物新品种权专项行动的通知》等文件，工作重点是打击未经品种权人许可，以商业目的生产、销售授权品种的繁殖材料，假冒授权品种，或者销售授权品种未使用其注册登记名称的行为。重点打击侵犯、假冒观赏植物和经济林植物新品种权的违法行为。主要任务为：一是开展摸底调查，加强源头治理；二是对本行政区域内林业植物新品种权申请及授权情况、主要品种、经营情况开展全面调查；三是强化舆论宣传，坚持正面引导，发挥舆论宣传以及导向、监督作用；四是各级林业主管部门利用林木种苗网及种苗协会等多种信息平台及时向社会公布相关信息，同时建立投诉举报平台，充分发挥社会监督作用；五是积极开展执法人员培训，普及林业植物新品种权保护专业知识。通过摸底调查，内蒙古自治区林业植物新品种权均未发现侵犯植物新品种权案件及被侵权情况。

2. 促进林业知识产权成果转化应用

为进一步提高知识产权成果转化率，积极推广技术成果和专利技术，在林业生态建设中取得了显著成效。2018年重点推广了生态系统保护与修复、经济林丰产栽培等技术16项，推广示范面积6000多亩，建立科技示范点20个，培养经济林科技示范户100余户，以点带面推广技术成果，在生态建设中发挥辐射带动和示范引领作用。优良小苹果'塞外红'完成了国家林业和草原局、内蒙古自治区良种审定及国家注册商标工作。

3. 加强林业知识产权宣传和培训

利用会议、文件、新闻媒体等形式广泛宣传保护林业知识产权和打击侵犯植物新品种权专项行动，大力宣传贯彻国家、自治区知识产权相关法律法规和政策。结合自治区"2018年内蒙古科技活动周暨全区第二十一届科普活动宣传周""2018年内蒙古自治区知识产权宣传周""2018年自治区文化科技卫生'三下乡'活动"等活动，通过设置展板、现场咨询、发放宣传单等方式，大力宣传和普及专利、植物新品种、林产品地理标志和林业生物遗传等知识产权保护知识，提高林业科技人员保护林业知识产权和打击植物新品种侵权行为的意识。组织开展了各类科技培训，包括全区冬春林业科技培训、精准扶贫专项培训、生产季节指导培训等，各地通过课堂式集中培训、现场讲解示范、入户面授、技术咨询等形式，重点围绕防沙治沙、抗旱造林、经济林丰产栽培和林下经济发展等内容，开展了有针对性的技术培训，将理论、实用技术、生产技巧等送到了基层一线，为基层生产实际提供了技术支撑。全区共举办各类培训100余次，培训基层技术人员和农牧民2万多人次，发放培训材料4万余份。（内蒙古自治区林业和草原局）

辽宁省林业知识产权

1. 开展植物新品种调研和培训

辽宁省林业和草原局在全省范围开展植物新品种调研工作，重点调查了辽宁省植物新品种的分布推广情况。举办了辽宁省植物新品种保护工作培训班，对全省从事此项工作的执法人员进行了培训，对各市开展打击植物新品种侵权行为专项行动提出具体工作要求，通过此次培训进一步规范了辽宁省查办侵犯植物新品种权案件行政执法程序，提升了辽宁省执法人员的业务素质。

2. 广泛宣传，引导合法使用新品种

充分利用电视、广播、报刊、网络等传媒渠道，大力宣传开展打击侵权和假冒伪劣的政策措施、工作进展和取得的成效。2018年3月中旬，东北第十三届春季苗木交易会在辽宁工业展览馆开幕，辽宁省林业和草原局利用苗木交易会这一契机积极宣传植物新品种保护的相关知识，发放自制宣传手册和彩页2000份，并对前来咨询的人员进行了耐心详细解答。利用"科技下乡"、林业实用技术培训、种苗采购、调运管理等活动，广泛宣传《中华人民共和国种子法》和《中华人民共和国植物新品种保护条例》，普及繁育适用技术以及识假辩假常识，提高公众知法、懂法、守法意识。形成打击植物新品种侵权、假冒行为的舆论氛围和高压态势，积极引导全社会尊重知识产权，合法使用植物新品种。

3. 多措并举，全面打击侵犯林业知识产权行为

依法查处生产和使用环节非法生产经营种苗、假冒伪劣种苗和侵犯植物新品种权等违法行为。重点检查苗圃、繁殖场、种苗交易市场、经营门店等场所，重点查处未经品种权人许可，生产或销售林业授权品种繁殖材料的行为；假冒林业授权品种的行为；销售林业授权品种时未使用其注册登记名称的行为。按照有关法律、法规，加强监管，一经发现严格查处。通过这些行动使侵权、假冒植物新品种违法行为得到有效遏制，种苗交易市场得到进一步规范。同时，有效维护了品种选育人、种苗生产经营和使用者的合法权益，营造了保护知识产权的良好社会氛围。采取线上和线下双线并行方式开展植物新品种保护和推广工作。线上建立辽宁打击假劣种苗和保护植物新品种权公众微信平台，公布各市查办植物新品种权案件负责人、举报电话和电子信箱；介绍林木种子生产经营制度、植物新品种保护的相关法律常识，发布国家、省内最新的植物新品种保护、销售相关政策和信息。线下在苗博会设立专门的植物新品种展区，为植物新品种转化为经济效益提供平台，鼓励育种创新等。建立健全省市县三级假冒伪劣和侵权行政处罚案件信息公开制度。加强监督检查、及时进行情况通报与考核，落实工作责任，做到应公开尽公开。大力宣传行政处罚案件信息公开的重要性，落实各市"双打"负责人，开展侵权假冒行政处罚案件信息公开和侵权假冒行政处罚案件信息归集工作、建立侵权假冒行政处罚案件信息公开与归集长效机制。同时，对辽宁省14个市林业和草原行政主管部门打击侵权假冒案件信息公开电话和网址进行了梳理，并在网站公开。

4. 加强协作，推进知识产权保护与其他部门区域协同

建设了林业行政执法与刑事司法衔接工作信息共享平台。在省林业和草原局网站体系内构建了林业行政信息与刑事司法衔接工作共享平台，实现与司法机关执法、司

法信息互联互通。一是资料收集实行"三专"。即专人负责植物新品种案件的资料收集及信息录入;专用一台电脑用于"两法衔接"的资料录入;专门网线用于"两法衔接"工作。二是资料录入做到"三不"。即不漏录、不错录、不迟录。三是日常工作"三个沟通"。即密切与司法机关联系沟通;注重与省法制部门沟通;强化省森林公安局、资源林政、科技处等内部执法部门的相应沟通。创新工作机制,建立健全跨部门跨地区联合执法工作机制。加强与省内市场监督、公安、司法机关、纪检监察机关等部门的沟通和交流。加强与外省种苗执法部门合作,形成执法合力,同时,做好案件办理和衔接工作,严厉打击侵犯植物新品种权和生产经营假劣林木种苗等违法行为。探索推动省际特别是与吉林、黑龙江、河北、内蒙古等相邻地区建立跨地区、跨部门执法协作及信息共享互认机制。(辽宁省林业和草原局)

吉林省林业知识产权

1. 开展植物新品种保护行政执法专项行动

根据林业植物新品种权保护行政执法工作涉及多个部门的实际情况,吉林省林业和草原局明确全省由科技产业部门负责牵头开展林业植物新品种权保护执法工作,省林木种苗管理站、省林政稽查局、省森林病虫害防治检疫站共同配合"双打"的执法工作;同时要求各地、各单位要划分好各部门的工作权限,既要保证与省厅的畅通对接,又要保证各部门之间的密切协作,形成合力,共同抓好林业行业"双打"工作。把"双打"工作纳入了年度重点工作,列支了专项经费,统一部署了集中开展"双打"工作。同时,按要求公开了"双打"工作举报电话、电子信箱,并指定专人负责。目前有效的林业植物新品种权植物,大多属于南方树种,适宜在吉林省内生长繁育的极少。但吉林省林业和草原局着眼未来需要,要求各地有针对性地选拔一些专业人才充实执法队伍,同时聘请本地区专家、教授建立人才库,做好了林业行业"双打"工作的技术支撑。全年共检查苗木生产企业196家,苗木交易市场87家,没有发现侵犯林业植物新品种权的案件。

2. 加强林业植物新品权保护宣传和培训

充分利用网站、微信公众号、印发宣传资料等形式,广泛宣传《中华人民共和国种子法》和《中华人民共和国植物新品种保护条例》;通过科技下乡、林业实用技术培训等活动,开展《中华人民共和国植物新品种保护条例实施细则(林业部分)》和《林业新品种保护行政执法办法》等法律、法规的宣传,普及植物新品权知识,提高了全社会对林业植物新品种权的认识,加强了全社会遵守林业植物新品种权法律法规的自觉性。定期组织了各层次的林业知识产权培训,提高了从业人员素质。(吉林省林业和草原局)

黑龙江省林业知识产权

1. 开展打击侵犯植物新品种权专项行动

为了更好地开展打击侵犯植物新品种权和制售假劣林木种苗专项行动，做好知识产权保护管理工作，黑龙江省林业和草原局成立了以主管局长为组长，科技处、种苗站和法规处等相关处室为成员的领导小组，办公室设在科技处。黑龙江省林业和草原局将植物新品种保护工作列入全局、全系统的一项重点工作。同时，也要求各级林业部门主要领导要亲自抓，分管领导具体抓，职能部门协力抓，一级抓一级，形成层层抓落实的工作格局，各级林业部门都明确了行政执法机构并落实专人负责，都公布了举报电话、电子信箱，确保了全省打击侵犯植物新品种权和制售假劣林木种苗工作全面有序开展。

2. 加大培训力度，提升保护管理能力

一是召开了全省林木种苗站长工作会议。二是积极组织参加国家林业和草原局组织的《种子法》网络知识竞赛活动。下发了《关于参加全国〈种子法〉网络知识竞赛的通知》，并发动社会各界人士积极参与。通过有效参与，黑龙江省共收到有效答卷2978份，取得了全国第三名的成绩，并获得优秀组织奖。三是举办了全省林木种苗行政执法培训班。2018年9月6～8日，黑龙江省林业和草原局在齐齐哈尔市举办了全省林木种苗行政执法培训班，全省县级以上180余名林木种苗行政执法人员参加了培训。培训班讲授了新修订的《中华人民共和国种子法》及种苗行政执法的相关制度、程序。通过培训使种苗管理人员业务素质、种苗监管的行政能力和业务水平得到提升，为林木种苗这项基础工程、关乎林业命脉的工程奠定了坚实基础。四是举办了全省植物新品种保护管理培训班。2018年12月10～12日，黑龙江省林业和草原局在齐齐哈尔林业学校就植物新品种科研管理和保护执法等内容举办了为期3天的培训班，培训班聘请了国内植物新品种领域的顶级专家对"植物新品种权保护管理及执法"工作进行全面的政策解读。通过培训，相关保护、管理和执法人员初步了解和熟悉了植物新品种的概念及相关政策、法律法规，提高了打击侵犯植物新品种权行为的能力，为今后打假工作奠定了坚实的基础。

3. 加大执法力度，营造良好营商环境

一是对植物新品种进行了摸底调查。对齐齐哈尔市、克东县、黑河市和嫩江县的植物新品种权实施情况进行了摸底调查。二是开展了林木种苗行政执法检查和植物新品种摸底调查工作。为进一步加强林木种苗质量管理，严厉打击制售和使用假冒伪劣林木种苗行为，组织各市、县对辖区内的种苗生产经营单位的林木种苗质量进行了自查；三是开展了林木种苗行政执法检查工作。2018年4～6月，采取属地随机抽查和重点随机抽查两种形式，开展了全省林木种苗行政执法检查工作。四是做好放管服，营造良好营商环境。将植物新品种2项行政权力下放到市县林业主管部门，取消林木种苗行政处罚事项3项，进一步精简了行政权力事项，为改善黑龙江省的营商环境创造了条件。（黑龙江省林业和草原局）

上海市林业知识产权

1. 开展林业植物新品种摸底调查

上海市绿化市容局对全市植物新品种权申请及保护情况做了调查与梳理，并有针对性地走访了上海植物园、辰山植物园、上海市园林科学规划研究院、上海鲜花港、上海种业等科研育种单位和种子生产经营企业。上海植物园拥有的授权新品种最多，先后获得国家林业局植物新品种 25 件，集中在山茶属、木瓜属海棠、芍药属牡丹等；上海辰山植物园已获得国际登录 5 件，包括鸢尾属植物 2 件，虎耳草新品种 1 件、兰花杂交新品种 2 件；上海市林业总站现拥有花卉新品种权 3 件，东方杉新品种权 1 件。上海植物园 10 件山茶属新品种已开展对外品种权生产许可，产业化数量达到 500 万株，适合绿篱花篱应用，在上海公共绿地、世博区域等地已进行推广示范应用；上海市园林科学规划研究院培育的新品种北美鹅掌楸'皇袍'，具有树形高大、叶色亮丽的特点，为良好的城市色叶树种，目前已在上海徐汇、闵行等区县，河北、浙江等省市进行应用示范。在前期开展调查摸底的基础上，对授权品种的繁殖、生产、销售环节等进行了检查，检查中未发现侵犯林业植物新品种权违法行为。

2. 推动林业知识产权成果转化

2018 年，上海市绿化市容系统内，申请专利 27 项，获得发明专利 7 项、实用新型专利 1 项、外观设计专利 3 项；获得植物新品种权授权 5 个，植物新品种国际登录 6 个；获得软件著作权 13 个。上海植物园承担的林业知识产权转化运用项目《山茶新品种'垂枝粉玉'的转化应用》顺利结题验收。

2018 年，辰山植物园、上海植物园等单位出版了《植物进化的故事》《[微]观茶花》《蔬菜图说——辣椒的故事》《发现植物：好吃的植物》《发现植物：路边的植物》《基因的故事：解读生命的密码（第 2 版）》《情系生物膜 杨福愉传》《植物知道生命的答案（增订版）》等一系列科普著作。

3. 加强林业知识产权保护宣传

充分利用网站、微信公众号、印发宣传资料等形式，广泛宣传《中华人民共和国种子法》和《中华人民共和国植物新品种保护条例》；通过科技下乡、林业实用技术培训等活动，开展《中华人民共和国植物新品种保护条例实施细则（林业部分）》《林业新品种保护行政执法办法》等法律法规的学习；在"2018 中国（上海）国际园林景观产业贸易博览会"上，有针对性地发放宣传材料，提高公众知法、懂法、守法意识，形成打击植物新品种侵权、假冒行为的舆论和高压态势，积极引导全社会尊重知识产权、合法使用植物新品种权。2018 年"上海知识产权宣传周"期间，举办了主题为"倡导创新文化 尊重知识产权"的专题讲座活动。

4. 开展植物新品种保护行政执法专项行动

根据《国家林业局科技发展中心关于继续组织开展植物新品种保护行政执法专项行动的通知》（林技执字〔2018〕8 号）文件要求，上海市认真开展了打击侵犯植物新品种权行政执法工作。根据上海实际，制定下发了《关于开展涉林违法案件稽查和林木种苗行政执法专项行动的通知》（沪绿容〔2018〕136 号），将打击侵犯植物新品种权纳入稽查专项行动。通知中明确了工作内容、工作目标与工作步骤，并成立专项稽查领导小组，办公室设在局林政稽查办，具体负责专项行动的协调和组织工作。对照全国"双打办"制定的《考核办法》，上海市明确了植物新品种保护行政执法机构，对本地区植物新品种权实施情况进行了摸底调查，结合种苗执法培训，对各区有关执法人员开展了植物新品种保护培训，落实了执法工作经费，开展了集中打击侵犯植物新品种权执法活动，并公布了举报电话，按要求向国家林业和草原局报送了上海市植物新品种行政执法工作总结。（上海市绿化市容局）

江苏省林业知识产权

1. 加强组织领导，部署督促落实

根据国家林业局办公室《关于开展"全国林木种苗行政执法年"活动的通知》（办场字〔2018〕29号）精神，结合江苏省实际，4月印发《江苏省林业局办公室关于开展"林木种苗行政执法年"活动的通知》（苏林办种〔2018〕6号），制定下发《全省林木种苗行政执法活动实施方案》，明确活动目标、实施步骤和"双打"重点，开展执法检查，形成执法合力，确保本次活动顺利开展。按照省打击侵犯知识产权和制售假冒伪劣商品工作领导小组办公室工作部署，2018年4月印发了《江苏省林业局办公室关于开展打击制售假劣林木种苗和侵犯植物新品种权行为工作的通知》（苏林办种〔2018〕5号），继续开展打击制售假劣林木种苗和侵犯植物新品种权行为工作，对未经权利人授权、盗用、仿冒授权品种进行营利性种植、繁殖、生产和销售的侵权行为进行严厉查处。10月，江苏省林业局人员随同省"双打办"赴各市，对"双打"工作进行督查。

2. 开展业务培训，提升履职能力

为提高林木种苗执法人员工作水平和实际操作能力，履行好《中华人民共和国种子法》《中华人民共和国植物新品种保护条例》《林业植物新品种保护行政执法办法》赋予的职权，11月19～20日在南京市举办了全省林木种苗行政执法及植物新品种保护培训班，培训内容包括植物新品种保护、《种子法》讲解、林木种苗行政处罚、案例分析、文书填写等。各设区市林业站站长和县（市）林业主管部门具体从事林木种苗管理工作人员共120人参加了培训。各市、县也组织开展了形式多样的业务培训。

3. 纳入重点工作，扎实开展执法检查

为进一步强化林业植物新品种权保护，江苏省林业局将植物新品种保护执法工作纳入年度重点工作，落实种苗执法工作经费。并在"江苏林业网"公布打击侵犯林业植物新品种权和制售假劣林木种苗举报方式，包括举报电话、电子信箱、联系人等，截至目前没有收到林业植物新品种权案件调查申请或举报。为提高打击侵犯植物新品种权行为的针对性，江苏省林业局对全省林业植物新品种授权情况进行了摸底调查。为加强林木种苗管理，严厉打击生产、经营和使用假冒伪劣林木种苗行为，2018年江苏省林业局多次组织重点市、县林业主管部门对种苗市场相对集中的地区开展执法检查，整治和查处制售假劣种苗和侵犯植物新品种权行为。（江苏省林业局）

浙江省林业知识产权

1. 制定知识产权激励政策，加强林业植物新品种保护

浙江省林业局、农业厅、海洋与渔业局、科学技术厅四部门联合印发《关于激励农业科技人员创新创业的意见》，激励科技人员创新创业，加快科技成果转化与推广应用，规范专利转化实施行为。加强林业植物新品种保护，着力建立植物新品种保护激励机制，大力促进转化运用。鼓励科研院所和林业种苗企业积极培育开发植物新品种，形成一批拥有林业植物新品种权的种苗创制单位。指导品种权向现实生产力转化，推进优良林木新品种的繁育体系建设，加快区域试验工作的指导和审定工作。金华林业乡土专家方永根培育的系列杜鹃新品种 2018 年销售 1000 多万元。

2. 实施林业知识产权品牌战略

推进林业企业品牌建设，引导和支持拥有驰名商标、知名品牌和林产品地理标志的林业企业加快发展。2018 年度 21 家林业企业的 43 种产品获浙江制造"品字标"品牌认证，34 个林业品牌获评"浙江名牌"。

3. 强化林业植物新品种保护执法

完善林业植物新品种保护制度，将植物新品种保护纳入浙江省林业年度重点工作和考核任务，开展林业植物新品种权走访调查，摸排违法线索，强化保护宣传，省、市、县三级联动，切实推进保护执法工作，开展专门业务培训，提高执法队伍素质和行政执法能力。印发《浙江省林业厅办公室关于开展全省林木种苗质量和林业植物新品种权保护检查的通知》，开展全省林木种苗质量和林业植物新品种权保护检查，重点检查珍贵彩色树种和经济林树种的种子（穗条）、苗木以及林业植物新品种权保护情况。

4. 加快林业知识产权宣传和人才队伍建设

按照国家和省知识产权管理等相关部门的部署，通过组织培训、专题宣传、林业科技周等形式，宣传林业知识产权，扩大宣传面、知晓面，提高全行业知识产权保护意识，积极培育尊重知识、崇尚创新、诚信守法的知识产权文化，营造有利于林业知识产权创造、保护和运用的良好氛围。结合省林业局的专门业务知识培训、省农办的新型农民培训、科技推广项目培训等，不断扩大林业知识产权创新创造人才和队伍，发挥和调动企业的创新创造积极性，形成一支适应现代林业发展和市场需求的知识产权人才队伍。（浙江省林业局）

安徽省林业知识产权

1. 开展打击侵犯林业植物新品种权专项行动

根据国家林业和草原局要求，结合安徽省林业工作实际，制定印发了《2018 年安徽省林业厅打击侵犯林业植物新品种权专项行动方案》，并以林科函〔2018〕470 号文印发全省各地组织实施。各市、县林业行政主管部门根据专项行动要求，负责组织开展本行政区域的林业专项行动。明确打击范围为：打击未经品种权人许可，生产或者销售林业授权品种的繁殖材料、假冒林业授权品种的行为，以及销售林业授权品种时未使用其

注册登记名称的行为。尤其对各种林木、花卉博览会、交易会等侵权高发的专业市场进行检查，按照法律、法规，严格加强监管，及时查处涉及品种权的违法行为。专项行动共分为动员部署（5月底至6月15日）、征集线索（6~7月）、调查摸底（6~8月）、重点检查（7~8月）、依法查处（7~10月）、信息公开（7~10月）和工作总结（11月）7个步骤进行。同时，在安徽省林业局网站公布专项行动举报电话、电子邮箱及其他举报方式，并明确专人负责，及时收集、汇总侵权假冒行为线索。

2.调查摸底安徽省林业植物新品种权保护情况

通过实地查看、电话咨询、查阅公告文件等方式进行了调查摸底。经调查，安徽省木本植物方面，有7个林业植物新品种获得了国家林业和草原局授权，分别是由阜阳市颍泉区枣树行种植专业合作社申请的'玉铃铛'枣；黄山市徽雅园艺有限公司申请的'徽雅一号'冬青、安徽泓森高科林业股份有限公司申请的'泓森楸''泓森柳'和'泓森槐'。以及2018年获得授权的'馨香'光皮木瓜和'金脉红'北美红枫。同时，省林业局科技处与种苗总站专门派人赴阜阳市颍泉区，了解授权植物新品种的推广应用，以及侵权、假冒等情况。据调查，目前'玉铃铛'枣已育有成品苗1200亩，示范带动500余户推广种植2000多亩，取得了良好的经济、生态和社会效益。该品种已获得绿色食品证书、国家农产品地理标志保护产品证书、中国百强果业品牌等。为鼓励推广'玉铃铛'枣新品种，2018年安排110万元中央财政科技推广资金用于该品种的推广应用。

3.出台相关林业知识产权方面法规文件

根据有关要求并结合安徽省实际，省林业局组织制定了《植物新品种保护条例行政处罚自由裁量权基准表》并印发各地执行。同时在省林业局网站"法治林业"专栏公开，进一步规范植物新品种保护的行政执法权利。另外，省政府出台《实施创新驱动发展战略进一步加快创新型省份建设配套文件》（皖政办〔2015〕40号）明确规定：企业获国家审定的动植物新品种，省对每个新品种补助30万元。省林业局也将对获得国家林业和草原局审定的植物新品种，从项目、技术、资金、政策等各方面给予支持，以促进植物新品种培育和保护事业健康发展。

4.大力开展林业植物品种权知识宣传和培训

安徽省林业局以学习、宣传、贯彻、落实《中华人民共和国种子法》为抓手，结合"双打"进程，多次利用省林业局门户网站、《安徽林业科技》杂志等媒体，宣传林业植物品种权方面的知识、保护植物品种权的意义和安徽省近年来取得的成绩等，从而提高林业行业从业人员和社会公众对林业植物新品种权创新、运用、保护意识。一是公布国家林业和草原局、省林业厅2018年打击侵犯林业植物新品种权专项行动方案。二是公开林业植物新品种权保护相关的法律法规和文件政策。三是宣传林业植物新品种权保护法律法规和国际公约，林业植物新品种权的申请、测试鉴定、推广运用和依法保护等业务基础知识，中国林业植物新品种授权新品种名录和信息。四是开展林业类行政执法和林业植物新品种创新、应用、保护及管理专题培训。2018年5月、12月在合肥分别举办了《中华人民共和国种子法》执法培训和林业新品种保护培训班。来自全省各市林业局、有关县（市、区）林业局负责新品种保护和执法工作的同志共120余人参加了培训。五是利用"中国·合肥苗木花卉交易大会"等各类种苗交易展会进行宣传，借助开展省级林木种苗质量检查的契机开展"送法下乡""送法进企业"活动。（安徽省林业局）

福建省林业知识产权

1. 加大宣传培训力度，有效提高全社会林业知识产权意识

围绕"加强知识产权保护运用 加快知识产权强国建设"的主题，省林业局组织开展了2018年全省林业知识产权宣传周活动，并在办公大楼一楼大厅设立了宣传栏，大力宣传国家及省知识产权相关法律、法规和政策。同时，结合《中华人民共和国种子法》培训，邀请专家对植物新品种保护、行政处罚等内容进行讲解。各地、各单位结合开展林业系统科技活动周、文化科技卫生"三下乡"、全国科普日等活动，通过广播、电视、报刊、网络等媒体以及发放小册子等形式，全方位、多层次宣传林业知识产权战略实施工作的重要意义、主要任务、取得成效及相关法律法规。据不完全统计，2018年全省共举办林业植物新品种保护与利用等方面内容的座谈、培训20多场，800多人（次）参加活动，发放宣传资料3000多册。通过宣传培训，进一步增强了社会各界尊重知识、崇尚创新、诚信守法的知识产权意识，提高了林业知识产权创造、运用、保护和管理能力。

2. 加强授权林业植物品种转化运用

加强林业植物新品种选育的同时，积极开展林业植物新品种权申报工作。注重知识产权运用，林业植物新品种推广示范成效明显。各地加强育种趋势预测、品种供需状况等综合信息提供的同时，鼓励和支持新品种研发单位（企业）通过完善基础设施、建设标准化示范基地、实施科学种植等措施，加快授权新品种的推广应用。从目前情况看，福建省授权新品种都得到了较好的转化应用。如：泉州市泉美生物科技有限公司现已建成红掌新品种标准化示范基地2万 m²，累计生产优质种苗5000多万株（盆），产值6000多万元，产品主要销往国内的浙江、上海、广东、北京、山东、河南等地以及国外的日本、美国、丹麦、英国等国家，取得了明显的经济、社会效益。

3. 开展打击侵犯植物新品种权专项行动

结合工作实际，各地、各单位认真落实《中华人民共和国种子法》《国务院关于新形势下加强打击侵犯知识产权和制售假冒伪劣商品工作的意见》和《国家林业局科技发展中心关于继续开展打击侵犯林业植物新品种权专项行动的通知》要求，专门成立专项行动领导小组，制定具体行动实施方案，明确目标、严格步骤，做到科技、种苗、执法等业务主管机构协同负责、密切配合，深入开展打击侵犯林业植物新品种权专项行动暨林木种苗执法工作检查。同时，在林业厅门户网站开通了行政执法报案平台，鼓励群众对侵犯植物新品种权案件和制售假劣林木种苗案件举报、信访和留言，并要求各地公布举报渠道，广泛征集案件线索并及时查处。这次专项行动，未发现侵犯林业植物新品种权案件，全省林木种苗市场环境呈现稳中向好的态势。（福建省林业局）

江西省林业知识产权

1. 狠抓林业植物新品种保护行政执法

为贯彻落实《国家林业局科技发展中心关于继续组织开展植物新品种保护行政执

法专项行动的通知》（林技执字〔2018〕8号）要求，印发了《2018年江西省林业厅打击侵犯林业植物新品种权专项行动方案》，继续开展林业植物新品种保护行政执法专项行动。一是做好调查摸底，厘清全省情况。根据此次调查摸底情况看，部分处于品种权人扩繁推广阶段，大规模商品化推广应用还未形成。只有齐云山食品有限公司的南酸枣4个品种、江西农大的厚竹和吉安市林科所的'龙脑1号'，在大面积种植和商品化应用方面做得较好；在对外许可使用方面，只有德兴市荣兴苗木有限责任公司的'福禄紫枫'在国内授权许可宁波、嘉善两家公司繁育推广，国外授权许可法国萨博公司进行试种。调查摸底未发现侵权假冒行为。二是采取集中行动，形成打击侵权高压态势。7月4日，《江西省林业厅办公室关于印发〈2018年江西省林业厅打击侵犯林业植物新品种权专项行动方案〉的通知》（赣林办发〔2018〕102号），正式启动全省打击林业植物新品种侵权假冒专项行动，强化执法力度，切实保障林业植物新品种创制积极性及合法权益，规范新品种权转化、应用、转让及苗木交易行为。专项行动分为启动部署、调查摸底、查处公开等阶段。专项行动期间，全省未接到林业植物新品种侵权举报，未发现侵害新品种权现象。

2. 鼓励和支持林业植物新品种申报

在林业科技创新项目、推广项目等林业科技项目实施过程中，要求各主持单位注重良种和植物新品种的选育，对于申报林业植物新品种的，省林业局在项目实施、后续资金等方面给予大力支持。2018年，江西省获林业植物新品种授权3个，分别是桂花紫嫣公主新品种'紫嫣公主'、山茶属新品种'白碧红霞'、刚竹属新品种'青龙竹'。

3. 加大新品种推广转化力度，以发展促保护

江西省现有授权林业植物新品种21个，对于有较广阔市场应用前景的新品种，通过林业科技项目立项支持、推广及转化应用，迅速形成规模优势、降低成本、拓展并占领市场，压缩了新品种被侵权空间。年初，"枫香新品种（福禄紫枫）繁育及推广"中央财政林业科技推广项目和国家林业和草原局林业专利产业化推进项目"天然右旋龙脑提取设备产业化推广应用"顺利完成验收。"枫香新品种（福禄紫枫）繁育及推广"项目建成了枫香属新品种福禄紫枫 1600m² 苗木快繁中心，具备年扦插育苗 20 万株，嫁接育苗 20 万株的生产能力；建成大苗培育技术示范基 102 亩，培育苗木 1.7 万株；建成小苗繁育技术示范基地 50 亩。完成嫁接育苗 24.7 万株，完成扦插育苗 20.8 万株。营建枫香实生苗育苗 51.9 亩，培育一年生苗木 78 万株；育成'福禄紫枫'嫁接大苗 3080 株。建成'福禄紫枫'行道树景观应用示范展示 2.2km。"天然右旋龙脑提取设备产业化推广应用"项目通过专利产业化推广和生产工艺改进创新，使樟属新品种'龙脑1号'鲜枝叶中龙脑的提取率由 0.9% 提升到 1.08%，工艺改进成效明显；建成了年产天然右旋龙脑 40t 能力生产线；在实施过程中，项目组注重再创新，申报专利3个，已获批2个。同时，项目承担单位还在吉安市和万安县进行了辐射推广，迅速提升了全省天然右旋龙脑生产能力与产量，为整个产业发展奠定了坚实基础。

4. 强化知识产权保护宣传培训

通过江西林科网、相关 QQ 工作群、微信群等渠道，大力宣传林业植物新品种权保护相关知识和法律法规。如在江西林科网设立"新品种保护"专栏，下设保护名录、品种权查询、政策法规、远程课堂等板块，普及林业植物新品种知识和相关法律法规，强化知识产权意识，营造保护知识产权氛围。组织开展业务培训，强化知识产权意识

及执法能力。5月29日，全省林业植物新品种保护工作培训班在南昌成功召开。培训班邀请了国家林业和草原局科技发展中心相关专家围绕林业植物新品种保护制度与现状、林业实施知识产权战略与植物新品种保护执法等专题进行授课，来自各设区市林业局科技科、林科所、省林科院等单位100多人参加了培训。授课专家理论结合实际，对林业植物新品种保护进行了深入细致的讲解，收到了良好的培训成效。培训结束后，省林业局要求各设区市结合自身实际，做好林业植物新品种保护宣传培训工作，特别是要加强行政执法人员能力建设，不断提升工作水平。（江西省林业局科技处）

山东省林业知识产权

1. 组织开展林业植物新品种保护专项行动

制定印发了《山东省林业厅关于印发〈2018年打击侵犯林业植物新品种权专项行动方案〉的通知》和《关于开展林业植物新品种权保护工作调研的通知》，在全省范围布置开展了打击侵犯林业植物新品种权违法行为专项行动，到有关市就植物新品种权保护等工作进行了督导调研。通过加强组织领导，健全执法机构，强化督导检查，营造依法严厉打击侵权假冒违法行为的浓厚氛围，确保了林业知识产权各项工作落到实处。

2. 强化林业植物新品种宣传培训

为进一步加强山东省林业植物新品种保护工作，全面提升林业植物新品种保护执法水平，2018年12月12~13日，省自然资源厅在济南举办全省林业植物新品种保护和标准化工作培训班。此次培训班邀请有关专家分别就林业植物新品种培育、鉴别与品种权保护，林业植物新品种权申请与相关法规等内容进行授课。各市林业局负责林业植物新品种保护执法工作的科（站）长、业务骨干，各有关林业科研院所负责人、业务骨干，省林业厅有关处室单位执法人员共80余人参加了培训。

3. 认真做好林业知识产权示范试点工作

为了切实做好承担的国家林业和草原局科技发展中心"林业知识产权试点示范项目"，山东省林业科学研究院完善了院知识产权管理制度，健全了知识产权转化效益分配办法，全面提升知识产权创造和运用能力，建立起了一支知识产权创新转化运用科研团队。对承担的"经济林PGPR生物肥料专利技术"项目开展了转化、中试和示范工作，通过实际生产应用进一步熟化该项技术，形成了完整的经济林PGPR生物肥料生产工艺及关键技术，对十多种PGPR菌株发酵工艺参数进行了验证和优化。该知识产权转化应用项目共建立经济林PGPR菌种资源库2处，建立经济林新型生物肥料中试生产线3处，经济林新型生物肥料中试示范基地4处，示范基地面积6200亩。2019年1月20日，该项目顺利通过了验收。（山东省自然资源厅）

河南省林业知识产权

1. 加强林业知识产权宣传培训

充分利用新闻媒体、宣传图版、过街条幅等形式广泛宣传保护林业知识产权的意义和重要性，宣传有关法律法规，形成保护林业知识产权和打击侵犯植物新品种权、制售假冒伪劣种苗行为的高压态势，合法使用植物新品种权。结合送科技下乡和专题培训活动，宣传知识产品保护方面的知识，提高林业科技人员保护林业知识产权和打击侵犯植物新品种权行为的意识。举行送科技下乡活动，通过林业新品种示范推广为主题的专题讲座，向当地的林业技术人员、林木种苗、花卉种植大户和广大林农，宣传了保护林业知识产权和打击制售假劣林木种苗的重要性，讲解了林业植物新品种权的申报方法，传授了认定假冒伪劣种苗的简单方法。2018 年，河南省林业局科技处多次组织省林业科学研究院、河南农业大学、驻马店农科所等单位有关林业科技专家赴驻马店市上蔡县、南阳桐柏县开展扶贫科技下乡服务活动，在送科技下乡活动中多次举办知识产权保护专题辅导讲座。据统计，2018 年全省各级林业部门共开展送科技下乡及打击侵犯知识产权宣传活动 57 次，受培训林农和林业职工达到 2 万多人次。

2. 开展打击侵犯林业植物新品种权专项行动

河南省林业局把植物新品种保护工作纳入重要议事日程，下发《2018 年打击侵犯林业植物新品种权专项行动方案的通知》（豫林科〔2018〕90 号），组织在全省范围内开展了从 2018 年 5～10 月为期 6 个月的打击侵犯植物新品种权和假冒伪劣种苗的专项行动，并成立了由主管局长牵头，科技处主要负责协调，省种苗站、省林业科学研究院、省森林资源数据管理中心等单位领导参加的"河南省林业局打击侵犯知识产权和制售假冒伪劣商品工作领导小组"，同时要求全省各省辖市及直管县林业主管部门，也成立了工作领导小组，坚决打击侵犯知识产权和制售假冒伪劣种苗行为。

3. 加强督查，依法查处

2018 年，河南省林业局严格按照《中华人民共和国森林法》《中华人民共和国种子法》和《中华人民共和国植物新品种保护条例》等法律法规规定，认真贯彻落实《林业植物新品种保护行政执法办法》，规范行政执法程序，强化林业植物新品种保护执法，服务林业发展。坚持大力宣传林业植物新品种保护法律法规，2018 年 9 月 19～21日组织全省林业系统植物新品种保护执法人员参加执法培训班，培训 120 人，有效地提升了全省林业系统植物新品种执法工作人员的执法意识和保护植物新品种执法能力，进一步规范了植物新品种保护行政执法行为，促进了严格规范公正文明执法。2018 年，组织全省开展打击侵犯植物新品种权专项行动和林木种苗"双随机"执法抽查活动。10～11 月，组织 3 个检查组，对全省林业系统知识产权保护工作开展情况进行了检查和考核。据统计，2018 年全省各市、县共组织开展种苗执法检查 186 次，参加执法人数 860 人次。2018 年河南省尚未发现侵犯植物新品种及制假、售假林木种苗的违法行为，也未发现侵犯林业知识产权的侵权违法行为。（河南省林业局）

湖北省林业知识产权

1. 加强林业品牌建设和保护

2018 年 1 月，为加强林业品牌建设和保护工作，湖北省林业局制订印发了《湖北省林业品牌建设与保护行动方案（2018—2020 年）》（鄂林科〔2018〕14 号），成立了领导小组，明确分工，按照"统筹规划、明确责任、密切配合、全面推进"的原则，相关处室部门各司其职，从强化组织领导、加强政策扶持、激发社会活力几个方面为企业培育自主品牌（品种）、自主创新提供强有力的保障。

2. 强化行政执法

2018 年湖北省全面深化林业综合行政执法体制改革，推行以森林公安为主体的林业综合行政执法体制，建立了职能部门与综合执法机构协调配合机制，健全了行政执法与刑事司法衔接机制。湖北省各级林业主管部门在 2018 年 10 月底前已基本完成综合行政执法改革工作，行政执法工作有序展开。湖北省林业综合行政执法权力中涉及林业植物新品种的 3 项，分别为"非法生产、繁殖或者销售授权品种的繁殖材料""假冒授权品种"和"未使用注册名称销售授权品种"。

3. 开展宣传培训工作

2018 年 6 月 24~26 日湖北省林业局在武汉市蔡甸区举办了全省学习贯彻《中华人民共和国种子法》和《中华人民共和国植物新品种保护条例》培训班。培训对象为市州分管局长、种苗站负责人和部分重点县市区分管局长、种苗站负责人及行政执法人员，培训人数 150 余人。咸宁、黄石、仙桃、孝感、恩施、宜昌、武汉、随县、大冶等市县分别举办了林木种苗执法和植物新品种保护培训班，共培训 900 余人次。全省各级林业主管部门和林木种苗管理机构利用"3·12""3·15""知识产权周""科技周"等活动，通过印制宣传资料、悬挂横幅、制作展板、实地宣讲等方式，积极开展形式多样的林业植物新品种保护和执法宣传活动。据不完全统计，全年在广播、电视、网络、报刊等媒体发布信息 150 余条，印发相关宣传资料 1.8 万余份，出动宣传车 560 台次。

4. 植物新品种授权与保护情况

目前，湖北省有林业植物新品种授权品种 8 例，未发现侵权现象。2018 年湖北省林业科学研究院申请的'绚紫'和'雅紫'2 个紫薇新品种、鲜食核桃新品种'楚林保胜'以及京山市虎爪山林场自主选育的对节白蜡新品种'京翠'获得了新品种授权，这些新品种的选育极大地丰富了我国品种资源，对促进湖北省乃至我国林木品种升级、产业发展有重要意义。（湖北省林业局）

湖南省林业知识产权

1. 加强制度建设，完善林业知识产权管理制度

湖南省林业局探索开展全省林业行政执法体制改革工作，全省有 73 个单位开展了行政综合执法工作。长沙、常德、永州 3 个市成立了林业行政执法支队，61 个县市区成立了林业行政执法大队。通过大力推进林业综合执法，有效解决了长期以来存在的

"多头执法、交叉执法、重复执法"的问题，实现了管理职能与执法监督职能的分离，提高了执法效能。省林业局不断加大信息公开力度，将侵犯林业植物新品种权案件纳入政府信息公开范围，对发现的违法线索及时调查取证，对认定的违法行为及时立案查处，并及时公开工作进展和成效，曝光典型案例，进一步规范植物新品种交易市场，积极探索有效保护品种权人合法权益和促进植物新品种培育的机制，全力推动植物新品种保护事业健康发展。经湖南省知识产权局推荐，湖南省林业局科技外事处荣获"国家知识产权战略实施工作先进集体"称号。

2. 大力推进植物新品种培育，促进知识产权成果转化运用

2018 年全省新增林业植物新品种授权 22 件。省林业科学研究院在林业植物新品种培育和转化应用方面表现突出，新获植物新品种授权 15 件，且先后承担了国家林业和草原局林业植物新品种测试、转化应用、高效栽培技术示范、新品种示范推广项目等项目，'紫精灵'和'紫叶'等紫薇新品种授权转让苗木生产销售达 14 万多株。作为"全国林业知识产权示范单位"和"湖南省科技成果转移转化试点示范单位"，省林科院积极推进知识产权的转化应用，争取科技成果转化相关政策的扶持，促进科技成果转移转化，加大科技成果推广力度。

3. 加强行业监管，扎实开展执法专项行动

为从源头上做好植物新品种权管理工作，各地结合实际开展了摸底调查，及时了解植物新品种品种权人以及转化应用情况，并重点检查已授权品种的繁殖、生产、销售环节，包括苗圃、繁殖场、种苗（花卉）交易市场、经营门店等场所。专项行动开展期间，省林业局对部分林业植物新品种权交易活动进行了调查，高度关注植物新品种的发展动态和试种情况，并积极协助有关企业和个人维护其植物新品种权，向其提供相关法律、法规和政策咨询。森林公安局和省林木种苗管理站对林业植物新品种侵权假冒行政处罚案件进行专门部署，开展了一系列植物新品种保护行政执法专项行动，重点检查了侵权高发的林业种苗交易市场等专业市场，严厉打击未经品种权人许可，生产或销售林业授权品种的繁殖材料、假冒林业授权品种的行为，以及销售林业授权品种时未使用其注册登记名称的行为，有效震慑了植物新品种侵权违法行为，进一步净化了市场。2018 年全省林业系统未受理侵犯植物新品种权行政案件。

4. 认真组织开展宣传活动，提高公众对知识产权工作的认识

知识产权宣传周期间，省林业局在办公楼电子显示屏及湖南林业电子政务网进行专题宣传，推介湖南省近年来获授权的林业植物新品种、知识产权法律法规、专业知识和湖南省林业知识产权工作的突出成果；在中部林业产权交易服务中心宣传推广知识产权转让平台等。各市州林业局、局直各单位也因地制宜开展了相关宣传活动。如省林业科学研究院制作了橱窗宣传展板，宣传该院花卉与油茶新品种、木本油料加工技术与装备等知识产权进展工作，和优势学科的最新科技成果、专利及良种等情况。

5. 积极组织和参加知识产权培训，加强知识产权能力建设

省林业局举办了"全省打击侵犯知识产权和制售假冒伪劣商品工作培训班"，对全省植物新品种保护管理以及行政执法人员进行专项培训，培训内容包括《植物新品种保护条例》《植物新品种保护条例实施细则（林业部分）》《林业行政处罚程序规定》和《林业植物新品种保护行政执法办法》等法规、政策及林业知识产权管理制度等。省森林植物园组织了专利培训班，就林业专利挖掘和申请等方面存在的问题结合具体案例

进行分析和讲解，解答了科技人员在专利申请方面的实际问题；省林科院在全国林业知识产权保护与管理培训会上作了典型发言，并被省科技厅推荐为"三权"改革试点单位先进改革案例。（湖南省林业局）

广东省林业知识产权

1. 推进林业植物新品种创造、运用与转化

加快林业植物新品种的培育，促进新品种创造、运用和转化。2018年，广东省有32个林业植物新品种申请植物新品种权，17个新品种获得了授权。同时，部分林业植物新品种实现了有效运用与转化，带来了一定的经济和社会效益。

2. 开展打击侵犯林业植物新品种权专项行动

根据国家林业和草原局要求，2018年6月，广东省林业局制定并印发了《2018年打击侵犯林业植物新品种权专项行动方案》，对全省开展专项行动工作进行了具体部署，明确专项行动的目标任务、打击范围、行动安排及工作要求。同时在广东林业科技信息网上公开了打击侵犯林业植物新品种权专项行动举报电话、电子邮箱及负责人、联系人，及时收集侵权假冒行为线索。8月，印发了《关于开展2018年林业植物新品种权实施情况摸底调查的通知》，在全省组织对已授权林业植物新品种权的实施情况进行全面调查摸底，基本掌握了广东省授权林业植物新品种的推广应用和侵权、假冒情况。11月中旬，在摸底调查的基础上，组织执法检查工作小组开展了林业植物新品种权保护执法检查，重点检查授权品种的繁殖、生产、销售环节，包括苗圃、繁殖场、种苗（花卉）经营、交易场所。打击侵犯林业植物新品种权专项行动开展以来，广东省尚未发现有林业植物新品种权侵权行为。

3. 加强林业知识产权保护宣传培训

在广东林业网林业知识产权双打信息公开专栏转载《国家知识产权战略纲要》《中华人民共和国专利法》《中华人民共和国种子法》《中华人民共和国植物新品种保护条例》等相关知识产权法律法规和有关规定，介绍广东省地理标志产品、林业发明专利和已授权的林业植物新品种，鼓励和引导相关单位和科技人员加强专利、植物新品种和地理标志产品的申请、运用和保护。根据国家林业和草原局、广东省知识产权部门的统一部署，结合庆祝第18个世界知识产权日，广东省林业局于2018年4月下旬开展了以"倡导创新文化，尊重知识产权"为主题的知识产权宣传周活动。利用"送林业科技及优良种苗下乡活动"，现场发放《林业知识产权宣传手册》，并提供咨询服务，大力宣传知识产权基本知识，提高了公众知识产权保护意识。另外，广东省林业局每年参与《广东知识产权年鉴》的编写工作，让社会更进一步了解林业知识产权。为保证林业植物新品种保护行政执法人员能熟练掌握植物新品种保护的相关法律、法规和规章制度及相应的执法程序，省林业局于2018年11月初举办了植物新品种保护培训班，对县级以上有关执法人员开展植物新品种保护培训。培训班提高了执法人员办案能力，并指导全省相关执法部门严格按照法律开展工作，统一尺度，保证相关法律的有效实施。（广东省林业局）

广西壮族自治区林业知识产权

1. 开展打击侵犯植物新品种权专项行动

制定印发了《2018年广西林业厅打击侵犯植物新品种权专项行动实施方案》。2018年7~11月，在全区范围内组织开展了6个月的打击侵犯植物新品种权专项行动。健全执法机构，明确专人负责。做好打击侵权假冒行政处罚案件信息公开工作。举办了林木种苗和植物新品种保护执法培训班。各地加强宣传保护教育，形成打击植物新品种侵权、假冒行为的舆论氛围和高压态势，积极引导全社会尊重知识产权，合法使用植物新品种。

2. 加强知识产权成果转化推广应用

着重推进授权专利技术的转化及应用，促进科研院所与林业生产企业沟通联系，加快科技成果转化。其中广西林业科学研究院林业土壤肥料研究所与广西力源宝科技有限公司在桉树、油茶、杉木和松树等方面的科技成果，尤其是精准施肥方面的成果转化与推广应用建立战略合作关系。2018年中央财政林业科技推广示范资金项目推广良种5个，专利1项，标准4项，新技术13项。2018年自治区本级实施植物新品种保护与应用项目，筛选了多个杂交相思无性系优良品种，在田东、陆川、高峰等地推广造林120亩。

3. 切实加强宣传培训工作

加强林业知识产权宣传培训，通过多种渠道开展林业植物新品种保护宣传活动，形成尊重知识、尊重人才、激励发明创造、依法维护权益的良好氛围和各方面支持林业植物新品种保护的环境。2018年，举办了广西林业专利产业化项目培训及知识产权工作座谈会，与会人员围绕林业知识产权转化利用展开了讨论座谈。组织举办了全区林木种苗执法暨林木种苗站站长培训班，并选派5名干部参加国家林业和草原局举办的林业植物新品种保护培训班及行政执法培训班。广西林业科学研究院成功举办发明创造理论高级培训班。（广西壮族自治区林业局）

海南省林业知识产权

1. 召开林业知识产权和新品种保护座谈会

深入贯彻落实《国家林业局贯彻实施〈国家知识产权战略纲要〉的指导意见》（林技发〔2011〕5号）、《全国林业知识产权事业发展规划（2013—2020年）》（林规发〔2013〕228号）、《海南省人民政府关于印发海南省知识产权战略纲要（2010—2020年）的通知》（琼府〔2012〕10号）和《国务院关于新形势下加强打击侵犯知识产权和制售假劣商品工作的意见》等文件精神，结合《国家林业局科技发展中心关于继续组织开展植物新品种保护行政执法专项行动的通知》（林技执字〔2018〕8号）要求，深入开展知识产权创建和保护工作，充分发挥知识产权制度对海南林业的激励和保障作用，推动林业产业知识产权保护工作深入开展，提高林业产业自主创新和市场竞争能力，依法严厉打击侵权假冒伪劣林木种苗行为，保护植物新品种权。2018年4月召开了林业知识产权和林业新品种保护座谈会，省林业局产业处、法规处、种苗站负责人及 5 家科研院所、11 家林业龙头企业共 16 家单位科技负责人参会，代表们就林业知识产权工作存在的问题进行了深入探讨和交流。产业处、法规处、种苗站负责人结合各自分管的工作为代表们进行答疑解惑，会议要求科研单位及企业要加强联合，充分尊重和维护他人知识产权，不做拿来主义者，不断提高海南省林业知识产权实力，为建设美好新海南贡献力量。

2. 深入开展打击侵犯植物新品种权专项行动

海南省林业局坚持严格执法，依法行政，做好林木种苗质量监控，严把林木种苗质量关。2018 年 5 月，省林业局种苗站组织人员对海口、万宁、定安、屯昌、临高、乐东、陵水和琼中等 8 个市（县）共 24 个单位进行了为期 25 天的林木种苗行政执法及质量抽查工作，抽查结束后及时下发通报，要求各市县林业局针对抽查中发现的问题，督促被抽查苗圃严格落实林木种苗生产经营的各项制度，对抽查中发现的问题进行整改，将整改情况报送省种苗总站。2018 年 7 月，海南省林业局下发了《海南省林业厅办公室关于开展打击侵犯林业植物新品种权违法行为专项行动通知》（琼林办〔2018〕288 号），打击未经品种权人许可，生产或者销售林业授权品种的繁殖材料、假冒林业授权品种的行为，以及销售林业授权品种时未使用其注册登记名称的行为。经过 2018 年度抽查，海南省林木种苗质量情况及生产经营许可证、标签、档案等执行情况与 2017 年相比有了很大进步，林木种子生产经营许可证办证率与苗圃地苗批合格率都得到了提高，未发现一例侵犯林业植物新品种案例。

3. 深入学习宣传贯彻新《中华人民共和国种子法》及配套办法

海南省林业局把学习宣传贯彻新《中华人民共和国种子法》作为一项重点工作，切实抓紧、抓实、抓好，全面推进海南林业依法治种工作。举办 2 期培训班，分别是林木种苗行政执法及质量管理人员培训班和林木种苗生产经营档案管理培训班，培训 200 余人次。通过网络、微信及实地宣讲等活动，对全省林木种苗管理和执法人员培训以及种苗生产经营者培训，普及新《中华人民共和国种子法》主要内容，提高林木种苗管理和执法人员以及林木种苗从业人员的法律素质，让他们真正做到学法、懂法、用法、守法。（海南省林业局）

重庆市林业知识产权

1. 开展打击侵犯林业植物新品种权专项行动

下发了《重庆市林业局关于做好 2018 年科技重点工作的通知》（渝林科〔2018〕6 号），明确了林业知识产权保护工作的具体工作内容：开展打击制售假冒伪劣林木种苗和侵犯植物新品种权执法活动，坚持监督检查与依法查处相结合，广泛宣传与专门培训相结合，强化领导与完善制度相结合，认真开展林木种苗质量和侵犯植物新品种权的监督检查，营造浓厚氛围，构建长效机制。

扎实开展打击侵犯制售假冒伪劣林木种苗和林业植物新品种权执法工作。下发了《重庆市林业局关于做好 2018 年度打击制售假冒伪劣林木种苗和侵犯植物新品种权行政执法工作的通知》（渝林科〔2018〕8 号），要求各县区结合本地实际情况落实具体工作方案，同步开展工作，明确活动目标、步骤、措施，量化细化工作要求，层层动员部署，广泛宣传发动，确保各项工作有力有序开展。2018 年 5 月，市林业局组织了 3 个督导组，对涪陵区、长寿区、巴南区、璧山区、云阳县、奉节县等 6 个区（县）开展了打击制售假冒伪劣林木种苗和侵犯植物新品种权行政执法督导工作，重点对有关文件和工作落实情况、行政执法工作。特别是，林木种苗质量、植物新品种权自查摸底、林业电子商务产品质量等进行了监督检查。

2. 开展林业知识产权工作的培训和宣传

利用网络、报刊、微信等各类媒体广泛宣传开展全市林木种苗执法的重要性，各区县林业局、种苗站利用知识产权宣传周活动，向群众发放《中华人民共和国种子法》《林木种子生产经营许可证管理办法》《林木种子包装和标签管理办法》宣传单以及《林木种苗生产经营档案》《林木种苗标签》等。据统计，全市累计开展知识产权、《种子法》宣传 30 次，发放宣传资料 1.2 万份（册），受教育群众达到 2.3 万人次。自 2018 年 4 月开始，全市林业系统积极组织开展相关执法培训，培训内容包括《中华人民共和国行政处罚法》《中华人民共和国行政强制法》《林业行政处罚程序规定》等相关法律法规。据统计，市级培训 1 期，区县培训 8 期，共有 450 余人参加了培训，取得了良好的效果。配合市知识产权局出台了《重庆市知识产权对外转让审查实施细则》（渝知发〔2018〕53 号）。（重庆市林业局）

四川省林业知识产权

1. 大力宣传，强化培训

为提升全社会知识产权意识，营造加快建设知识产权强省的良好舆论氛围，把知识产权保护纳入林业科技研究、推广、开发和产业发展的全过程，利用四川省林业和草原局门户网站、《绿色天府》杂志等媒体渠道，大力宣传《国家林业局贯彻实施国家知识产权战略纲要的指导意见》。在 2018 年全国知识产权宣传周中，秉承"倡导创新文化　尊重知识产权"主题，与全国同步开展知识产权宣传周活动。4 月 20 日在"2018年四川省知识产权保护新闻发布会"上，省知识产权领导小组办公室发布了《2017 年四川省知识产权保护状况》白皮书，四川省林业知识产权保护工作的相关内容写进了白皮书。为了进一步做好能力建设，四川省积极派员参加了国家林业和草原局在长沙、西安以及杭州等地举办的各类培训，并组织相关人员参加了四川省知识产权局组织的各类培训讲座。

2. 强化林业植物新品种创制

为促进林业高质量发展，四川省采取措施加强了林业植物新品种的创制与保护工作，引导更多资金投向育种科研，调动育种科技人员的积极性，鼓励相关林木育种机构，加强新品种申报工作。截至 2018 年底，四川省已取得林业植物新品种权 8 项，其中 1 个杨树品种、4 个核桃品种、1 个槭树品种、1 个紫薇品种。

3. 开展林业植物新品种保护专项行动

为了保护林业植物新品种，根据国家林业和草原局的统一部署，5月印发了《四川省林业厅关于继续开展打击侵犯林业植物新品种权专项行动的通知》。在专项行动中，重点检查授权品种的繁殖、生产和销售环节，严厉打击未经品种权人许可，以商业目的生产或者销售林业授权品种繁殖材料或假冒授权品种的违法行为，以及销售林业授权品种时未使用其注册登记名称的行为。截至2018年底，全省未发生侵犯林业植物新品种权的案件。（四川省林业和草原局）

贵州省林业知识产权

1. 开展林业植物新品种权侵权调查专项行动

根据《中华人民共和国种子法》《中华人民共和国植物新品种保护条例》《林业植物新品种保护行政执法办法》相关规定。贵州省林业局制定了《贵州省林业局2018年打击侵犯林业植物新品种权专项行动方案》，5月5～20日，贵州省林业局科技处联合安顺市林业局对安顺地区开展了林业植物新品种摸底调查。5月23日，省林业局联合安顺市林业局、安顺市林科所，深入安顺市西秀区双堡镇开展植物新品种权保护执行检查工作，检查组在结合前期开展调查摸底的基础上，采取听取汇报和现场抽查相结合的方式，详细听取了安顺市林业局对植物新品种金刺梨'安富一号'品种权开展保护工作的情况汇报，并对保护工作中存在的问题和下一步的工作进行了指导。现场抽查了安顺市西秀区双堡镇大坝村金刺梨种植场所，检查中未发现侵犯林业植物新品种权违法行为。同时，检查组也对植物新品种金刺梨的监管单位在管理中需要改进的问题提出了整改意见。通过开展林业植物新品种权保护执行专项行动，进一步提高了品种权人的保护意识，对加大林业知识产权保护起到了积极的推动作用。

2. 加强机构制度建设，提升林业植物新品种行政执法保障水平

明确机构，落实专人负责。按照《国家林业局科技发展中心关于贯彻实施〈林业植物新品种保护行政执法办法〉的通知》要求，明确贵州省林业局植物新品种保护行政执法机构为贵州省林业局科技处，负责人为科技处处长。为畅通渠道，贵州省林业局将打击侵犯植物新品种权行为举报电话、电子信箱公布在贵州省林业局门户网站，明确由省林业局科技处专人负责该项工作，便于及时收集、汇总侵权假冒行为线索。督促检查、确保工作落实。贵州省林业局高度重视林业植物新品种保护行政执法工作，在2018年4月19日印发的《贵州省林木种苗行政执法年活动实施方案的通知》（黔林种函〔2018〕178号）中也将"生产经营假冒伪劣林木种苗和侵犯林业植物新品种权的行为"作为检查重点，为开展林业植物新品种保护行政执法工作提供了有力的制度保障。

3. 加强林业植物新品种政策法规宣传和执法培训

2018年5月19～20日，贵州省林业局协同贵州省林业科学研究院、省生态学会在贵阳筑城广场和兴义市参加2018年贵州省科技活动周启动仪式暨大型科普宣传和"送科技下乡"活动，通过分发宣传材料、接受现场咨询等方式，向现场的群众宣传普及

了植物新品种相关政策和基本知识，开展核桃、油茶、花卉苗木病虫害绿色防控技术、栽培技术、施肥技术以及林业标准等方面的咨询，现场发放技术资料300余份，提供技术咨询100余次。为进一步学习贯彻落实《中华人民共和国种子法》，全面提高林业植物新品种保护行政执法能力，贵州省林业局于9月18~19日，举办贵州省林业植物新品种保护行政执法培训。全省10个市州林业局、88个县市林业局的种苗站负责人和业务人员共130人参加了培训。通过培训，进一步提升了全省林木种苗、林业植物新品种保护执法人员的执法和管理水平。（贵州省林业局）

云南省林业知识产权

1. 加强林业知识产权工作

按照云南省人民政府知识产权战略实施工作联席会议制度要求，原云南省林业厅作为成员单位，通过联席会议制度进一步加强了与各部门的工作联络交流，共同推进云南省知识产权战略实施。根据全省林业特点和实际，抓好林业知识产权重点工作和重大活动的组织实施，切实有效地推进知识产权保护工作。促进知识产权创造，提升林业知识产权数量和质量，积极培育和申请国家植物新品种权。

2. 开展专项行动打击侵权假冒违法行为

全省各级林业部门认真贯彻打假专项行动工作部署，制定行动方案，有组织有计划地开展种苗执法专项行动，各地于6月间组织开展了辖区内种苗质量自检自查工作。7~8月，云南省林木种苗工作总站受上级林业主管部门委托，对昆明、曲靖、玉溪、红河、文山、普洱、西双版纳、大理、保山、德宏、丽江、迪庆、临沧等13个州（市）24个县区24家育苗单位进行了生产环节和流通环节的种苗质量抽查，涉及油茶、澳洲坚果、杉木、云南松、华山松、思茅松、川滇桤木、旱冬瓜、油橄榄等19个树种。

3. 开展林业知识产权培训、宣传和普及工作

在云南省临沧市和普洱市分别举办了植物新品种保护及林木种苗岗位培训班，对植物新品种权保护、打击假冒伪劣种苗相关法律法规和管理执法等内容进行讲解，培训150人次。在昆明市举办行政执法培训班，培训对象为全省县级以上有关执法人员，培训内容主要包括宪法与依法治国、行政执法工作中风险防范、种苗行政执法和植物新品种保护法律法规等内容，培训125人。围绕2018年知识产权宣传周活动契机，在5月份组织开展了以网络宣传、培训宣传和启动专项整治活动为主的宣传周活动，以多种形式积极宣传林业植物新品种保护条例等相关法律法规和政策，集中宣传了云南省林业知识产权创造、应用、保护现状，提高科技工作者、行政管理人员和社会各界对打击林业植物新品种和林木种苗侵权假冒工作重要性、必要性的认识，营造了良好的林木种苗发展环境，对林业生态建设和产业转型升级起到了积极的促进作用。（云南省林业和草原局 李翠萍）

陕西省林业知识产权

1. 逐步健全管理制度

成立陕西省林业局知识产权保护领导小组，加强人员和经费保障，协调落实办公室专职人员 2 名，落实植物新品种保护专项经费 10 万元，确保植物新品种保护工作的顺利开展。建立目标责任考核制度，坚持将知识产权保护纳入全局及责任部门年度目标考核，切实确保了各项任务和措施落到实处。落实林木种苗生产经营许可制度，省级核发的许可证全部纳入陕西省政务中心统一受理；同时，将许可证信息录入国家林业和草原局管理信息平台，实现了陕西省 1845 家种苗经营单位信息快速查询、资源共享。

2. 打击侵犯林业植物新品种权专项行动

积极组织开展各类林业知识产权保护专项活动，印发实施方案，组织开展了 2018 年打击侵犯林业植物新品种权专项行动，有效确保了以陕西省已授予 8 件植物品种权为代表的林业知识产权获得者权益。印发《陕西省林业局关于开展林木种苗行政执法活动年的通知》，重点对宝鸡、商洛、延安等市"林木种苗行政执法年"活动开展情况进行了督查，开展执法检查 163 次，查处违法案件 7 起。

3. 不断加大宣传教育力度

结合"科技之春"宣传月、"科技文化卫生三下乡"等活动，深入安康、榆林、西安等所辖县（区）乡、企业，组织开展了"种子法""种苗执法年""送法下乡、送法进企业"等普法宣传教育活动；开展"互联网 + 知识产权保护"，建立并利用"陕西林木种苗网"和"种苗执法交流群"等新媒体，宣讲知识产权保护相关法律法规和标准制度。加强业务培训，协调完成了种苗执法管理、植物新品种保护、检验员网络培训等专题业务培训。据统计，全年举办宣传培训活动 400 多场次，发送宣传资料 12 万份，培训人员 8000 多人次，得到了群众认可。（陕西省林业局）

甘肃省林业知识产权

1. 加快知识产权制度体系建设

甘肃省林业和草原局认真贯彻落实《甘肃省知识产权战略实施纲要》，积极开展知识产权保护工作，与省知识产权局、省打击侵权假冒办公室等部门密切配合，不断加大打击侵权违法力度，打击林木、种子方面侵犯他人合法权益行动，维护知识产权所有人利益。每年年初召开专题会议研究制定年度工作计划，以开展林木种苗打假和植物新品种保护专项整治工作为抓手，多措并举，扎实开展植物新品种行政执法工作。

2. 开展打击侵犯植物新品种权行动

甘肃省林业和草原局打假工作领导小组召开专题会议，研究开展打击侵犯植物新品种权工作。印发了《甘肃省林业厅关于开展打击侵犯林业植物新品种权专项行动的通知》（甘林科函〔2018〕506 号），明确了 2018 年打击侵犯林业植物新品种权专项行动的工作目标、重点任务，确定了专门机构、具体联系人和联系电话，扎实开展全省打击侵犯林业植物新品种权专项行动，重点整治违规使用注册商标、仿冒伪造生产经营许可证、质量认证标志、虚假标识，以及未经权利人授权，盗用已授权品种、专利、地理标志进行营利性种植、繁殖、生产和销售的侵权违法行为。各级林业行政主管部门针对生产经营企业、苗木花卉市场、科研院所开展植物新品种权保护普法宣传，共发放宣传资料4000余份，突击检查种苗市场、苗圃、林企117家，有效遏制侵犯植物新品种权违法行为，规范植物新品种市场秩序，维护品种权人合法权益，促进植物新品种研发培育水平，有序推进植物新品种权保护平稳健康发展。加强了植物新品种权知识及保护行政执法培训。

3. 加强执法检查，积极创建合法经营环境

认真落实《林业植物新品种保护行政执法办法》，严格执行《甘肃省林木种苗"两证一签"发放管理制度》，加大执法检查，加强种苗生产、流通环节的质量监督，努力构建规范有序的种苗生产经营市场环境。专项行动期间，甘肃省林木种苗管理局组织人员，前往全省主要林木种苗和花卉生产基地和销售市场，对生产销售假冒、伪劣的行为进行专项检查，及时查处违法行为。同时，向生产经营者发放宣传单，帮助和督促他们了解植物新品种权的知识和有关法律法规等，增强合法生产和经营林木种苗的法律意识。在对侵权假冒行为形成有力震慑的同时，不仅有效保护了新品种权所有者的合法权益，也广泛宣传了新品种权保护与知识产权保护工作。开展打击互联网领域侵权假冒活动，健全林木良种专利维权机制，治理互联网虚假违法广告和手机违法经营行为，为打击互联网领域侵权假冒奠定了基础。

4. 加强部门协作，突出打击行动成效

为使专项打击行动取得良好成效，在行动期间，省林业和草原局加强与省打假办、省知识产权战略实施工作联席部门间的沟通协调，进一步完善行政执法与刑事司法衔接，落实有关制度规定，将打击侵犯植物新品种权专项行动与其他有关的专项活动有机结合，形成合力效应，有效打击侵犯植物新品种权行为。同时，及时将行政执法中查办的涉嫌构成犯罪的案件移送司法机关处理，防止以罚代刑。有效遏制侵权、假冒植物新品种违法行为，规范植物新品种交易市场，保护品种权人合法权益，激励创新，促进植物新品种培育，推动植物新品种保护事业健康发展。

5. 积极推进"两法衔接"和"两随机、一公示"信息共享平台建设

为加强行政执法与刑事司法有效衔接，推进行政处罚案件信息合理移送，省林业和草原局抽调"两法衔接"和"两随机、一公示"平台专业人员，设立专职工作室维护平台正常运行，有效推进行政执法与刑事司法信息共享。及时准确录入案件信息，提高案件移送效率。各市（州）林业行政主管部门和厅直有关单位制定相应监督管理机制，明确了行政处罚案件信息发布审核、巡查、应急处置等信息安全事项，有序推进打击侵权假冒行政处罚案件信息及时移送。省林业和草原局按月汇总全省《林业部门查办案件统计表》信息报送国家林业和草原局场圃总站和省"双打办"，确保行政处罚案件信息及时、准确、合理移送。

6. 采取有效形式，广泛宣传专项行动

利用各种形式和途径，有效发挥"两法衔接"信息平台作用，及时发布开展打击侵犯林业植物新品种权违法行为专项行动的有关信息。省林业和草原局、市（州）林业（农林、生态建设管理）局都充分利用门户网站、新闻媒体，对专项行动进行跟踪报道，形成打击植物新品种侵权、假冒行为的舆论氛围和高压态势，积极引导全社会

尊重知识产权，合法使用植物新品种。积极开展法律法规的宣传工作，加强对科研、生产、花卉、种苗市场、经营单位打击侵犯植物新品种权的普法宣传，发放宣传材料4000余份。努力营造知法、学法和用法的良好氛围，增强群众法制观念，提高依法保护合法权益的能力。（甘肃省林业和草原局）

青海省林业知识产权

1. 大力宣传国家知识产权战略和林业植物新品种保护

利用科技活动周、科普宣传日、党员活动日、举办培训班、基层调研及林业植物检疫执法等活动，重点宣传了《青海省贯彻落实国家知识产权战略行动计划（2014—2020年）实施意见》《中华人民共和国种子法》《林业植物新品种保护条例》《林业植物新品种保护行政执法办法》及《林业行政处罚程序规定》等法律法规，进一步提高了公众法律意识。积极引导全社会尊重知识产权。合法使用植物新品种，形成打击植物新品种侵权、假冒行为的舆论氛围和高压态势。林农初步认识到了知识产权保护制度对建设创新型国家有着至关重要的意义，知识产权保护意识不断增强。青海省林业和草原局结合全省知识产权工作推进计划（2017—2020年），举办了标准化建设、植物新品种保护、森林认证等多期培训班、培训人员达200余人次。发放宣传资料1000多份。

2. 开展打击侵犯植物新品种权专项行动

为进一步加强林业植物新品种权行政执法，贯彻落实国务院打击侵犯知识产权和制售假冒伪劣商品的决策部署，促进植物新品种培育，推动植物新品种保护，青海省林业和草原局根据《2018年国家林业局打击侵犯林业植物新品种权专项行动方案》，制定印发了《2018年青海省林业厅打击侵犯植物新品种权专项行动方案》，通过青海省林业信息网站向社会公布侵权举报电话、投诉地址及电子邮箱。4月，结合全省林木种苗工作检查，局科技处和省林木种苗站组织相关工作人员，深入基层开展调查摸排侵权专项行动，重点对西宁市城西区、城中区、南山绿化指挥部，海东市民和县、循化县、化隆县、海北州海晏县、祁连县、海南藏族自治州贵德县、贵南县、黄南藏族自治州尖扎县、海西蒙古族藏族自治州都兰县、乌兰县等13个县（区）的16个单位进行了行政执法检查，重点检查了林业植物新品种使用，生产经营许可制度、标签制度、生产经营和使用档案制度、质量检验制度等落实情况，并对检查情况进行了通报。同时与基层林业行政执法人员、专业技术人员、林农座谈，宣传植物新品种保护相关政策法规，使更多的人关心和支持品种权保护。

3. 加强知识产权成果转化应用

根据国家林业和草原局相关规定，中央财政林业科技推广项目必须依托近五年的科技成果，所依托的科技成果必须由推广应用单位与成果所有权单位签订技术合作或技术转让合同，并支付成果转让费，2018年11项中央财政林业科技推广项目产生知识产权成果转让费38万元。确保成果所有权单位的合法权益和林业科技成果的规范、有序转化、极大地提升了林业重点工程建设的科技含量、充分发挥了林业科技在青海生态环境建设中的科技支撑、引领示范和辐射带动作用。（青海省林业和草原局）

宁夏回族自治区林业知识产权

1. 开展摸底调查，加强源头治理

宣传贯彻《国务院知识产权强国建设的若干意见》和《宁夏回族自治区贯彻落实〈国务院关于新形势下加快知识产权强国建设的若干意见〉的实施方案》，提高知识产权创造、运用、保护、管理和服务能力，进一步完善知识产权政策法规体系，林业优势特色产业领域知识产权能力进一步提升。对宁夏回族自治区林业知识产权专利情况开展全面调查。充分利用广播、电视、网络、报刊等宣传媒体，结合科技下乡等活动广泛开展知识产权保护相关法律法规的宣传。围绕知识产权对市、县（区）林业执法人员进行培训，普及知识产权保护、侵权案件处理规定及执行程序等业务知识，严格执法行为，规范执法文书制作，提高执法人员的依法执法能力。

2. 精心组织，周密部署

结合宁夏回族自治区知识产权保护工作实际情况，进一步贯彻落实和分解工作任务。从 2018 年 5 月至 11 月中旬，分 3 个阶段进行：2018 年 5 月下旬，结合方案中的工作任务，对知识产权工作权进行动员部署；2018 年 6 月中旬至 10 月下旬，要求全区各级林业部门，按照实施方案开展相关工作，以典型案件查处为抓手，深入基层进行案件调查；2018 年 11 月进行总结交流，对宁夏回族自治区知识产权工作进行梳理总结。

3. 加强知识产权创造和转化运用

2018 年，认真贯彻执行《国家林业局贯彻实施〈国家知识产权战略纲要〉的指导意见》和《全国林业知识产权事业发展规划（2013—2020 年)》，紧密围绕产业发展、国家级研发平台的社会需求和在前沿技术上的突破，以特色枸杞、葡萄、生态经济与生态景观植物优新品种选育、种苗繁育、特色枸杞产品精深加工和葡萄脱毒与病毒检测技术、葡萄无毒苗木培育等作为专利的布局点，从产业需求到研发需求，进行专利技术申报，并结合林业特点，以枸杞、葡萄，以及生态型、生态经济型、生态景观型等特色植物新品种、新技术的开发为着眼点，全面开展新品种保护、专利等知识产权的申报。2018 年文冠果申请国家林业和草原局植物新品种保护。中宁县杞鑫枸杞苗木专业合作社申请‘杞鑫 1 号’‘杞鑫 3 号’2 个植物新品种。

4. 修订完善了林业知识产权管理规章制度

重新修订完善了知识产权相关管理办法，将知识产权的申报与新产品开发、科技创新、科研成果奖励等结合，将科研项目产出科技成果与生产一线产出科研成果相结合，以科技服务生产，以生产促进研发，形成互助、有效的激励机制，鼓励科技人员不断地创新，为产业提供技术与品种支撑。通过知识产权管理制度的建立完善，明确了知识产权工作办公室的工作职责以及知识产权管理工作流程，极大地提高了知识产权管理效率。明确了知识产权奖惩办法以及知识产权工作考核办法，将知识产权工作纳入职工的年度考核指标中，极大地提高了在林木植物新品种、专利等方面的申请量与产出。

5. 开展林业知识产权培训交流工作

为提高广大科研人员，尤其是基层技术人员对知识产权重要性的认识，积极组织从事林业知识产权相关工作人员进行业务培训，尽最大努力为他们创造学习交流机会。帮助知识产权管理和技术人员在实践中增长才干，多出成果，而且使成果快速推广和

转化，促进科技创新与产业发展。2018年先后多人参加了由自治区知识产权局、银川市兴庆区科技局、自治区科技信息所等组织的知识产权相关培训。组织举办了各类知识产权专业培训8场次，培训300余人次。通过培训提高了科研人员及技术人员对植物新品种保护、专利申请重要性的认识，充分调动了科技人员科研创新的积极性。（宁夏回族自治区林业和草原局）

新疆维吾尔自治区林业知识产权

1. 夯实打击侵犯林业植物新品种权的工作基础

为认真贯彻落实国务院和国家林业和草原局、自治区打击侵权假冒领导小组办公室关于打击侵犯植物新品种权的部署要求，新疆维吾尔自治区林业和草原局进一步加强对打击侵权假冒行动的组织领导，结合新疆林木种苗质量抽查行动，全面开展查办侵犯植物新品种权的行为，确保各项工作落地见效。2018年，制定下发《关于做好2018年全区林木种苗质量抽查及迎接国家林木种苗质量抽查工作的通知》（新林造字〔2018〕26号），要求各地做好造林种苗的自检和档案管理等工作，严厉打击制售假、劣林木种苗和侵犯林业植物新品种权的行为。

2. 加大宣传和执法力度，确保工作取得实效

大力宣传贯彻落实《植物新品种保护条例》《中华人民共和国种子法》《新疆维吾尔自治区实施〈中华人民共和国种子法〉办法》和国务院《植物检疫条例》等有关规定，提高公众法律意识。重点加大林木种苗的生产、销售、使用和侵犯林业植物新品种权等关键环节的监督检查和执法力度，规范林木种苗生产、经营秩序。同时，成立巡查督查工作组，于2018年3月12日至4月22日期间，对全疆春季造林苗木质量进行抽查。同时，对各地州（市）涉及侵犯林业植物新品种权的行为进行明察暗访。督查过程中，始终坚持严格执法，强化部门联动，加强执法监督，对未经批准私自采集或者采伐国家重点保护的天然林木种质资源的违法行为，经营、推广、应用未经审定（认定）的林木种苗行为和违规调运林木种苗的行为，伪造、变造、买卖、租借生产和经营许可证的行为，无证或者未按照许可证的规定生产和经营林木种苗的违法行为，违法违规调运、使用林木种苗的行为，侵犯植物新品种权等行为进行严厉的整治和查处。通过抽查,78.6%的苗批通过审(认)定的林木优良品种，未发现有侵犯植物新品种权的行为。

3. 开展打击侵犯林业植物新品种权专项行动

为做好打击侵犯林业植物新品种权专项行动工作，按照国家林业和草原局打击侵犯林业植物新品种权专项行动方案安排，新疆维吾尔自治区林业和草原局于5月进行动员部署，5～8月征集线索，6～8月开展摸底与检查，6～10月开展立案查处和信息公开等工作。截至目前，未发现林业植物新品种侵权假冒案件发生。结合2018年"百千万培训行动计划——林果科技进万家"活动，开展林业植物新品种摸底调查工作，新疆现有'天山祥云''天山霞光''新叶1号''天演98杨''天演99杨''天演2000杨'等6个授权植物新品种。2018年5月11～13日对塔城地区、哈密市、吐鲁番市、克拉玛依市及所辖县（市）种苗管理和生产技术人员开展种苗执法、质量检验、植物

新品种保护及木林种苗档案管理培训，共 88 人参加培训。严厉打击制售假劣林木种苗和侵犯林业植物新品种权的行为。对打击侵权假冒行政处罚案件信息予以公开，向国家林业和草原局上报《关于报送 2018 年新疆林业植物新品种行政执法工作总结的函》（新林科字〔2018〕1252 号）。未出现应当受理未受理或受理后未及时查处的情况。（新疆维吾尔自治区林业和草原局办公室）

中国龙江森林工业集团林业知识产权

1. 积极申报和用好专利渗透到企业经营行为

2018 年 6 月 30 日，黑龙江省森林工业总局正式改制国有企业，剥离了政府职能，知识产权工作重点全面转移到推进森工创新驱动能力和引领森工产业转型上来，集团公司以推进森工系统的知识产权建设和专利保护工作为中心，积极推进森工系统的自主创新，通过各种形式宣传国家的相关文件精神，鼓励和支持森工集团各企业和个人充分利用知识产权，做好专利和植物新品种的申报和应用，积极推进森林认证工作开展，把知识产权工作落到实处。2018 年度新申请专利 49 项，其中发明专利 16 项，实用新型 33 项；获得专利授权 32 项，其中发明专利 12 项，软件著作权 4 项。组织申报 2018 年专利资助项目申报，推荐 23 项，获得资助 15 项，其中发明专利 10 项，共计获得省知识产权局奖励资金 1.54 万元。作为国有企业引导各分公司参与以市场为导向的知识产权转移，通过研发和购买专利实现产品升级换代，达到产业转型的根本目的。

2. 强化知识产权试点工作，加强人才培养和宣传培训

推动黑龙江省带岭林业科学研究所，黑龙江省林副特产研究所，黑龙江省牡丹江林业科学研究所 3 个省级和国家部委级知识产权试点单位开展工作，促进知识产权工作在全林区的开展。加强知识产权人才队伍建设，积极参加知识产权方面的专题培训，更广泛地开展了知识产权文化建设，严格贯彻落实中央和省委关于实施知识产权战略，支持创新驱动发展的精神。围绕知识产权工作，积极开展专利周和送科技下乡等活动，严格贯彻落实中央和省委关于实施知识产权战略，支持创新驱动发展的精神，把规范知识产权保护和管理、用好知识产权资源落到实处。

3. 建立植物新品种保护技术支持体系

开展植物新品种开发及优良品种选育等技术研究及推广工作，研究重点为优良景观树种扩繁、工业用材林新品种繁育、种子园改建及升级、优良苗木种苗繁育、主要用材林优良家系无性系选育、特种用途林良种选育、杨树抗冻、抗病选育、杂种落叶松高世代良种生产等。完善了植物新品种保护的技术支持体系，建立了国家级植物新品种的测试站点，进一步完善了林业植物新品种的资源库，建成了植物新品种保护的信息系统和综合平台。（中国龙江森林工业集团有限公司）

大兴安岭林业集团林业知识产权

1. 加强知识产权创造、保护和运用

联合黑龙江省知识产权局对 2016 年一户专利优势试点企业进行了现场查验、资金审核和网上填报验收。组织 4 户企业参加 2018 年知识产权战略实施十年评估问卷调查活动，了解全区专利战略实施发展情况。向黑龙江省知识产权局报送《2017 年度地区专利实力状况表》。申报 2018 年度国家知识产权优势企业并获批，获得省奖励资金 30 万元。5 家企业授权发明专利获得补助，省奖励资金 2.1 万元。对 2016 年获得国家知识产权示范优势企业的绿源公司进行复核工作，并获得通过。2018 年全区申请专利 252 件，授权专利 170 件，同比有所增长。每万人发明专利拥有量为 0.77，位居全省第三。

2. 开展林业知识产权宣传培训

制定了 2018 年知识产权宣传计划。举办了"4.26"知识产权宣传周活动。根据黑龙江省知识产权局的部署，制定了宣传周活动方案。一是在加格达奇区标志性区域内悬挂了主题标语，制造"知识产权在我身边"的氛围。二是 4 月 25 日在大兴安岭地区职业学院举办了知识产权法律知识培训，通过展板宣传知识产权基本知识。面向高校大学生、公安局、工商局、文广新局、烟草专卖局等有关执法部门、专利优势企业等130 余人，普及了专利等知识产权法律常识，促进了执法部门之间的交流合作，提高了执法能力，促进了企业和高校科研部门之间的对接，增强了专利助推大学生创新创业、专利助推企业转型升级能力。三是 4 月 26 日在世纪广场省市局联合开展了宣传活动，与行署公安局、工商局、文广新局、烟草专卖局和加格达奇区科技局等单位联合开展了宣传活动。在加格达奇区承办了全省知识产权战略实施实务培训班。对知识产权强省建设、专利挖掘与申请实务、高校科研院所专利战略管理等方面做了精彩讲解。来自各市（行署）和大兴安岭地区各市、县、区、局的知识产权管理人员、部分科技型企业、大兴安岭地区职业学院、大兴安岭农林科学院、大兴安岭工商局、药监局等单位近 80 人参加了培训，进一步加强了知识产权保护意识。

3. 开展专利行政执法工作

开展了春节前期的专利执法行动，与食药监局联合执法，对 3 家药店进行了执法检查。对超市的执法检查中发现有专利标识不规范的商品，立案结案 3 件。完成了科技体制改革专利执法验收工作、2018 年法治政府建设考核专利执法的情况报送工作、"双打办"的执法督查情况总结报送，以及"信用黑龙江"网站的"双公示"目录，申请加入"双公示"成员单位。参加了法制办组织的执法人员考试，完成了黑龙江政务服务网流程再造专利执法的再录入工作。（大兴安岭林业集团公司）

统 计 分 析

林业专利

专利分为发明专利、实用新型专利和外观设计专利3种类型。发明专利是指对产品、方法或者其改进所提出的新的技术方案。实用新型专利是指对产品的形状、构造或者其结合所提出的适于实用的新的技术方案。外观设计专利是指对产品的形状、图案或者其结合以及色彩与形状、图案的结合所做出的富有美感并适于工业应用的新设计。

一、林业相关专利分析

国家林业和草原局知识产权研究中心组织专家，研究整理了一批与林业相关的关键词和国际专利分类号，采用关键词与国际专利分类号相结合的方式从国家知识产权局中国专利数据库中检索数据，并进行数据清洗和整理，建成林业相关专利数据库，形成最终的林业相关专利数据进行统计分析。

1. 总量分析

2018年，国家知识产权局中国专利数据库公开的林业相关专利量首次突破8万件，达到86842件，比2017年增长了33.07%。近5年来（2014—2018年）的林业相关专利共有281631件，同比增长224.32%。截至2018年底，林业相关专利公开量共计438547件（表7，图2）。

表7　1985—2018年林业相关专利公开量统计　　　　　单位:件

年份	专利总量	发明专利	实用新型	外观设计
1985	8	6	1	1
1986	198	112	85	1
1987	396	195	191	10
1988	506	177	320	9
1989	619	229	366	24
1990	620	279	300	41
1991	752	250	442	60
1992	1130	322	731	77
1993	971	405	485	81
1994	1383	605	711	67
1995	1378	566	681	131
1996	1505	676	625	204
1997	1688	691	706	291
1998	1962	769	784	409
1999	2702	772	1336	594
2000	2791	872	1295	624
2001	3275	1134	1356	785
2002	3769	1246	1465	1058
2003	4755	1758	1621	1376
2004	4507	1856	1526	1125
2005	6506	3452	1808	1246
2006	7645	3388	2488	1769
2007	9560	4334	3052	2174
2008	11452	5322	3928	2202
2009	13739	6355	3968	3416
2010	13651	5466	3785	4400
2011	14232	7640	4776	1816
2012	18763	11449	6256	1058
2013	26453	14293	9636	2524
2014	31835	20065	9620	2150
2015	45066	27518	14199	3349
2016	52628	31086	18458	3084
2017	65260	40717	21337	3206
2018	86842	47113	35551	4178
合计	438547	241118	153889	43540

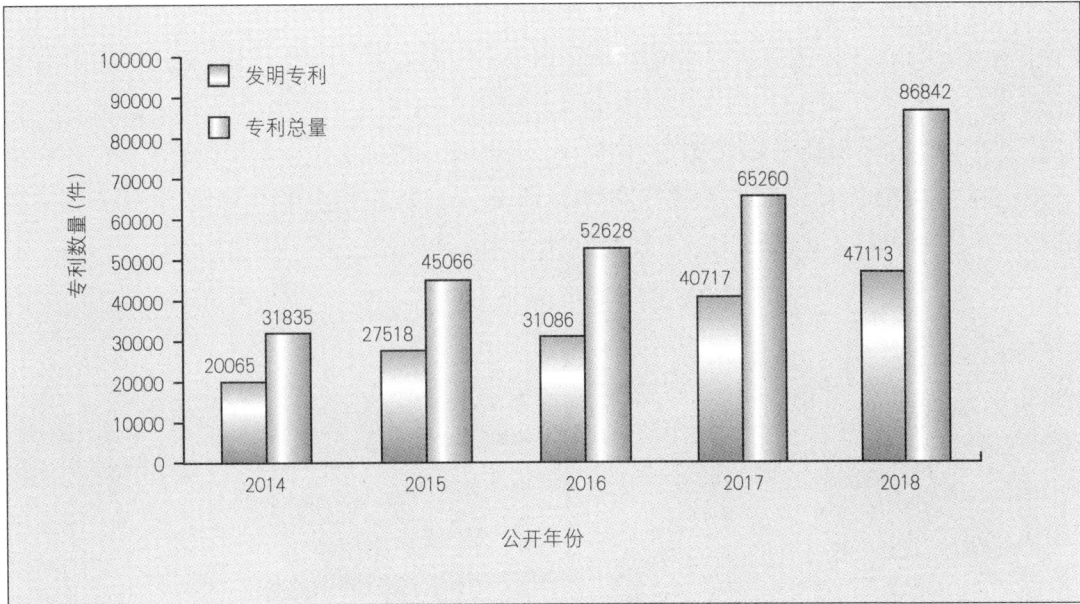

图 2　2014—2018 年林业相关专利公开量统计

2. 发展趋势分析

林业相关专利申请始于 1985 年。这一年中国刚刚开始实施专利法和建立专利制度。1985—1998 年林业专利技术发展十分缓慢，每年公开的林业相关专利量不超过 2000 件；1999—2011 年林业专利量平稳增长，每年公开的林业相关专利量从 1999 年的 2000 多件逐渐增长为 2008 年的 1 万多件；2012—2018 年期间，林业专利量迅猛增长，每年公开的林业专利量由 2008 年的 1 万多件攀升到 2018 年的 8 万多件，目前发展势头良好（图 3）。

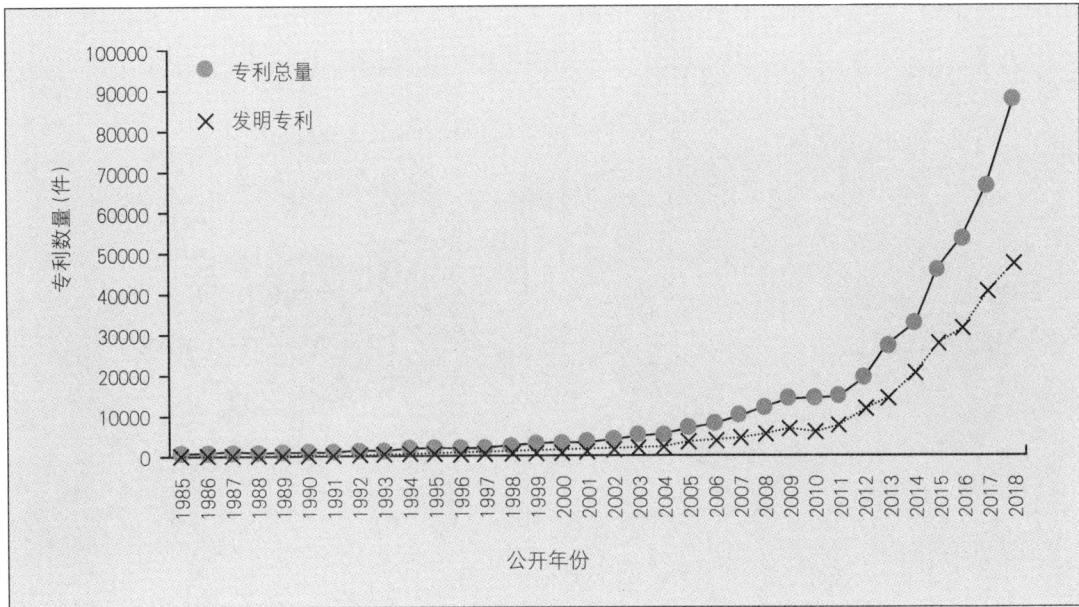

图 3　1985—2018 年林业相关专利公开量发展趋势

3. 专利类型分析

2018 年，林业相关专利共 86842 件，其中发明专利 47113 件（54.25%）、实用新型专利 35551 件（40.94%）、外观设计专利 4178 件（4.81%）。自 2011 年以来，林业相关专利中发明专利所占比重均保持在 50%～64% 之间，相对稳定。截至 2018 年底，林业相关专利共 438547 件，其中发明专利 241118 件，占林业相关专利总量的 54.98%，实用新型专利 153889 件（35.09%），外观设计专利 43540 件（9.93%）（图 4）。

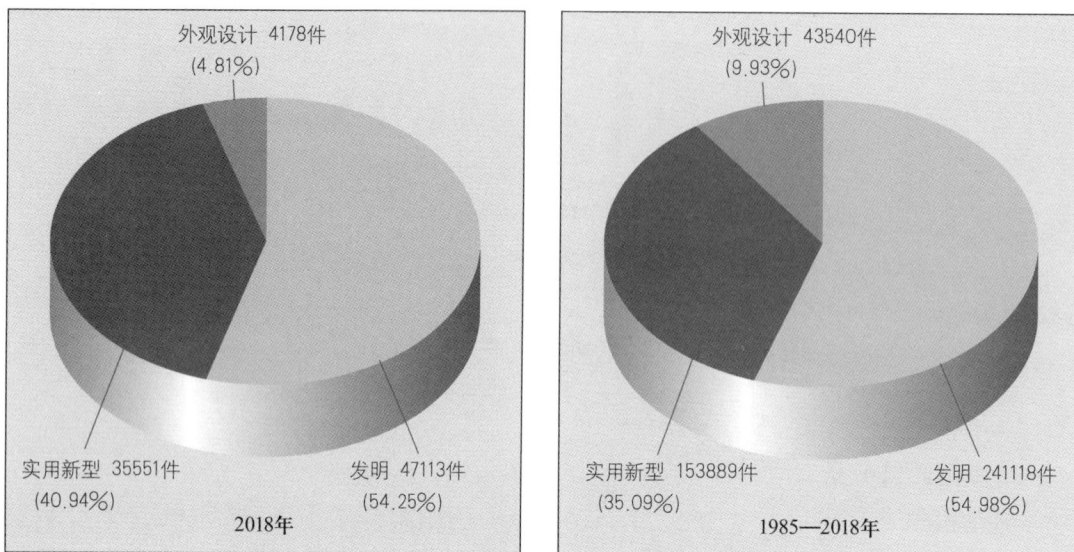

图 4　2018 年、1985—2018 年林业相关专利类型统计

4. 申请人构成分析

林业专利的创造主体主要是企业。2018 年林业相关专利申请人中企业、高等院校和科研院所所占比重分别为 52.51%、15.52% 和 9.98%。截至 2018 年底，林业相关专利申请人中企业、高等院校和科研院所所占比重分别为 46.89%、15.68% 和 10.72%（图 5）。

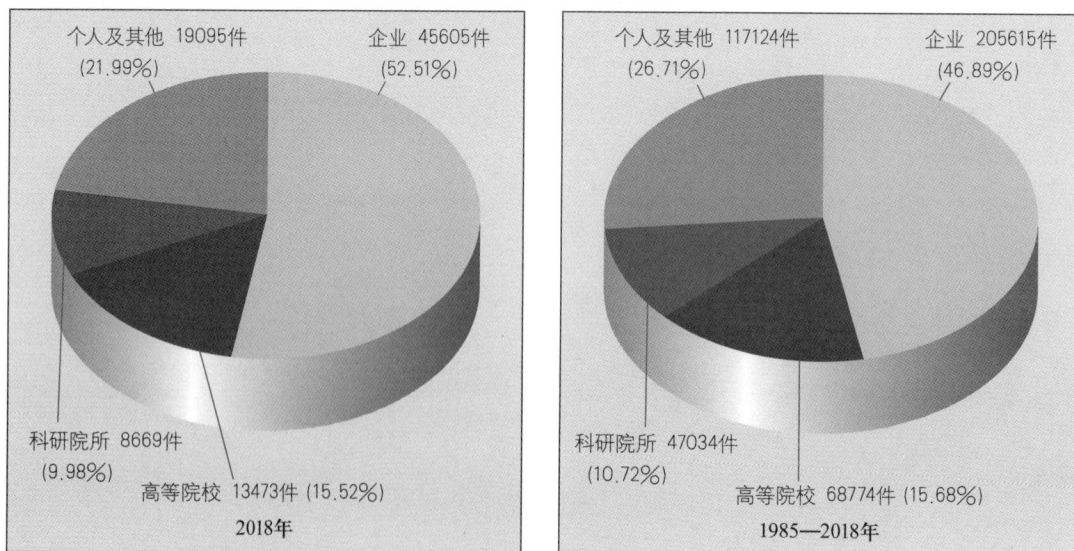

图 5　2018 年、1985—2018 年林业相关专利申请人构成统计

5. 地域分析

对全国31个省（自治区、直辖市）的林业相关专利申请公开量的分析结果显示，2018年，各省（自治区、直辖市）公开的林业相关专利中，浙江和江苏的专利量最多，分别为10885件和10543件，排在其后的是广东(7342件)、安徽(6830件)、福建(4833件)、山东(4341件)、四川(3751件)、广西(3717件)、河南(3576件)和北京(3098件)，均在3000件以上。截至2018年底，浙江和江苏的专利量遥遥领先，分别是50842件和50309件，其次是广东(33342件)、安徽(29780件)、山东(27100件)、北京(22629件)、福建(20934件)、广西(17441件)、四川(15606件)，均在1.5万件以上（表8）。

表8　1985—2018年全国各省（自治区、直辖市）专利公开量统计　　　单位：件

排名	省（自治区、直辖市）	1985—2018年专利总量	公开年份				
			2014	2015	2016	2017	2018
1	浙　江	50842	3921	5365	5592	6031	10885
2	江　苏	50309	4581	5609	6356	6818	10543
3	广　东	33342	1577	2435	3063	4698	7342
4	安　徽	29780	2760	4165	5619	6553	6830
5	山　东	27100	2151	3261	3666	4036	4341
6	北　京	22629	1788	2198	2456	2683	3098
7	福　建	20934	1331	2116	3278	3413	4833
8	广　西	17441	1459	2864	2543	4264	3717
9	四　川	15606	992	1377	1861	2607	3751
10	河　南	13219	745	1400	1417	2588	3576
11	黑龙江	13034	1152	1454	1698	2014	2005
12	湖　南	12322	960	1089	1328	1860	2309
13	陕　西	12212	1073	1278	1426	1882	2162
14	上　海	11556	754	889	966	1077	1327
15	湖　北	9897	663	1009	1219	1559	2123
16	云　南	9106	606	765	1028	1565	2056
17	辽　宁	8775	686	730	755	781	1124
18	天　津	8393	684	1000	1151	1103	1578
19	重　庆	7966	535	1178	1436	1657	1453
20	河　北	7932	429	656	766	1125	1742
21	贵　州	7481	390	723	896	1828	2348
22	江　西	6548	285	604	748	990	2229
23	吉　林	4928	292	380	480	628	757
24	甘　肃	4560	338	479	673	777	1226
25	山　西	4004	328	383	390	518	749
26	新　疆	3859	266	376	461	597	599
27	宁　夏	2362	107	159	258	403	549
28	内蒙古	2015	134	173	193	226	430
29	海　南	1188	91	117	131	119	210
30	青　海	1026	72	137	134	167	238
31	西　藏	172	8	7	16	27	34

6. 林业重点领域专利分析

按森林培育、木材加工、林业机械、竹藤产业、木地板产业、林产化工和林业生物质能源 7 个主要领域对林业相关专利进行统计分析。2018 年，森林培育领域专利公开量为 11189 件、木材加工 12265 件、林业机械 8265 件、竹藤产业 7556 件、木地板产业 1420 件、林产化工 2582 件、林业生物质能源 1702 件（表 9）。

截至 2018 年底，专利量最多的是森林培育、木材加工和竹藤产业，分别为 52393 件、49437 件、45997 件，其次是林业机械、林产化工和木地板产业，专利量均在 1 万件以上。在 7 个林业重点领域中发明专利比重最高的是林产化工、森林培育和林业生物质能源，分别为 74.72%、67.73% 和 66.57%，其次是木材加工（47.11%）、林业机械（46.09%）、竹藤产业（39.47%）和木地板产业（29.08%）（表 9，图 6）。

表 9　1985—2018 年林业重点领域专利公开量统计　　单位：件

领域分类	1985—2018 年专利总量				2018 年专利量			
	发明专利	实用新型	外观设计	合计	发明专利	实用新型	外观设计	合计
森林培育	35486	16262	645	52393	6646	4461	82	11189
木材加工	23290	26127	20	49437	6173	6087	5	12265
林业机械	14715	17128	84	31927	3700	4548	17	8265
竹藤产业	18153	12839	15005	45997	3661	2258	1637	7556
木地板产业	3233	5242	2642	11117	670	674	76	1420
林产化工	12736	4087	223	17046	1827	752	3	2582
林业生物质能源	6413	3151	69	9633	1096	600	6	1702

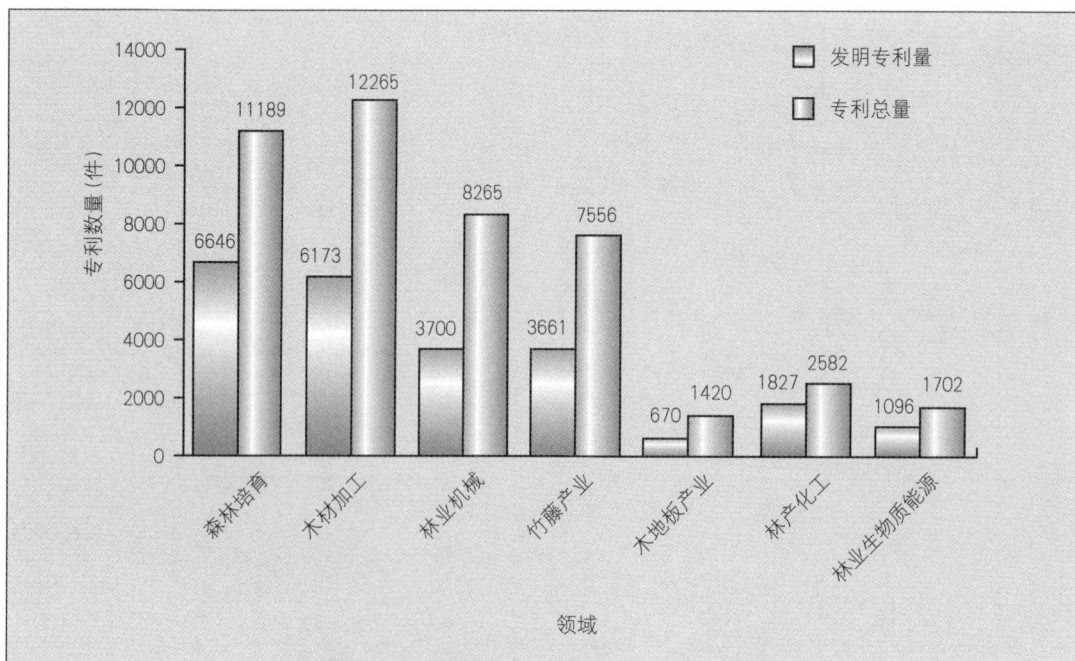

图 6　2018 年林业重点领域专利公开量统计

二、林业科研院所和高等院校专利分析

林业科研院所是指林业系统的科研机构，主要包括国家、省（自治区、直辖市）、市、县4级林业科研和开发机构，不包括各类农林科研院所。林业高等院校包括各类林业高校和农林高校。林业高等院校专利分析包括林业高校和农林高校的所有专利，主要是因为许多农林高校，如西北农林科技大学、浙江农林大学等农林高校的前身均为林业高校，拥有大量林业领域专利。此外，许多林业高校的专业越来越趋于综合化，也拥有大量其他领域的专利，为保证各高校专利统计数据的客观性和准确性，本报告对林业高校和农林高校的所有专利进行了统计分析。

1.总量分析

2018年，全国林业科研院所的专利公开量为1450件，其中发明专利公开量为944件，占其专利公开总量的65.10%；林业高等院校的专利公开量为6421件，其中发明专利3318件，占其专利公开总量的51.67%。截至2018年底，林业科研院所的专利公开量共计8270件，其中发明专利公开量5987件，占其专利公开总量的72.39%；林业高等院校的专利公开量共计30324件，其中发明专利公开量18446件，占其专利公开总量的60.83%（表10，图7）。

表10　1985—2018年林业科研院所和高等院校的专利公开量统计　　　　单位：件

公开年份	科研院所				高等院校			
	发明专利	实用新型	外观设计	合计	发明专利	实用新型	外观设计	合计
1985	1	0	0	1	0	0	0	0
1986	9	5	0	14	1	1	0	2
1987	12	8	0	20	3	5	0	8
1988	9	12	0	21	6	2	0	8
1989	11	7	0	18	3	9	0	12
1990	13	13	0	26	6	4	0	10
1991	14	6	2	22	3	11	0	14
1992	12	22	1	35	13	8	0	21
1993	9	5	0	14	10	8	0	18
1994	11	9	0	20	3	7	0	10
1995	14	7	1	22	6	6	0	12
1996	10	6	3	19	8	11	0	19
1997	10	10	1	21	6	6	0	12
1998	11	3	0	14	9	10	0	19
1999	9	11	0	20	5	10	0	15
2000	5	14	0	19	12	14	0	26
2001	12	18	0	30	12	21	0	33
2002	9	1	0	10	21	14	0	35
2003	24	17	1	42	49	18	0	67
2004	31	17	3	51	58	22	0	80
2005	41	12	4	57	161	33	0	194
2006	66	17	1	84	194	39	0	233
2007	106	13	1	120	305	31	2	338
2008	172	56	1	229	440	63	55	558
2009	200	62	0	262	569	102	48	719

(续)

公开年份	科研院所				高等院校			
	发明专利	实用新型	外观设计	合计	发明专利	实用新型	外观设计	合计
2010	197	68	11	276	685	164	22	871
2011	280	101	3	384	845	382	82	1309
2012	396	96	7	499	1328	485	298	2111
2013	451	128	10	589	1476	882	445	2803
2014	561	136	2	699	1813	692	343	2848
2015	699	215	13	927	2050	921	363	3334
2016	672	285	16	973	2234	1121	227	3582
2017	966	304	12	1282	2794	1400	388	4582
2018	944	483	23	1450	3318	2287	816	6421
合计	5987	2167	116	8270	18446	8789	3089	30324

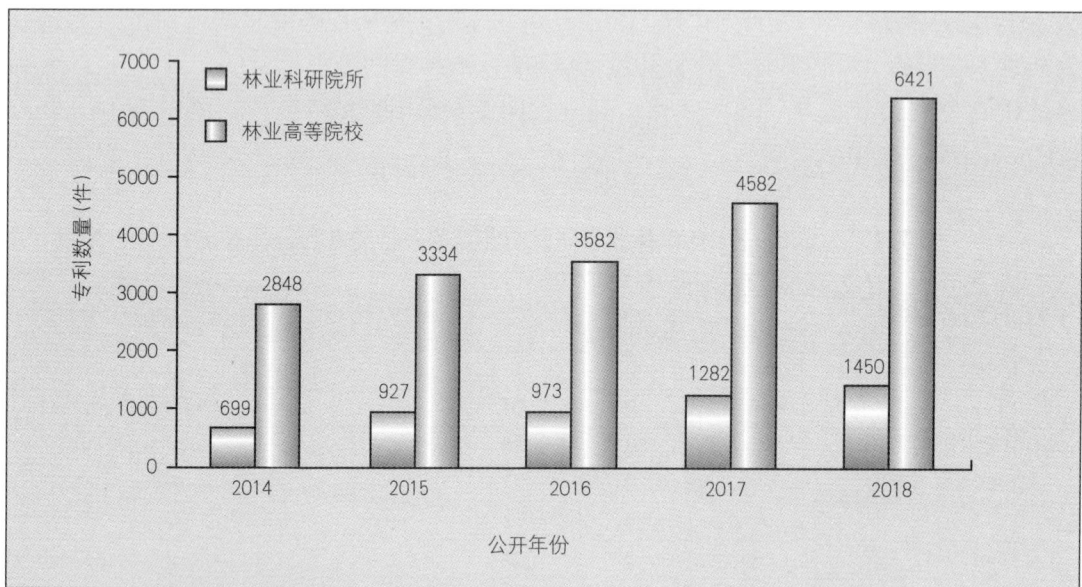

图7　2014—2018年林业科研院所和高等院校专利公开量统计

2. 发展趋势分析

林业科研院所和高等院校的专利发展趋势可以划分为3个阶段，第一阶段为1985—2003年，每年的专利量不足100件，增长十分缓慢；第二阶段为2004—2010年，每年专利量200~1000件，增长较为迅速；第三阶段为2011—2018年，专利量迅猛增长，由2011年的1500多件增至2018年7000多件。自2011年以来，林业高等院校的专利增长速度明显超过了林业科研院所，二者的专利量差距逐步拉大（图8）。

3. 申请人分析

专利申请人分析包括每件专利的所有共同申请人，并对申请人（机构）的不同写法、历史变迁和异名进行了规范化加工整理，以保持统计数据的完整性和准确性。

2018年，在林业科研院所中，中国林业科学研究院的专利公开量为419件，占林业科研院所专利总量的28.90%，其次是浙江省林业科学研究院、广西壮族自治区林业科学研究院和甘肃省治沙研究所。在林业高等院校中，专利公开量排名前3的分别是南京林业大学、福建农林大学和西北农林科技大学。近年来农林类高职院校的专利量增长较快（表11）。

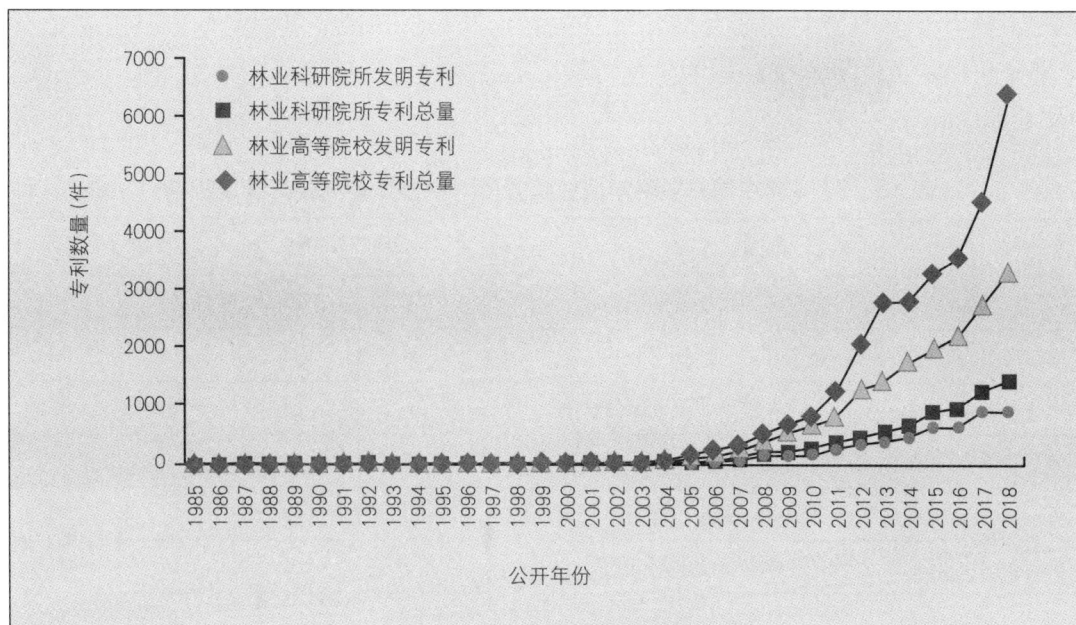

图 8   1985—2018 年林业科研院所和高等院校的专利公开量变化趋势

表 11   2018 年林业科研院所和高等院校专利公开量排行榜   单位：件

分类	排名	申请人	发明专利	实用新型	外观设计	合计
科研院所	1	中国林业科学研究院	342	76	1	419
	2	浙江省林业科学研究院	65	40	0	105
	3	广西壮族自治区林业科学研究院	75	7	0	82
	4	甘肃省治沙研究所	44	31	3	78
	5	国际竹藤中心	43	24	0	67
	6	云南省林业科学院	27	17	14	58
	7	湖南省林业科学院	34	11	0	45
	8	山东省林业科学研究院	39	5	0	44
	9	黑龙江省林业科学研究院	11	27	0	38
	10	广东省林业科学研究院	21	6	2	29
高等院校	1	南京林业大学	838	422	622	1882
	2	福建农林大学	510	592	10	1112
	3	西北农林科技大学	526	305	7	838
	4	东北林业大学	255	469	82	806
	5	北京林业大学	416	74	7	497
	6	浙江农林大学	234	74	36	344
	7	中南林业科技大学	239	33	6	278
	8	西南林业大学	70	80	35	185
	9	信阳农林学院	66	109	3	178
	10	江苏农林职业技术学院	118	44	4	166

2018 年中国林业科学研究院各所（中心）专利公开量最多的是中国林业科学研究院林产化学工业研究所，共 119 件，其次是国家林业局桉树研究开发中心（90 件）（表 12）。

表 12　2018 年中国林业科学研究院各所（中心）专利公开量排行榜　　　单位：件

排名	申请人	发明专利	实用新型	外观设计	合计
1	中国林业科学研究院林产化学工业研究所	118	1	0	119
2	国家林业和草原局桉树研究开发中心	8	82	0	90
3	中国林业科学研究院木材工业研究所	36	3	0	39
4	中国林业科学研究院亚热带林业研究所	26	6	1	33
5	中国林业科学研究院森林生态环境与保护研究所	20	10	0	30
6	中国林业科学研究院林业新技术研究所	17	12	0	29
7	国家林业和草原局北京林业机械研究所	16	12	0	28
8	中国林业科学研究院林业研究所	23	1	0	24
9	中国林业科学研究院	10	12	0	22
10	国家林业和草原局竹子研究开发中心	13	4	0	17
10	中国林业科学研究院热带林业研究所	14	3	0	17
12	中国林业科学研究院资源信息研究所	15	0	0	15
13	中国林业科学研究院热带林业实验中心	9	4	0	13
14	国家林业和草原局哈尔滨林业机械研究所	9	1	0	10
14	中国林业科学研究院资源昆虫研究所	8	2	0	10
16	国家林业和草原局泡桐研究开发中心	5	4	0	9
17	中国林业科学研究院华北林业实验中心	4	3	0	7
18	中国林业科学研究院沙漠林业实验中心	2	0	0	2

截至 2018 年底，在林业科研院所中，中国林业科学研究院的专利公开量共计 3078 件，占林业科研院所专利总量的 37.22%，是最主要的林业专利技术贡献者。其次是广西壮族自治区林业科学研究院（525 件）、浙江省林业科学研究院（379 件）、黑龙江省林业科学院（271 件）、甘肃省治沙研究所（251 件）、国际竹藤中心（225 件）、山东省林业科学研究院（218 件）。近年来，省级林业科研院所的专利公开量增长较快。在林业高等院校中，南京林业大学的公开专利量排名第一，共计 5066 件，占林业高等院校专利总量的 16.71%，其次是西北农林科技大学（4918 件）、福建农林大学（4612 件）、东北林业大学（4402 件）、浙江农林大学（3516 件）、北京林业大学（3135 件）、中南林业科技大学（2289 件）（表 13）。

截至 2018 年，中国林业科学研究院各所（中心）专利公开量最多的是中国林业科学研究院林产化学工业研究所，共 994 件，其次是中国林业科学研究院木材工业研究所（490 件）（表 14）。

表 13　1985—2018 年林业科研院所和高等院校专利公开量排行榜　　单位：件

分类	排名	申请人	发明专利	实用新型	外观设计	合计
科研院所	1	中国林业科学研究院	2500	564	14	3078
	2	广西壮族自治区林业科学研究院	474	51	0	525
	3	浙江省林业科学研究院	258	121	0	379
	4	黑龙江省林业科学研究院	85	180	6	271
	5	甘肃省治沙研究所	145	103	3	251
	6	国际竹藤中心	169	56	0	225
	7	山东省林业科学研究院	188	30	0	218
	8	湖南省林业科学院	128	63	0	191
	9	新疆林业科学院	136	44	0	180
	10	河北省林业科学研究院	103	34	22	159
高等院校	1	南京林业大学	3073	1186	807	5066
	2	西北农林科技大学	3480	1404	34	4918
	3	福建农林大学	3061	1529	22	4612
	4	东北林业大学	2047	1847	508	4402
	5	浙江农林大学	1480	643	1393	3516
	6	北京林业大学	2632	478	25	3135
	7	中南林业科技大学	1379	681	229	2289
	8	江苏农林职业技术学院	742	228	13	983
	9	信阳农林学院	169	409	6	584
	10	西南林业大学	302	155	44	501

表 14　1985—2018 年中国林业科学研究院各所（中心）专利公开量排行榜　　单位：件

排名	申请人	发明	实用新型	外观设计	合计
1	中国林业科学研究院林产化学工业研究所	949	45	0	994
2	中国林业科学研究院木材工业研究所	372	118	0	490
3	中国林业科学研究院林业研究所	221	20	0	241
4	中国林业科学研究院亚热带林业研究所	186	21	10	217
5	中国林业科学研究院资源昆虫研究所	157	26	0	183
6	中国林业科学研究院森林生态环境与保护研究所	128	48	0	176
7	国家林业和草原局北京林业机械研究所	69	80	0	149
8	中国林业科学研究院热带林业研究所	103	31	1	135
9	国家林业和草原局桉树研究开发中心	22	88	0	110
10	国家林业和草原局竹子研究开发中心	75	27	0	102

（续）

排名	申请人	发明	实用新型	外观设计	合计
10	中国林业科学研究院林业新技术研究所	71	31	0	102
12	国家林业和草原局泡桐研究开发中心	82	15	2	99
13	中国林业科学研究院资源信息研究所	81	14	0	95
14	国家林业和草原局哈尔滨林业机械研究所	28	62	1	91
15	中国林业科学研究院热带林业实验中心	30	14	0	44
16	中国林业科学研究院	22	19	0	41
17	中国林业科学研究院华北林业实验中心	10	7	0	17
18	中国林业科学研究院林业科技信息研究所	2	3	0	5
19	中国林业科学研究院亚热带林业实验中心	1	2	0	3
20	中国林业科学研究院沙漠林业实验中心	2	0	0	2

4. 授权发明专利分析

授权发明专利分析包括每件专利的所有共同专利权人，并对专利权人（机构）的不同写法、历史变迁和异名进行了规范化加工整理，以保持统计数据的完整性和准确性。

2018 年，林业科研院所发明专利授权共计 341 件，林业高等院校发明专利授权共计 1027 件。

截至 2018 年底，林业科研院所共获得发明专利授权 2538 件，占林业科研院所发明专利申请总量的 30.69%；林业高等院校共获得发明专利授权 7389 件，占林业高等院校发明专利申请总量的 24.37%（表 15，图 9，图 10）。

表 15　1985—2018 年林业科研院所和高等院校的发明专利授权量统计　单位：件

授权年份	科研院所	高等院校	授权年份	科研院所	高等院校
1985	1	0	2003	8	6
1986	0	0	2004	11	25
1987	2	1	2005	13	38
1988	3	1	2006	26	60
1989	9	2	2007	39	85
1990	4	2	2008	32	114
1991	5	1	2009	75	188
1992	9	2	2010	105	266
1993	4	2	2011	160	465
1994	2	6	2012	181	636
1995	4	3	2013	234	688
1996	2	3	2014	239	709
1997	1	1	2015	296	917
1998	2	1	2016	324	1075
1999	4	5	2017	390	1047
2000	3	3	2018	341	1027
2001	5	6	合计	2538	7389
2002	4	4			

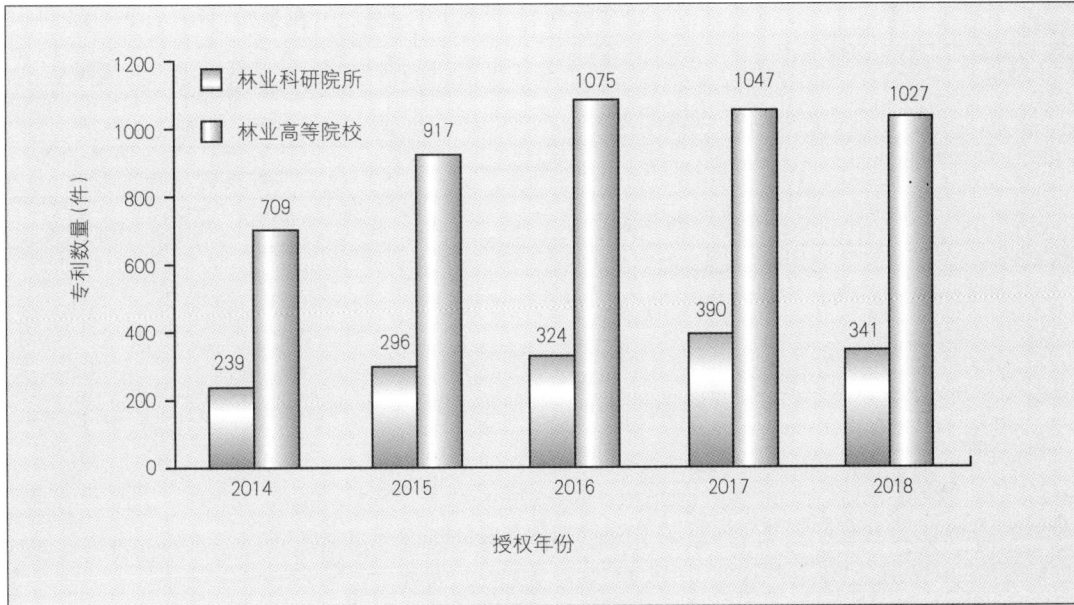

图9　2014—2018年林业科研院所和高等院校发明专利授权量统计

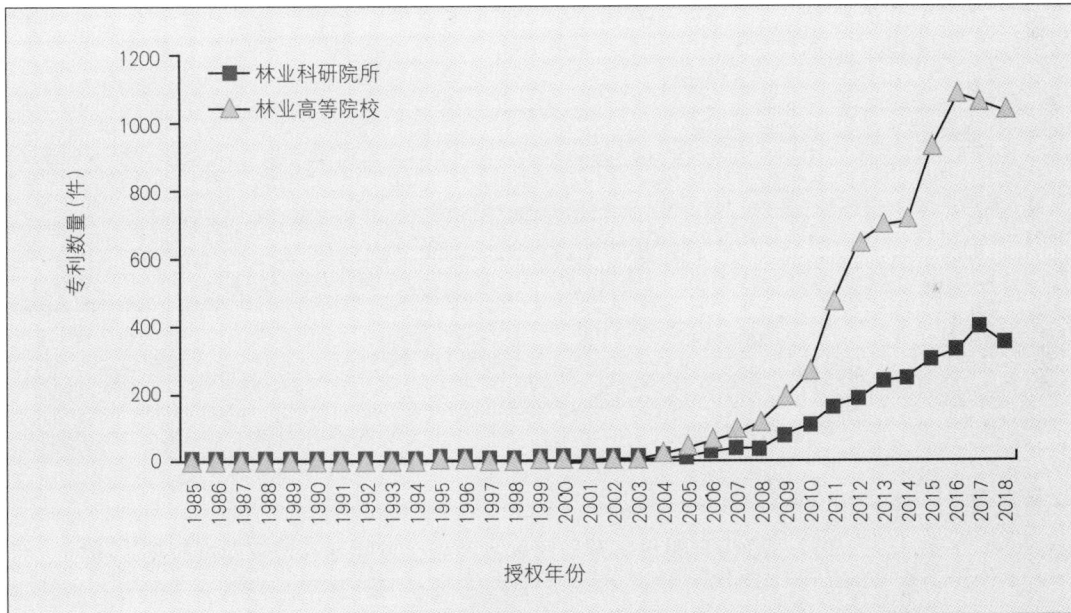

图10　1985—2018年林业科研院所和高等院校授权发明专利变化趋势

2018年，在林业科研院所中，中国林业科学研究院的发明专利授权量为140件，占林业科研院所发明专利授权总量的41.06%，其次是广西壮族自治区林业科学研究院、浙江省林业科学研究院和甘肃省治沙研究所。在林业高等院校中，排名前3的分别是南京林业大学、福建农林大学和北京林业大学（表16）。

截至2018年底，林业科研院所发明专利授权量排名第一的是中国林业科学研究院，共1222件，占林业科研院所发明专利授权总量的48.15%，其次是广西壮族自治区林业科学研究院和浙江省林业科学研究院。在林业高等院校中，排名前3的分别是西北农林科技大学、福建农林大学和南京林业大学（表17）。

表16　2018年林业科研院所和高等院校发明专利授权量排行榜　　单位：件

分类	排名	专利权人	授权量
科研院所	1	中国林业科学研究院	140
	2	广西壮族自治区林业科学研究院	27
	3	浙江省林业科学研究院	24
	4	甘肃省治沙研究所	21
	5	山东省林业科学研究院	17
	6	国际竹藤中心	12
	6	黑龙江省林业科学研究所	12
	8	河北省林业科学研究院	10
	9	湖南省林业科学院	8
	10	福建省林业科学研究院	5
	10	江西省林业科学院	5
	10	上海市园林科学规划研究院	5
高等院校	1	南京林业大学	227
	2	福建农林大学	178
	3	北京林业大学	158
	4	东北林业大学	104
	5	西北农林科技大学	96
	6	浙江农林大学	103
	7	中南林业科技大学	83
	8	江苏农林职业技术学院	39
	9	西南林业大学	24
	10	信阳农林学院	11

表17　1985—2018年林业科研院所和高等院校发明专利授权量排行榜　　单位：件

分类	排名	专利权人	授权量
科研院所	1	中国林业科学研究院	1222
	2	广西壮族自治区林业科学研究院	220
	3	浙江省林业科学研究院	122
	4	山东省林业科学研究院	89
	5	国际竹藤中心	79
	6	新疆林业科学院	57
	7	河北省林业科学研究院	52
	8	湖南省林业科学院	48
	9	江苏省林业科学研究院	43
	10	甘肃省治沙研究所	42

（续）

分类	排名	专利权人	授权量
高等院校	1	西北农林科技大学	1339
	2	福建农林大学	1275
	3	南京林业大学	1259
	4	北京林业大学	1106
	5	东北林业大学	750
	6	浙江农林大学	699
	7	中南林业科技大学	660
	8	江苏农林职业技术学院	215
	9	西南林业大学	118
	10	信阳农林学院	41

2018 年，中国林业科学研究院各所（中心）发明专利授权量最多的是中国林业科学研究院林产化学工业研究所，共 56 件，其次是中国林业科学研究院木材工业研究所（25 件）、中国林业科学研究院热带林业研究所（10 件）；截至 2018 年底，中国林业科学研究院各所（中心）发明专利授权量最多的中国林业科学研究院林产化学工业研究所，共 502 件，其次是中国林业科学研究院木材工业研究所（224 件）和中国林业科学研究院林业研究所（102 件）（表 18）。

表 18　1985—2018 年中国林业科学研究院各所（中心）发明专利授权量排行榜　单位：件

排名	专利权人	1985—2018年专利授权总量	2018年专利授权量
1	中国林业科学研究院林产化学工业研究所	502	56
2	中国林业科学研究院木材工业研究所	224	25
3	中国林业科学研究院林业研究所	102	9
4	中国林业科学研究院资源昆虫研究所	69	4
5	中国林业科学研究院亚热带林业研究所	68	9
6	中国林业科学研究院森林生态环境与保护研究所	59	3
7	中国林业科学研究院热带林业研究所	50	10
8	国家林业和草原局泡桐研究开发中心	46	1
9	中国林业科学研究院资源信息研究所	38	7
10	国家林业和草原局竹子研究开发中心	37	6
11	国家林业和草原局北京林业机械研究所	31	5
12	中国林业科学研究院林业新技术研究所	27	5
13	国家林业和草原局哈尔滨林业机械研究所	8	2
14	国家林业和草原局桉树研究开发中心	6	3
15	中国林业科学研究院热带林业实验中心	4	1
15	中国林业科学研究院	4	0
17	中国林业科学研究院华北林业实验中心	3	1

5. 国外专利分析

国外专利分析仅针对林业科研院所和高等院校，数据来源于德温特世界专利索引数据库（DWPI）。由于数据库收录各国专利数据有一定的时滞，因此2018年公开的数据可能不全。

2018年，林业科研院所和高等院校的国外专利公开量为15件（图11），其中南京林业大学6件，中国林业科学研究院林产化学工业研究所4件，中南林业科技大学2件，浙江农林大学、北京林业大学和福建农林大学各1件（表19）。

截至2018年底，林业科研院所和高等院校的国外专利公开量共144件，专利主要集中在2009年以后，其中：世界知识产权组织51件，美国35件，澳大利亚、日本和欧洲专利局各10件，韩国6件，德国5件，加拿大4件，印度3件，法国、新西兰、南非和奥地利各2件，瑞士和荷兰各1件。专利申请量排名前3位的是中国林业科学研究院林产化学工业研究所、浙江农林大学和中国林业科学研究院木材工业研究所（表20）。

截至2018年底，林业科研院所和高等院校的国外专利授权量共27件，其中：中国林业科学研究院林产化学工业研究所10件，浙江农林大学和东北林业大学各4件，中国林业科学研究院林业研究所和福建农林大学各2件，中国林业科学研究院木材工业研究所、中国林业科学研究院林业新技术研究所、国际竹藤中心、南京林业大学和南京森林警察学院各1件。（马文君）

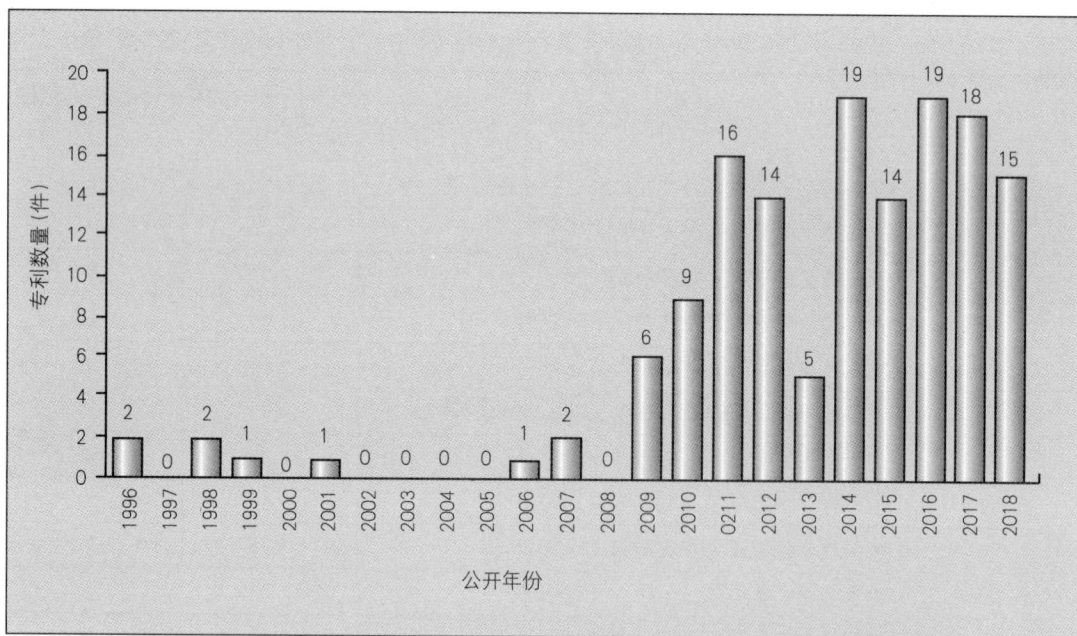

图11　1996—2018年林业科研院所和高等院校国外专利文献公开量统计

表19 2018年林业科研院所和高等院校国外专利文献公开一览表

公开号	专利名称	申请人	申请日	公开日
US20180071354A1	selective breeding method of antitumor/anticancer camellia sinensis strain, and tea product of such strain	福建农林大学	20171116	20180315
AT15789U2	ecological system useful for controlling algae bloom based on microtopography transformation	中国林业科学研究院林产化学工业研究所	20160324	20180415
US20180110219A1	1,8-bis(schiff base)-p-menthane derivatives as well as preparation method and applications thereof	中国林业科学研究院林产化学工业研究所	20171026	20180426
US20180116963A1	method of preparing albumin nanoparticle carrier wrapping taxane drug	浙江农林大学	20170520	20180503
JP2018515143A	photobioreactor used for algae cultivation, and algae cultivation system	北京林业大学	20160518	20180614
WO2018153325A1	biflavonoid-cobalt complex, preparation method for same, and applications thereo	南京林业大学	20180213	20180830
WO2018153328A1	biflavonoid-iron complex, preparation method therefor and use thereo	南京林业大学	20180213	20180830
WO2018153330A1	biflavonoid-copper complex, preparation method and application thereof	南京林业大学	20180213	20180830
WO2018153331A1	biflavone-zinc complex, preparation method therefor and use thereof	南京林业大学	20180213	20180830
WO2018153333A1	biflavonoid-manganese complex and preparation method and application thereof	南京林业大学	20180213	20180830
WO2018153334A1	biflavonoid-nickel complex and preparation method and application thereof	南京林业大学	20180213	20180830
AT15789U3	ecological system useful for controlling algae bloom based on microtopography transformation	中国林业科学研究院林产化学工业研究所	20160324	20181115
WO2018210165A1	step-by-step hierarchical adhesive application device for agriculture and forestry processing residue-based inorganic composite material, and adhesive application method	中南林业科技大学	20180509	20181122
WO2018219160A1	method for preparing nanocarrier material having high strength network structure	中南林业科技大学	20180518	20181206
NL2021194B1	a comprehensive utilization method for preparing levulinic acid through directional liquefaction of lignocellulosic biomass	中国林业科学研究院林产化学工业研究所	20180628	20181219

表20　1996—2018 年林业科研院所和高等院校国外专利申请公开量排行榜　单位：件

申请人	总量	世界知识产权组织	美国	澳大利亚	日本	欧洲专利局	韩国	德国	加拿大	印度	法国	新西兰	南非	奥地利	荷兰	瑞士
中国林业科学研究院林产化学工业研究所	32	5	7	2	6	3	2	1	0	2	0	0	0	2	1	1
浙江农林大学	23	6	5	0	2	0	4	1	0	1	2	2	0	0	0	0
中国林业科学研究院木材工业研究所	17	6	5	0	0	6	0	0	0	0	0	0	0	0	0	0
东北林业大学	14	5	5	0	2	0	0	0	2	0	0	0	0	0	0	0
福建农林大学	11	7	1	1	0	0	0	0	0	0	0	0	2	0	0	0
中国林业科学研究院林业新技术研究所	10	1	2	4	0	0	0	3	0	0	0	0	0	0	0	0
南京林业大学	14	9	5	0	0	0	0	0	0	0	0	0	0	0	0	0
中国林业科学研究院林业研究所	6	2	2	0	0	0	0	0	2	0	0	0	0	0	0	0
北京林业大学	4	3	0	0	0	1	0	0	0	0	0	0	0	0	0	0
南京森林警察学院	4	3	0	1	0	0	0	0	0	0	0	0	0	0	0	0
国家林业和草原局北京林业机械研究所	3	1	0	2	0	0	0	0	0	0	0	0	0	0	0	0
国际竹藤中心	2	1	1	0	0	0	0	0	0	0	0	0	0	0	0	0
中南林业科技大学	2	0	2	0	0	0	0	0	0	0	0	0	0	0	0	0
西北农林科技大学	1	1	0	0	0	0	0	0	0	0	0	0	0	0	0	0
中国林业科学研究院资源昆虫研究所	1	1	0	0	0	0	0	0	0	0	0	0	0	0	0	0
合计	144	51	35	10	10	10	6	5	4	3	2	2	2	2	1	1

林业植物新品种

植物新品种是指经过人工培育或者对发现的野生植物加以开发，具有新颖性、特异性、一致性和稳定性并适当命名的植物品种。

一、总量分析

2018年，国家林业和草原局植物新品种保护办公室共受理植物新品种权申请906件，授予植物新品种权405件。截至2018年底，国家林业和草原局已受理国内外植物新品种申请3717件，授予植物新品种权1763件。自2012年以来，林业植物新品种的年度授权量一直保持在150件以上，2018年林业植物新品种的年度授权量首次突破400件。

近5年（2014—2018年）林业植物新品种的申请量和授权量分别达到2456件和1105件，分别占林业植物新品种申请总量和授权总量的66.07%和62.68%（表21，图12）。

表21　1999—2018年林业植物新品种申请量和授权量统计　　　单位：件

年度	申请量			授权量		
	国内申请人	国外申请人	合计	国内品种权人	国外品种权人	合计
1999	181	1	182	6	0	6
2000	7	4	11	18	5	23
2001	8	2	10	19	0	19
2002	13	4	17	1	0	1
2003	14	35	49	7	0	7
2004	17	19	36	16	0	16
2005	41	32	73	19	22	41
2006	22	29	51	8	0	8
2007	35	26	61	33	45	78
2008	57	20	77	35	5	40
2009	62	5	67	42	13	55
2010	85	4	89	26	0	26
2011	123	16	139	11	0	11
2012	196	26	222	169	0	169
2013	169	8	177	115	43	158
2014	243	11	254	150	19	169
2015	208	65	273	164	12	176
2016	328	72	400	178	17	195
2017	516	107	623	153	7	160
2018	720	186	906	359	46	405
合计	3045	672	3717	1529	234	1763

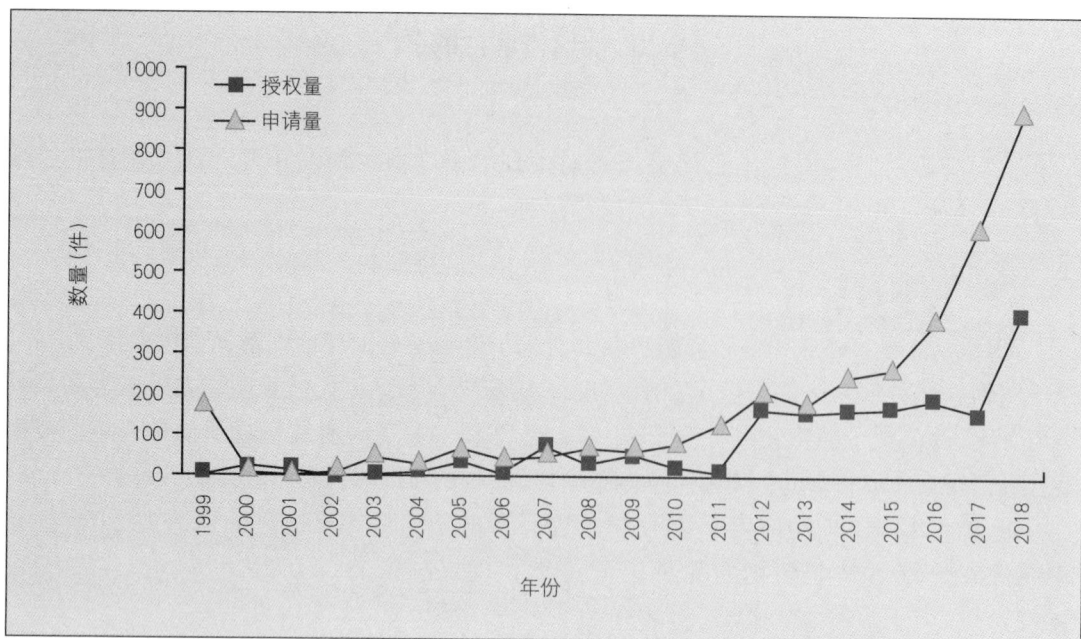

图 12　1999—2018 年林业植物新品种申请量和授权量变化趋势

二、授权品种分析

1. 植物类别分析

林业授权植物新品种的植物类别以木本观赏植物为主。2018 年，林业授权植物新品种中，木本观赏植物 238 件，占年度授权总量的 58.77%，其次是经济林 99 件（24.44%）、林木 62 件（15.31%）、木质藤本 3 件（0.74%）、竹 2 件（0.49%）。截至 2018 年底，在林业授权植物新品种中木本观赏植物 1135 件，占总量的 64.38%，其次是林木 314 件（17.81%）、经济林 250 件（14.18%）（表 22，图 13）。

表 22　1999—2018 年林业授权植物新品种中不同植物类别的授权量统计　单位：件

年份	林木	经济林	观赏植物	竹	木质藤本	其他	合计
1999	6	0	0	0	0	0	6
2000	3	0	20	0	0	0	23
2001	2	2	14	0	0	1	19
2002	0	1	0	0	0	0	1
2003	6	1	0	0	0	0	7
2004	6	4	5	0	0	1	16
2005	3	1	34	0	0	3	41
2006	5	0	3	0	0	0	8
2007	7	1	70	0	0	0	78
2008	10	6	19	1	0	4	40
2009	14	1	39	0	0	1	55

（续）

年份	林木	经济林	观赏植物	竹	木质藤本	其他	合计
2010	10	6	10	0	0	0	26
2011	2	1	5	0	0	3	11
2012	27	20	113	0	2	7	169
2013	34	9	114	1	0	0	158
2014	24	13	121	1	0	10	169
2015	31	28	106	1	2	8	176
2016	44	40	104	2	3	2	195
2017	18	17	120	1	1	3	160
2018	62	99	238	2	3	1	405
合计	314	250	1135	9	11	44	1763

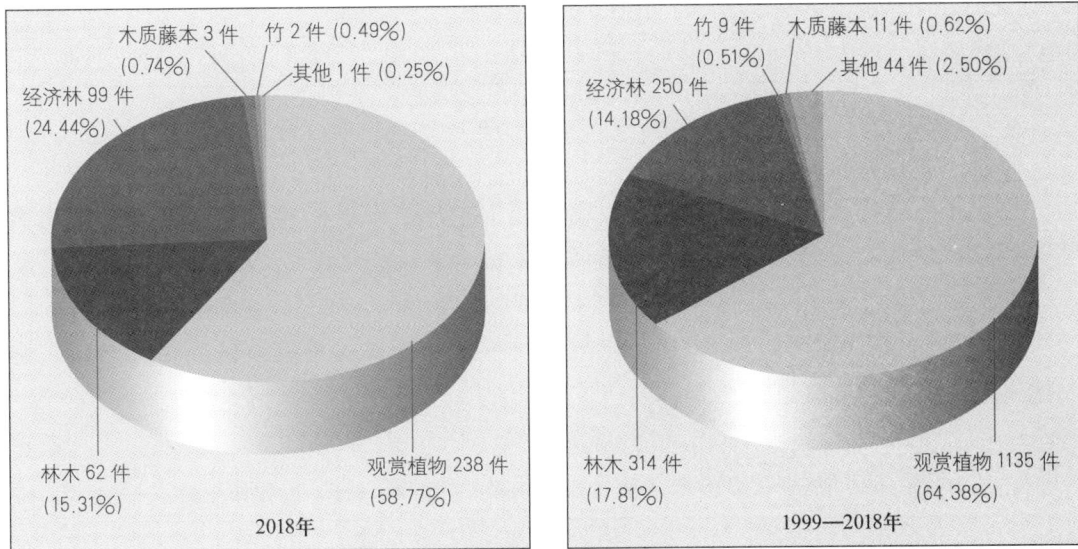

图 13　2018 年、1999—2018 年林业授权植物新品种中不同植物类别统计

2. 申请国家分析

2018 年，国内申请人共获得林业植物新品种 359 件，占年度授权总量的 88.64%，授权品种以槭属、紫薇、柳属、山茶属、杜鹃花属、蔷薇属为主；在国外申请人中有 6 个国家的品种权人获得林业植物新品种授权 46 件，占年度授权总量的 11.36%，按授权量多少依次是荷兰、美国、丹麦、英国、法国和日本，授权品种以蔷薇属为主，其次是越橘属。截至 2018 年底，国内申请人共获得 1529 件林业植物新品种权，占授权总量的 86.73%，授权品种以蔷薇属和杨属为主，其次是山茶属和杜鹃花属；国外共有 10 个国家在中国获得了 234 件植物新品种权，占授权总量的 13.27%，授权品种以蔷薇属为主，其次是大戟属，授权量最多的国家是荷兰，共 64 件，其次是德国（57 件）、法国（31 件）、美国（31 件）、英国（30 件）（表 23）。

表23　1999—2018年林业授权植物新品种中各国的授权量统计　　单位：件

排名	国家	1999—2018年授权总量	2018年授权量	主要植物属
1	中国	1529	359	蔷薇属、杨属、山茶属、杜鹃花属
2	荷兰	64	18	蔷薇属
3	德国	57	0	蔷薇属、大戟属
4	法国	31	1	蔷薇属
5	美国	31	16	大戟属、悬钩子属、越橘属
6	英国	30	4	蔷薇属
7	丹麦	8	6	蔷薇属
8	比利时	6	0	杜鹃花属
9	意大利	4	0	蔷薇属
10	日本	2	1	绣球属、铁线莲属
11	新西兰	1	0	蔷薇属
合计		1763	405	

3. 属（种）分析

林业授权植物新品种的属（种）以蔷薇属为主，其次是杨属。2018年林业植物新品种授权量最多的是蔷薇属，其次是槭属和紫薇（图14）。截至2018年底，授权量最多的依次是蔷薇属335件，占授权总量的19.00%，杨属134件（7.60%）、山茶属96件（5.45%）、杜鹃花属85件（4.82%）。国外品种权人的授权品种以蔷薇属为主，其次是大戟属，主要是观赏植物（表24）。

表24　1999—2018年各国授权植物新品种的属（种）授权量统计　　单位：件

属（种）	1999—2018年授权总量											
	中国	荷兰	德国	法国	美国	英国	丹麦	比利时	意大利	日本	新西兰	合计
蔷薇属	163	59	42	31	0	27	8	0	4	0	1	335
杨属	134	0	0	0	0	0	0	0	0	0	0	134
山茶属	96	0	0	0	0	0	0	0	0	0	0	96
杜鹃花属	79	0	0	0	0	0	0	6	0	0	0	85
芍药属	63	0	0	0	0	0	0	0	0	0	0	63
核桃属	46	0	0	0	0	0	0	0	0	0	0	46
槭属	40	0	0	0	4	0	0	0	0	0	0	44
含笑属	40	0	0	0	0	0	0	0	0	0	0	40
柳属	38	0	0	0	0	0	0	0	0	0	0	38
牡丹	33	0	0	0	0	0	0	0	0	0	0	33
紫薇	32	0	0	0	0	0	0	0	0	0	0	32

（续）

属（种）	1999—2018年授权总量											
	中国	荷兰	德国	法国	美国	英国	丹麦	比利时	意大利	日本	新西兰	合计
木兰属	29	0	0	0	0	0	0	0	0	0	0	29
杏	26	0	0	0	2	0	0	0	0	0	0	28
大戟属	3	0	15	0	7	0	0	0	0	0	0	25
银杏	24	0	0	0	0	0	0	0	0	0	0	24
木瓜属	22	0	0	0	0	0	0	0	0	0	0	22
槐属	21	0	0	0	0	0	0	0	0	0	0	21
文冠果	21	0	0	0	0	0	0	0	0	0	0	21
其他	619	5	0	0	18	3	0	0	0	2	0	647
合计	1529	64	57	31	31	30	8	6	4	2	1	1763

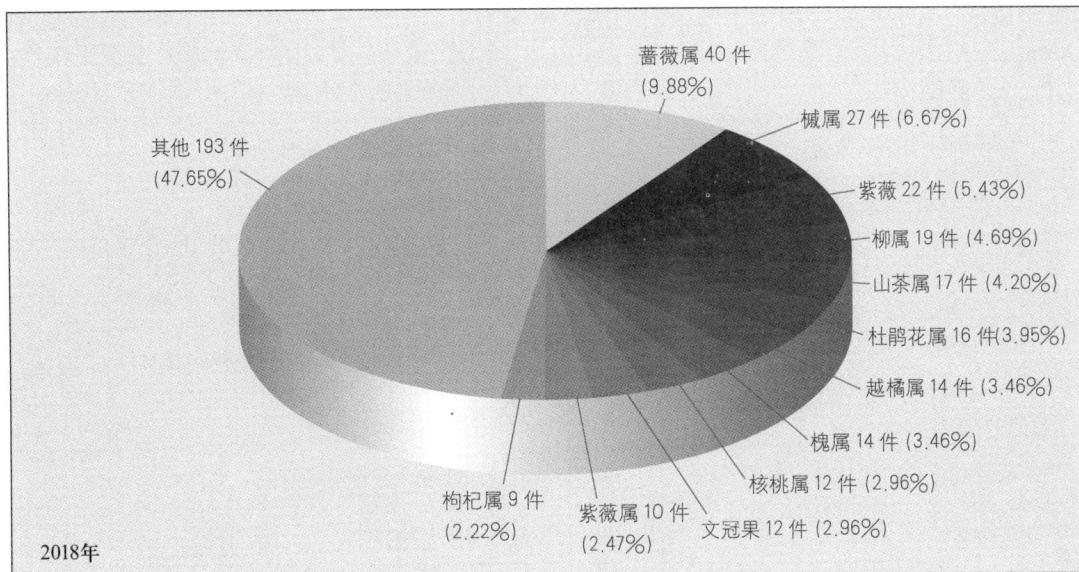

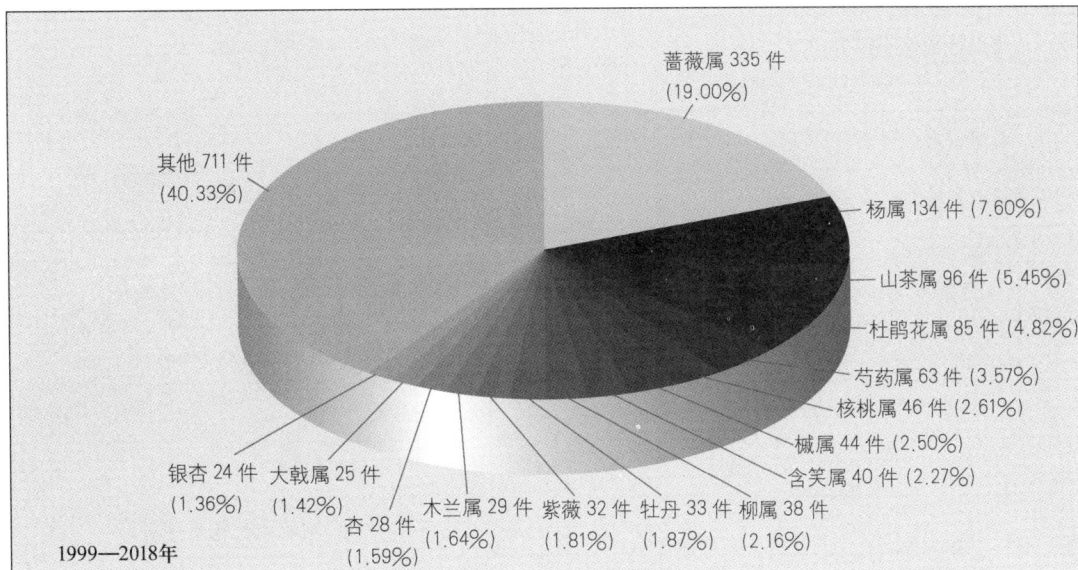

图 14　2018 年、1999—2018 年林业授权植物新品种的属（种）统计

4. 品种权人授权量分析

品种权人分析包括每件授权植物新品种的所有共同品种权人，并对品种权人（机构）的不同写法、历史变迁和异名进行了规范化加工整理，以保持统计数据的完整性和准确性。

2018 年林业植物新品种授权量最多的是中国林业科学研究院，共 38 件，排名前 3 的品种权人还包括山东省林业科学研究院（20 件）和中国科学院（19 件）（表 25）。截至 2018 年底，林业植物新品种授权总量最多的是北京林业大学，共 152 件，排名前 3 的品种权人还包括中国林业科学研究院（129 件）和山东省林业科学研究院（102 件）；排名前 15 的品种权人中有 2 家外国企业，分别是迪瑞特知识产权公司（De Ruiter Intellectual Property B.V.）（28 件）、德国科德斯月季育种公司（W. Korder'Sohne）（26 件）（表 25）。

表 25　1999—2018 年林业授权品种主要品种权人授权量排行榜　　单位：件

排名	1999—2018年授权总量		排名	2018年授权量	
	品种权人	授权量		品种权人	授权量
1	北京林业大学	152	1	中国林业科学研究院	38
2	中国林业科学研究院	129	2	山东省林业科学研究院	20
3	山东省林业科学研究院	102	3	中国科学院	19
4	中国科学院	63	4	北京林业大学	16
5	山东农业大学	48	5	迪瑞特知识产权公司 (De Ruiter Intellectual Property B.V.)	15
6	昆明杨月季园艺有限责任公司	39	5	湖南省林业科学院	15
7	南京林业大学	29	5	江苏省林业科学研究院	15
7	上海植物园	29	5	山东农业大学	15
9	江苏省林业科学研究院	28	9	浙江农林大学	11
9	迪瑞特知识产权公司 (De Ruiter Intellectual Property B.V.)	28	9	中国农业科学院	11
11	云南省农业科学院	27	11	南京林业大学	10
12	湖南省林业科学院	26	11	宁波北仑亿润花卉有限公司	10
12	德国科德斯月季育种公司 (W. Korder'Sohne)	26	13	山东省果树研究所	9
12	甘肃省林业科学技术推广总站	26	14	德瑞斯克公司（Driscoll's, Inc.）	8
15	棕榈园林股份有限公司	24	15	河北农业大学	6
			15	黑龙江省森林植物园	6
			15	宁夏农林科学院枸杞工程技术研究所	6
			15	长沙湘莹园林科技有限公司	6

5. 品种权人构成分析

品种权人构成分析以第一品种权人类型进行统计。2018 年，林业植物新品种的品种权人以科研院所为主，共获得植物新品种权 163 件（40.25%），其次是企业 121 件（29.88%）和高等院校 82 件（20.25%）。截至 2018 年底，林业植物新品种的品种权人以企业和科研院所为主，分别获得植物新品种权 618 件和 534 件，分别占总量的 35.05% 和 30.29%，其次是高等院校 320 件（18.15%）和植物园 163 件（9.25%）（图 15，表 26）。

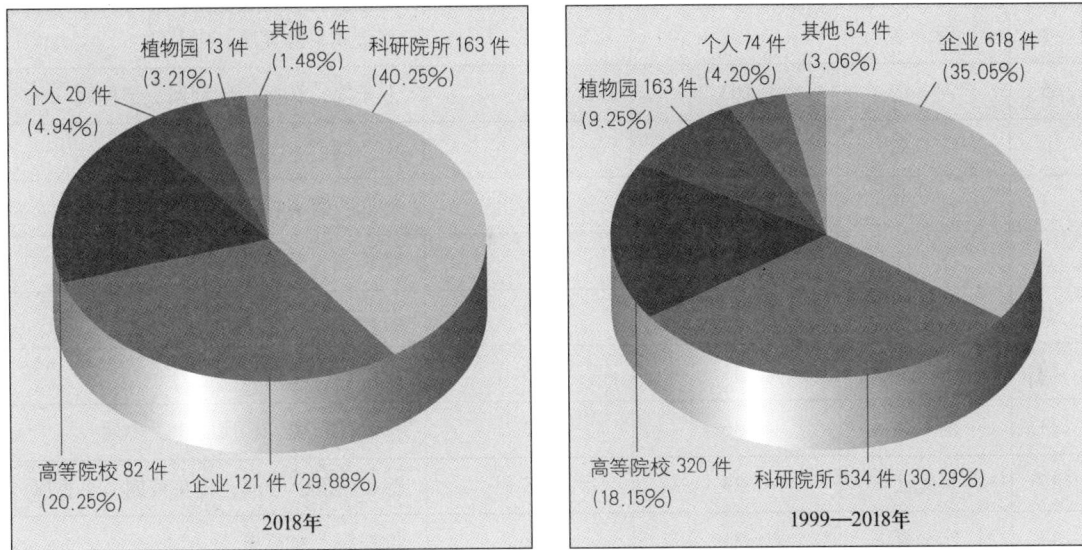

图 15　2018 年、1999—2018 年林业授权植物新品种品种权人构成统计

表 26　1999—2018 年林业授权品种中不同植物类别品种权人授权量统计　单位：件

植物类别	企业	科研院所	高等院校	植物园	个人	其他	合计
观赏植物	512	193	184	129	73	44	1135
林木	44	168	80	17	1	4	314
经济林	39	146	47	14	0	4	250
其他	19	16	5	3	0	1	44
木质藤本	4	3	3	0	0	1	11
竹	0	8	1	0	0	0	9
合计	618	534	320	163	74	54	1763

6. 授权品种地域分析

2018 年，全国共有 25 个省（自治区、直辖市）获得林业植物新品种权，授权量最多的是北京，共 67 件，占国内授权总量的 18.66%，其次是山东（58 件）、浙江（50 件）。截至 2018 年底，全国共有 28 个省（市）获得林业植物新品种权，授权量最多的是北京，共 325 件，占国内授权总量的 21.26%，其次是山东、浙江和云南。北京以杨属、山东以柳属、浙江以杜鹃花属、云南以蔷薇属为主要授权品种（表 27）。

表27 1999—2018年全国各省（自治区、直辖市）新品种授权量排行榜 单位：件

排名	省（自治区、直辖市）	1999—2018年授权总量	2018年授权量	主要属（种）
1	北京	325	67	杨属、蔷薇属、芍药属、牡丹、文冠果
2	山东	238	58	柳属、核桃属、槐属、杏、银杏、白蜡树属、苹果属、槭属
3	浙江	168	50	杜鹃花属、山茶属、木兰属、紫薇
4	云南	152	12	蔷薇属、含笑属、山茶属
5	河南	103	21	卫矛属、杨属、紫荆属、泡桐属
6	广东	102	17	山茶属、木兰属、桉属
7	江苏	89	36	柳属、落羽杉属、银杏、乌桕属
8	湖南	47	23	山茶属、紫薇、含笑属
9	甘肃	44	1	芍药属、牡丹
10	上海	41	5	木瓜属、山茶属
11	河北	36	12	榆属、板栗、杨属、枣、枣属
12	黑龙江	24	8	锦带花属、杨属、山茱萸属、丁香属
13	宁夏	21	8	枸杞属、文冠果
14	辽宁	20	8	越橘属、槭属、连翘属、杏、核桃属
15	江西	19	3	含笑属、南酸枣、枫香属
16	广西	17	7	山茶属、槐属、桑属、松属
17	内蒙古	13	2	圆柏属、杨属
18	福建	12	4	桂花、紫金牛属、木麻黄属
19	湖北	11	5	紫薇属、核桃属
19	陕西	11	3	杨属、柿、杏
19	四川	11	3	核桃属、槭属、紫金牛属
22	安徽	7	2	刺槐属、冬青属、木瓜属、枣、梓树属
23	新疆	6	1	杨属、蔷薇属、核桃属
24	山西	5	1	栾树属、刺槐属、槐属、枣
25	贵州	3	0	核桃属、黄杨属、蔷薇属
26	吉林	2	2	杨属、越橘属
27	天津	1	0	白蜡树属
27	重庆	1	0	桂花
	合计	1529	359	

三、品种申请分析

2018 年，林业植物新品种申请量共 906 件，其中国内申请 720 件，占申请量的 79.47%，国外申请 186 件（20.53%）。截至 2018 年底，林业植物新品种申请量共 3717 件，其中国内申请 3045 件，占申请量的 81.92%，国外申请 672 件（18.08%）。

1. 属（种）分析

2018 年，林业植物新品种申请以蔷薇属为主，共 239 件，占年度申请总量的 26.38%，其次是越橘属 90 件（9.93%）、杜鹃花属 58 件（6.40%）、李属 37 件（4.08%）（图 16）。

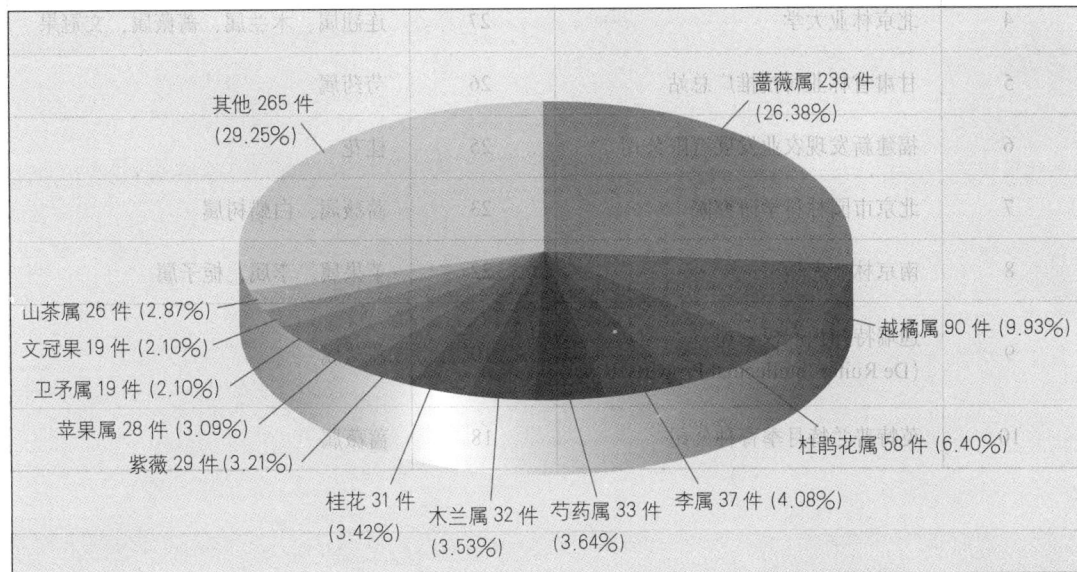

图 16　2018 年申请的林业植物新品种属（种）统计

2. 申请人分析

品种申请人分析包括每件植物新品种的所有共同申请人，并对申请人（机构）的不同写法、历史变迁和异名进行了规范化加工整理，以保持统计数据的完整性和准确性。

2018 年全国共有 184 位申请人申请了林业植物新品种，排名前 5 的申请人分别是大连森茂现代农业有限公司（60 件）、尼尔普国际有限公司（Nirp INTERNATIONAL SA）（52 件）、中国林业科学研究院（31 件）、北京林业大学（27 件）、甘肃省林业科技推广总站（26 件）（表 28）。

3. 申请人构成分析

申请人构成分析以第一申请人类型进行统计。2018 年，林业植物新品种的申请人以企业为主，共 452 件，占申请总量的 49.89%，其次是科研院所 211 件，高等院校 127 件，个人 43 件，植物园 27 件（图 17）。（马文君）

表 28　2018 年林业植物新品种申请人的申请量排行榜　　　　　单位：件

排名	申请人	申请量	主要属（种）
1	大连森茂现代农业有限公司	60	越橘属
2	尼尔普国际有限公司 （Nirp INTERNATIONAL SA）	52	蔷薇属
3	中国林业科学研究院	31	文冠果、桉属、杨属、云杉属、梓树属
4	北京林业大学	27	连翘属、木兰属、蔷薇属、文冠果
5	甘肃省林业科技推广总站	26	芍药属
6	福建新发现农业发展有限公司	25	桂花
7	北京市园林科学研究院	23	蔷薇属、白蜡树属
8	南京林业大学	22	苹果属、李属、栀子属
9	迪瑞特知识产权公司 （De Ruiter Intellectual Property B.V.）	19	蔷薇属
10	英特普兰特月季育种公司	18	蔷薇属

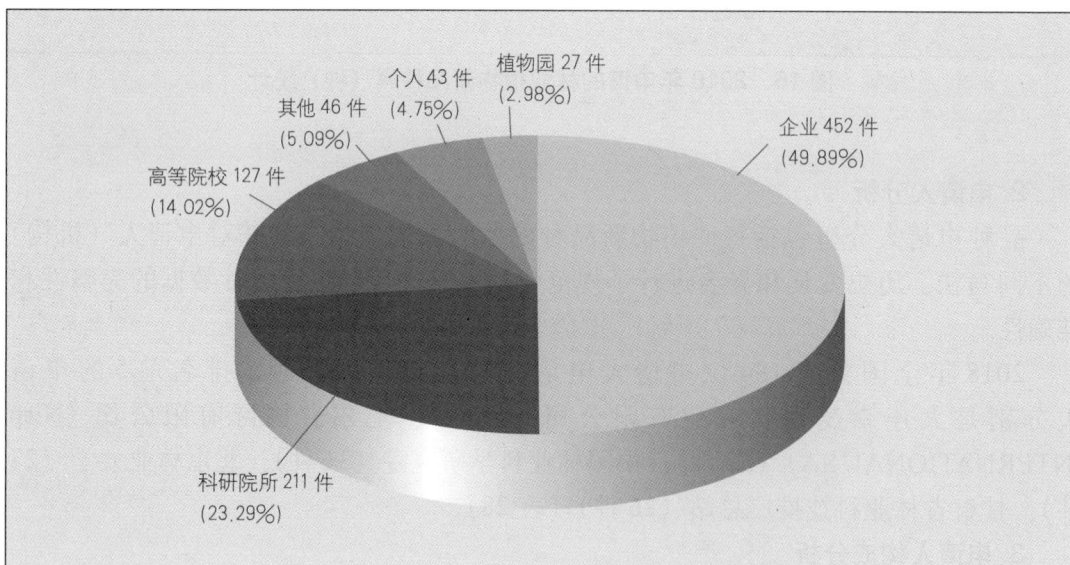

图 17　2018 年林业植物新品种申请人构成统计

林产品地理标志

林产品地理标志是指林产品来源于特定地域，产品品质和相关特性主要取决于该地域的自然生态环境和历史人文因素，并经审核批准以地域名称冠名的特有林产品标志。地理标志属于特定领域的知识产权，许多林产品都具有地理标志特性。

2018 年，国务院机构改革中重新组建国家知识产权局，将原国家知识产权局的职责、国家工商行政管理总局的商标管理职责、国家质量监督检验检疫总局的原产地地理标志管理职责整合。根据国家质量监督检验检疫总局、国家知识产权局、农业农村部公告统计，2018 年注册和登记的林产品地理标志共 37 件，占林产品地理标志总量的 3.8%。

截至 2018 年底，我国已注册和登记的林产品地理标志共 978 件，主要有核桃、枣、板栗、木耳、杏和花椒等。从林产品地理标志地域分布来看，山东和四川的地理标志数量较多，分别占总量的 10.53% 和 10.02%（图 18，表 29，表 30）。（范圣明）

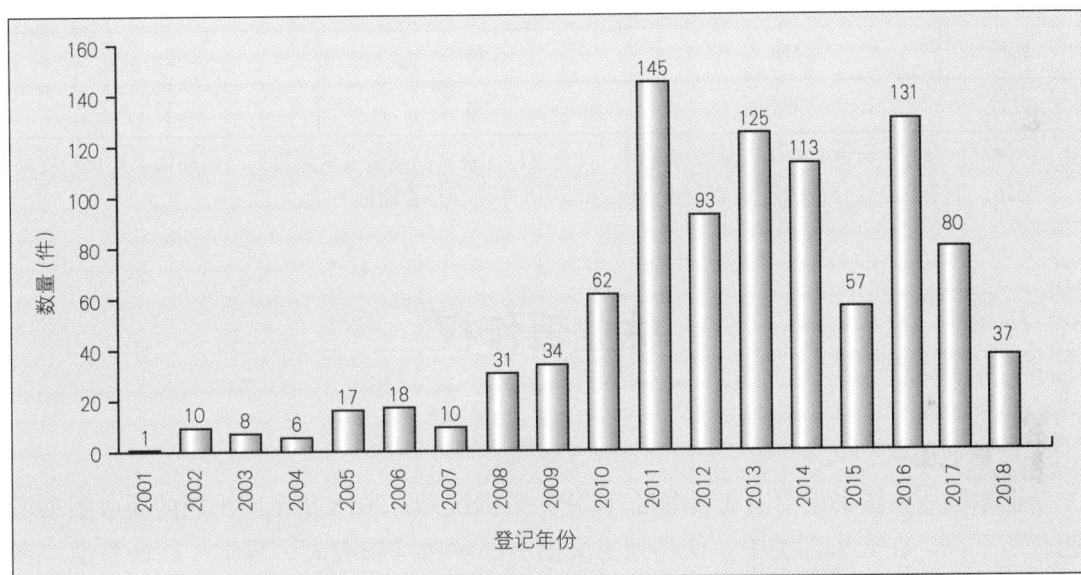

图 18　2001—2018 年注册和登记的林产品地理标志数量

表 29　2001—2018 年主要林产品地理标志登记量　　　　单位：件

产品类别	2001—2018年累计总量	2017年	2018年
核桃	117	11	2
枣	116	5	1
板栗	65	5	2
木耳	38	4	2
杏	37	0	1
花椒	36	2	2
枸杞	23	3	0
油茶	17	5	0
其他	529	45	27
合计	978	80	37

表30 2001—2018年主要省份林产品地理标志登记量统计　　　　单位：件

省份	累计总量	2017年	2018年
山东	103	7	1
四川	98	10	1
陕西	54	1	5
湖北	52	8	0
河北	46	2	1
安徽	46	1	4
云南	42	5	0
新疆	41	0	0
辽宁	40	2	0
福建	38	0	0
其他	418	44	25
合计	978	80	37

注：林产品地理标志数据来自中国地理标志网、农业农村部农产品质量安全监管局网站和国家知识产权局网站。本文在统计分析时，中国商标网未公布2018年地理标志商标名录。

林业著作权

1. 林业图书

据中国版本图书馆图书在版编目（CIP）数据统计，2018年全国出版的新版图书增速有所下降，在五大部类中，仅马列主义图书品种数增幅较大，哲学、社会科学、自然科学和综合性图书品种数涨幅不明显，生物科学、农业科学、生态环境等与林业相关图书的出版品种与2017年相比基本持平。

党的十八大以来，生态文明建设在理论创新、制度建设和实践探索等方面有了令人瞩目的突破。中国林业出版社组织权威专家编写、出版了《生态文明关键词》，书中聚焦生态文明理论和实践的重要概念，深入解读党和国家关于生态文明建设的战略部署，称得上是一部系统介绍生态文明相关知识的"准工具书"。

2018年11月首套中国国家公园体制建设研究丛书正式发布。该丛书从我国自然保护地保护现状入手，聚焦我国国家公园体制建设改革的重点、难点，围绕国家公园治理体系、国家公园立法、国家公园自然资源管理体制、国家公园规划、国家公园空间布局、国家公园生态系统和自然文化遗产保护、国家公园事权划分和资金机制、国家公园特许经营以及自然保护管理体制改革方向和路径等关键问题，开展了系统深入的科学研究，并提出了一系列政策建议，具有极高的政策参考价值和保护实践指导意义。

2018年度列入国家出版基金拟资助项目的林业相关学科重点图书主要有：《中华古树图典》《中国自然保护区生态状况调查》《中国茶树品种资源志》《中国珍稀野生动物

分布变迁地图集》《东北湿地植物彩色图志》《手绘中国造园艺术》《英汉风景园林大词典》《中国陆地生态系统碳收支研究丛书》《中国长翅目昆虫原色图鉴》《辽宁植物》《中国主要树种造林技术（第二版）》等。在2018年第七届梁希科普奖获奖作品中，云南民族出版社出版的《核桃提质增效技术措施》获得科普作品三等奖。（孙小满）

2. 林业软件著作权

软件著作权是指软件的开发者或者其他权利人依据有关著作权法律的规定，对于软件作品所享有的各项专有权利。软件著作权经过登记后，软件著作权人享有发表权、开发者身份权、使用权、使用许可权和获得报酬权。林业软件著作权指与林业相关的软件著作权。

根据中国版权保护中心计算机软件著作权登记公告统计，2018年林业软件著作权登记共1624项，登记量排名前3位的软件著作权人分别是：南京林业大学（571项）、西北农林科技大学（349项）和北京林业大学（335项）。

截至2018年底，登记的林业软件著作权共7721项，其中2018年的软件著作权登记量占21%。软件著作权人主要来自林业高等院校、科研院所及相关的林业企业。林业软件著作权登记总量排名前5位的软件著作权人分别是：北京林业大学（1662项）、西北农林科技大学（824项）、南京林业大学（739项）、中国林业科学研究院（433项）和浙江农林大学（324项）（表31）。（范圣明）

表31　2001—2018年林业软件著作权登记量　　　　　　　　单位：件

排名	软件著作权人	2001—2018年累计登记总量	2017年登记量	2018年登记量
1	北京林业大学	1662	325	335
2	西北农林科技大学	824	244	349
3	南京林业大学	739	79	571
4	中国林业科学研究院	433	61	94
5	浙江农林大学	324	68	60
6	东北林业大学	278	21	39
7	中南林业科技大学	265	8	17
8	西南林业大学	102	12	55
9	其他	3094	48	104
	合计	7721	866	1624

CFIP
中国林业知识产权

附 表

附表1　2018年林业授权植物新品种

序号	品种权号	品种名称	属（种）	品种权人	培育人	申请号	申请日	授权日
1	20180001	粉玉	蔷薇属	云南锦苑花卉产业股份有限公司，石林锦苑康乃馨乃肇乃	倪功、曹荣根、李飞鹏、杜福顺、田连通、白云评、乔丽婷、阳明祥	20110123	20111110	20180615
2	20180002	圣洁	蔷薇属	通海锦海农业科技发展有限公司	董春富、毕立坤、胡颖	20130103	20130729	20180615
3	20180003	满园红	蔷薇属	云南鑫海汇花业有限公司、云南省农业科学院花卉研究所	朱应雄、张颢、唐开学、路礼宏、张婷、陈敏、周宁、王其刚、张绍宏	20140010	20140107	20180615
4	20180004	杰施-科沃8（JFS-KW8）	樱属	杰·弗兰克·施密特父子有限公司（J. Frank Schmidt & Son Co.）	基思·沃伦（Keith S.Warren）	20140042	20140307	20180615
5	20180005	杰施-科沃202（JFS-KW202）	樱属	杰·弗兰克·施密特父子有限公司（J. Frank Schmidt & Son Co.）	基思·沃伦（Keith S.Warren）	20140043	20140319	20180615
6	20180006	紫馨	紫薇	华中农业大学、武汉市农业科学院	叶要妹、童俊、陈法志、周媛、陈放、袁玮、李国瑞、董艳芳、徐冬云	20140066	20140515	20180615
7	20180007	银蝶	紫薇	武汉市农业科学院、华中农业大学	童俊、陈法志、叶要妹、段丽君、周媛、艳芳、袁玮、陈放、李国瑞、郭彩霞	20140067	20140515	20180615
8	20180008	荣早2号	板栗	河北省农科院昌黎果树研究所	王广鹏、张树航、刘庆香、李颖、孔德军、高丽娟、李海山	20140098	20140623	20180615
9	20180009	鸿业榆	榆属	辛集市美人榆苗木副产品有限公司	黄印冉、张均营、黄印朋、黄铃彤、黄晓旭、黄锡军	20140111	20140715	20180615
10	20180010	公主梦	蔷薇属	云南省农业科学院花卉研究所	周宁宁、王其刚、唐开学、蹇洪英、陈敏、晏慧君、邱显钦、张婷、张颢	20140149	20140901	20180615
11	20180011	童话	蔷薇属	中国农业大学、北京纳波湾园艺有限公司	俞红强、金茂勇、游捷、王波、王勋曜、张娟、张炜俊、王佳鹿、张	20140176	20141028	20180615
12	20180012	海涛杨	杨属	北京林业大学	邬荣领、王忠、薄文浩、徐放、姜立波	20140210	20141124	20180615
13	20180013	云食1号	蔷薇属	云南鑫海汇花业有限公司、云南省农业科学院花卉研究所	朱应雄、晏慧君、王其刚、张应红、蹇洪英、李淑斌、路礼宾、张婷、唐开学	20140212	20141128	20180615
14	20180014	恋人	蔷薇属	云南锦苑花卉产业股份有限公司	倪功、曹荣根、田连通、白云评、乔丽婷、何琼、阳明祥	20140232	20141206	20180615
15	20180015	海华沙1（Hiawatha 1）	樱属	杰·弗兰克·施密特父子有限公司（J. Frank Schmidt & Son Co.）	基思·沃伦（Keith S.Warren）	20150034	20150305	20180615

（续）

序号	品种权号	品种名称	属（种）	品种权人	培育人	申请号	申请日	授权日
16	2018016	皇锦杉	红豆杉属	中南林业科技大学、新宁县基伟红豆杉种植专业合作社	曹基武、刘春林、彭继庆、董旭杰、杨涛、曹基伟	20150088	20150511	20180615
17	2018017	炎欢3号	木通属	长沙炎农生物科技有限公司	王中炎、彭俊彩、蔡金术、王中兵、蔡志红	20150099	20150530	20180615
18	2018018	瑞普0306d（Ruipe0306d）	蔷薇属	迪瑞特知识产权公司（De Ruiter Intellectual Property B.V.）	汉克·德·格罗特（H.C.A. de Groot）	20150166	20150828	20180615
19	2018019	瑞普0306b（Ruipe0306b）	蔷薇属	迪瑞特知识产权公司（De Ruiter Intellectual Property B.V.）	汉克·德·格罗特（H.C.A. de Groot）	20150167	20150828	20180615
20	2018020	瑞姆普莱0002（Ruimpl0002）	蔷薇属	迪瑞特知识产权公司（De Ruiter Intellectual Property B.V.）	汉克·德·格罗特（H.C.A. de Groot）	20150175	20150906	20180615
21	2018021	瑞普赫0105a（Ruiph0105a）	蔷薇属	迪瑞特知识产权公司（De Ruiter Intellectual Property B.V.）	汉克·德·格罗特（H.C.A. de Groot）	20150177	20150906	20180615
22	2018022	瑞普赫0132a（Ruiph0132a）	蔷薇属	迪瑞特知识产权公司（De Ruiter Intellectual Property B.V.）	汉克·德·格罗特（H.C.A. de Groot）	20150178	20150906	20180615
23	2018023	瑞普赫0416A（Ruiph0416A）	蔷薇属	迪瑞特知识产权公司（De Ruiter Intellectual Property B.V.）	汉克·德·格罗特（H.C.A. de Groot）	20150179	20150906	20180615
24	2018024	瑞普赫0441a（Ruiph0441a）	蔷薇属	迪瑞特知识产权公司（De Ruiter Intellectual Property B.V.）	汉克·德·格罗特（H.C.A. de Groot）	20150181	20150906	20180615
25	2018025	擎天	紫薇	河南名品彩叶苗木股份有限公司	王华明、石海燕、王秀娟、邵明丽、王华昭、袁向阳、崔晓琦、牛文梅、郑芳、贾涛、王丽青、祁峰、闫魁、孟庆明、曹倩、仪楠	20150193	20150921	20180615
26	2018026	瑞普德0210A（RUIPD0210A）	蔷薇属	迪瑞特知识产权公司（De Ruiter Intellectual Property B.V.）	汉克·德·格罗特（H.C.A. de Groot）	20150219	20151014	20180615
27	2018027	瑞普格0002A（RUIPG0002A）	蔷薇属	迪瑞特知识产权公司（De Ruiter Intellectual Property B.V.）	汉克·德·格罗特（H.C.A. de Groot）	20150220	20151014	20180615
28	2018028	瑞普吉0126A（RUIPJ0126A）	蔷薇属	迪瑞特知识产权公司（De Ruiter Intellectual Property B.V.）	汉克·德·格罗特（H.C.A. de Groot）	20150223	20151014	20180615
29	2018029	桔月	蔷薇属	北京市园林科学研究院	周燕、冯慧、巢阳、王茂良、丛日晨、卜燕华、李纳新、范纳娟	20150229	20151026	20180615
30	2018030	翡翠	蔷薇属	李林、云南省农业科学院花卉研究所	王其刚、李颖、张颢、唐开学、陈敏、晏慧君、张婷、周宁宁	20150239	20151111	20180615

（续）

序号	品种权号	品种名称	属（种）	品种权人	培育人	申请号	申请日	授权日
31	20180031	新叶1号	核桃属	新疆林业科学院	徐业勇、王宝庆、王明、巴图、巴哈提牙儿、杨红丽、吐尔逊江、买买提艾力、艾尼瓦尔·扎米尔、艾孜尔·吐尔地	20160008	20151230	20180615
32	20180032	波浪	胡枝子属	北京农学院	杨晓红、陈晓阳、刘雯、刘克锋、冷平生、解小娟、胡增辉	20160010	20160104	20180615
33	20180033	亚林柿砧2号	柿	中国林业科学研究院亚热带林业研究所	龚榜初、江锡兵、徐阳、吴开云	20160035	20160201	20180615
34	20180034	亚林柿砧1号	柿	中国林业科学研究院亚热带林业研究所	龚榜初、徐阳、江锡兵、吴开云	20160037	20160201	20180615
35	20180035	紫金	紫薇	江苏省中国科学院植物研究所	杨如同、王鹏、李亚、王淑安、汪庆	20160041	20160201	20180615
36	20180036	粉宁香	紫薇	江苏省中国科学院植物研究所	王鹏、李亚、杨如同、李林芳、汪庆	20160042	20160201	20180615
37	20180037	红袖添香	紫薇	江苏省中国科学院植物研究所	王鹏、李亚、杨如同、李林芳、汪庆、王淑安	20160043	20160201	20180615
38	20180038	金帝1号	文冠果	北京林业大学、辽宁思路路文冠果业科技开发有限公司	关文彬、王青、于震、李国军、王富国、王俊杰、周炜鸣、向秋虹	20160087	20160419	20180615
39	20180039	瑞克德2057A（RUICD2057A）	蔷薇属	迪瑞特知识产权公司（De Ruiter Intellectual Property B.V.）	汉克·德·格罗特（H.C.A. de Groot）	20160122	20160620	20180615
40	20180040	中科紫金2号	紫金牛属	中国科学院华南植物园	刘华、杨镇明、韦强、廖景平	20160131	20160623	20180615
41	20180041	火焰	紫薇属	北京鲜花港投资发展中心、北京林业大学	张启翔、赵飞、李国雷、席本野、赵宏博、刘海鹏、徐婉、蔡明、潘会堂、程堂仁、王佳	20160135	20160627	20180615
42	20180042	眷恋	紫薇属	北京林业大学	张启翔、徐婉、张文、蔡明、张亚东、石俊、潘会堂、程堂仁、王佳	20160136	20160627	20180615
43	20180043	娇篮	紫薇属	北京林业大学	张启翔、徐婉、豆福明、陈之琳、石俊、潘会堂、程堂仁、王佳	20160137	20160627	20180615
44	20180044	灵梦	紫薇属	北京林业大学	张启翔、徐婉、蔡明、陈之琳、石俊、潘会堂、程堂仁、王佳、潘隆应、陈海强	20160138	20160627	20180615
45	20180045	芭蕾玉姿	苹果属（除水果外）	中国农业大学、北京中农富通园艺有限公司	朱元娣、张文、张天柱、陈海强、李光庆、朱媛	20160142	20160629	20180615
46	20180046	金秀丽	槭属	临安市林之源园艺场、叶喜阳	叶喜阳、陈一锋、申亚梅、相昆、徐颖、蔡国炎、薛培生、王齐瑞	20160170	20160719	20180615
47	20180047	野香	核桃属	山东省果树研究所	张美勇、王贵芳、姚元涛、张艳、朱礼勤、李国田、王晓芳、治国	20160172	20160721	20180615

（续）

序号	品种权号	品种名称	属（种）	品种权人	培育人	申请号	申请日	授权日
48	20180048	野观	核桃属	山东省果树研究所	张美勇、徐颖、相昆、王贵芳、李国田、培生、王晓芳、姚元涛、张艳、李治国	20160173	20160721	20180615
49	20180049	野早	核桃属	山东省果树研究所	张美勇、相昆、王贵芳、李国田、培生、王晓芳、姚元涛、张艳、李治国、薛礼毓、宋礼毓、张	20160174	20160721	20180615
50	20180050	洪楠樟	樟属	洪江市金土地生态农业有限责任公司	郑钦方、汪治、杨子云、肖聪颖、杨怡男	20160189	20160726	20180615
51	20180051	亮彩	绣球属	中国科学院植物研究所，青岛中科景观植物产业化发展有限公司	唐宇丹、李霞、白红彤、法丹丹、张会金、安玉莱、李慧、惠学娟、石雷、尤洪伟	20160202	20160802	20180615
52	20180052	娟红	紫薇	日照市春雨园艺场	许先练、范丰学、许春雷、许春雨	20160273	20161008	20180615
53	20180053	紫云	朗枝子属	北京农学院	杨晓红、陈晓阳	20160274	20161010	20180615
54	20180054	花之都	卫矛属	花之都实业有限公司	杨凯亮、张小俊、徐国超、陈彦辉、孙秋刚、康凌霄、王瑛、李艳华、薛璐、王栓虎、牛长峰、牛义安、苏跃陈、陈俊凯、王方方	20160280	20161011	20180615
55	20180055	米槐1号	槐属	雷茂端	雷茂端、雷迎波、雷亚第	20160288	20161014	20180615
56	20180056	蒙林钟柏	圆柏属	安文元	安文元、张园盛、王文、张利俊、毛惠平、申秀枝	20160291	20161028	20180615
57	20180057	蓝韵	越橘属	通化禾韵现代农业股份有限公司	殷秀岩、隋明义、陈亮、谭志强	20160293	20161028	20180615
58	20180058	火凤凰	槭属	河南名品彩叶苗木股份有限公司	王华明、王景旭、石海燕、饶放、王华昭、袁向阳、刘鹏辉、阎立静、寇新良、贾涛、周耀宗、谷梅红、魏奎红、王丽民、张亚民、仪楠、任甸甸、李红喜、周苗	20160310	20161105	20180615
59	20180059	金玉露	厚皮香属	浙江森禾种业股份有限公司	郑勇平、王春、顾岗、陈岗、尹庆平、陈慧、张光泉、刘丹丹	20160317	20161114	20180615
60	20180060	宁农杞4号	枸杞属	宁夏农林科学院枸杞工程技术研究所	王亚军、安巍、梁晓婕、李越鲲、尹跃、张曦燕、赵建华、石志刚、巫鹏举、曹有龙、李越鲲、巫	20160318	20161117	20180615
61	20180061	宁农杞5号	枸杞属	宁夏农林科学院枸杞工程技术研究所	安巍、王亚军、曹有龙、石志刚、赵建华、李彦龙、英、李彦龙、罗青、万如、刘兰、梁晓婕、尹跃、张曦燕、樊云芳	20160319	20161117	20180615

（续）

序号	品种权号	品种名称	属（种）	品种权人	培育人	申请号	申请日	授权日
62	20180062	财缘	木屋属	南京林业大学，林富春	段一凡、林富春、王贤荣、林晖、伊贤贵、王华辰	20160321	20161116	20180615
63	20180063	润丰1号	榆属	河北润丰林业科技有限公司、辛集市美人榆农产品有限公司	刘易超、陈丽英、樊彦聪、黄印贵、冉、冯淑芳	20160384	20161129	20180615
64	20180064	润丰2号	榆属	河北润丰林业科技有限公司、辛集市美人榆农产品有限公司	刘易超、樊彦聪、陈丽英、黄印朋、闫淑芳、冯树香	20160385	20161129	20180615
65	20180065	开口笑	文冠果	山东农业大学、山东沃奇农业开发有限公司	孟凡志、李守科、臧德奎、刘国兴、郭先锋、王利、郭广智、陈仁鹏、郑书友、朱亮庆	20160391	20161206	20180615
66	20180066	迎春	柳属	江苏省林业科学研究院	王保松、陈庆生、施士争、何旭东、王伟、郑纪伟、涂忠虞、潘明建	20160398	20161214	20180615
67	20180067	喜洋洋	柳属	江苏省林业科学研究院	陈庆生、王保松、施士争、王伟、郑纪伟、涂忠虞、潘明建	20160399	20161214	20180615
68	20180068	雪绒花	柳属	江苏省林业科学研究院	王保松、何旭东、施士争、王伟、王红玲、涂忠虞、潘明建	20160400	20161214	20180615
69	20180069	瑞雪	柳属	江苏省林业科学研究院	王保松、王伟、施士争、何旭东、姜开朋、涂忠虞、潘明建	20170001	20161214	20180615
70	20180070	紫嫣	柳属	江苏省林业科学研究院	王保松、施士争、王伟、周洁、意、王伟、涂忠虞、潘明建	20170002	20161214	20180615
71	20180071	仓山1号	紫薇属	江苏农林职业技术学院	邱国金、何旭东、陈庆生、教忠意、钱杨升、蒋小庚、胡卫霞、戴文	20170007	20161209	20180615
72	20180072	海滨梦幻	乌桕属	江苏省林业科学研究院	教忠意、王保松、隋德宗、陈庆生、王伟伟、郑纪伟	20170008	20161215	20180615
73	20180073	海滨紫晶	乌桕属	江苏省林业科学研究院	隋德宗、王保松、王伟、伟、吴纲、姜开朋	20170009	20161215	20180615
74	20180074	海滨晚霞	乌桕属	江苏省林业科学研究院	隋德宗、王保松、陈庆生、王伟、教忠意、郑纪伟	20170010	20161215	20180615
75	20180075	海滨维红	乌桕属	江苏省林业科学研究院	陈庆生、隋德宗、王伟伟、教忠意、姜开朋	20170011	20161215	20180615
76	20180076	川硕	核桃属	四川省林业科学研究院、四川伊可农业技术开发有限公司	罗建勋、王佳、宋鹏、刘芙蓉、志国、杨马进、钟明润、张	20170027	20161228	20180615
77	20180077	亚林柿砧6号	柿	中国林业科学研究院亚热带林业研究所	龚榜初、吴开云、徐阳、江锡兵	20170035	20170103	20180615
78	20180078	亚林柿砧7号	柿（属）	中国林业科学研究院亚热带林业研究所	龚榜初、徐阳、吴开云、江锡兵、范金根、滕国新、谭У	20170036	20170103	20180615

（续）

序号	品种权号	品种名称	属（种）	品种权人	培育人	申请号	申请日	授权日
79	20180079	金槐J2	槐属	广西壮族自治区中国科学院广西植物研究所	邹蓉、史艳财、蒋运生、唐健民、熊忠臣、韦记青	20170049	20170110	20180615
80	20180080	金槐J3	槐属	广西壮族自治区中国科学院广西植物研究所	史艳财、邹蓉、韦记青、蒋运生、熊忠臣、韦霄	20170050	20170110	20180615
81	20180081	鲁硕红	枣属	山东省林业科学研究院	王翠香、赵德田、韩传明、刘珍、孙超、孟晓桦、侯立群、王恩忠、张军武、赵登超、张万锋、韩振虎、陈新岭、任飞、朱文成	20170052	20170111	20180615
82	20180082	姹紫1号	槐属	山东省林业科学研究院	庞彩红、李双云、夏阳、臧真荣、姜福成、梁慧敏、杨勇、李自峰、王开芳、杨庆山、刘盛芳、付茵茵、周健、屠永清、海霞	20170054	20170113	20180615
83	20180083	红粉1号	槐属	山东省林业科学研究院	庞彩红、夏阳、李双云、曹世杰、孙超、刘盛芳、杨勇、刘翠兰、张炳孝、王学文、梁慧敏、郭祁、周洪明、臧真荣、周健、王振猛、宫敬东	20170056	20170113	20180615
84	20180084	红粉2号	槐属	山东省林业科学研究院	夏阳、庞彩红、李双云、孙超、詹伟、屈星、李自峰、刘盛芳、臧真荣、付茵茵、王明竹、刘桂民、亓玉昆、王学文、李庆华、王振猛、曲法	20170057	20170113	20180615
85	20180085	红粉3号	槐属	山东省林业科学研究院	李双云、庞彩红、夏阳、梁慧敏、刘盛芳、王月海、杨勇、燕丽萍、詹伟、王明竹、王因花、刘桂民、姜福成、伊光灿	20170058	20170113	20180615
86	20180086	红粉5号	槐属	山东省林业科学研究院	李双云、夏阳、庞彩红、赵海洲、祁树安、曹世杰、杨勇、刘海兰、臧真荣、刘盛芳、王守国、王永平、李自峰、曲法、于丽颖、胡丁猛	20170060	20170113	20180615
87	20180087	华箭	槐属	山东省林业科学研究院	夏阳、李双云、臧真荣、梁慧敏、付茵茵、刘盛芳、白玉梅、杨勇、亓玉昆、刘成、吴俊杰、刘莉娟、吕一凡	20170067	20170113	20180615

（续）

序号	品种权号	品种名称	属（种）	品种权人	培育人	申请号	申请日	授权日
88	20180088	华祥	槐属	山东省林业科学研究院	李双云、庞彩红、夏阳、刘盛芳、付茵茵、白玉梅、臧真荣、梁慧敏、王学文、孙太元、姜福成、刘莉娟、杨勇、毛秀红、刘成、周洪明、吕一凡、曲法	20170068	20170113	20180615
89	20180089	华月	槐属	山东省林业科学研究院	庞彩红、夏阳、刘盛芳、付茵茵、刘翠兰、燕丽萍、刘福成、詹伟、梁慧敏、王学文、姜福成、孙兴华、营敬东、王志明、开玉昆	20170069	20170113	20180615
90	20180090	嫣红3号	槐属	山东省林业科学研究院	夏阳、李双云、庞彩红、梁慧敏、刘翠兰、刘盛芳、杨勇、燕丽萍、刘瑞梅、王守国、曹世杰、周洪明、杨庆山、开玉昆、葛文华	20170075	20170113	20180615
91	20180091	紫玲珑	乌桕属	浙江森禾种业股份有限公司、浙江省林业科学研究院	郑勇平、王春、柳新红、顾慧、李因刚、尹庆珍、刘小方、陈岗、杨家强、杨少宗、石从广	20170079	20170116	20180615
92	20180092	东方	南天竹属	浙江森禾种业股份有限公司	郑勇平、王春、魏斌、王越、盛冬、尹庆平、陈慧芳、杜三峰、刘丹丹	20170080	20170116	20180615
93	20180093	喜槐1号	槐属	中喜生态产业股份有限公司	张洪欣、孙成义、李康	20170084	20170118	20180615
94	20180094	喜槐2号	槐属	中喜生态产业股份有限公司	张洪勋、孙成义、李康	20170085	20170118	20180615
95	20180095	喜柳2号	柳属	中喜生态产业股份有限公司	张洪勋、孙成义、李康	20170086	20170118	20180615
96	20180096	苏柳1701	柳属	江苏省林业科学研究院	王保松、何旭东、王伟、郑纪伟、涂忠虞、教忠意、隋德宗、姜开朋	20170092	20170206	20180615
97	20180097	苏柳1702	柳属	江苏省林业科学研究院	何旭东、王保松、王伟、郑纪伟、涂忠虞、张敏、周洁、张珏	20170093	20170206	20180615
98	20180098	苏柳1703	柳属	江苏省林业科学研究院	施士争、王保松、何旭东、王红玲、黄瑞芳、张钰、王伟伟、涂忠虞	20170094	20170206	20180615
99	20180099	苏柳1704	柳属	江苏省林业科学研究院	王保松、施士争、王伟伟、隋德宗、涂忠虞、王红玲、黄瑞芳、姜开朋	20170095	20170206	20180615
100	20180100	苏柳1705	柳属	江苏省林业科学研究院	王保松、施士争、何旭东、王伟伟、隋德宗、教忠意、涂忠虞、潘明建	20170096	20170206	20180615
101	20180101	中核3号	核桃属	中国农业科学院郑州果树研究所	曹尚银、李好先、张杰、牛娟、赵弟广、张富红	20170099	20170208	20180615
102	20180102	中核4号	核桃属	中国农业科学院郑州果树研究所	曹尚银、李好先、张杰、牛娟、赵弟广、张富红	20170100	20170208	20180615

（续）

序号	品种权号	品种名称	属（种）	品种权人	培育人	申请号	申请日	授权日
103	20180103	中核香	核桃属	中国农业科学院郑州果树研究所	曹尚银、李好先、张杰、牛娟、赵弟广、张富红	20170101	20170208	20180615
104	20180104	中石榴1号	石榴属	中国农业科学院郑州果树研究所	曹尚银、李好先、张杰、牛娟、赵弟广	20170103	20170208	20180615
105	20180105	中石榴2号	石榴属	中国农业科学院郑州果树研究所	曹尚银、李好先、张杰、牛娟、赵弟广	20170104	20170208	20180615
106	20180106	国油12	山茶属	湖南省林业科学院	王湘南、陈永忠、王瑞、马力、许彦明、陈隆升、唐炜	20170105	20170210	20180615
107	20180107	国油13	山茶属	湖南省林业科学院	陈永忠、王湘南、彭邵锋、陈隆升、王瑞、马力、许彦明、唐炜	20170106	20170210	20180615
108	20180108	国油14	山茶属	湖南省林业科学院	陈隆升、王湘南、陈永忠、彭邵锋、马力、王瑞、许彦明、唐炜	20170107	20170210	20180615
109	20180109	国油15	山茶属	湖南省林业科学院	王湘南、陈永忠、许彦明、马力、彭邵锋、陈隆升、唐炜、张震	20170108	20170210	20180615
110	20180110	华光榆	榆属	中国林业科学研究院	张华新、朱建峰、刘振晓、张国、杨秀艳、刘正祥、邹祥峰	20170112	20170208	20180615
111	20180111	华玉榆	榆属	中国林业科学研究院	乔来秋、张华新、杨建峰、刘正祥、张庆国、吴春红、邹祥峰	20170113	20170208	20180615
112	20180112	华健榆	榆属	中国林业科学研究院	张华新、朱建峰、刘振晓、徐化凌、杨秀艳、刘正祥、朱若芳、邹祥峰	20170114	20170208	20180615
113	20180113	华冠榆	榆属	中国林业科学研究院	朱建峰、张华新、刘振晓、何洪兵、杨秀艳、刘正祥、任坚毅、邹祥峰	20170116	20170208	20180615
114	20180114	宁农杞10号	枸杞属	宁夏农林科学院枸杞工程技术研究所	曹有龙、罗青、张波、李彦龙、焦恩宁、赵建华、尹跃、安巍、王亚军、闫亚美、戴国礼	20170120	20170223	20180615
115	20180115	彩霞	紫薇	湖南省林业科学院、长沙湘莹林科技有限公司	乔中全、王晓明、曾慧杰、蔡能、王湘莹	20170126	20170310	20180615
116	20180116	紫莹	紫薇	湖南省林业科学院、长沙湘莹林科技有限公司	王晓明、曾慧杰、乔中全、蔡能、王湘莹	20170127	20170310	20180615
117	20180117	超群	野牡丹属	广州市林业和园林科学研究院、中山大学	代色平、倪建中、李许文、刘文、阮琳、周漫媚、贺漫媚、王伟	20170133	20170320	20180615
118	20180118	云彩	野牡丹属	广州市林业和园林科学研究院、中山大学	代色平、倪建中、李许文、刘文、阮琳、贺漫媚、王伟	20170134	20170320	20180615
119	20180119	天骄2号	野牡丹属	广州市林业和园林科学研究院	代色平、阮琳、刘文、倪建中、张继方、贺漫媚、李许文、王伟	20170136	20170320	20180615

（续）

序号	品种权号	品种名称	属（种）	品种权人	培育人	申请号	申请日	授权日
120	20180120	幸福	桦属	中南林业科技大学	胡希军、金晓玲、邢文、刘彩贤、张亚平、曾艳、刘晓玲	20170143	20170301	20180615
121	20180121	中石4号	文冠果	中国林业科学研究院林业研究所，彰武县德亚文冠果专业合作社	王利兵、崔德石、毕泉鑫、于海燕、崔天鹏	20170188	20170410	20180615
122	20180122	中石9号	文冠果	中国林业科学研究院林业研究所，彰武县德亚文冠果专业合作社	王利兵、崔德石、毕泉鑫、于海燕、崔天鹏	20170189	20170410	20180615
123	20180123	丽园珍珠1号	枣属	河北农业大学、河北禾木丽园农业科技股份有限公司	申连英、毛永民、王晓玲、申宣科、赵伟	20170190	20170417	20180615
124	20180124	丽园珍珠2号	枣属	河北农业大学、河北禾木丽园农业科技股份有限公司	申连英、毛永民、王晓玲、申宣科、赵伟	20170191	20170417	20180615
125	20180125	丽园珍珠3号	枣属	河北农业大学、河北禾木丽园农业科技股份有限公司	申连英、王晓玲、毛永民、申宣科、赵伟	20170192	20170417	20180615
126	20180126	丽园珍珠4号	枣属	河北农业大学、河北禾木丽园农业科技股份有限公司	申连英、王晓玲、毛永民、申宣科、赵伟	20170193	20170417	20180615
127	20180127	丽园珍珠5号	枣属	中国林业科学研究院林业研究所，河北农业大学	林富荣、郑勇奇、李斌、郭文英、黄平、申连英、毛永民、王晓玲	20170194	20170417	20180615
128	20180128	丽园珍珠6号	枣属	中国林业科学研究院林业研究所，河北农业大学	林富荣、郑勇奇、李斌、郭文英、黄平、申连英、毛永民、王晓玲	20170195	20170417	20180615
129	20180129	秋风爽	决明属	中国林业科学研究院林业研究所	李斌、郑勇奇、林富荣、郑世楷、于淑兰	20170202	20170503	20180615
130	20180130	蒙树赤焰	卫矛属	内蒙古利盛生态科技研究院有限公司	赵泉胜、铁英、封卫平、刘洋、陈燕	20170215	20170504	20180615
131	20180131	丹霞升	楸属	山东农业大学	丰震、李承水、邢祥胜、王延玲、徐金莲、刘惠	20170220	20170505	20180615
132	20180132	彩蝶翩飞	楸属	山东农业大学	丰震、王延玲、李承水、刘毓、刘国兴、李存华、钱见平、齐新玲、马立敏、吕传青	20170221	20170505	20180615
133	20180133	风度翩翩	楸属	山东农业大学	丰震、刘毓、王延玲、李承水、刘国兴、王利、刘惠、徐金莲	20170222	20170505	20180615
134	20180134	红精灵	楸属	山东农业大学	丰震、刘毓、李承水、刘媛、李存华、李文芳、张明、程甜甜、乔谦、任红剑	20170223	20170505	20180615
135	20180135	齐鲁红	楸属	山东农业大学	丰震、刘毓、李承水、刘媛、李存华、徐超、安凯、杜晓茜、邢晓芳、徐金莲	20170224	20170505	20180615

序号	品种权号	品种名称	属（种）	品种权人	培育人	申请号	申请日	授权日
136	20180136	黄淮4号杨	杨属	中国林业科学研究院林业研究所	苏晓华、姜岳忠、黄秦军、董玉峰、王卫东	20170225	20170508	20180615
137	20180137	中雄1号杨	杨属	中国林业科学研究院林业研究所	苏晓华、姜岳忠、黄秦军、董玉峰、王卫东	20170226	20170508	20180615
138	20180138	中雄2号杨	杨属	中国林业科学研究院林业研究所	苏晓华、姜岳忠、黄秦军、董玉峰、王卫东	20170227	20170508	20180615
139	20180139	中雄3号杨	杨属	中国林业科学研究院林业研究所	苏晓华、王胜东、黄秦军、简胜东、梁德军、丁昌俊	20170228	20170508	20180615
140	20180140	中雄4号杨	杨属	中国林业科学研究院林业研究所	苏晓华、王福森、李晶、黄秦军、丁昌俊、张伟溪	20170229	20170508	20180615
141	20180141	中雄5号杨	杨属	中国林业科学研究院林业研究所	苏晓华、黄秦军、丁昌俊、张伟溪	20170230	20170508	20180615
142	20180142	玉山鱼桓	桓树属	陈红星、喻卫武	陈红星、张苏炯、倪伟伟成、喻卫武、马顺水、姚小华	20170232	20170511	20180615
143	20180143	磐安长桓	桓树属	陈红星、张苏炯、姚小华	陈红星、张苏炯、楼新良、叶很淼、张汝其	20170235	20170511	20180615
144	20180144	淀西灯火	山茶属	上海市园林科学规划研究院、上海星源农业实验场	张斌、张冬梅、周和达、蔡年林、尹丽娟、有祥亮、罗云亮、陈香波、姚惠明	20170256	20170523	20180615
145	20180145	新潮头饰	山茶属	上海市园林科学规划研究院、上海星源农业实验场	周和达、张浪、蔡年林、尹丽娟、有祥亮、罗云亮、陈香波、张斌、姚惠明	20170257	20170523	20180615
146	20180146	淀西风情	山茶属	上海市园林科学规划研究院、上海星源农业实验场	张冬梅、张浪、周和达、蔡年林、尹丽娟、有祥亮、罗云亮、陈香波、张斌、姚惠明	20170258	20170523	20180615
147	20180147	鲁绿	槭属	山东农业大学	丰震、王延玲、于晓艳、刘国兴、李承水、任红剑、乔谦、安凯	20170263	20170523	20180615
148	20180148	兴旺	槭属	山东农业大学	丰震、刘毓、王延玲、李承水、李存华、任红剑、乔谦、安凯	20170264	20170523	20180615
149	20180149	花曲柳1号	白蜡树属	山东省林业科学研究院	吴德军、燕丽萍、刘翠兰、刘桂民、杨庆山、王开芳、姚俊修、任飞	20170274	20170601	20180615
150	20180150	花曲柳2号	白蜡树属	山东省林业科学研究院	燕丽萍、吴德军、刘翠兰、王因花、芳、杨庆山、任飞、李庆华、臧真荣、王开芳	20170275	20170601	20180615
151	20180151	花曲柳3号	白蜡树属	山东省林业科学研究院	吴德军、刘翠兰、王因花、荣、李振猛、任飞、王开芳、杨庆华、臧真	20170276	20170601	20180615
152	20180152	紫箭	白蜡树属	山东省林业科学研究院	刘翠兰、燕丽萍、杨庆山、王因花、臧真荣、刘桂民、姚俊修、王开芳	20170277	20170601	20180615
153	20180153	盐蜡	白蜡树属	山东省林业科学研究院	燕丽萍、刘翠兰、王因花、山、姚俊修、李庆华、王开芳、杨庆、李善文	20170281	20170601	20180615

（续）

序号	品种权号	品种名称	属（种）	品种权人	培育人	申请号	申请日	授权日
154	20180154	青春	蔷薇属	云南锦苑花卉产业股份有限公司	倪功、曹荣根、田连通、白云评、乔丽婷、阳明祥	20130005	20130126	20181211
155	20180155	粉蝶	蔷薇属	云南尚美嘉花卉有限公司	赵家清、陈敏、王丽花、鲁春荣、刘辉、张林、刘玉红、周宁宁、王其刚	20130171	20131213	20181211
156	20180156	金陵丹枫	槭属	江苏省农业科学院	李倩中、闻婧、李淑顺、荣立苹、唐玲、朱璐、马秋月	20140106	20140630	20181211
157	20180157	锦叶黄杨	卫矛属	河南景艺园林绿化工程有限公司	范军科、秦艳臣、丁茂、周彦荣、陈博、祖美平	20140147	20140831	20181211
158	20180158	锦叶女贞	女贞属	河南景艺园林绿化工程有限公司	范军科、李中香、李丰芹、黎佳阳、刘芳辉、祖美平、韩磊	20140164	20140926	20181211
159	20180159	锦鸽荆	紫荆属	河南景艺园林绿化工程有限公司	范军科、郑俊霞、靳建芹、刘芳辉、韩路	20140165	20141009	20181211
160	20180160	云彩虹	蔷薇属	云南鑫海汇花业有限公司、云南省农业科学院花卉研究所	陈敏、王其刚、朱淑斌、朱志汐、张艺洋、李淑斌、张绍宏、张婷、晏慧君、张颢	20140213	20141128	20181211
161	20180161	沁紫	紫薇	浙江滕头园林股份有限公司、浙江省林业科学研究院	傅剑波、朱锡君、陈卓梅、王金凤、程言、梅、柳新红、林富平	20140228	20141206	20181211
162	20180162	白雪	紫薇	浙江滕头园林股份有限公司、浙江省林业科学研究院	傅剑波、朱锡君、陈卓梅、王金凤、林富平、柳新红、程雪梅	20140229	20141206	20181211
163	20180163	吉祥	蔷薇属	云南锦苑花卉产业股份有限公司	倪功、曹荣根、田连通、白云评、乔丽婷、何琼、阳明祥	20140233	20141206	20181211
164	20180164	德瑞斯蓝四（DrisBlueFour）	越橘属	德瑞斯克公司（Driscoll's, Inc.）	布赖恩·K·卡斯特（Brian K. Caster）、珍妮弗·K·伊佐（Jennifer K. Izzo）、阿伦·德雷珀（Arlen Draper）	20150026	20150203	20181211
165	20180165	炎欢1号	木通属	长沙炎农生物科技有限公司	王中炎、彭俊彩、蔡金术、王中兵、蔡志红	20150035	20150312	20181211
166	20180166	饲构1号	构属	河南省林业科学研究院、河南郑州新林业高新技术试验场	翟晓巧、刘艳萍、董玉山、王念、任嫒嫒、王文君、孙晓薇、何威、曾辉	20150050	20150324	20181211
167	20180167	杰施-克苏1（JFS-KSU1）	朴属	美国J弗兰克施密特父子有限公司	基思·沃伦（Keith S. Warren）	20150061	20150401	20181211
168	20180168	炎欢2号	木通属	长沙炎农生物科技有限公司	王中炎、彭俊彩、蔡金术、王中兵、蔡志红	20150098	20150530	20181211
169	20180169	金灿	白刺属	中国林业科学研究院、中国林业科学研究院沙漠林业实验中心	张华新、杨秀艳、郝玉光、张景波、成铁龙、刘正祥、史胜青、朱建峰、倪建伟	20150114	20150618	20181211
170	20180170	红花棉花糖	桃花	北京乾景园林股份有限公司	王会顶、任荫圃、赵静、石乐、朱仁元、王文峰、吕涛	20150144	20150812	20181211

（续）

序号	品种权号	品种名称	属（种）	品种权人	培育人	申请号	申请日	授权日
171	20180171	粉花棉花糖	桃花	北京乾景园林股份有限公司	石乐，任荫圃，赵静，王会项，朱仁元，王文峰，吕涛	20150145	20150812	20181211
172	20180172	奥斯亚特（AUSYACHT）	蔷薇属	大卫奥斯汀月季公司（David Austin Roses Limited）	大卫奥斯汀（David Austin）	20150150	20150818	20181211
173	20180173	戴尔福慕思（Delfumros）	蔷薇属	法国乔治斯·戴尔巴德月季有限公司（Société Nouvelle Pépinières & Roseraies Georges DELBARD, France）	阿诺德·戴尔巴德（Arnaud Delbard）	20150154	20150819	20181211
174	20180174	德瑞斯蓝五（DrisBlueFive）	披碱属	德瑞斯克公司（Driscoll's, Inc.），美国佛罗里达基金花卉种业公司（Florida Foundation Seed Producers, Inc.,USA）	布赖恩·K·卡斯特（Brian K. Caster），珍妮弗·K·伊佐（Jennifer K. Izzo），阿伦·德雷珀（Arlen Draper），保罗·K·洛伦妮（Paul M. Lyrene）	20150171	20150906	20181211
175	20180175	德瑞斯蓝六（DrisBlueSix）	披碱属	德瑞斯克公司（Driscoll's, Inc.）	布赖恩·K·卡斯特（Brian K. Caster），珍妮弗·K·伊佐（Jennifer K. Izzo），阿伦·德雷珀（Arlen Draper）	20150172	20150906	20181211
176	20180176	德瑞斯蓝七（DrisBlueSeven）	披碱属	德瑞斯克公司（Driscoll's, Inc.）	布赖恩·K·卡斯特（Brian K. Caster），珍妮弗·K·伊佐（Jennifer K. Izzo），阿伦·德雷珀（Arlen Draper）	20150173	20150906	20181211
177	20180177	瑞普德0126a（Ruipd0126a）	蔷薇属	迪瑞特知识产权公司（De Ruiter Intellectual Property B.V.）	汉克·德·格罗特（H.C.A. de Groot）	20150176	20150906	20181211
178	20180178	羞粉	山茶属	宁波大学，宁波植物园筹建办公室	倪穗，陈越，游呜飞，郑小青	20150183	20150917	20181211
179	20180179	羞红	山茶属	宁波大学，宁波植物园筹建办公室	倪穗，陈越，王大庄，游呜飞，郑小青	20150184	20150917	20181211
180	20180180	粉精灵	紫薇属	北京林业大学	潘会堂，鞠易倩，叶远情，张启翔，胡杏，焦珏，蔡明，程堂仁，王佳	20150185	20150917	20181211
181	20180181	金墨珠	枸杞属	马惠杰	马惠杰	20150202	20151010	20181211
182	20180182	艾维驰17（EVER CHI17）	蔷薇属	丹麦永恒玫瑰公司（ROSES FOREVER ApS, Denmark）	哈雷·艾克路德（Harley Eskelund）	20150209	20151012	20181211
183	20180183	艾维驰18（EVER CHI18）	蔷薇属	丹麦永恒玫瑰公司（ROSES FOREVER ApS, Denmark）	哈雷·艾克路德（Harley Eskelund）	20150210	20151012	20181211
184	20180184	艾维驰20（EVER CHI20）	蔷薇属	丹麦永恒玫瑰公司（ROSES FOREVER ApS, Denmark）	哈雷·艾克路德（Harley Eskelund）	20150211	20151012	20181211
185	20180185	艾维驰22（EVER CHI22）	蔷薇属	丹麦永恒玫瑰公司（ROSES FOREVER ApS, Denmark）	哈雷·艾克路德（Harley Eskelund）	20150212	20151012	20181211

(续)

序号	品种权号	品种名称	属（种）	品种权人	培育人	申请号	申请日	授权日
186	20180186	艾维驰23（EVER CHI23）	蔷薇属	丹麦永恒玫瑰公司（ROSES FOREVER ApS, Denmark）	哈雷·艾克路德（Harley Eskelund）	20150213	20151012	20181211
187	20180187	云裳	含笑属	棕榈生态城镇发展股份有限公司	严丹峰、王晶、吴建军、赵珊珊	20150224	20151015	20181211
188	20180188	雪玉	流苏树属	山东丫森苗木科技开发有限公司	王召伟、张玉华	20150242	20151113	20181211
189	20180189	雪籽	流苏树属	山东丫森苗木科技开发有限公司	王召伟、张玉华	20150244	20151113	20181211
190	20180190	甘之饴	牡竹属	广西壮族自治区林业科学研究院、国际竹藤中心	徐振国、黄大勇、郭起荣、李立杰	20150248	20151201	20181211
191	20180191	短棠34号	木麻黄属	中国林业科学研究院热带林业研究所	张勇、仲崇禄、陈羽、陈珍	20160009	20160104	20181211
192	20180192	务本堂1号	七叶树属	陕西务本堂园林景观有限公司	司楠	20160018	20160117	20181211
193	20180193	杰施-KW1CB（JFS-KW1CB）	鹅耳枥属	美国J弗兰克施密特父子有限公司	K·S·沃伦（Keith S. Warren）	20160023	20160225	20181211
194	20180194	杰施-SGPN（JFS-SGPN）	洛羽杉属	美国J弗兰克施密特父子有限公司	J·布莱斯福德（John Brailsford）	20160024	20160225	20181211
195	20180195	杰施-卡多2（JFS-Caddo2）	槭属	美国J弗兰克施密特父子有限公司	K·S·沃伦（Keith S. Warren）	20160050	20160315	20181211
196	20180196	杰施-KW6（JFS-KW6）	鹅耳枥属	美国J弗兰克施密特父子有限公司	K·S·沃伦（Keith S. Warren）	20160052	20160315	20181211
197	20180197	宝普068（POULPAR068）	蔷薇属	丹麦宝森玫瑰有限公司（Poulsen Roser A/S）	芒斯·奈格特·奥乐森（Mogens N. Olesen）	20160054	20160216	20181211
198	20180198	百日花	梓树属	中国林业科学研究院林业研究所、洛阳农林科学院、贵州省林业科学研究院	王军辉、麻文俊、赵鲲、张明刚、焦云德、姚淑筠	20160068	20160223	20181211
199	20180199	普瑞吉米（PREJUMI）	蔷薇属	A.R.B.A.公司（A.R.B.A.B.V.）	艾尔·皮·德布林（Ir. P. de Bruin）	20160070	20160308	20181211
200	20180200	杞鑫1号	枸杞属	中宁县杞鑫枸杞苗木专业合作社	郭玉琴、朱金忠、祁伟、刘冰、龚玉梅、张艳、胡忠庆、元彦东、胡学玲、乔彩云、杨秀峰	20160072	20160310	20181211
201	20180201	帝韵	木兰属	浙江农林大学	申亚梅、范义荣、刘志高、张庆宝、陈翔、刘璐、王倩颖	20160076	20160316	20181211
202	20180202	帝宝	木兰属	浙江农林大学	申亚梅、范义荣、刘志高、张庆宝、陈翔、刘璐、王倩颖	20160077	20160316	20181211

（续）

序号	品种权号	品种名称	属（种）	品种权人	培育人	申请号	申请日	授权日
203	20180203	黛蒙茉莉（Diamond Jubilee）	悬钩子属	浆果世界加有限公司（Berryworld Plus Limited）	皮梼·文森（Peter Vinson）	20160084	20160406	20181211
204	20180204	金玉宝	拟单性木兰属	浙江理工大学、杭州市园林绿化股份有限公司	胡绍庆、沈柏春	20160085	20160415	20181211
205	20180205	红珍珠	紫金牛属	中国科学院华南植物园	陈玲、宁祖林、翁楚雄、杨镇明、刘华、冬梅、廖景平、罗美珍	20160100	20160525	20181211
206	20180206	森茂一号	越橘属	大连森茂现代农业有限公司	王贺新、徐国辉、陈英敏、姜维焕、赵丽娜	20160102	20160601	20181211
207	20180207	森茂二号	越橘属	大连大学、大连森茂现代农业有限公司	陈英敏、徐国辉、王贺新、娄鑫、张自川、赵丽娜	20160103	20160601	20181211
208	20180208	森茂三号	越橘属	大连大学、大连森茂现代农业有限公司	王贺新、陈英敏、徐国辉、乌凤章、高雄梅	20160104	20160601	20181211
209	20180209	森茂七号	越橘属	大连大学、大连森茂现代农业有限公司	徐国辉、王贺新、陈英敏、李根柱	20160108	20160601	20181211
210	20180210	大富贵	紫金牛属	龙岩市林业调查规划所、福建省武平县盛金花场、福建农林大学	廖柏林、罗盛金、彭东辉、兰思仁、刘梓富、王星平、吴沙沙、翟俊文	20160111	20160607	20181211
211	20180211	赤玲珑	紫金牛属	福建省武平县盛金花场、福建农林大学	罗盛金、廖柏林、彭东辉、兰思仁、翟俊文、吴沙沙、谢亮秀	20160112	20160607	20181211
212	20180212	金边富贵	紫金牛属	福建农林大学、福建省武平县盛金花场	彭东辉、兰思仁、罗盛金、廖柏林、王星孚、吴沙沙、翟俊文	20160113	20160607	20181211
213	20180213	瑞克2117B（RUICK2117B）	蔷薇属	迪瑞特知识产权公司（De Ruiter Intellectual Property B.V.）	汉克·德·格罗特（H.C.A. de Groot）	20160124	20160620	20181211
214	20180214	乳蝶翩翩	蔷薇属	山东农业大学	赵兰勇、于晓艳、邢树堂、徐宗大、赵明远	20160184	20160725	20181211
215	20180215	娇媚三变	蔷薇属	山东农业大学	赵兰勇、于晓艳、邢树堂、徐宗大、赵明远	20160186	20160725	20181211
216	20180216	热嘉21号	金合欢属	中国林业科学研究院热带林业研究所、嘉汉林业（河源）有限公司	曾炳山、裴珍飞、陈考科、刘英、李湘阳、陈祖旭、罗锐、范春	20160237	20160903	20181211
217	20180217	热嘉24号	金合欢属	中国林业科学研究院热带林业研究所、嘉汉林业（河源）有限公司	曾炳山、裴珍飞、陈考科、刘英、李湘阳、陈祖旭、罗锐、范春	20160238	20160903	20181211
218	20180218	热嘉25号	金合欢属	中国林业科学研究院热带林业研究所、嘉汉林业（河源）有限公司	曾炳山、裴珍飞、陈考科、刘英、李湘阳、陈祖旭、罗锐、范春	20160239	20160903	20181211
219	20180219	热嘉53号	金合欢属	中国林业科学研究院热带林业研究所、嘉汉林业（河源）有限公司	曾炳山、裴珍飞、陈考科、刘英、李湘阳、陈祖旭、罗锐、范春	20160240	20160903	20181211

（续）

序号	品种权号	品种名称	属（种）	品种权人	培育人	申请号	申请日	授权日
220	20180220	金荷	杏	河北省农林科学院石家庄果树研究所	赵习平、武晓红	20160247	20160920	20181211
221	20180221	豆蔻	锦带花属	黑龙江省森林植物园	马立华、庄倩、周勇、时雅君、雷桂杰、赵丽	20160261	20160921	20181211
222	20180222	灵动	锦带花属	黑龙江省森林植物园	马立华、庄倩、周勇、时雅君、雷桂杰、赵丽	20160263	20160921	20181211
223	20180223	梦幻	锦带花属	黑龙江省森林植物园	马立华、庄倩、周勇、时雅君、雷桂杰、赵丽	20160264	20160921	20181211
224	20180224	秋韵	锦带花属	黑龙江省森林植物园	马立华、庄倩、周勇、时雅君、雷桂杰、赵丽	20160265	20160921	20181211
225	20180225	红妍	含笑属	湖南省森林植物园	蒋利媛、颜立红、田晓明、向光锋、张绪高、杨云文、欧阳泽怡	20160270	20160927	20181211
226	20180226	京欧1号	李属	北京中医药大学	李卫东、刘志国	20160286	20161012	20181211
227	20180227	京欧2号	李属	北京中医药大学	李卫东、刘志国	20160287	20161012	20181211
228	20180228	紫玉	木兰属	陕西省西安植物园、棕榈生态城镇发展股份有限公司、陕西省西安植物园	王亚玲、王晶、赵强民、吴建军、赵珊珊、严丹峰、叶卫	20160296	20161104	20181211
229	20180229	如娟	木兰属	棕榈生态城镇发展股份有限公司、陕西省西安植物园	王亚玲、赵强民、吴建军、赵珊珊、严丹峰、叶卫	20160297	20161104	20181211
230	20180230	甬之波	杜鹃花属	浙江万里学院、宁波北仑亿润花卉有限公司	吴月燕、谢晓鸿、沃科军、沃绵康	20160307	20161104	20181211
231	20180231	甬丰红	杜鹃花属	宁波北仑亿润花卉有限公司	沃科军、沃绵康、朱平	20160308	20161104	20181211
232	20180232	甬紫叠	杜鹃花属	宁波北仑亿润花卉有限公司	沃科军、沃绵康、朱平	20160309	20161104	20181211
233	20180233	嫣红	木莲属	中国科学院华南植物园	陈新兰、杨科明、何飞龙、林金株、廖景平、刘慧、韦强、叶育石	20160314	20161107	20181211
234	20180234	黑武士	木犀属	南京林业大学、王思明	王思明、段一凡、王贤荣、伊贤贵、王华辰、李涌福、陈林、王华	20160320	20161116	20181211
235	20180235	粉彩	李属	南京林业大学	王贤荣、伊贤贵、王华辰、胡志辉	20160322	20161118	20181211
236	20180236	彩云飞	木瓜属	山东农业大学	臧德奎、于晓艳、明广、徐兴东、刘丹、马燕、刘宗钊、刘	20160337	20161122	20181211
237	20180237	萨菲尔（Sapphire）	悬钩子属	浆果世界加有限公司（Berryworld Plus Limited）	伊娃·麦肯锡（Eva McCarthy）	20160363	20161123	20181211
238	20180238	洁德（Jade）	悬钩子属	浆果世界加有限公司（Berryworld Plus Limited）	皮特·文森（Peter Vinson）	20160364	20161123	20181211
239	20180239	英华	杏	山东省果树研究所	牛庆森、苑兑俊、王长君、王培久	20160366	20161123	20181211
240	20180240	开园	杏	山东省果树研究所	苑兑俊、王长君、牛庆森、王培久	20160367	20161123	20181211

序号	品种权号	品种名称	属（种）	品种权人	培育人	申请号	申请日	授权日
241	20180241	凤冠红	木瓜属	临沂大学、河东区金盛海棠种植专业合作社	陈之群、刘宗钊、成妮妮、胡晓丽、臧凤岐、王佳香、徐成龙、陈恒新	20160374	20161124	20181211
242	20180242	西吕71985（SCH71985）	蔷薇属	荷兰彼得·西吕厄斯控股股份公司（Piet Schreurs Holding B.V）	P·N·J·西吕厄斯（Petrus Nicolaas Johannes Schreurs）	20160386	20161202	20181211
243	20180243	瑞驰2700J（RUICH2700J）	蔷薇属	迪瑞特知识产权公司（De Ruiter Intellectual Property B.V.）	汉克·德·格罗特（H.C.A. de Groot）	20160396	20161208	20181211
244	20180244	瑞兑2110A（RUICK2110A）	蔷薇属	迪瑞特知识产权公司（De Ruiter Intellectual Property B.V.）	汉克·德·格罗特（H.C.A. de Groot）	20160397	20161208	20181211
245	20180245	硕丰	悬钩子属	江苏省中国科学院植物研究所	吴文龙、闾连飞、张春红、赵慧芳、王小敏、朱泓、杨海燕	20170012	20161215	20181211
246	20180246	黄金锦	蜡梅	浙江农林大学	赵宏波、付建新、包志毅	20170014	20161216	20181211
247	20180247	知春	蜡梅	浙江农林大学	赵宏波、付建新、包志毅	20170015	20161216	20181211
248	20180248	长蕊玉蝶	梅	浙江农林大学、浙江长兴东方梅园有限公司	赵宏波、付建新、包志毅、吴晓红	20170016	20161216	20181211
249	20180249	粉台玉蝶	梅	浙江农林大学	赵宏波、吴晓红、张超、付建新、包志毅	20170017	20161216	20181211
250	20180250	红颜朱砂	梅	浙江农林大学	赵宏波、吴晓红、张超、付建新、包志毅	20170018	20161216	20181211
251	20180251	反扣二红	梅	浙江长兴东方梅园有限公司	吴晓红、赵宏波、张超、付建新、包志毅	20170019	20161216	20181211
252	20180252	红盛	紫薇	王柏盛	王柏盛	20170023	20161216	20181211
253	20180253	鸿运	木犀属	南京林业大学、王思明	王思明、段一凡、王贤荣、伊贤贵、王华辰、李涌福、陈林	20170025	20161220	20181211
254	20180254	白珊瑚	杜鹃花属	嘉善联合农业科技有限公司	沈勇	20170038	20170105	20181211
255	20180255	粉珊瑚	杜鹃花属	嘉善联合农业科技有限公司	沈勇	20170039	20170105	20181211
256	20180256	龙花	忍冬属	湖南省林业科学院	王晓明、曾慧杰、李永欣、乔中全、蔡能、陈建军	20170090	20170121	20181211
257	20180257	丰蕾	忍冬属	湖南省林业科学院、兰陵县鲁龙林果园艺专业合作社、长沙湘莹园林科技有限公司	曾慧杰、王晓明、乔中全、李修海、李永欣、蔡能、王湘莹、陈建军	20170091	20170121	20181211
258	20180258	紫嫣公主	桂花	全南厚朴生态苗木有限公司	罗小松、江军、廖凯、姜明华	20170125	20170306	20181211
259	20180259	翠玉	梓树属	河南名品彩叶苗木股份有限公司	王华明、郑芳、邵明春、李长江、张熙、方圆圆、孙玉、李建武	20170147	20170330	20181211

（续）

序号	品种权号	品种名称	属（种）	品种权人	培育人	申请号	申请日	授权日
260	20180260	岑芯	山茶属	广西壮族自治区林业科学研究院	曾雯珺、王东雪、江泽鹏、张乃燕、陈国臣、叶航、陈林强、张敏、梁国校、夏莹莹、刘凯、梁斌	20170150	20170406	20181211
261	20180261	傲雪	山茶属	广西壮族自治区林业科学研究院	王东雪、江泽鹏、陈国臣、刘凯、陈林强、梁斌、曾雯珺、梁国校、叶航	20170151	20170406	20181211
262	20180262	乂林	山茶属	广西壮族自治区林业科学研究院	马锦林、叶航、张乃燕、王东雪、刘凯、梁斌	20170152	20170406	20181211
263	20180263	秾苑清风	芍药属	城发投资集团有限公司、中国农业科学院蔬菜花卉研究所	杨德顺、薛传星、刘永森、薛璟祺、孙青文、王顺利、范玉前	20170161	20170406	20181211
264	20180264	秾墨耀金	芍药属	中国农业科学院蔬菜花卉研究所	张秀新、薛璟祺、张永森、薛玉前	20170162	20170406	20181211
265	20180265	秾墨重彩	芍药属	城发投资集团有限公司、中国农业科学院蔬菜花卉研究所	杨德顺、薛传星、张秀新、薛璟祺、孙青文、王顺利、范玉前	20170163	20170406	20181211
266	20180266	秾星璀月	芍药属	中国农业科学院蔬菜花卉研究所	张秀新、薛璟祺、王顺利、朱富勇、任秀霞	20170165	20170406	20181211
267	20180267	秾苑姝女	芍药属	城发投资集团有限公司、中国农业科学院蔬菜花卉研究所	杨德顺、薛传星、张永森、薛璟祺、孙青文、王顺利、范玉前	20170167	20170406	20181211
268	20180268	秾苑玉辉	芍药属	中国农业科学院蔬菜花卉研究所	张秀新、王顺利、薛璟祺、吴蕊、张萍	20170168	20170406	20181211
269	20180269	阳春白雪	卫矛属	河南红枫种苗股份有限公司、山东天序农林科技有限公司、天津林木种苗有限公司	张丹、张家勋、张茂	20170170	20170412	20181211
270	20180270	佛光	卫矛属	河南红枫种苗股份有限公司、山东天序农林科技有限公司、天津林木种苗有限公司	张丹、张家勋、张茂	20170172	20170412	20181211
271	20180271	毛紫	山茶属	广西壮族自治区林业科学研究院	李开祥、韦晓娟、马锦林、黄金使、梁文汇、廖健明	20170182	20170414	20181211
272	20180272	京翠	白蜡树属	中国林业科学研究院林业研究所、湖北省京山县虎爪山林场	林富荣、张荣洋、郑勇奇、刘晓武、李斌、杨清发、郭文英、朱波涛、刘海、张云超、黄平	20170184	20170417	20181211
273	20180273	中闽1号	叶子花属	厦门市园林植物园	周群、张万旗	20170199	20170420	20181211
274	20180274	洛红美	杏	洛阳农林科学院	梁臣、郭光伟、王冶年、赵军、朱高浦、尹华、魏素玲、畅凌冰、李豫生、王小耐	20170216	20170505	20181211
275	20180275	典泛一品	文冠果	中国林业科学研究院林业研究所、北京艾比蒂生物科技有限公司	毕泉鑫、王利兵、于海燕	20170239	20170516	20181211

（续）

序号	品种权号	品种名称	属（种）	品种权人	培育人	申请号	申请日	授权日
276	20180276	明月丹心	文冠果	中国林业科学研究院林业研究所、北京艾比蒂生物科技有限公司	毕泉鑫、王利兵、于海燕	20170241	20170516	20181211
277	20180277	娇咨	蜡梅	浙江农林大学	赵宏波、付建新、张超、包志毅	20170245	20170516	20181211
278	20180278	金铃	蜡梅	浙江农林大学	赵宏波、张超、付建新、包志毅	20170246	20170516	20181211
279	20180279	早发（Zaofa）	核桃属	赵朝强	赵朝强	20170249	20170518	20181211
280	20180280	紫霞	野牡丹属	中国科学院华南植物园	宁祖林、曾振新、李冬梅、陈玲、何飞龙、吴兴、廖景平	20170250	20170519	20181211
281	20180281	铺地花2号	野牡丹属	中国科学院华南植物园	李冬梅、宁祖林、何飞龙、陈玲、翁楚雄、吴兴、曾振新、廖景平	20170252	20170519	20181211
282	20180282	蒙山紫玉	木瓜属	山东农业大学	王利、丰震、刘国兴、王向来、王延玲	20170253	20170519	20181211
283	20180283	齐鲁金	橄属	山东农业大学	丰震、朱志恒、王延玲、李承水、李存华、任红剑、乔谦、安凯	20170262	20170523	20181211
284	20180284	金边伞	紫金牛属	杭州市园林绿化股份有限公司、陈焕伟、浙江理工大学	胡绍庆、陈焕伟、刘华红、沈柏春、冯建国	20170265	20170524	20181211
285	20180285	中科蓝1号	忍冬属	中国科学院东北地理与农业生态研究所农业技术中心	赵恒田、范丽莉、李富恒、邵玲玲	20170267	20170526	20181211
286	20180286	白碧红霞	山茶属	江西省林业科学院	周文才、龚春、雷小林、黄建、高伟、孙颖、温强、左继林、徐林初、王玉娟、占志勇、辛卓年、黄文印、李进	20170290	20170604	20181211
287	20180287	南湘红	山茶属	湖南省林业科学院	王湘南、陈永忠、彭邵锋、陈隆升、许彦明、张震	20170291	20170604	20181211
288	20180288	南湘粉	山茶属	湖南省林业科学院	王湘南、陈永忠、彭邵锋、陈隆升、许彦明	20170292	20170604	20181211
289	20180289	拓遇	柿属	江苏省林业科学研究院	黄利斌、董筱昀、孙海楠、吕运舟、李茹、张勇	20170296	20170606	20181211
290	20180290	中山红金彩	柿属	南京彩树种植有限公司	黄延芳、胡建宁、辛文学	20170299	20170606	20181211
291	20180291	多娇	苹果属	张灿洪	张灿洪、宋洪波、连芳、吴其超、姜丽媛	20170300	20170606	20181211
292	20180292	新郑红11号	枣	洛阳师范学院	赵旭升	20170302	20170606	20181211
293	20180293	中枣东升1号	枣	洛阳师范学院	赵旭升、李世鹏、郭明欣	20170303	20170606	20181211
294	20180294	金星	紫荆属	河南四季春园林艺术工程有限公司、鄢陵中林园林工程有限公司	张林、刘双枝、张文馨、吴豪	20170307	20170609	20181211
295	20180295	国庆	枫香属	南京林业大学	张往祥、范俊俊、周婷、张丹丹、李干惠、姜文龙、曹福亮	20170308	20170612	20181211

（续）

序号	品种权号	品种名称	属（种）	品种权人	培育人	申请号	申请日	授权日
296	20180296	红色依恋	苹果属	南京林业大学	张往祥、周婷、范俊俊、谢黄峰、彭冶、陈永霞、赵聪	20170315	20170612	20181211
297	20180297	晚宴	苹果属	南京林业大学	张往祥、范俊俊、徐立安、周婷、姜文龙、张丹丹、李千惠、曹福亮	20170317	20170612	20181211
298	20180298	画轴	苹果属	南京林业大学	张往祥、穆茜、张丹丹、周道建、陈永霞、李鑫、杨梓凡、曹福亮	20170318	20170612	20181211
299	20180299	胭脂雨	苹果属	南京林业大学	张往祥、赵聪、沈星诚、武启飞、王希、吴樾、浦静、曹福亮、储	20170319	20170612	20181211
300	20180300	诗人	苹果属	南京林业大学	张往祥、杨梓凡、李千惠、谢黄峰、穆茜、李鑫、周道建、曹福亮	20170320	20170612	20181211
301	20180301	鸿运当头	紫荆属	河南四季春园林艺术工程有限公司、鄢陵中林园林工程有限公司	张林、刘双枝、张文馨、吴豪	20170321	20170614	20181211
302	20180302	豫金1号	忍冬属	河南师范大学、刘保彬	李建军、李景原、周延清、刘保彬、刘光田、朱双营、王兰、段素芳、张君、李军、贾国伦、任美玲	20170322	20170614	20181211
303	20180303	金色年华	槭属	河南名品彩叶苗木股份有限公司	王华明、邵明丽、刘鹏辉、闫立静、李建武、张熙、岳继页、方圆圆、刘芳、辉、杨靖、周艳宾、范新良、贾涛、魏奎娇、石海燕	20170330	20170623	20181211
304	20180304	威特141205（Wit141205）	铁线莲属	马可·威特（Marco de Wit）	马可·威特（Marco de Wit）	20170332	20170625	20181211
305	20180305	状元红1号	大青属	肇庆学院	陈刚、王瑛华	20170333	20170625	20181211
306	20180306	红艳	南天竹属	浙江森禾集团股份有限公司	王春、郑勇平、魏斌、盛冬、尹庆平、陈慧、劳、项美淑、杜三峰、陈岗、刘丹丹、顾慧	20170338	20170629	20181211
307	20180307	金公主9号	文冠果	北京林业大学、辽宁思路文冠果业科技开发有限公司、北京思路文冠果科技开发有限公司	王俊杰、唐桂辉、刘会军、汪舟、向秋虹、王馨蕊、周梽鸣、关文彬	20170347	20170630	20181211
308	20180308	金王1号	文冠果	北京林业大学、辽宁思路文冠果业科技开发有限公司、北京思路文冠果科技开发有限公司	黄炎子、侯向林、李国军、王俊杰、向秋虹、王馨蕊、周梽鸣、关文彬	20170348	20170630	20181211
309	20180309	金王2号	文冠果	北京林业大学、辽宁思路文冠果业科技开发有限公司、北京思路文冠果科技开发有限公司	王馨蕊、李国军、王青、于震、周梽鸣、侯向林、向秋虹、王俊杰、关文彬	20170349	20170630	20181211

（续）

序号	品种权号	品种名称	属（种）	品种权人	培育人	申请号	申请日	授权日
310	20180310	金帝3号	文冠果	北京林业大学、辽宁思路文冠果业科技开发有限公司、北京思路文冠果科技开发有限公司	周祎鸣、张文臣、唐桂辉、向秋虹、王馨忠、王俊杰、关文彬	20170350	20170630	20181211
311	20180311	京仲5号	杜仲	北京林业大学	康向阳、李赟、高鹏、张平冬、宋连君、李金忠	20170357	20170711	20181211
312	20180312	京仲6号	杜仲	北京林业大学	康向阳、李赟、高鹏、王君、宋连君、李金忠	20170358	20170711	20181211
313	20180313	京仲7号	杜仲	北京林业大学	康向阳、李赟、高鹏、张平冬、宋连君、李金忠	20170359	20170711	20181211
314	20180314	京仲8号	杜仲	北京林业大学	康向阳、李赟、高鹏、王君、宋连君、李金忠	20170360	20170711	20181211
315	20180315	红满棠	木瓜属	上海植物园	蒋昌华、张亚利、秦树成、毕玉科、费建国、周永元、李湘鹏、莫健彬	20170363	20170713	20181211
316	20180316	墨菊堂	木瓜属	上海植物园	毕玉科、蒋昌华、秦树成、张亚利、费建国、李湘鹏、周永元、莫健彬	20170366	20170713	20181211
317	20180317	德瑞斯蓝九（DrisBlueNine）	越橘属	德瑞斯克公司（Driscoll's, Inc.）	布赖恩·K·卡斯特（Brian K. CASTER）、珍妮弗·K·伊佐（Jennifer K. IZZO）、阿伦·德雷珀（Arlen DRAPER）	20170369	20170714	20181211
318	20180318	德瑞斯蓝十一（DrisBlueEleven）	越橘属	德瑞斯克公司（Driscoll's, Inc.）	布赖恩·K·卡斯特（Brian K. CASTER）、珍妮弗·K·伊佐（Jennifer K. IZZO）、阿伦·德雷珀（Arlen DRAPER）	20170370	20170714	20181211
319	20180319	玫瑰蓉	杜鹃花属	江苏省农业科学院	肖政、陈尚平、何丽斯、李畅、邓衍明、孙晓波、贾新平、苏家乐	20170379	20170717	20181211
320	20180320	樱歌	杜鹃花属	江苏省农业科学院	刘晓青、邓衍明、李畅、孙晓波、肖政、贾新平、何丽斯、陈尚平、苏家乐	20170380	20170717	20181211
321	20180321	玲珑	紫薇属	北京林业大学	潘会堂、冯露、鞠易倩、张启翔、胡杏、叶远俊、焦连、蔡明、程堂仁、王佳	20170386	20170719	20181211
322	20180322	楚林保胜	核桃属	湖北省林业科学研究院、保康县核桃技术推广中心	徐永杰、陈万胜、李孝鑫、邓先珍、王代全、王其竹、余正文	20170393	20170719	20181211
323	20180323	德瑞斯蓝十（DrisBlueTen）	越橘属	德瑞斯克公司（Driscoll's, Inc.）	布赖恩·K·卡斯特（Brian K. CASTER）、珍妮弗·K·伊佐（Jennifer K. IZZO）、阿伦·德雷珀（Arlen DRAPER）	20170394	20170721	20181211
324	20180324	宁农杞8号	枸杞属	宁夏农林科学院枸杞工程技术研究所	焦恩宁、秦垦、戴国礼、曹有龙、石志刚、何军、李彦龙、闫亚美、黄婷、张云翔、周旋、何昕儒、米佳	20170425	20170803	20181211

（续）

序号	品种权号	品种名称	属（种）	品种权人	培育人	申请号	申请日	授权日
325	20180325	科杞6081	枸杞属	宁夏农林科学院枸杞工程技术研究所	曹有龙、贾义科、戴国礼、秦垦、刘占贵、石志刚、何军、李云翔、闫亚美、张波、周旋、何昕儒、段林渊	20170426	20170803	20181211
326	20180326	科杞6082	枸杞属	宁夏农林科学院枸杞工程技术研究所	曹有龙、贾义科、戴国礼、秦垦、刘占贵、石志刚、何军、李云翔、闫亚美、张波、周旋、何昕儒、段林渊	20170427	20170803	20181211
327	20180327	金石	鹅掌楸属	中国林业科学研究院林业研究所、中国林业科学研究院亚热带林业实验中心	李斌、郑勇奇、林富荣、郭文英、刘儒、潘文婷、孙建军、谭新建、袁小军、原勤勤、陈传松	20170443	20170816	20181211
328	20180328	粉玲珑	桃花	王燕	王燕	20170446	20170807	20181211
329	20180329	柔彩	绣球属	中国科学院植物研究所、青岛中科景观植物产业化发展有限公司	唐宇丹、白红彤、安玉来、李霞、李慧、孙雪琪、法丹丹、尤洪伟	20170447	20170824	20181211
330	20180330	瑛霞	丁香属	黑龙江省森林植物园	郁永英、翟晓鸥、李长海、范淼、张少姝、王颖	20170449	20170828	20181211
331	20180331	涌霞	丁香属	黑龙江省森林植物园	郁永英、翟晓鸥、李长海、范淼、张少姝、王颖	20170450	20170828	20181211
332	20180332	春韵	李属	山东省林业科学研究院、青岛樱花谷科技生态园有限公司、青岛市黄岛区林业局	胡丁猛、王松、许景伟、闫兴建、刘桂民、李贵学、王教全、王清华	20170452	20170828	20181211
333	20180333	矮杰	李属	山东省果树研究所	刘庆忠、朱东姿、魏海蓉、王甲威、谭钺、宗晓娟、陈新、徐丽、张力忠	20170455	20170829	20181211
334	20180334	矮特	李属	山东省果树研究所	刘庆忠、朱东姿、魏海蓉、王甲威、谭钺、宗晓娟、陈新、徐丽、张力忠	20170456	20170829	20181211
335	20180335	傲霜	桂花	山东农业大学	臧德奎、吴其超、张晴、步俊彦、王一、刘虹佑	20170457	20170830	20181211
336	20180336	冬荣	桂花	山东农业大学	臧德奎、吴其超、张晴、步俊彦、王一、刘虹佑	20170458	20170830	20181211
337	20180337	龙榆	榆属	李严广	李严广	20170464	20170901	20181211
338	20180338	春彩凤羽	槭属	四川七彩林业开发有限公司	高尚、杨金财、郑勇奇、蔡世林、吴佳川、尹林、银征、张秋红、罗雪梅	20170466	20170901	20181211
339	20180339	澧溪早凤	木通属	中国林业科学研究院林业研究所	李斌、郑勇奇、林富荣、郭文英、肖光所、王汝平、黄廷武	20170467	20170901	20181211

（续）

序号	品种权号	品种名称	属（种）	品种权人	培育人	申请号	申请日	授权日
340	20180340	甬之洁	杜鹃花属	浙江万里学院、宁波北仑亿润花卉有限公司	谢晓鸿、吴月燕、沃科军、沃绵康	20170468	20170903	20181211
341	20180341	甬粉佳人	杜鹃花属	浙江万里学院、宁波北仑亿润花卉有限公司	谢晓鸿、吴月燕、沃科军、沃绵康、章辰飞	20170469	20170903	20181211
342	20180342	甬紫雀	杜鹃花属	浙江万里学院、宁波北仑亿润花卉有限公司	吴月燕、谢晓鸿、沃科军、沃绵康	20170472	20170903	20181211
343	20180343	甬品红	杜鹃花属	浙江万里学院、宁波北仑亿润花卉有限公司	吴月燕、谢晓鸿、沃科军、沃绵康、章辰飞	20170473	20170903	20181211
344	20180344	甬之皎	杜鹃花属	宁波北仑亿润花卉有限公司	沃绵康、沃科军	20170475	20170903	20181211
345	20180345	甬之辉	杜鹃花属	宁波北仑亿润花卉有限公司	沃科军、沃绵康	20170478	20170903	20181211
346	20180346	甬之妃	杜鹃花属	宁波北仑亿润花卉有限公司	沃绵康、沃科军	20170480	20170903	20181211
347	20180347	圃柿1号	柿	西北农林科技大学	杨勇、阮小凤、王仁梓、关长飞、井赵斌、王建平、边建设	20170489	20170904	20181211
348	20180348	圃杂2号	柿	西北农林科技大学	杨勇、王仁梓、阮小凤、关长飞、王建平、井赵斌	20170490	20170904	20181211
349	20180349	杞鑫3号	枸杞属	中宁县杞鑫枸杞苗木专业合作社	郭玉琴、朱金忠、李惠军、刘冰、安魏、马利备、葛谦、陈卫宁、郝红伟、俞建忠、任娟、高婧娥	20170491	20170905	20181211
350	20180350	四明火焰	槭属	宁波城市职业技术学院	林乐静、祝志勇、叶国庆	20170495	20170906	20181211
351	20180351	四明玫舞	槭属	宁波城市职业技术学院	祝志勇、林乐静、林立、叶国庆	20170496	20170906	20181211
352	20180352	寨选4号	越橘属	江苏省中国科学院植物研究所	吴文龙、闾连飞、王小敏、朱泓、李维林、杨海燕、张春红、黄正金、赵慧	20170497	20170906	20181211
353	20180353	寨选7号	越橘属	江苏省中国科学院植物研究所	吴文龙、闾连飞、王小敏、朱泓、李维林、杨海燕、张春红、黄正金、赵慧	20170498	20170906	20181211
354	20180354	旱雄柳1号	柳属	山东省林业科学研究院	秦光华、宋玉民、刘德玺、康智、乔玉玲、于振旭、董玉峰、燕丽萍	20170504	20170912	20181211
355	20180355	旱雄柳2号	柳属	山东省林业科学研究院	秦光华、宋玉民、杨庆山、康智、乔玉玲、于振旭、董玉峰、燕丽萍	20170505	20170912	20181211
356	20180356	湿地柳1号	柳属	山东省林业科学研究院	秦光华、宋玉民、刘桂民、康智、乔玉玲、于振旭、董玉峰、燕丽萍	20170506	20170912	20181211
357	20180357	湿地柳2号	柳属	山东省林业科学研究院	秦光华、宋玉民、胡丁猛、康智、乔玉玲、于振旭、董玉峰、燕丽萍	20170507	20170912	20181211

（续）

序号	品种权号	品种名称	属（种）	品种权人	培育人	申请号	申请日	授权日
358	20180358	金脉红	槭属	安徽东方金桥农林科技股份有限公司	丁增成、丁燕	20170513	20170918	20181211
359	20180359	泉金柳	柳属	济南市园林花卉苗木培育中心	李克俭、张保全、刘红权、孟清秀、孙燕、占习林、柴哲、王洪磊、张广杰、李超	20170525	20170922	20181211
360	20180360	泉丝柳	柳属	济南市园林花卉苗木培育中心	李克俭、张保全、刘红权、孟清秀、孙燕、占习林、柴哲、王洪磊、张广杰、李超	20170526	20170922	20181211
361	20180361	泉翠柳	柳属	济南市园林花卉苗木培育中心	李克俭、张保全、刘红权、孟清秀、孙燕、占习林、柴哲、王洪磊、张广杰、李超	20170527	20170922	20181211
362	20180362	泉曲柳	柳属	济南市园林花卉苗木培育中心	李克俭、张保全、刘红权、孟清秀、孙燕、占习林、柴哲、王洪磊、张广杰、李超	20170528	20170922	20181211
363	20180363	澧滨天凤	木通属	中国林业科学研究院林业研究所	李斌、郑勇奇、林富荣、郭文英、王汝平	20170529	20170925	20181211
364	20180364	泰加（Taiga）	铁线莲属	落合小一郎（Koichiro Ochiai）	宇田川正毅（Masatake Udagawa）	20170551	20171028	20181211
365	20180365	德瑞斯马拉维利亚（Driscoll Maravilla）	悬钩子属	德瑞斯克公司（Driscoll's, Inc.）	卡洛斯·D·费尔（Carlos D. Fear）、理查德·E·哈里森（Richard E. HARRISON）、弗雷德·M·库克（Fred M. COOK）、加文·西尔斯（Gavin SILLS）	20170568	20171103	20181211
366	20180366	丹青	金露梅属	北京农学院	郑健、关雪莲、张睿鹏、胡增增、张泽、冷平生、窦德泉	20170578	20171113	20181211
367	20180367	好运来	山茶属	东阳市歌山镇绿峰珍稀花卉苗木场	胡祖兰	20170597	20171121	20181211
368	20180368	太行福星	杜鹃花属	石家庄市神州花卉研究所有限公司、石家庄市农林科学研究院	白霄霞、李志斌、蒋淑磊、张文芝、刘伟、李萍、张骁骁	20170611	20171127	20181211
369	20180369	太行新星	杜鹃花属	石家庄市神州花卉研究所有限公司	李志斌、白霄霞、蒋淑磊、刘伟、李萍、张骁骁	20170613	20171127	20181211
370	20180370	紫鉴	紫薇	湖南省林业科学院、临颍县美如画绿化工程有限公司、汝南县中原绿野农业科技有限公司	王晓明、杨保玉、张伟中、乔中全、蔡能、陈艺、李永欣、曾慧杰、刘思思、臧洪	20170617	20171129	20181211
371	20180371	苍翠	紫薇	湖南省林业科学院、临颍县美如画绿化工程有限公司、汝南县中原绿野农业科技有限公司	王晓明、杨保玉、张伟中、乔中全、蔡能、陈艺、李永欣、曾慧杰、刘思思、臧洪	20170618	20171129	20181211
372	20180372	壮竹	槭属	中国科学院植物研究所、青岛中科景观植物产业化发展有限公司	唐宇丹、白红彤、法丹丹、安玉来、孙雪琪、李霞、尤洪伟、石雷	20180003	20171218	20181211

序号	品种权号	品种名称	属（种）	品种权人	培育人	申请号	申请日	授权日
373	20180373	墨竹	榛属	中国科学院植物研究所、青岛中科景观植物产业化发展有限公司	唐宇丹、白红彤、李霞、李慧、孙雪琪、姚涓、法丹丹、尤洪伟、安玉来、石雷	20180004	20171218	20181211
374	20180374	翠竹	榛属	中国科学院植物研究所、青岛中科景观植物产业化发展有限公司	唐宇丹、白红彤、李霞、李慧、安玉来、李锐丽、孙雪琪、尤洪伟、石雷	20180006	20171218	20181211
375	20180375	圆大颁种	文冠果	中国林业科学研究院林业研究所、彰武县德亚文冠果专业合作社	王利兵、崔德石、毕泉鑫、于海燕、崔天鹏	20180027	20171227	20181211
376	20180376	悄然薄壳	文冠果	中国林业科学研究院林业研究所、彰武县德亚文冠果专业合作社	毕泉鑫、崔德石、王利兵、于海燕、崔天鹏	20180029	20171227	20181211
377	20180377	云密	圆柏属	北京市林业果树科学研究院	张玉平、白金、曹均、刘国彬、潘青华、姚砚武、廖婷	20180049	20171229	20181211
378	20180378	叠翠	圆柏属	北京市林业果树科学研究院	曹均、张玉平、白金、刘国彬、潘青华、姚砚武、廖婷	20180050	20171229	20181211
379	20180379	粉蝶	胡枝子属	北京农学院	杨晓红、陈晓阳、刘可心	20180057	20180102	20181211
380	20180380	紫玉	紫薇	湖南省林业科学院、长沙湘莹林科技有限公司	乔中全、王晓明、曾慧杰、王湘莹、刘思思、李永欣、蔡能	20180059	20180103	20181211
381	20180381	紫霞	紫薇	湖南省林业科学院、长沙湘莹林科技有限公司	王晓明、蔡能、王湘莹、刘思思、李永欣、曾慧杰、乔中全	20180060	20180103	20181211
382	20180382	玲珑红	紫薇	湖南省林业科学院、长沙湘莹林科技有限公司	王晓明、曾慧杰、王湘莹、刘思思、乔中全、李永欣、蔡能	20180061	20180103	20181211
383	20180383	绚紫	紫薇属	湖北省林业科学研究院、湖北省楚林园林绿化中心	杨彦伶、李振芳、马林江、黄国伟、张亚东、陈华超、彭婵、王瑞文、徐红梅	20180074	20180105	20181211
384	20180384	雅紫	紫薇属	湖北省林业科学研究院、湖北省太子山林场管理局	李彦伶、杨彦发、柯尊发、鲁从平、王瑞文、马林江、黄国伟、徐红梅、陈华超	20180075	20180105	20181211
385	20180385	紫焰	紫薇	浙江农林大学	顾翠花、沈鸿明、朱玉微、薛桂芳、张晓杰、马丽、陈凯、邵蕾、王梦瑶	20180077	20180108	20181211
386	20180386	冰川红叶	小蘖属	石家庄市藁城区绿都市政园林工程有限公司	冀鹏飞、吕恩佳、邓运川、闫子旭、冀伟、刘兵辉、张然然	20180081	20180111	20181211
387	20180387	夏华	杏	山东省果树研究所	苑兑俊、王培久、葛福荣、牛庆霖	20180084	20180112	20181211
388	20180388	玉华	杏	山东省果树研究所	苑兑俊、王培久、牛庆霖、葛福荣	20180085	20180112	20181211
389	20180389	蜀紫粉	紫薇属	四川冠腾科技有限公司、四川省林业科学研究院	王莹、罗建勋、王维、张淑晔、刘芙蓉、青学刚、刘俊呈	20180114	20180123	20181211

（续）

序号	品种权号	品种名称	属（种）	品种权人	培育人	申请号	申请日	授权日
390	20180390	雾灵野果	山楂属	赵玉亮	赵玉亮、耿金川、任建武、陆凤勤、毕振良、梁义春、夏文作、陆明辉、张永军、郭晨丰	20180121	20180130	20181211
391	20180391	黄金乙	乌桕属	浙江森禾集团股份有限公司、浙江森禾环境工程有限公司、浙江省林业科学研究院	郑勇平、王春、柳新红、李因刚、顾慧、尹庆岗、陈岗、刘丹平、杨家强	20180123	20180205	20181211
392	20180392	夏日舞娘	紫薇	浙江森城种业有限公司	沈鸿明、薛桂芳、朱王微、张晓杰、顾敏洁、李庄华、张成燕、顾翠花	20180124	20180205	20181211
393	20180393	红贵妃	紫薇	浙江森城种业有限公司	沈鸿明、沈劲余、张晓杰、王金凤、朱王微、薛桂芳、朱雪娟、顾翠花	20180125	20180205	20181211
394	20180394	巧克力	紫薇	浙江森城种业有限公司	沈鸿明、沈劲余、陈卓梅、薛桂芳、张晓亮、顾敏洁、顾翠花	20180126	20180205	20181211
395	20180395	午夜	紫薇	浙江森城种业有限公司	沈鸿明、朱王微、张晓杰、顾敏洁、李庄华、张成燕、顾翠花	20180127	20180205	20181211
396	20180396	馨香	木瓜属	刘若森、利辛县东方美景园林绿化工程有限公司	刘若森、李振顶、陆侠、刘士安、王启英、解士涛、任大行、戴翠荣、龚义玲	20180150	20180209	20181211
397	20180397	浦大紫	乌桕属	浙江省林业科学研究院、浙江森禾集团股份有限公司	李因刚、柳新红、郑勇平、蒋冬月、刘丹、石从广、杨少宗	20180156	20180228	20181211
398	20180398	岗山正红	槭属	王立彬	王立彬、石华	20180166	20180306	20181211
399	20180399	启运红	槭属	王立彬	王立彬、石华	20180167	20180306	20181211
400	20180400	岗山正黄	槭属	王立彬	王立彬、石华	20180169	20180306	20181211
401	20180401	紫华梦幻	槭属	王立彬	王立彬、石华	20180170	20180306	20181211
402	20180402	兴甫富贵杨	杨	王晓铎	王兴甫、王晓铎	20180185	20180329	20181211
403	20180403	宁林鲜	核桃属	中国林业科学研究院林业研究所、洛宁县先科树木改良技术研究中心	张俊佩、宋晓波、徐慧敏、马庆国、徐虎智	20180204	20180402	20181211
404	20180404	中洛繁星	核桃属	中国林业科学研究院林业研究所、洛宁县先科树木改良技术研究中心	裴东、徐虎智、宋晓波	20180205	20180402	20181211
405	20180405	青龙竹	刚竹属	江西省林业科学院	王海霞、程平、曾庆南、彭九生、余林、高伟	20180309	20180609	20181211

数据来源：国家林业和草原局植物新品种保护办公室。

附表2 2018年林业植物新品种申请

序号	申请号	品种名称	属（种）	申请人	培育人	申请日
1	20180001	紫脆红	枣属	山东省林业科学研究院	韩传明、王翠香、赵德田、孙超、孟晓烨、刘珍、张圣先、王静、岳冬梅、亓玉昆	20171218
2	20180002	金红枣	枣属	山东省林业科学研究院	孙超、田敬义、韩传明、王翠香、侯立群、田志强、孟晓烨、杨玲玲、王静、岳冬梅、高丽萍	20171218
3	20180003	壮竹	椴属	中国科学院植物研究所	唐宇丹、白红彤、法丹丹、安玉来、李慧、孙雪琪、姚涓、李霞、尤洪伟、石雷	20171218
4	20180004	墨竹	椴属	中国科学院植物研究所	唐宇丹、白红彤、李霞、安玉来、李慧、孙雪琪、姚涓、法丹、尤洪伟、石雷	20171218
5	20180005	袖珍	椴属	中国科学院植物研究所	唐宇丹、白红彤、李霞、孙雪琪、安玉来、李慧、李锐丽、法丹、尤洪伟、石雷	20171218
6	20180006	翠竹	椴属	中国科学院植物研究所	唐宇丹、白红彤、李霞、安玉来、李霞、李锐丽、孙雪琪、法丹丹、尤洪伟、石雷	20171218
7	20180007	永福彩1	桂花	福建新发现农业发展有限公司	陈日才、吴其超、王聪成、王一、詹正钿、陈朝暖、陈小芳、陈菁菁	20171220
8	20180008	永福彩5	桂花	福建新发现农业发展有限公司	陈日才、吴启民、王聪成、詹正钿、陈小芳、陈朝暖、陈菁菁	20171220
9	20180009	永福彩7	桂花	福建新发现农业发展有限公司	陈日才、吴启民、王聪成、詹正钿、陈小芳、陈朝暖、陈菁菁	20171220
10	20180010	永福彩10	桂花	福建新发现农业发展有限公司	陈日才、吴启民、王聪成、詹正钿、陈小芳、陈朝暖、陈菁菁	20171220
11	20180011	永福彩12	桂花	福建新发现农业发展有限公司	陈日才、吴启民、王聪成、詹正钿、陈小芳、陈朝暖、陈菁菁	20171220
12	20180012	永福彩13	桂花	福建新发现农业发展有限公司	陈日才、吴启民、王聪成、詹正钿、陈小芳、陈朝暖、陈菁菁	20171220
13	20180013	永福彩19	桂花	福建新发现农业发展有限公司	陈日才、吴启民、王聪成、詹正钿、陈小芳、陈朝暖、陈菁菁	20171220
14	20180014	永福彩20	桂花	福建新发现农业发展有限公司	陈日才、赖文胜、王聪成、詹正钿、陈小芳、陈朝暖、陈菁菁、吴其超	20171220
15	20180015	永福彩25	桂花	福建新发现农业发展有限公司	陈日才、吴启民、王聪成、詹正钿、陈小芳、陈朝暖、陈菁菁	20171220
16	20180016	永福彩26	桂花	福建新发现农业发展有限公司	陈日才、赖文胜、王聪成、詹正钿、陈小芳、陈朝暖、陈菁菁	20171220
17	20180017	永福彩28	桂花	福建新发现农业发展有限公司	陈日才、赖文胜、王聪成、詹正钿、陈小芳、陈朝暖、陈菁菁	20171220
18	20180018	英特克林班（Intercreenban）	蔷薇属	英特普兰特月季育种公司	范·多伊萨姆（Ir. A.J.H. van Doesum）	20171222
19	20180019	英特格力蒂普（Intergretip）	蔷薇属	英特普兰特月季育种公司	范·多伊萨姆（Ir. A.J.H. van Doesum）	20171222

序号	申请号	品种名称	属（种）	申请人	培育人	申请日
20	20180020	英特洛朱毕丽（Interlojubile）	蔷薇属	英特普兰特兰特月季育种公司	范·多伊萨姆（Ir. A.J.H. van Doesum）	20171222
21	20180021	英特瑞拉奇夫（Interrelatcif）	蔷薇属	英特普兰特兰特月季育种公司	范·多伊萨姆（Ir. A.J.H. van Doesum）	20171222
22	20180022	英特斯宾尼克萨普（Interspiniksup）	蔷薇属	英特普兰特兰特月季育种公司	范·多伊萨姆（Ir. A.J.H. van Doesum）	20171222
23	20180023	英特川尼洛克（Interttroneeloc）	蔷薇属	英特普兰特兰特月季育种公司	范·多伊萨姆（Ir. A.J.H. van Doesum）	20171222
24	20180024	英特卓瑞夫瑞丽司（Interttrovevlis）	蔷薇属	英特普兰特兰特月季育种公司	范·多伊萨姆（Ir. A.J.H. van Doesum）	20171222
25	20180025	英特鲁鲁劳璐（Interlululonoh）	蔷薇属	英特普兰特兰特月季育种公司	范·多伊萨姆（Ir. A.J.H. van Doesum）	20171222
26	20180026	扁大硕种	文冠果	中国林业科学研究院林业研究所	毕泉鑫、崔德石、王利兵、于海燕、崔天鹏	20171227
27	20180027	圆大硕种	文冠果	中国林业科学研究院林业研究所	王利兵、崔德石、毕泉鑫、于海燕、崔天鹏	20171227
28	20180028	一品红种	文冠果	中国林业科学研究院林业研究所	王利兵、崔德石、毕泉鑫、于海燕、崔天鹏	20171227
29	20180029	悄然薄壳	文冠果	中国林业科学研究院林业研究所	毕泉鑫、崔德石、王利兵、于海燕、崔天鹏	20171227
30	20180030	浑然厚壳	文冠果	中国林业科学研究院林业研究所	毕泉鑫、王利兵、于海燕、范思琪、于丹	20171227
31	20180031	二心之果	文冠果	中国林业科学研究院林业研究所	毕泉鑫、王利兵、于海燕、范思琪、于丹	20171227
32	20180032	四心之果	文冠果	中国林业科学研究院林业研究所	毕泉鑫、王利兵、于海燕、范思琪、于丹	20171227
33	20180033	辽薇小种	文冠果	中国林业科学研究院林业研究所	毕泉鑫、王利兵、于海燕、范思琪、于丹	20171227
34	20180034	中硕1号	文冠果	中国林业科学研究院林业研究所	毕泉鑫、王利兵、于海燕、范思琪、于丹	20171227
35	20180035	中良1号	文冠果	中国林业科学研究院林业研究所	于海燕、毕泉鑫、王利兵、范思琪、于丹	20171227
36	20180036	京香1号	文冠果	中国林业科学研究院林业研究所	毕泉鑫、王利兵、于海燕、范思琪、于丹	20171227
37	20180037	天使之吻	文冠果	中国林业科学研究院林业研究所	于海燕、毕泉鑫、王利兵、范思琪、于丹	20171227
38	20180038	中怡	李属（除水果外）	中国林业科学研究院林业研究所	王利兵、于海燕、毕泉鑫、范思琪	20171227
39	20180039	中山彩韵	杨属	江苏省中国科学院植物研究所	庄维兵、张保民、王忠、张兆杰	20171228
40	20180040	天使	蔷薇属	昆明锦苑花康乃馨种植有限公司	曹荣根、倪功、张力、田连通、阳明祥、何琼	20171229
41	20180041	纯洁	蔷薇属	昆明锦苑花康乃馨种植有限公司	曹荣根、倪功、张力、田连通、阳明祥、何琼	20171229
42	20180042	晨雾	蔷薇属	昆明锦苑花康乃馨种植有限公司	曹荣根、倪功、张力、田连通、阳明祥、何琼	20171229
43	20180043	雪丽	蔷薇属	昆明锦苑花康乃馨种植有限公司	曹荣根、倪功、张力、田连通、阳明祥、何琼	20171229
44	20180044	拉马	蔷薇属	昆明锦苑花康乃馨种植有限公司	曹荣根、倪功、张力、田连通、阳明祥、何琼	20171229

序号	申请号	品种名称	属（种）	申请人	培育人	申请日
45	20180045	素雅	蔷薇属	昆明锦苑康乃馨种植有限公司	曹荣根、张力、倪功、田连通、白云评、乔丽婷、阳明祥、何琼	20171229
46	20180046	盛夏	蔷薇属	昆明锦苑康乃馨种植有限公司	曹荣根、张力、倪功、田连通、白云评、乔丽婷、阳明祥、何琼	20171229
47	20180047	依娜	蔷薇属	昆明锦苑康乃馨种植有限公司	曹荣根、张力、倪功、田连通、白云评、乔丽婷、阳明祥、何琼	20171229
48	20180048	润丰春锦	榆属	河北润丰林业科技有限公司	刘易超、陈丽英、樊晓聪、黄印明、冯树香、闫淑芳	20171229
49	20180049	京桧1号	圆柏属	北京市林业果树科学研究院	张玉平、白金、曹均、刘国彬、潘青华、姚砚武、廖婷	20171229
50	20180050	京桧2号	圆柏属	北京市林业果树科学研究院	曹均、张玉平、白金、刘国彬、潘青华、姚砚武、廖婷	20171229
51	20180051	傲雪	忍冬属	北京农业职业学院	石进朝、郑志勇、缪珊、陈兰芬、邹原东、李彦侠	20180101
52	20180052	南黄1号	红豆杉属	中南林业科技大学	曹基武、刘木胜、吴毅、彭继庆、张斌、刘春林、孙敏红、周围、王雄英、吴晓龙、马斌	20180101
53	20180053	南杉1号	红豆杉属	乐昌市坪石镇茂盛花木盆景场	刘木胜、曹基武、刘春林、彭继庆、孙敏红、周围、王雄英、吴晓龙、马斌	20180102
54	20180054	玲珑粉	蔷薇属	北京辐射中心	白锦荣、孔滢、王欢、尚宏忠、婪晓莹、郎利新、包放、杨玉勇、马益田	20180102
55	20180055	香粉	梅	北京林业大学	孙丽丹、陈启翔、程堂仁、吕英民、马赞留、王佳、马开峰、蔡红海、郑唐春、何金篇	20180102
56	20180056	扣粉	梅	北京林业大学	张启翔、孙丽丹、程堂仁、王佳、包菲、蔡红海、韩瑜、何金篇、杨炜茹	20180102
57	20180057	粉蝶	胡枝子属	北京农学院	杨晓红、陈晓阳、刘可心	20180102
58	20180058	彩黄	枫香属	浙江森禾种业股份有限公司	郑勇平、王春、柳新红、沈鑫、顾慧、尹庆平、陈岗、刘丹丹、杨家强	20180103
59	20180059	紫玉	紫薇	湖南省林业科学院	乔中全、王晓明、曾慧杰、李永欣、蔡能、王湘莹、刘思思	20180103
60	20180060	紫霞	紫薇	湖南省林业科学院	王晓明、蔡能、李永欣、曾慧杰、乔中全、王湘莹、刘思思	20180103
61	20180061	玲珑	紫薇	湖南省林业科学院	王晓明、曾慧杰、乔中全、蔡能、李永欣、王湘莹、刘思思	20180103
62	20180062	山农白杨1号	杨属	山东农业大学	李际红、邢世岩、刘会香、黄启伦、王锦楠、许东、田彦挺、刘丹凯、曲凯、国浩平	20180104
63	20180063	艾维驰101（EVERCH101）	蔷薇属	丹麦永恒月季公司（ROSES FOREVER ApS, Denmark）	R·艾斯克伦德（Rosa Eskelund）	20180104
64	20180064	艾维驰106（EVERCH106）	蔷薇属	丹麦永恒月季公司（ROSES FOREVER ApS, Denmark）	R·艾斯克伦德（Rosa Eskelund）	20180104
65	20180065	艾维驰108（EVERCH108）	蔷薇属	丹麦永恒月季公司（ROSES FOREVER ApS, Denmark）	R·艾斯克伦德（Rosa Eskelund）	20180104
66	20180066	艾维驰137（EVERCH137）	蔷薇属	丹麦永恒月季公司（ROSES FOREVER ApS, Denmark）	R·艾斯克伦德（Rosa Eskelund）	20180104

（续）

序号	申请号	品种名称	属（种）	申请人	培育人	申请日
67	20180067	艾维驰143（EVERCH143）	蔷薇属	丹麦永恒月季公司（ROSES FOREVER ApS, Denmark）	R·艾斯克伦德（Rosa Eskelund）	20180104
68	20180068	艾维驰144（EVERCH144）	蔷薇属	丹麦永恒月季公司（ROSES FOREVER ApS, Denmark）	R·艾斯克伦德（Rosa Eskelund）	20180104
69	20180069	艾维驰145（EVERCH145）	蔷薇属	丹麦永恒月季公司（ROSES FOREVER ApS, Denmark）	R·艾斯克伦德（Rosa Eskelund）	20180104
70	20180070	奥莱格拉斯（Olijgrass）	蔷薇属	荷兰多盟集团公司	菲利普·韦斯（Philipp Veys）	20180104
71	20180071	奥莱瑞耶（Olijreye）	蔷薇属	荷兰多盟集团公司	菲利普·韦斯（Philipp Veys）	20180104
72	20180072	莱克斯多塞梯（Lexadosetihw）	蔷薇属	荷兰多盟集团公司	菲利普·韦斯（Philipp Veys）	20180104
73	20180073	道若斯普莱（Dorospley）	蔷薇属	荷兰多盟集团公司	菲利普·韦斯（Philipp Veys）	20180104
74	20180074	绚紫	紫薇属	湖北省林业科学研究院	杨彦伶、李振芳、马林江、黄国伟、张亚东、陈华超、彭婵、王瑞文、徐红梅、周国清	20180105
75	20180075	雅紫	紫薇属	湖北省林业科学研究院	李振芳、杨彦伶、柯尊发、彭婵、鲁从平、王瑞文、黄国伟、马林江、徐红梅、陈华超	20180105
76	20180076	豆蔻年华	野牡丹属	中山大学	周仁超、吴伟、黄颂谊、沈海冬、陈峰	20180108
77	20180077	紫焰	紫薇	浙江农林大学	顾翠花、郑绍宇、沈鸿明、朱玉微、薛桂芳、张晓杰、顾敏洁、李庄华、张成燕	20180108
78	20180078	玛丽安（Marian）	杜鹃花属	株式会社赤塚植物园（Akatsuka Garden Co., Ltd.）	仓林雪夫（Yukio Kurabayashi）	20180109
79	20180079	青苹柿子	柿	江西省青苹园林艺术有限公司	陈乐根	20180110
80	20180080	金红橄一号	橄属	四川省七彩林业开发有限公司	李刚、徐建波、黄晓艳、何金芝	20180110
81	20180081	立园	杏	山东省果树研究所	苑克俊、王培久、牛庆霖、葛福荣	20180112
82	20180082	冰川红叶	小檗属	石家庄市藁城区绿都市政园林工程有限公司	冀鹏飞、吕思佳、闫子旭、冀伟、刘兵辉、张然然	20180111
83	20180083	满园	杏	山东省果树研究所	苑克俊、王培久、葛福荣、牛庆霖	20180112
84	20180084	夏华	杏	山东省果树研究所	苑克俊、王培久、葛福荣、牛庆霖	20180112
85	20180085	玉华	杏	山东省果树研究所	苑克俊、王培久、牛庆霖、葛福荣	20180112
86	20180086	莱克斯维（Lexyvi）	蔷薇属	荷兰多盟集团公司	菲利普·韦斯（Philipp Veys）	20180112
87	20180087	莱克斯罗茨旺（Lexrotswons）	蔷薇属	荷兰多盟集团公司	菲利普·韦斯（Philipp Veys）	20180112

（续）

序号	申请号	品种名称	属（种）	申请人	培育人	申请日
88	20180088	奥莱艾佛拉（Olijeyeflash）	蔷薇属	荷兰多盟集团公司	菲利普·韦斯（Philipp Veys）	20180112
89	20180089	莱克斯克劳德（Lexeclod）	蔷薇属	荷兰多盟集团公司	菲利普·韦斯（Philipp Veys）	20180112
90	20180090	奥莱卡拉罗（Olijcaralu）	蔷薇属	荷兰多盟集团公司	菲利普·韦斯（Philipp Veys）	20180112
91	20180091	道若千里甫（Dorocherryav）	蔷薇属	荷兰多盟集团公司	菲利普·韦斯（Philipp Veys）	20180112
92	20180092	金叶朴	朴属	大连金合园林绿化工程有限公司	刘宇	20180115
93	20180093	中华朴	朴属	大连金合园林绿化工程有限公司	刘宇	20180115
94	20180094	棕林仙子	山茶属	棕桐生态城镇发展股份有限公司	高继银、刘信凯、钟乃盛、黎艳玲、叶琦君	20180117
95	20180095	秋风送霞	山茶属	棕桐生态城镇发展股份有限公司	刘信凯、钟乃盛、黎艳玲、严丹峰	20180117
96	20180096	怀金摇紫	山茶属	棕桐生态城镇发展股份有限公司	赵强民、刘信凯、钟乃盛、黎艳玲、高继银	20180117
97	20180097	四季秀美	山茶属	棕桐生态城镇发展股份有限公司	刘信凯、谢雨慧、叶琦君、黎艳玲、高继银	20180117
98	20180098	帅秀领带	山茶属	棕桐生态城镇发展股份有限公司	严丹峰、黎艳玲、叶琦君、高继银	20180117
99	20180099	曲院风荷	山茶属	棕桐生态城镇发展股份有限公司	钟乃盛、赵强民、黎艳玲、叶琦君、严丹峰、高继银	20180117
100	20180100	桃园结义	山茶属	棕桐生态城镇发展股份有限公司	黎艳玲、叶琦君、严丹峰、钟乃盛、刘信凯	20180117
101	20180101	红天香云	山茶属	棕桐生态城镇发展股份有限公司	钟乃盛、高继银、叶琦君、严丹峰、刘信凯	20180117
102	20180102	大红灯笼	山茶属	棕桐生态城镇发展股份有限公司	叶琦君、赵强民、高继银、刘信凯、钟乃盛、黎艳玲	20180117
103	20180103	粉浪迎秋	山茶属	棕桐生态城镇发展股份有限公司	赵强民、严丹峰、刘信凯、钟乃盛、赵珊珊、叶琦君、黎艳玲、高继银	20180117
104	20180104	京欧3号	李属（除水果外）	北京中医药大学	李卫东、刘保旺	20180118
105	20180105	小店佳粉	木兰属	中国农业大学	刘青林、贺莪、吕永钧、张浪、田彦、周虎、仝炎、谷珂、王伟、田彦、王庆民、朱涵琦、张冬梅、孙永幸、余洲、徐功元、徐	20180119
106	20180106	艳丽皇后	木兰属	南召县林业局	田彦、周虎、刘青林、贺莪、王伟、王文晓、张浪、张冬梅、仝炎、仝炎孙永幸、徐功元、余洲、谷珂	20180119
107	20180107	云阳粉娇	木兰属	南召县花卉苗木产业办公室	周虎、田彦、贺莪、毛俊宽、吕永钧、王伟、仝炎、谷珂、张红、朱涵琦、王文晓、田文晓、王庆民、余洲、刘青林	20180119
108	20180108	冬红	卫矛属	淄博市川林彩叶卫矛新品种研究所	翟慎学、梁中贵、王华田、孟诗原、韦业、王延平	20180120
109	20180109	二乔	卫矛属	淄博市川林彩叶卫矛新品种研究所	翟慎学、梁中贵、王华田、孟诗原、韦业	20180120
110	20180110	华盖	卫矛属	淄博市川林彩叶卫矛新品种研究所	翟慎学、梁中贵、王华田、孟诗原、韦业、王延平	20180120
111	20180111	金玉满堂	卫矛属	淄博市川林彩叶卫矛新品种研究所	翟慎学、梁中贵、王华田、孟诗原、韦业、王延平	20180120

（续）

序号	申请号	品种名称	属（种）	申请人	培育人	申请日
112	20180112	霞光	卫矛属	淄博市川林彩叶卫矛新品种研究所	翟慎学、梁中贵、王华田、韦业、王延平	20180120
113	20180113	香雪	栀子属	嵊州市栀香花木有限公司	张军、胡绍庆、张冬芬、钱亚南、施玲玲、吕超鹏	20180129
114	20180114	四川紫粉	紫薇属	四川冠腾科技有限公司	菁学刚、罗建勋、王淮、张淑晔、刘芙蓉、陈宝瑞、张治康、刘俊呈	20180123
115	20180115	格拉 11874（GRA11874）	蔷薇属	英特普兰特兰月季育种公司	H·E·希路德斯（H.E. Schreuders）	20180124
116	20180116	川滇箐	花椒属	四川省林业科学研究院	罗建勋、吴小平、王淮、刘芙蓉、宋鹏、杨马进	20180124
117	20180117	瑞斯 0520A（RUICI0520A）	蔷薇属	迪瑞特知识产权公司（De Ruiter Intellectual Property B.V.）	汉克·德·格罗特（H.C.A. de Groot）	20180125
118	20180118	瑞克拉 1080A（RUICL1080A）	蔷薇属	迪瑞特知识产权公司（De Ruiter Intellectual Property B.V.）	汉克·德·格罗特（H.C.A. de Groot）	20180125
119	20180119	瑞克格 3047A（RUICG3047A）	蔷薇属	迪瑞特知识产权公司（De Ruiter Intellectual Property B.V.）	汉克·德·格罗特（H.C.A. de Groot）	20180125
120	20180120	瑞克夫 3005A（RUICF3005A）	蔷薇属	迪瑞特知识产权公司（De Ruiter Intellectual Property B.V.）	汉克·德·格罗特（H.C.A. de Groot）	20180125
121	20180121	雾灵野果	山楂属	赵玉亮	赵玉亮、耿金川、任建武、陆凤勤、毕振良、陆明辉、张永军、何云	20180130
122	20180122	皂福 1 号	皂荚属	河南师范大学	李建军、尚星辰、张光田、崔世昌、马静潇	20180203
123	20180123	黄金乙	乌桕属	浙江森禾种业股份有限公司	郑勇平、王春、柳新红、李因刚、顾慧、尹庆平、陈岗、刘丹、杨家强	20180205
124	20180124	夏日舞娘	紫薇	浙江森城种业有限公司	沈鸿明、薛桂芳、朱王微、张晓杰、李庄华、张成燕、顾翠花	20180205
125	20180125	红贵妃	紫薇	浙江森城种业有限公司	沈鸿明、朱王微、薛桂芳、张晓杰、李庄华、张成燕、顾翠花	20180205
126	20180126	巧克力	紫薇	浙江森城种业有限公司	沈鸿明、薛桂芳、朱王微、张晓杰、李庄华、张成燕、顾翠花、郑绍宇	20180205
127	20180127	午夜	紫薇	浙江森城种业有限公司	沈鸿明、朱王微、薛桂芳、张晓杰、李庄华、张成燕、顾翠花	20180205
128	20180128	蓝韵	铁线莲属	浙江农林大学	刘志高、季梦成、郑钢	20180206
129	20180129	里德利 1105（Ridley1105）	越橘属	山蓝色果园企业有限公司	里德利贝尔（Ridley Bell）	20180206
130	20180130	里德利 4408（Ridley4408）	越橘属	山蓝色果园企业有限公司	里德利贝尔（Ridley Bell）	20180206

（续）

序号	申请号	品种名称	属（种）	申请人	培育人	申请日
131	20180131	百日春	杜鹃花属	金华市永根杜鹃花培育有限公司	方永根	20180207
132	20180132	春之恋	杜鹃花属	金华市永根杜鹃花培育有限公司	方永根	20180207
133	20180133	春之语	杜鹃花属	金华市永根杜鹃花培育有限公司	方永根、方新高	20180207
134	20180134	丹玉	杜鹃花属	金华市永根杜鹃花培育有限公司	方永根、方新高	20180207
135	20180135	富春	杜鹃花属	金华市永根杜鹃花培育有限公司	方永根	20180207
136	20180136	红景	杜鹃花属	金华市永根杜鹃花培育有限公司	方永根	20180207
137	20180137	吉祥红	杜鹃花属	金华市永根杜鹃花培育有限公司	方永根	20180207
138	20180138	艳火	杜鹃花属	金华市永根杜鹃花培育有限公司	方永根	20180207
139	20180139	洋洋	杜鹃花属	金华市永根杜鹃花培育有限公司	方永根、祝泽刚	20180207
140	20180140	紫魁	杜鹃花属	金华市永根杜鹃花培育有限公司	方永根、方新高	20180207
141	20180141	金色阳光	杜鹃花属	金华市永根杜鹃花培育有限公司	方永根	20180207
142	20180142	银边瑞紫	杜鹃花属	金华市永根杜鹃花培育有限公司	方永根	20180207
143	20180143	乔柽1号	柽柳属	中国林业科学研究院	胡学军、张华新、杨秀艳、朱建峰、王计平、蔚奴平、刘正祥、陈军华、邓丞	20180207
144	20180144	玫艳	蔷薇属	中国林业科学研究院	张华新、杨秀艳、武海雯、朱建峰、王计平、蔚奴平、陈军华、邓丞	20180207
145	20180145	丽玉酷（Reigyoku）	柿	国立研究开发法人农业·食品产业技术综合研究机构	佐藤明彦、山田昌彦、三谷宣仁、河野淳、伴雄介、上野俊人、白石美树夫、尾上典之、岩波宏、吉冈美加乃	20180207
146	20180146	紫衿珑	紫薇属	宁波林丰种业科技有限公司	王肖雄	20180208
147	20180147	红玛瑙	接骨木属	河南省林业科学研究院	沈植国、丁鑫、陈尚凤、张秋娟、程建明、汤正辉、王新建、王文战、郭磊、祝亚军、郭庆华	20180208
148	20180148	黑珍珠	接骨木属	河南省林业科学研究院	沈植国、丁鑫、陈尚凤、程建明、汤正辉、陈迪新、郭磊、王文战、祝亚军、夏鹏云、沈希辉	20180208
149	20180149	古剑	卫矛属	山东农业大学	王华田、王延平、孟诗原、韦业、梁中贵、翟慎学	20180208
150	20180150	馨香	木瓜属	刘若森	刘若森、陆俊侠、袁春虎、王启英	20180209
151	20180151	美赐	悬钩子属	浙江农林大学	杨小军、付顺华	20180209
152	20180152	根源1号	柽柳属	青岛根源生态农业有限公司	张夫寅、张长青	20180210
153	20180153	中大二号红豆杉	红豆杉属	梅州市中大南药发展有限公司	李志良、杨中艺、黄巧明、古练权、李贵华、何春桃、何伟强	20180211
154	20180154	新桐1号	泡桐属	广东新桐林业科技有限公司	陈政璋、李康琴、邹明洋、李泓颖	20180226
155	20180155	绚丽和山	乌桕属	浙江省林业科学研究院	李因刚、郑绍勇、邓力刚、郑勇平、陈岗、杨少宗、柳新红、石从广、沈鑫	20180228
156	20180156	浦大紫	乌桕属	浙江省林业科学研究院	李因刚、郑勇平、蒋冬月、刘丹丹、柳新红、石从广、杨少宗	20180228

（续）

序号	申请号	品种名称	属（种）	申请人	培育人	申请日
157	20180157	红紫佳人	乌桕属	浙江省林业科学研究院	李因刚、柳新红、郑勇平、王春、徐永勤、沈凤强、蒋冬月	20180228
158	20180158	晚霞	沙棘属	黑龙江省农业科学院浆果研究所	单金友、丁健、吴雨蹊、唐克、阮成江、付鸿博	20180228
159	20180159	晚黄	沙棘属	黑龙江省农业科学院浆果研究所	单金友、丁健、吴雨蹊、唐克、阮成江、付鸿博	20180228
160	20180160	桂南翼荚	决明属	广西壮族自治区畜牧研究所	赖志强、姚娜、丘金花、赖大伟、易显凤	20180301
161	20180161	瑞克蒙1322A（RUICM1322A）	蔷薇属	迪瑞特知识产权公司（De Ruiter Intellectual Property B.V.）	汉克·德·格罗特（H.C.A. de Groot）	20180302
162	20180162	瑞克拉1320A（RUICL1320A）	蔷薇属	迪瑞特知识产权公司（De Ruiter Intellectual Property B.V.）	汉克·德·格罗特（H.C.A. de Groot）	20180302
163	20180163	瑞克恩1075A（RUICN1075A）	蔷薇属	迪瑞特知识产权公司（De Ruiter Intellectual Property B.V.）	汉克·德·格罗特（H.C.A. de Groot）	20180302
164	20180164	高油1号	沙棘属	大连民族大学	丁健、单金友、唐克、吴雨蹊、阮成江、王肖洋、杨光、关莹、付鸿博	20180303
165	20180165	朝阳	沙棘属	大连民族大学	阮成江、丁健、单金友、吴雨蹊、唐克、王肖洋、杨光、关莹、付鸿博	20180303
166	20180166	岗山正红	槭属	王立彬	王立彬、石华	20180305
167	20180167	启运红	槭属	王立彬	王立彬、石华	20180305
168	20180168	岗山镶红	槭属	王立彬	王立彬、石华	20180305
169	20180169	岗山正黄	槭属	王立彬	王立彬、石华	20180305
170	20180170	紫华梦幻	槭属	王立彬	王立彬、石华	20180305
171	20180171	青霞	叶子花属	福建省亚热带植物研究所	林春松、黄青云、徐凤侠、张雪芹、张文惠	20180313
172	20180172	紫霞	叶子花属	福建省亚热带植物研究所	徐凤侠、林春松、黄青云、张雪芹、张文惠	20180313
173	20180173	沃衣8号	醉鱼草属	湖北沃衣四季农业科技有限公司	谭国民、朱锐、黄启云、秦峰	20180315
174	20180174	瑞克蒙1601A（RUICM1601A）	蔷薇属	迪瑞特知识产权公司（De Ruiter Intellectual Property B.V.）	汉克·德·格罗特（H.C.A. de Groot）	20180326
175	20180175	玫格瑞提（MEIGRIOTTI）	蔷薇属	法国玫兰国际有限公司（MEILLAND INTERNATIONAL S.A.）	阿兰·安东尼·玫兰（Alain Antoine MEILLAND）	20180326
176	20180176	吉尔斯夫利特（GEUSFLITSER）	蔷薇属	选择育种公司（Select Breeding B.V.）	迈克尔·德·吉尔斯（Michael de Geus）	20180326
177	20180177	瑞姆克拉0032（RUIMCL0032）	蔷薇属	迪瑞特知识产权公司（De Ruiter Intellectual Property B.V.）	汉克·德·格罗特（H.C.A. de Groot）	20180326

（续）

序号	申请号	品种名称	属（种）	申请人	培育人	申请日
178	20180178	京沧1号	枣属	北京林业大学	庞晓明、孔德仓、曹明、李颖岳、王刚、王爱华、续九如、朱保庆	20180327
179	20180179	京沧2号	枣属	北京林业大学	庞晓明、李颖岳、续九如、朱保庆	20180327
180	20180180	京沧3号	枣属	沧县国家枣树良种基地	孔德仓、曹明、庞晓明、王刚、王爱华、李颖岳、杜增峰、赵在兵、温如意	20180327
181	20180181	京沧4号	枣属	沧县国家枣树良种基地	曹明、孔德仓、庞晓明、王爱华、王刚、李颖岳、杜增峰、赵在兵、温如意	20180327
182	20180182	民玉1号	山茶属	大连民族大学	阮成江、刘四黑、杜维	20180327
183	20180183	民玉2号	山茶属	大连民族大学	阮成江、刘四黑、杜维	20180327
184	20180184	民玉3号	山茶属	大连民族大学	阮成江、刘四黑、杜维	20180327
185	20180185	兴甫富贵杨	杨属	王晓铎	王兴甫、王晓铎	20180329
186	20180186	抱朴1号	朴属	江苏省林业科学研究院	董筱昀、黄利斌	20180329
187	20180187	剥露介	板栗	国立研究开发法人农业·食品产业技术综合研究机构	斋藤寿广、高田教臣、泽村丰、西尾聪悟、平林利郎、佐藤明彦、加藤秀充、尾上典之、内田诚	20180330
188	20180188	柯莫西莫托利（KAMO HINOTORI）	绣球属	加茂株式会社（KAMO Company Limited）	一江豊一（ICHIE TOYOKAZU）	20180330
189	20180189	柯莫柯谷牙西梅（KAMO KAGUYAHIME）	绣球属	加茂株式会社（KAMO Company Limited）	一江豊一（ICHIE TOYOKAZU）	20180330
190	20180190	柯莫尤梅谷科加（KAMO YUMEGOKOCHI）	绣球属	加茂株式会社（KAMO Company Limited）	一江豊一（ICHIE TOYOKAZU）	20180330
191	20180191	柯莫千尤九（KAMO CHIYOJO）	绣球属	加茂株式会社（KAMO Company Limited）	一江豊一（ICHIE TOYOKAZU）	20180330
192	20180192	柯莫哥奇坚尤（KAMO GOKIGENYOU）	绣球属	加茂株式会社（KAMO Company Limited）	一江豊一（ICHIE TOYOKAZU）	20180330
193	20180193	柯莫加苏里（KAMO KASUMI）	绣球属	加茂株式会社（KAMO Company Limited）	一江豊一（ICHIE TOYOKAZU）	20180330
194	20180194	柯莫尤鲁诺妮奇（KAMO YORUNONIJI）	绣球属	加茂株式会社（KAMO Company Limited）	一江豊一（ICHIE TOYOKAZU）	20180330

（续）

序号	申请号	品种名称	属（种）	申请人	培育人	申请日
195	20180195	柯莫乌塔哇悲（KAMO UTAAWASE）	绣球属	加茂株式会社（KAMO Company Limited）	一江豊一（ICHIE TOYOKAZU）	20180330
196	20180196	柯莫赛赛（KAMO SAISAI）	绣球属	加茂株式会社（KAMO Company Limited）	一江豊一（ICHIE TOYOKAZU）	20180330
197	20180197	柯莫依之米都立（KAMO IZUMIDORI）	绣球属	加茂株式会社（KAMO Company Limited）	一江豊一（ICHIE TOYOKAZU）	20180330
198	20180198	柯莫希纳马苏利（KAMO HINAMATSURI）	绣球属	加茂株式会社（KAMO Company Limited）	一江豊一（ICHIE TOYOKAZU）	20180330
199	20180199	柯莫阿拉莫德（KAMO A LA MODE）	绣球属	加茂株式会社（KAMO Company Limited）	一江豊一（ICHIE TOYOKAZU）	20180330
200	20180200	柯莫阿里加多（KAMO ARIGATOU）	绣球属	加茂株式会社（KAMO Company Limited）	一江豊一（ICHIE TOYOKAZU）	20180330
201	20180201	普罗米嫩斯（Prominence）	杜鹃花属	株式会社赤塚植物园（Akatsuka Garden Co., Ltd.）	仓林雪夫（Yukio Kurabayashi）	20180330
202	20180202	斯威特哈特（Sweetheart）	杜鹃花属	株式会社赤塚植物园（Akatsuka Garden Co., Ltd.）	仓林雪夫（Yukio Kurabayashi）	20180330
203	20180203	斯多贝瑞桑迪（Strawberry Sundae）	杜鹃花属	株式会社赤塚植物园（Akatsuka Garden Co., Ltd.）	仓林雪夫（Yukio Kurabayashi）	20180330
204	20180204	宁林鲜	核桃属	中国林业科学研究院林业研究所	张俊佩、宋晓波、徐慧敏、马庆国、徐虎智	20180402
205	20180205	中洛繁星	核桃属	中国林业科学研究院林业研究所	裴东、徐虎智、宋晓波	20180402
206	20180206	初晴	紫薇属	浙江省林业科学研究院	陈卓梅、王金凤、沈鸿明、柳新红、夏淑芳	20180402
207	20180207	晨露	紫薇	浙江省林业科学研究院	陈卓梅、王金凤、柳新红、沈鸿明、夏淑芳	20180402
208	20180208	霓虹	紫薇	浙江省林业科学研究院	王金凤、陈卓梅、沈鸿明、柳新红、夏淑芳	20180402
209	20180209	皂福2号	皂荚属	河南师范大学	李建军、张光田、尚星晨、崔世昌、马静潇	20180408
210	20180210	奥斯普莱（AUSAPPLY）	蔷薇属	英国大卫奥斯汀月季公司（David Austin Roses Limited）	大卫·奥斯汀（David J.C. Austin）	20180412

（续）

序号	申请号	品种名称	属（种）	申请人	培育人	申请日
211	20180211	奥斯布莱格（AUSOBLIGE）	蔷薇属	英国大卫奥斯汀月季公司（David Austin Roses Limited）	大卫·奥斯汀（David J.C. Austin）	20180412
212	20180212	汾核1号	核桃属	山西省农业科学院经济作物研究所	李建、史根生、郝华正、冀中锐、何文圭、张树振、王捷、刘辉、贺洪鑫	20180412
213	20180213	华佳龙游	悬铃木属	华中农业大学	包满珠、刘国锋、张佳琪、李卫东	20180425
214	20180214	钻天型	悬铃木属	华中农业大学	包满珠、刘国锋、张佳琪	20180425
215	20180215	宿存型	悬铃木属	华中农业大学	包满珠、刘国锋、张佳琪	20180425
216	20180216	里德利1607（Ridley 1607）	越橘属	山蓝色果园企业有限公司（Mountain Blue Orchards Pty Ltd）	里德利贝尔（Ridley Bell）	20180425
217	20180217	里德利1602（Ridley 1602）	越橘属	山蓝色果园企业有限公司（Mountain Blue Orchards Pty Ltd）	里德利贝尔（Ridley Bell）	20180425
218	20180218	里德利4609（Ridley 4609）	越橘属	山蓝色果园企业有限公司（Mountain Blue Orchards Pty Ltd）	里德利贝尔（Ridley Bell）	20180425
219	20180219	里德利1212（Ridley 1212）	越橘属	山蓝色果园企业有限公司（Mountain Blue Orchards Pty Ltd）	里德利贝尔（Ridley Bell）	20180425
220	20180220	紫玉之恋	蔷薇属	玉溪紫玉花卉产业有限公司	张军云、段家彬、张钟、张建康、王文智、杨世先、钱遵姚、杨光昭、董广、卢玉娥、张艳华	20180509
221	20180221	元春	李属	南京林业大学	王贤荣、伊伏荣、王华辰、段一凡、陈林、李蒙、汪小飞、赵昌佰	20180509
222	20180222	黛玉	李属	南京林业大学	王贤荣、伊伏荣、王华辰、段一凡、陈林、李蒙、汪小飞、赵昌佰	20180510
223	20180223	胭脂绯	李属	南京林业大学	钟文峰、伊伏荣、王贤荣、王华辰、段一凡、陈林、李雪霞、马雪红、朱弘、朱淑霞	20180516
224	20180224	素富	柿	山东省果树研究所	艾呈祥、王洁、余贤美、孙山	20180517
225	20180225	烟火	蔷薇属	宜良多彩盆栽有限公司	刘天平、罗明飞、何云县、卢燕	20180517
226	20180226	小王子	蔷薇属	宜良多彩盆栽有限公司	刘天平、罗明飞、何云县、卢燕	20180517
227	20180227	初恋	蔷薇属	宜良多彩盆栽有限公司	刘天平、罗明飞、何云县、卢燕	20180517
228	20180228	玉玲珑	蔷薇属	宜良多彩盆栽有限公司	刘天平、罗明飞、何云县、卢燕	20180517
229	20180229	千寻	蔷薇属	宜良多彩盆栽有限公司	刘天平、罗明飞、何云县、卢燕	20180517
230	20180230	香草	蔷薇属	宜良多彩盆栽有限公司	刘天平、罗明飞、何云县、卢燕	20180517
231	20180231	金香玉	蔷薇属	宜良多彩盆栽有限公司	刘天平、罗明飞、何云县、卢燕	20180517
232	20180232	华中枝垂	李属	浙江省林业科学研究院	蒋冬月、司家明、柳新红、沈鑫、王宇、李因刚	20180521
233	20180233	湘叶香樟1号	樟属	吴发强	吴观保、田淑云、吴发强、欧晓英、吴柔彤、吴忠强、吴金凤	20180521
234	20180234	出色	卫矛属	徐培钊	徐培钊、徐浩桂	20180522
235	20180235	富丽	卫矛属	徐培钊	徐培钊、徐浩桂	20180522

（续）

序号	申请号	品种名称	属（种）	申请人	培育人	申请日
236	20180236	金秀	卫矛属	徐培钊	徐培钊、徐浩桂	20180522
237	20180237	出彩	卫矛属	徐培钊	徐培钊、徐浩桂	20180522
238	20180238	超凡	卫矛属	徐培钊	徐培钊、徐浩桂	20180522
239	20180239	天苗1号	李属	福建天苗农业发展有限公司	沈鑫、欧强、柳新红、蒋冬月、黄勇军、李因刚	20180522
240	20180240	一串红	李属	福建天苗农业发展有限公司	蒋冬月、柳新红、欧强、沈鑫、黄勇军、石从厂、杨少宗	20180522
241	20180241	玫瑰红	李属	福建天苗农业发展有限公司	蒋冬月、欧强、柳新红、沈鑫、黄勇军、李因刚	20180522
242	20180242	霓裳	山茶属	河南省林业科学研究院	王齐瑞、黄义林、刘艳萍、赵辉、杨淑红、曾辉	20180523
243	20180243	魔幻	皂荚属	河南省林业科学研究院	刘艳萍、范廷臣、杨伟敏、吴永军、骆玉平、曾辉、闫立新、张晨旭、翟桂红	20180523
244	20180244	柯莫08-36B（KAMO 08-36B）	绣球属	加茂株式会社（KAMO Company Limited）	一江豊一（ICHIE TOYOKAZU）	20180524
245	20180245	观果玉兰	木兰属	安徽农业大学	鲁飞、傅松玲、汪钰莹、鲁绪祥、黄成林、温健飞、吴蒙、王力、吴萌萌、吴晓璇	20180524
246	20180246	海螺望春花1号	木兰属	安徽农业大学	傅松玲、汪钰莹、董玉银、黄兴召、彭凡、郭媛、温健飞	20180524
247	20180247	绿桐2号	泡桐属	李昆龙	李昆龙、黄宝灵、唐朝晖、李远涛、陈振飞	20180525
248	20180248	绿桐3号	泡桐属	李昆龙	李昆龙、黄宝灵、唐朝晖、李远涛、陈振飞	20180525
249	20180249	绿桐4号	泡桐属	李昆龙	李昆龙、黄宝灵、唐朝晖、李远涛、陈振飞	20180525
250	20180250	丽润1号	悬钩子属	浙江省丽水市本润农业有限公司	华金渭、胡理滨、陈军华、吴剑锋、吉庆勇	20180525
251	20180251	亚楂之恋	叶子花属	福建省亚热带植物研究所	林春松、徐凤俦、黄青云、张雪芹、张文惠	20180525
252	20180252	西雄1号杨	杨属	中国林业科学研究院林业研究所	苏晓华、樊军锋、黄秦军、高建社、周永学、丁昌俊	20180525
253	20180253	西雄2号杨	杨属	中国林业科学研究院林业研究所	苏晓华、樊军锋、黄秦军、高建社、周永学	20180525
254	20180254	西雄3号杨	杨属	中国林业科学研究院林业研究所	苏晓华、樊军锋、黄秦军、高建社、周永学	20180525
255	20180255	喜柰2号	栾树属	中菁生态产业股份有限公司	张洪欣、徐建强、李康	20180529
256	20180256	喜柰3号	栾树属	中菁生态产业股份有限公司	张洪欣、徐建强、李康、刘义森	20180529
257	20180257	喜柰4号	栾树属	中菁生态产业股份有限公司	张洪欣、徐建强、李康、刘义森	20180529
258	20180258	喜柰5号	栾树属	中菁生态产业股份有限公司	张洪欣、徐建强、李康、刘义森	20180529
259	20180259	喜柰6号	栾树属	中菁生态产业股份有限公司	张洪欣、徐建强、李康、刘义森	20180529
260	20180260	龙珠枣1号	枣属	宁夏林权服务与产业发展中心	赵世华、丁婕、刘林俊、张勤、张国庆、李玉成、李金栋、李丰、沈庆宁、王金城、吴全忠、王思安、夏道芳、华、张巧仙、周晖、李东阳	20180530
261	20180261	龙珠枣2号	枣属	宁夏林权服务与产业发展中心	刘廷俊、张勤、张国庆、李玉成、赵世华、丁婕、刘林俊、李金栋、李丰、沈庆宁、王金城、吴全忠、王思安、夏道芳、仙、周晖、李东阳、万娟、石彩华、张巧	20180530

序号	申请号	品种名称	属（种）	申请人	培育人	申请日
262	20180262	龙珠枣3号	枣	宁夏林权服务与产业发展中心	张国庆、夏道芳、张巧仙、李东阳、周晖、石彩华、万娟、朱莉华	20180530
263	20180263	玉映	杜鹃花属	杭州植物园（杭州市园林科学研究院）	朱春艳、余金良、王恩、邱新军、周绍荣、陈霞	20180531
264	20180264	映紫	杜鹃花属	杭州植物园（杭州市园林科学研究院）	朱春艳、余金良、张帆、邱新军、周绍荣、陈霞	20180531
265	20180265	德瑞斯红十二（DrisRaspTwelve）	悬钩子属	德瑞斯克公司（Driscoll's, Inc.）	马提亚斯·维腾（Matthias D. VITTEN）、理查德·E·哈里森（Richard E. HARRISON）、路易斯·罗德里格兹·米格尔·马丁内兹（Luis Miguel Rodriguez MARTINEZ）	20180524
266	20180266	金玉	木兰属	江苏省中国科学院植物研究所	蔡小龙、陆小清、李云龙、王传永、张凡、周艳威	20180601
267	20180267	吉德2号杨	杨属	柘城县吉德智慧农林有限公司	张继锋、邓华平、潘文	20180601
268	20180268	吉德3号杨	杨属	柘城县吉德智慧农林有限公司	张继锋	20180601
269	20180269	森茂509	越橘属	大连大学	徐国辉、王贺新、娄鑫、闫东玲、张明军、赵丽娜、陈英敏	20180603
270	20180270	森茂532	越橘属	大连大学	徐国辉、王贺新、闫东玲、张明军、赵丽娜、陈英敏、娄鑫	20180603
271	20180271	森茂495	越橘属	大连森茂现代农业有限公司	徐国辉、王贺新、陈英敏、闫东玲、张明军、赵丽娜、娄鑫	20180603
272	20180272	森茂529	越橘属	大连森茂现代农业有限公司	徐国辉、王贺新、陈英敏、闫东玲、赵丽娜、张明军、娄鑫	20180603
273	20180273	森茂595	越橘属	大连森茂现代农业有限公司	徐国辉、王贺新、赵丽娜、陈英敏	20180603
274	20180274	森茂594	越橘属	大连森茂现代农业有限公司	王贺新、闫东玲、赵丽娜、徐国辉	20180603
275	20180275	森茂580	越橘属	大连森茂现代农业有限公司	王贺新、陈英敏、闫东玲、徐国辉	20180603
276	20180276	森茂565	越橘属	大连森茂现代农业有限公司	陈英敏、王贺新、赵丽娜、徐国辉	20180603
277	20180277	森茂543	越橘属	大连森茂现代农业有限公司	王贺新、陈英敏、赵丽娜、徐国辉	20180603
278	20180278	森茂538	越橘属	大连森茂现代农业有限公司	陈英敏、王贺新、赵丽娜、徐国辉	20180603
279	20180279	森茂460	越橘属	大连森茂现代农业有限公司	王贺新、陈英敏、赵丽娜、徐国辉	20180603
280	20180280	森茂436	越橘属	大连森茂现代农业有限公司	赵丽娜、王贺新、陈英敏、徐国辉	20180603
281	20180281	森茂413	越橘属	大连森茂现代农业有限公司	闫东玲、王贺新、陈英敏、赵丽娜	20180603
282	20180282	森茂035	越橘属	大连森茂现代农业有限公司	王贺新、陈英敏、闫东玲、赵丽娜	20180603
283	20180283	森茂033	越橘属	大连森茂现代农业有限公司	徐国辉、王贺新、赵丽娜、陈英敏、闫东玲	20180603
284	20180284	星源花歌	山茶属	上海市园林科学规划研究院	张冬梅、张浪、尹丽娟、周和达、罗玉兰、有祥亮、蔡军林、张香波、陈香波	20180603
285	20180285	星源晚秋	山茶属	上海市园林科学规划研究院	张浪、张冬梅、尹丽娟、周和达、罗玉兰、有祥亮、蔡军林、张香波、陈香波	20180603
286	20180286	星源红霞	山茶属	上海市园林科学规划研究院	周和达、张浪、张冬梅、尹丽娟、罗玉兰、蔡军林、有祥亮、张香波、陈香波	20180603
287	20180287	连漪	苹果属	南京林业大学	张往祥、张龙、周婷、彭冶、谢黄峰、徐立安、张全全、汪贵斌、曹福亮	20180605
288	20180288	梭镜	苹果属	南京林业大学	张往祥、周婷、彭冶、谢黄峰、徐立安、汪贵斌、曹富亮	20180604

（续）

序号	申请号	品种名称	属（种）	申请人	培育人	申请日
289	20180289	琉璃盏	苹果属	南京林业大学	张往祥、胡晓璇、周婷、谢黄峰、彭冶、汪贵斌、曹福亮	20180605
290	20180290	红与黑	苹果属	南京林业大学	张往祥、张龙、周婷、谢黄峰、彭冶、徐立安、汪贵斌	20180605
291	20180291	彤红秀	苹果属	南京林业大学	张往祥、张全生、范俊俊、谢黄峰、彭冶、徐立安、汪贵斌、曹福亮	20180605
292	20180292	疏红妆	苹果属	南京林业大学	张往祥、范俊俊、江皓、徐立安、彭冶、谢黄峰、曹福亮	20180605
293	20180293	白羽霜	苹果属	南京林业大学	张往祥、范俊俊、彭冶、江皓、徐立安、谢黄峰、汪贵斌	20180605
294	20180294	云卷云舒	苹果属	南京林业大学	张往祥、饶辉、周婷、谢黄峰、彭冶、徐立安、汪贵斌	20180605
295	20180295	千层金	苹果属	南京林业大学	张往祥、周婷、范俊俊、彭冶、谢黄峰、徐立安、汪贵斌、曹福亮	20180605
296	20180296	卷珠帘	苹果属	南京林业大学	张往祥、周婷、彭冶、张龙、谢黄峰、徐立安、曹福亮	20180605
297	20180297	忆红莲	苹果属	南京林业大学	张往祥、李利娟、范俊俊、彭冶、谢黄峰、徐立安、汪贵斌、曹福亮	20180605
298	20180298	依人	苹果属	南京林业大学	张往祥、江皓、范俊俊、徐立安、彭冶、谢黄峰、曹福亮	20180605
299	20180299	烟雨江南	苹果属	南京林业大学，	张往祥、范俊俊、张全生、徐立安、彭冶、汪贵斌、曹福亮	20180606
300	20180300	红珊瑚	苹果属	南京林业大学	张往祥、范俊俊、周婷、彭冶、谢黄峰、徐立安、汪贵斌	20180605
301	20180301	雪缘	瑞香属	德兴市荣兴苗木有限责任公司	王樟富、周建荣、余建国、方腾	20180607
302	20180302	蒙杨1号	杨属	内蒙古和盛生态科技研究院有限公司	朱之悌、赵泉胜、康向阳、李天权、铁英、田菊	20180609
303	20180303	罗彩1号	桂花	罗方亮	罗方亮、胡绍庆、黄园园、黄均华	20180609
304	20180304	罗彩2号	桂花	罗方亮	罗方亮、胡绍庆、冯园园、黄均华	20180609
305	20180305	罗彩16号	桂花	罗方亮	罗方亮、胡绍庆、冯园园、黄均华	20180609
306	20180306	罗彩17号	桂花	罗方亮	罗方亮、胡绍庆、冯园园、黄均华	20180609
307	20180307	罗彩18号	桂花	罗方亮	罗方亮、胡绍庆、冯园园、黄均华	20180609
308	20180308	罗彩19号	桂花	罗方亮	罗方亮、胡绍庆、冯园园、黄均华	20180609
309	20180309	青龙竹	刚竹属	江西省林业科学院	王海荣、程平、曾庆南、彭九生、余林、高伟	20180609
310	20180310	冬彩	卫矛属	邯郸市七彩园林绿化工程有限公司	王建明	20180610
311	20180311	冬霞	卫矛属	邯郸市七彩园林绿化工程有限公司	王建明	20180610
312	20180312	黄果桐	山桐子属	四川省林业科学研究院	罗建勋、王准、刘芙蓉、刘建康	20180611
313	20180313	萼果桐	山桐子属	四川省林业科学研究院	罗建勋、刘芙蓉、廖文、杨马进	20180611
314	20180314	梨果桐	山桐子属	四川省林业科学研究院	罗建勋、刘芙蓉、张玉林、宋鹏、杨马进、王海峰	20180611
315	20180315	锦红花	木兰属	刘仁林	刘仁林、张志翔	20180611
316	20180316	丽紫	蚊母树属	丽水市林业科学研究院	洪震、戴海英、王军峰、吴荣、练发良	20180612
317	20180317	丽玫	蚊母树属	丽水市林业科学研究院	练发良、何小勇、洪震、郑俞、陈艳	20180612
318	20180318	丽良	蚊母树属	丽水市林业科学研究院	王军祥、练发良、曹建春、郑俞、巫佳黎	20180612

序号	申请号	品种名称	属（种）	申请人	培育人	申请日
319	20180319	丽金	蚊母树属	丽水市林业科学研究院	练发良、王军锋、雷珍、戴海英、邵康平、陈志伟	20180612
320	20180320	丽姬	蚊母树属	丽水市林业科学研究院	练发良、洪震、戴海英、高樟贵、曹建春、陈志伟	20180612
321	20180321	雪里红	蚊母树属	丽水市林业科学研究院	戴海英、曹建春、巫佳黎、陈志伟、练发良	20180612
322	20180322	诺娃罗莎普（NOVAROSPOP）	蔷薇属	法国玫兰国际有限公司（MEILLAND INTERNATIONAL S.A.）	迈克尔·S·多布斯（MICHAEL S. DOBRES）	20180613
323	20180323	瑞驰 3004A（RUICH3004A）	蔷薇属	迪瑞特知识产权公司（De Ruiter Intellectual Property B.V.）	汉克·德·格罗特（H.C.A. de Groot）	20180613
324	20180324	瑞克恩 1063A（RUICN1063A）	蔷薇属	迪瑞特知识产权公司（De Ruiter Intellectual Property B.V.）	汉克·德·格罗特（H.C.A. de Groot）	20180613
325	20180325	瑞可 2003A（RUICO2003A）	蔷薇属	迪瑞特知识产权公司（De Ruiter Intellectual Property B.V.）	汉克·德·格罗特（H.C.A. de Groot）	20180613
326	20180326	瑞姆克普 012（Ruimcp012）	蔷薇属	迪瑞特知识产权公司（De Ruiter Intellectual Property B.V.）	汉克·德·格罗特（H.C.A. de Groot）	20180613
327	20180327	紫咖	紫薇	浙江省林业科学研究院	王金凤、陈卓梅、柳新红、沈鸿明、杨华、夏淑芳	20180621
328	20180328	紫鹏	蚊母树属	浙江森禾集团股份有限公司	王春、周正宝、刘丹丹、尹庆平、余成龙、周正廷、揭任娟、立波、沈建、叶建荣、陈岗	20180623
329	20180329	娇黄	蚊母树属	浙江森禾集团股份有限公司	王春、周正宝、刘丹丹、尹庆平、余成龙、周正廷、揭任娟、立波、沈建、叶建荣、陈岗	20180623
330	20180330	红宝石伊甸园	蔷薇属	苏州市华冠园创园艺科技有限公司	姜正之	20180627
331	20180331	罗衣	蔷薇属	苏州市华冠园创园艺科技有限公司	姜正之	20180627
332	20180332	粉玉台阁	山茶属	上海植物园	费建国、奉树成、张亚利、李湘鹏、郭卫珍、宋垚、莫健彬	20180629
333	20180333	金叶粉玉	山茶属	上海植物园	张亚利、郭卫珍、李湘鹏、宋垚、奉树成	20180629
334	20180334	鱼叶粉香	山茶属	上海植物园	张亚利、李湘鹏、郭卫珍、宋垚、奉树成	20180629
335	20180335	墨红台阁	山茶属	上海植物园	费建国、奉树成、张亚利、郭卫珍、李湘鹏、宋垚、莫健彬	20180629
336	20180336	嫣粉	木莲属	中国科学院华南植物园	陈新兰、杨科明、林金姝、何飞龙、刘慧、韦强、樊锦文、秦光华、廖景平	20180629
337	20180337	鲁黑 1 号	杨属	山东省林业科学研究院	秦光华、宋玉民、于振旭、刘盛芳、彭琳	20180629
338	20180338	鲁黑 2 号	杨属	山东省林业科学研究院	秦光华、宋玉民、乔玉玲、于振旭、刘盛芳、彭琳	20180629
339	20180339	鲁黑 3 号	杨属	山东省林业科学研究院	秦光华、宋玉民、乔玉玲、于振旭、刘盛芳、彭琳	20180629
340	20180340	吉祥果	卫矛属	杨新社	袁平立、杨瑞	20180629
341	20180341	西北风	卫矛属	袁平立	杨新社、袁平立	20180629
342	20180342	圣火	卫矛属	杨新社	杨新社、杨瑞	20180629

（续）

序号	申请号	品种名称	属（种）	申请人	培育人	申请日
343	20180343	嫣红	卫矛属	杨新社	杨新社、孙绳照、邓黎黎、袁平立、杨瑞	20180629
344	20180344	京黄	白蜡树属	北京市园林科学研究院	王永格、王茂良、丛日晨、舒健骅、孙宏彦	20180630
345	20180345	京绿	白蜡树属	北京市园林科学研究院	丛日晨、王茂良、王永格、李子敬、古润泽	20180630
346	20180346	德瑞斯红十一（DrisRaspEleven）	悬钩子属	德瑞斯克公司（Driscoll's, Inc.）	布莱恩·K·汉密尔顿（Brian K. HAMILTON）、托马斯·M·斯巨林（Thomas M. SJULIN）	20180630
347	20180347	皋城仙子	杜鹃花属	六安市金安区洪山花卉园艺专业合作社	陈晌、陈小福、郁韦俊	20180703
348	20180348	酒红知己	杜鹃花属	六安市金安区洪山花卉园艺专业合作社	郁鸣秋、郁韦君、方水根	20180703
349	20180349	皖绯霞	杜鹃花属	六安市金安区洪山花卉园艺专业合作社	郁助剑、郁韦明、方水根	20180703
350	20180350	童颜樱	李属	吴建崴	吴建崴	20180703
351	20180351	本朴丽1095（BONPRI 1095）	大戟属	澳大利亚本雅植物有限公司（Bonza Botanicals Pty Ltd.）	安德鲁·伯纽兹（Andrew Bernuetz）	20180703
352	20180352	本朴丽9172（BONPRI 9172）	大戟属	澳大利亚本雅植物有限公司（Bonza Botanicals Pty Ltd.）	安德鲁·伯纽兹（Andrew Bernuetz）	20180703
353	20180353	戴尔比克斯（Delbiex）	蔷薇属	法国乔治斯·戴尔巴德月季有限公司（Société Nouvelle Pépinières & Roseraies Georges DELBARD）	阿诺德·戴尔巴德（Arnaud Delbard）	20180703
354	20180354	戴尔品客（Delpink）	蔷薇属	法国乔治斯·戴尔巴德月季有限公司（Société Nouvelle Pépinières & Roseraies Georges DELBARD）	阿诺德·戴尔巴德（Arnaud Delbard）	20180703
355	20180355	西昌75664（SCH75664）	蔷薇属	荷兰彼得·西昌厄斯控股股份有限公司（Piet Schreurs Holding B.V.）	P·N·J·西昌厄斯（Petrus Nicolaas Johannes Schreurs）	20180703
356	20180356	西昌74152（SCH74152）	蔷薇属	荷兰彼得·西昌厄斯控股股份有限公司（Piet Schreurs Holding B.V.）	P·N·J·西昌厄斯（Petrus Nicolaas Johannes Schreurs）	20180704
357	20180357	邕之焰	木槿属	南宁市园林科研所	黄旭光、秦玲、阮俊、王坤煌、廖志兵、陆仟、杨思霞、苏友赛、李金华	20180703
358	20180358	桂叶银紫	杜鹃花属	重庆市南山植物园管理处	权俊萍、张绍林、谭崇平、刘豪艳、秦海英、田波	20180705
359	20180359	菁龙	鹅掌楸属	中国林业科学研究院林业研究所	李斌、郑勇奇、林富荣、郭文英、黄平	20180705
360	20180360	彩贝	蔷薇属	云南锦科花卉工程研究中心有限公司	倪功、田连通、曹荣根、白云平、乔丽婷、何琼、阳明祥	20180705
361	20180361	秀色	蔷薇属	云南锦科花卉工程研究中心有限公司	倪功、田连通、曹荣根、白云平、乔丽婷、何琼、阳明祥	20180705
362	20180362	中云1号	云杉属	中国林业科学研究院林业研究所	王军辉、欧阳芳群、马建伟、马丽芳、安三平、王丽平、麻文俊	20180706

（续）

序号	申请号	品种名称	属（种）	申请人	培育人	申请日
363	20180363	中云2号	云杉属	甘肃省小陇山林业实验局林业科学研究所	马建伟、安三平、王军辉、欧阳芳群、王丽芳、贾子瑞、麻文俊、杨桂娟	20180706
364	20180364	中云15号	云杉属	中国林业科学研究院林业研究所	王军辉、马建伟、安三平、王丽芳、欧阳芳群、贾子瑞、麻文俊、杨桂娟	20180706
365	20180365	中云17号	云杉属	中国林业科学研究院林业研究所	王军辉、欧阳芳群、高万里、祁生秀、陈海庆、范国霞、蔡岩山、张路凤	20180706
366	20180366	月光1号	蔷薇属	宜良多彩盆栽有限公司	刘天平、罗牙春、何云县、卢燕	20180707
367	20180367	音符	蔷薇属	宜良多彩盆栽有限公司	刘天平、罗牙春、何云县、卢燕	20180707
368	20180368	国泰	李属	广州天适集团有限公司	叶小玲、朱军、何宗儒、郑珂嫒、王孝汝	20180708
369	20180369	鸿运	李属	广州红树林生态科技有限公司	叶小玲、郑珂嫒、朱军、何宗儒、王孝汝	20180708
370	20180370	江山美人	李属	广州天适集团有限公司	胡晓敏、叶小玲、朱军、何宗儒、郑珂嫒、王孝汝	20180708
371	20180371	千禧	李属	韶关市旺地樱花种植有限公司	郑珂嫒、胡晓敏、叶小玲、王孝汝、何宗儒	20180708
372	20180372	富千代	李属	英德市旺地樱花种植有限公司	叶小玲、朱军、胡晓敏、郑珂嫒、王孝汝、何宗儒	20180708
373	20180373	富贵	李属	广州天适集团有限公司	胡晓敏、叶小玲、朱军、郑珂嫒、王孝汝、何宗儒	20180708
374	20180374	天适	李属	广州天适集团有限公司	胡晓敏、叶小玲、郑珂嫒、朱军、王孝汝、何宗儒	20180708
375	20180375	旺地	李属	广州旺地园林工程有限公司	胡晓敏、叶小玲、朱军、郑珂嫒、王孝汝、何宗儒	20180708
376	20180376	旺万代	李属	广州天适集团有限公司	胡晓敏、叶小玲、朱军、郑珂嫒、王孝汝、何宗儒	20180708
377	20180377	福禄寿	李属	广州天适集团有限公司	胡晓敏、叶小玲、朱军、郑珂嫒、王孝汝、何宗儒	20180708
378	20180378	无忧	李属	英德市旺地樱花种植有限公司	朱军、胡晓敏、叶小玲、郑珂嫒、王孝汝、何宗儒	20180708
379	20180379	旺丁	李属	广州红树林生态科技有限公司	叶小玲、胡晓敏、朱军、郑珂嫒、王孝汝、何宗儒	20180708
380	20180380	状元	李属	广州旺地园林工程有限公司	叶小玲、胡晓敏、郑珂嫒、朱军、王孝汝、何宗儒	20180708
381	20180381	娇韵	木兰属	五峰博翎红花玉兰科技发展有限公司	桑子阳、马履一、申露露、陈发菊、贾忠奎、张德春、朱仲龙	20180709
382	20180382	娇逸	木兰属	北京林业大学	马履一、陈发菊、桑子阳、肖政、朱仲龙、张德春	20180709
383	20180383	娇阳	木兰属	五峰博翎红花玉兰科技发展有限公司	桑子阳、马履一、陈发菊、贾忠奎、朱仲龙、张德春、申露露	20180709
384	20180384	娇兰	木兰属	北京林业大学	马履一、桑子阳、陈发菊、贾忠奎、朱仲龙、段劼、张德春	20180709
385	20180385	娇婉	木兰属	北京林业大学	马履一、桑子阳、贾忠奎、陈发菊、朱仲龙、段劼、张德春	20180709
386	20180386	娇月	木兰属	北京林业大学	马履一、桑子阳、陈发菊、贾忠奎、朱仲龙、段劼、张德春	20180709
387	20180387	娇荷	木兰属	北京林业大学	马履一、桑子阳、陈发菊、贾忠奎、朱仲龙、段劼、张德春	20180709
388	20180388	星火	杜鹃花属	江苏省农业科学院	苏家乐、刘晓青、肖政、李畅、邓衍明、孙晓波、齐香玉	20180710
389	20180389	闲月	杜鹃花属	江苏省农业科学院	刘晓青、李畅、苏家乐、肖政、贾新平、何丽斯、孙晓波、陈尚平	20180710
390	20180390	蝶海	杜鹃花属	江苏省农业科学院	何丽斯、刘晓青、肖政、苏家乐、李畅、陈尚平、周惠民、项立平	20180710

（续）

序号	申请号	品种名称	属（种）	申请人	培育人	申请日
391	20180391	妍娇	文冠果	北京林业大学	敖妍、刘金凤、马履一、张行杰、李勇、朱照明、苏淑钗	20180710
392	20180392	妍绒	文冠果	北京林业大学	敖妍、刘金凤、马履一、张行杰、李勇、朱照明、苏淑钗	20180710
393	20180393	妍蕊	文冠果	北京林业大学	敖妍、刘金凤、马履一、张行杰、李勇、朱照明、苏淑钗	20180710
394	20180394	妍紫	文冠果	北京林业大学	敖妍、刘金凤、马履一、张行杰、李勇、朱照明、苏淑钗	20180710
395	20180395	妍东	文冠果	胜利油田胜大种业有限责任公司	刘金凤、敖妍、张行杰、马履一、李勇、朱照明、苏淑钗	20180710
396	20180396	妍黄	文冠果	胜利油田胜大种业有限责任公司	刘金凤、敖妍、张行杰、马履一、李勇、朱照明、苏淑钗	20180710
397	20180397	妍粉	文冠果	北京林业大学	敖妍、刘金凤、马履一、张行杰、李勇、朱照明、苏淑钗	20180710
398	20180398	速生黄女贞	女贞属	山东农业大学	孙居文、孙明聪、姜磊、田成玉、谢会成	20180711
399	20180399	日仙杨	杨属	山东农业大学	孙居文、冯延楠、谢会成、姜磊	20180711
400	20180400	红叶枫杨	枫杨属	山东农业大学	孙居文、董树茂、冯延楠、王延玲	20180711
401	20180401	东岳紫晕	蛇葡萄属	山东农业大学	孙居文、姜磊、冯延楠、谢会成	20180711
402	20180402	红叶山楂	山楂属	山东农业大学	孙居文、董树茂、谢会成、杜明芸	20180711
403	20180403	紫心榛	榛属	山东农业大学	孙居文、冯延楠、杜明芸、谢会成、韩来展	20180711
404	20180404	海滨阳光	李属	南京林业大学	丁明贵、伊贤贵、王贤荣、段一凡、陈林、李雪霞、马雪红、朱淑霞、朱弘	20180711
405	20180405	丹霞	李属	王琳	王琳、伊贤贵、王贤荣、段一凡、陈林、李雪霞、马雪红、朱淑霞、朱弘	20180711
406	20180406	龙韵	李属	南京林业大学	伊贤贵、王宇、司家朋、王华辰、朱弘	20180711
407	20180407	科鲜0165（KORcut0165）	蔷薇属	科德斯月季育种公司（W. Kordes' Sohne Rosenschulen GmbH & Co KG）	威廉-亚历山大·科德斯（Wilhelm-Alexander Kordes）	20180711
408	20180408	科鲜0272（KORcut0272）	蔷薇属	科德斯月季育种公司（W. Kordes' Sohne Rosenschulen GmbH & Co KG）	威廉-亚历山大·科德斯（Wilhelm-Alexander Kordes）	20180711
409	20180409	科鲜0392（KORcut0392）	蔷薇属	科德斯月季育种公司（W. Kordes' Sohne Rosenschulen GmbH & Co KG）	威廉-亚历山大·科德斯（Wilhelm-Alexander Kordes）	20180711
410	20180410	科鲜0393（KORcut0393）	蔷薇属	科德斯月季育种公司（W. Kordes' Sohne Rosenschulen GmbH & Co KG）	威廉-亚历山大·科德斯（Wilhelm-Alexander Kordes）	20180711

序号	申请号	品种名称	属（种）	申请人	培育人	申请日
411	20180411	科鲜0394 (KORcut0394)	蔷薇属	科德斯月季育种公司 (W. Kordes' Sohne Rosenschulen GmbH & Co KG)	威廉-亚历山大·科德斯 (Wilhelm-Alexander Kordes)	20180711
412	20180412	科鲜0396 (KORcut0396)	蔷薇属	科德斯月季育种公司 (W. Kordes' Sohne Rosenschulen GmbH & Co KG)	威廉-亚历山大·科德斯 (Wilhelm-Alexander Kordes)	20180711
413	20180413	科鲜0397 (KORcut0397)	蔷薇属	科德斯月季育种公司 (W. Kordes' Sohne Rosenschulen GmbH & Co KG)	威廉-亚历山大·科德斯 (Wilhelm-Alexander Kordes)	20180711
414	20180414	英特雅士利 (Interaciry1)	蔷薇属	英特普兰特月季育种公司	范·多伊萨姆 (Ir. A.J.H. van Doesum)	20180711
415	20180415	英特雷思慕 (Intereithooms)	蔷薇属	英特普兰特月季育种公司	范·多伊萨姆 (Ir. A.J.H. van Doesum)	20180711
416	20180416	英特芫克洛普 (Interyorcrop)	蔷薇属	英特普兰特月季育种公司	范·多伊萨姆 (Ir. A.J.H. van Doesum)	20180711
417	20180417	英特切411113 (IPK411113)	蔷薇属	英特普兰特月季育种公司	范·多伊萨姆 (Ir. A.J.H. van Doesum)	20180711
418	20180418	英特多036514 (IPT036514)	蔷薇属	英特普兰特月季育种公司	范·多伊萨姆 (Ir. A.J.H. van Doesum)	20180711
419	20180419	英特多044114 (IPT044114)	蔷薇属	英特普兰特月季育种公司	范·多伊萨姆 (Ir. A.J.H. van Doesum)	20180711
420	20180420	英特多119113 (IPT119113)	蔷薇属	英特普兰特月季育种公司	范·多伊萨姆 (Ir. A.J.H. van Doesum)	20180711
421	20180421	英特多119914 (IPT119914)	蔷薇属	英特普兰特月季育种公司	范·多伊萨姆 (Ir. A.J.H. van Doesum)	20180711
422	20180422	英特切192213 (IPK192213)	蔷薇属	英特普兰特月季育种公司	范·多伊萨姆 (Ir. A.J.H. van Doesum)	20180711
423	20180423	安富海棠	苹果属	山东农业大学	沈向、陈学森、毛志泉、魏绍冲、胡艳丽	20180715
424	20180424	安博海棠	苹果属	山东农业大学	沈向、陈学森、毛志泉、陈晓流、胡艳丽	20180715
425	20180425	安荣海棠	苹果属	山东农业大学	沈向、陈学森、毛志泉、王文莉、胡艳丽	20180715
426	20180426	安公海棠	苹果属	山东农业大学	赵静、王栄、盖瑞、倪伟、张曼曼	20180715
427	20180427	安府海棠	苹果属	山东农业大学	沈向、王增辉、毛云飞、倪蔚如、张文会、张曼曼	20180715
428	20180428	安第海棠	苹果属	山东农业大学	胡艳丽、张曼曼、孙凡雅、吴曼、李新、沈向	20180715
429	20180429	草原玫瑰	苹果属	青岛市农业科学研究院	沙广利、张志娟、张志芬、葛红娟、孙吉禄、孙红涛、马荣群	20180716

（续）

序号	申请号	品种名称	属（种）	申请人	培育人	申请日
430	20180430	大棠婷红	苹果属	青岛市农业科学研究院	沙广利、葛红娟、马荣群、张翠玲、王芝云、张蕊芬	20180716
431	20180431	锦绣红	苹果属	青岛市农业科学研究院	沙广利、万述伟、黄粤、邵永春、张翠玲、孙红涛、葛红娟	20180716
432	20180432	白富美	苹果属	青岛市农业科学研究院	沙广利、马荣群、赵爱鸿、王芝云、王桂莲、邵永春、黄粤	20180716
433	20180433	大棠婷靓	苹果属	青岛市农业科学研究院	沙广利、黄粤、万述伟、张蕊芬、赵爱鸿、王桂莲	20180716
434	20180434	雪中红2号	卫矛属	河南红枫种苗股份有限公司	张丹、张家勋、张茂	20180717
435	20180435	龙须榆	榆属	河南红枫种苗股份有限公司	张丹、张家勋、张茂	20180717
436	20180436	翠蝶卫矛	卫矛属	河南红枫种苗股份有限公司	张丹、张家勋、张茂	20180717
437	20180437	锦彩七叶树	七叶树属	河南红枫种苗股份有限公司	张丹、张家勋、张茂	20180717
438	20180438	向麟	苹果属	昌邑海棠苗木专业合作社	王立辉、明建芹、郭光智、姚兴海、朱升祥、张兴涛、李珊、齐伟婧、王玉彬	20180719
439	20180439	矮魁	苹果属	昌邑海棠苗木专业合作社	姚兴海、齐伟婧、张兴涛、王忠华、朱升祥、明建芹、王慧、王立辉	20180719
440	20180440	粉伴	苹果属	昌邑海棠苗木专业合作社	朱升祥、姚兴海、李珊、郭光智、黄海、冯瑞廷、齐伟婧、王立辉、明建芹	20180719
441	20180441	粉云	杜鹃花属	上海植物园	奉树成、张春英、黄军华、张杰、谢军峰、沃科、谢晓鸿	20180719
442	20180442	胭脂	杜鹃花属	上海植物园	张春英、奉树成、黄军华、龚䅞、张杰、谢军峰、顾海燕、沃科、谢晓鸿	20180719
443	20180443	鸳鸯椎	椎树属	宁波大学	倪穗、刘清、郑昊、段鹏飞、何守峰、于勇杰、吴帆、易雪平	20180720
444	20180444	阿雅NO5（AYA NO5）	蔷薇属	法国玫兰国际有限公司（MEILLAND INTERNATIONAL S.A）	早野公春（Kimiharu HAYANO）	20180720
445	20180445	金虎	爬山虎属	江苏农林职业技术学院	邱国金、钱扬升、戴文、胡卫霞、崔琛、吴林燕	20180720
446	20180446	珀尔（Pearl）	悬钩子属	浆果世界加有限公司（Berryworld Plus Limited）	皮特·文森（Peter Vinson）	20180720
447	20180447	红润	紫薇属	安阳市农业科学院	胡国平、许蕊、李红伟、冯太平、李玉娟、朱琳、霍俊杰、潘献涛、王帅	20180720
448	20180448	晋欧2号	李属	山西农业大学	王鹏飞、杜俊杰、张建成、穆霄鹏、曹琴	20180723
449	20180449	晋欧3号	李属	山西农业大学	杜俊杰、王鹏飞、张建成、穆霄鹏、曹琴	20180723
450	20180450	鑫叶栾	栾树属	樊英利	樊英利	20180724
451	20180451	金叶桦1号	桦木属	东北林业大学	刘桂丰、姜静、韦睿、李慧玉、黄海娇、江慧欣	20180725
452	20180452	金叶桦2号	桦木属	东北林业大学	刘桂丰、姜静、江慧欣、陈肃、李慧玉、黄海娇	20180725
453	20180453	耐寒紫叶桦1号	桦木属	东北林业大学	刘桂丰、李长海、姜静、陈肃、李慧玉、黄海娇、姜晶	20180725

（续）

序号	申请号	品种名称	属（种）	申请人	培育人	申请日
454	20180454	耐寒紫叶桦2号	桦木属	东北林业大学	刘桂丰、李长海、姜静、黄海娇、姜晶	20180725
455	20180455	科植3号	忍冬属	中国科学院植物研究所	唐宇丹、白红彤、法丹丹、邢全、李霞、安玉来、孙雪琪、李慧、尤洪伟、石雷	20180730
456	20180456	科植6号	槭属	中国科学院植物研究所	白红彤、唐宇丹、李霞、安玉来、李慧、孙雪琪、姚涓、法丹丹、尤洪伟、石雷	20180730
457	20180457	科植9号	槭属	中国科学院植物研究所	唐宇丹、白红彤、孙雪琪、邢全、李霞、李慧、安玉来、法丹丹、尤洪伟、石雷	20180730
458	20180458	科植18号	槭属	中国科学院植物研究所	白红彤、唐宇丹、李霞、邢全、孙雪琪、安玉来、姚涓、法丹丹、尤洪伟、石雷	20180730
459	20180459	碧玉映月	丁香属	黑龙江省森林植物园	郁永英、李长海、翟晓鸥、宋莹莹、范森、王颖	20180803
460	20180460	流光溢彩	丁香属	黑龙江省森林植物园	郁永英、李长海、翟晓鸥、宋莹莹、范森、王颖	20180803
461	20180461	金翠	丁香属	黑龙江省森林植物园	郁永英、李长海、翟晓鸥、宋莹莹、范森	20180803
462	20180462	金翅	丁香属	黑龙江省森林植物园	郁永英、翟晓鸥、李长海、宋莹莹、范森、王颖	20180803
463	20180463	金贝壳	丁香属	黑龙江省森林植物园	郁永英、李长海、翟晓鸥、宋莹莹、范森	20180803
464	20180464	玫赞巴特（MEIZAMBAIZT）	蔷薇属	法国玫兰国际有限公司（MEILLAND INTERNATIONAL S.A.）	阿兰·安东尼·玫兰（Alain Antoine MEILLAND）	20180806
465	20180465	玫兹赞妮（MEIZIZANY）	蔷薇属	法国玫兰国际有限公司（MEILLAND INTERNATIONAL S.A.）	阿兰·安东尼·玫兰（Alain Antoine MEILLAND）	20180806
466	20180466	德瑞斯黑十七（DrisBlack Seventeen）	悬钩子属	德瑞斯克公司（Driscoll's, Inc.）	加文·R·西尔斯（Gavin R. SILLS）、马克·F·克苏哈（Mark F. CRUSHA）、米塞尔·博尼法西西奥·罗梅罗·埃斯科比多（Missael Bonifacio Romero ESCOBEDO）、安德烈·M·加彭（Andrea M. PABON）、乔治·罗德里格斯·阿卡沙（Jorge Rodriguez ALCAZAR）	20180806
467	20180467	金滇缘	山茶属	中国科学院昆明植物研究所	沈云光、夏丽芳、冯宝钧、王仲朗、谢坚	20180807
468	20180468	红之樽	蔷薇属	云南锦科花卉工程研究中心有限公司	倪功、曹荣根、田连通、乔丽婷、何琼、阳明祥、白云平	20180809
469	20180469	粉之妍	蔷薇属	云南锦科花卉工程研究中心有限公司	倪功、曹荣根、田连通、乔丽婷、何琼、阳明祥、白云平	20180809
470	20180470	金枝金叶曲柳	柳属	山东万路达园林科技有限公司	张帆、张伟	20180810
471	20180471	蓝冠	越橘属	山东省果树研究所	刘庆忠、魏海蓉、王甲威、宗晓娟、谭钺、朱东姿、陈新、徐丽、张力思	20180815
472	20180472	蓝珠	越橘属	山东省果树研究所	刘庆忠、魏海蓉、王甲威、宗晓娟、谭钺、朱东姿、陈新、徐丽、张力思	20180815

（续）

序号	申请号	品种名称	属（种）	申请人	培育人	申请日
473	20180473	蓝月	越橘属	山东省果树研究所	刘庆忠、魏海蓉、王甲威、朱东姿、宗晓娟、徐丽、谭钺、陈新、张力思	20180815
474	20180474	蓝玲	越橘属	山东省果树研究所	刘庆忠、魏海蓉、朱东姿、谭钺、王甲威、宗晓娟、陈新、徐丽、张力思	20180815
475	20180475	锦绣紫	木槿属	成都市植物园	周安华、刘川华、朱章顺、李方文、高远平、刘晓莉、石小庆、杨苑钊、陈钢、杨昌文	20180815
476	20180476	海螺	蔷薇属	北京林业大学	于超、张启翔、杨玉勇、罗乐、潘会堂、韩瑜、周利君	20180822
477	20180477	迷离星际	蔷薇属	北京林业大学	于超、张启翔、杨玉勇、罗乐、潘会堂、万会花、马玉杰	20180822
478	20180478	中林7号	梓树属	中国林业科学研究院林业研究所	麻文俊、王军辉、翟文继、杨桂娟、王秋霞、王平	20180823
479	20180479	中林8号	梓树属	南阳市林业科学研究院	翟文继、王军辉、王秋霞、沈元勤、杨桂娟、易飞	20180823
480	20180480	中林9号	梓树属	中国林业科学研究院林业研究所	麻文俊、王军辉、翟文继、杨桂娟、王秋霞、王平	20180823
481	20180481	百日华彩	木槿属	成都市植物园	周安华、刘川华、朱章顺、李方文、高远平、刘晓莉、石小庆、杨苑钊、王莹、杨昌文	20180823
482	20180482	宗儒樱	李属	韶关市旺地樱花种植有限公司	叶小玲、胡晓敏、朱军、何宗儒、郑珂媛、林佳源、陈端妮、王孝汝、邱芬、高红菊	20180827
483	20180483	女娲	李属	英德市旺地樱花种植有限公司	胡晓敏、唐国锋、何宗儒、叶小玲、朱军、郑珂媛、林佳源、陈端妮、邱芬、王孝汝、高红菊	20180827
484	20180484	伏羲	李属	韶关市旺地樱花种植有限公司	胡晓敏、唐国锋、何宗儒、叶小玲、朱军、林佳源、郑珂媛、陈端妮、邱芬、王孝汝、高红菊	20180827
485	20180485	龙橡1号	栎属	苏州泷洋生物科技有限公司	陈洪锋、万晗啸、卞学飞	20180827
486	20180486	龙橡2号	栎属	苏州泷洋生物科技有限公司	陈洪锋、万晗啸、卞学飞	20180827
487	20180487	龙橡3号	栎属	苏州泷洋生物科技有限公司	陈洪锋、万晗啸、卞学飞	20180827
488	20180488	龙橡4号	栎属	苏州泷洋生物科技有限公司	陈洪锋、万晗啸、卞学飞	20180827
489	20180489	龙橡5号	栎属	苏州泷洋生物科技有限公司	陈洪锋、万晗啸、卞学飞	20180827
490	20180490	龙橡6号	栎属	苏州泷洋生物科技有限公司	陈洪锋、万晗啸、卞学飞	20180827
491	20180491	龙橡7号	栎属	苏州泷洋生物科技有限公司	陈洪锋、万晗啸、卞学飞	20180827
492	20180492	龙橡8号	栎属	苏州泷洋生物科技有限公司	陈洪锋、万晗啸、卞学飞	20180827
493	20180493	龙橡9号	栎属	苏州泷洋生物科技有限公司	陈洪锋、万晗啸、卞学飞	20180827
494	20180494	龙橡10号	栎属	苏州泷洋生物科技有限公司	陈洪锋、万晗啸、卞学飞	20180827
495	20180495	奥斯奥特瑞（AUSOUTCRY）	蔷薇属	英国大卫奥斯汀月季公司（David Austin Roses Limited）	大卫·奥斯汀（David J.C. Austin）	20180828

序号	申请号	品种名称	属（种）	申请人	培育人	申请日
496	20180496	玫普瑞密（MEIPREHMYR）	蔷薇属	法国玫兰国际有限公司（MEILLAND INTERNATIONAL S.A.）	阿兰·安东尼·玫兰（Alain Antoine MEILLAND）	20180828
497	20180497	黄钻	蔷薇属	北京市园林科学研究院	巢阳、从日晨、赵世伟、张西西	20180828
498	20180498	瑞可 1341A（RUICO1341A）	蔷薇属	迪端特知识产权公司（De Ruiter Intellectual Property B.V.）	汉克·德·格罗特（H.C.A. de Groot）	20180828
499	20180499	瑞克恩 0068A（RUICN0068A）	蔷薇属	迪端特知识产权公司（De Ruiter Intellectual Property B.V.）	汉克·德·格罗特（H.C.A. de Groot）	20180828
500	20180500	赣通 1 号	樟属	江西省科学院生物资源研究所	余发新、钟永达、吴照祥、李彦强、杨爱红、刘淑娟、刘腾云、孙小艳、肖亮、周燕玲、胡淼	20180828
501	20180501	赣彤 1 号	樟属	江西省科学院生物资源研究所	余发新、钟永达、吴照祥、李彦强、杨爱红、刘淑娟、刘腾云、周华、孙小艳、肖亮、周燕玲、胡淼	20180828
502	20180502	赣彤 2 号	樟属	江西省科学院生物资源研究所	余发新、钟永达、吴照祥、李彦强、杨爱红、刘淑娟、周华、孙小艳、肖亮、周燕玲、刘腾云、胡淼	20180828
503	20180503	玉湖翠	木兰属	上海市园林科学规划研究院	张冬梅、张浪、田彦、尹丽娟、余洲、周虎、徐功元、张哲、王鹏飞、王良、合珂、有祥亮、申诘梅	20180829
504	20180504	千纸飞鹤	木兰属	上海市园林科学规划研究院	张冬梅、张浪、田彦、尹丽娟、周虎、王庆民、田文晓	20180829
505	20180505	丹霞似火	木兰属	上海市园林科学规划研究院	吕永钧、张浪、王庆民、田彦、尹丽娟、徐功元、有祥亮、全炎、周虎、田文晓、余洲、李玲鸽、曾凡培	20180829
506	20180506	红红映天	木兰属	上海市园林科学规划研究院	张冬梅、张浪、吕永钧、孙承苹、周虎、王建勋、余洲、田文晓、徐功元、尹丽娟、田彦、王建勋、罗玉兰、申诘梅	20180829
507	20180507	二月增春	木兰属	上海市园林科学规划研究院	余洲、王磊、张冬梅、张浪、徐功元、田彦、王獻、李玲鸽、周虎、全炎、尹丽娟、罗玉兰、申诘梅、朱涵琦、高	20180829
508	20180508	夏红	枫香属	浙江省林业科学研究院	杨少宗、柳新红、林昌礼、程亚平、张大伟、沈鑫	20180829
509	20180509	速枫 1 号	枫香属	浙江省林业科学研究院	柳新红、杨少宗、林昌礼、程亚平、沈鑫、张大伟	20180829
510	20180510	云林紫枫	枫香属	云和县农业综合开发有限公司	林昌礼、张大伟、杨少宗、柳新红、葛永金、朱伟清	20180829
511	20180511	墨绿企鹅	木瓜属	山东农业大学	王利、丰震、刘国兴、宋富强、王相来、马凯旋、王延玲、陈金旭	20180830
512	20180512	倾城	李属	英德市旺地樱花种植有限公司	胡晓敏、叶小羙、唐国锋、何宗儒、朱军、郑珂嫒、陈端妮、林佳源、邱芬、冯钦钊、高红菊	20180831
513	20180513	宏荷	木荷属	德兴市荣兴苗木有限责任公司	周卫信、朱衡、周建荣、方腾、王樟富	20180901
514	20180514	奥斯凯琳（AUSKINDLING）	蔷薇属	英国大卫奥斯汀月季有限公司（David Austin Roses Limited）	大卫·奥斯汀（David J.C. Austin）	20180901

（续）

序号	申请号	品种名称	属（种）	申请人	培育人	申请日
515	20180515	瑞克1236A (RUICK1236A)	蔷薇属	迪瑞特知识产权公司 (De Ruiter Intellectual Property B.V.)	汉克·德罗特 (H.C.A. de Groot)	20180901
516	20180516	玫拉卡巴 (MEICRAKABA)	蔷薇属	法国玫兰国际有限公司 (MEILLAND INTERNATIONAL S.A.)	阿兰·安东尼·玫兰 (Alain Antoine MEILLAND)	20180901
517	20180517	粉色记忆	蔷薇属	云南同程农业科技有限公司	王荣方、杜光凤、李树发、杨世先、赵晓丹	20180901
518	20180518	粉玉抱枝	木兰属	上海市园林科学规划研究院	张浪、张冬梅、田彦、周虎、吕永均、徐功元、王庆民、田文晓、谷河、朱涵琦	20180901
519	20180519	丹霞映娇	木兰属	上海市园林科学规划研究院	张浪、张冬梅、田彦、周虎、余洲、尹丽娟、王建勋、徐功元、王庆民、靳三恒、谷河	20180901
520	20180520	皓齿红唇	木兰属	上海市园林科学规划研究院	张冬梅、田彦、张浪、周虎、尹丽娟、徐功元、王伟、罗玉兰、吕永均、王庆民、余洲、毛俊觉、仝炎	20180901
521	20180521	玉玲珑	木兰属	上海市园林科学规划研究院	尹丽娟、田文晓、张冬梅、田彦、罗玉兰、有祥、亮、徐功元、余洲、王庆民、仝炎、李玲鸽、杨浦谦、曾凡培	20180901
522	20180522	变叶莲	木兰属	陕西省西安植物园	叶卫、王亚玲、吴建军、王晶、赵珊珊、严丹峰、岳琳	20180902
523	20180523	小芙蓉	木兰属	陕西省西安植物园	刘立成、王亚玲、叶卫、樊璐、吴建军、赵珊珊、王晶	20180902
524	20180524	芙蓉姐姐	木兰属	陕西省西安植物园	刘立成、王亚玲、叶卫、樊璐、吴建军、赵强民、王晶	20180902
525	20180525	小黄人	木兰属	中南林业科技大学	金晓玲、胡希军、王亚玲、徐昊、叶卫、吴建军	20180902
526	20180526	玉莲	木兰属	中南林业科技大学	金晓玲、胡希军、王亚玲、徐昊、叶卫、吴建军	20180902
527	20180527	洪金	木兰属	棕榈生态城镇发展股份有限公司	赵强民、王亚玲、吴建军、叶卫、王晶、严丹峰、叶卫	20180902
528	20180528	小可人	木兰属	棕榈生态城镇发展股份有限公司	赵珊珊、王亚玲、樊璐、吴建军、王晶、赵强民、王晶	20180902
529	20180529	长安金杯	木兰属	陕西省西安植物园	刘立成、王亚玲、吴建军、王晶、严丹峰、叶卫	20180902
530	20180530	长安玉盏	含笑属	陕西省西安植物园	王亚玲、金晓玲、胡希军、徐昊、叶卫、赵珊珊、王晶	20180902
531	20180531	平瓣绿萼	梅	浙江农林大学	赵宏波、董彬、张超、付建新	20180903
532	20180532	素雅绿萼	梅	浙江农林大学	赵宏波、董彬、张超、付建新	20180903
533	20180533	丽颜朱砂	梅	浙江农林大学	赵宏波、董彬、张超、付建新	20180903
534	20180534	长艳宫粉	梅	浙江农林大学	赵宏波、董彬、张超、包志毅	20180903
535	20180535	艳朱砂	梅	浙江农林大学	赵宏波、董彬、张超、付建新	20180903
536	20180536	大黄素	蜡梅	浙江农林大学	赵宏波、董彬、张超、付建新	20180903
537	20180537	鹅黄甜心	蜡梅	浙江农林大学	赵宏波、董彬、张超、付建新	20180903
538	20180538	集黄素	蜡梅	浙江农林大学	赵宏波、董彬、张超、付建新	20180903
539	20180539	玉面素心	蜡梅	浙江农林大学	赵宏波、董彬、张超、付建新	20180903

（续）

序号	申请号	品种名称	属（种）	申请人	培育人	申请日
540	20180540	尼尔普 3D (NIRP3D)	蔷薇属	尼尔普国际有限公司 (NIRP INTERNATIONAL S.A.)	亚历山德罗·吉奥恩（Alessandro Ghione）	20180903
541	20180541	尼尔皮特 (NIRPETER)	蔷薇属	尼尔普国际有限公司 (NIRP INTERNATIONAL S.A.)	亚历山德罗·吉奥恩（Alessandro Ghione）	20180903
542	20180542	尼尔托宝 (NIRPTURBO)	蔷薇属	尼尔普国际有限公司 (NIRP INTERNATIONAL S.A.)	亚历山德罗·吉奥恩（Alessandro Ghione）	20180903
543	20180543	皖西仙霞	杜鹃花属	六安市金安区郁金香园艺家庭农场	陈响、郁韦俊、方永根	20180903
544	20180544	皖绣红粉	杜鹃花属	六安市金安区郁金香园艺家庭农场	郁勋剑、郁韦明、方永根	20180903
545	20180545	连柏 1 号	乌柏属	连云港市农业科学院	刘兴满、葛金涛、王丽丽	20180903
546	20180546	防川 2 号	蔷薇属	吉林翠绿农业综合开发有限公司	许刚、张吉清	20180903
547	20180547	防川 3 号	蔷薇属	吉林翠绿农业综合开发有限公司	许刚、张吉清	20180903
548	20180548	森茂 S29	越橘属	大连森茂现代农业有限公司	闫东玲、王贺新、徐国辉、张敏、雷蕾	20180904
549	20180549	森茂 S44	越橘属	大连森茂现代农业有限公司	王贺新、徐国辉	20180903
550	20180550	森茂 S60	越橘属	大连森茂现代农业有限公司	王贺新、徐国辉	20180904
551	20180551	森茂 S74	越橘属	大连森茂现代农业有限公司	王贺新、徐国辉	20180904
552	20180552	森茂 X001	越橘属	大连森茂现代农业有限公司	王贺新、徐国辉、刘国玲、闫东玲、雷蕾	20180904
553	20180553	森茂 383	越橘属	大连森茂现代农业有限公司	王贺新、徐国辉、彭恒辰	20180904
554	20180554	森茂 385	越橘属	大连森茂现代农业有限公司	王贺新、徐国辉	20180904
555	20180555	森茂 276	越橘属	大连森茂现代农业有限公司	王贺新、徐国辉、赵丽娜、彭恒辰	20180904
556	20180556	森茂 300	越橘属	大连森茂现代农业有限公司	王贺新、徐国辉	20180904
557	20180557	森茂 355	越橘属	大连森茂现代农业有限公司	王贺新、徐国辉	20180903
558	20180558	森茂 397	越橘属	大连森茂现代农业有限公司	王贺新、徐国辉	20180903
559	20180559	森茂 404	越橘属	大连森茂现代农业有限公司	王贺新、徐国辉	20180903
560	20180560	森茂 437	越橘属	大连森茂现代农业有限公司	王贺新、闫东玲	20180903
561	20180561	森茂 472	越橘属	大连森茂现代农业有限公司	王贺新、徐国辉	20180903
562	20180562	森茂 473	越橘属	大连森茂现代农业有限公司	王贺新、徐国辉、徐银双	20180904
563	20180563	森茂 55	越橘属	大连森茂现代农业有限公司	刘国玲、王贺新、徐国辉、徐银双、彭恒辰	20180903
564	20180564	普世蓝 30	越橘属	大连普世蓝农业科技有限公司	陈英敏、徐国辉、王一舒	20180903
565	20180565	普世蓝 178	越橘属	大连普世蓝农业科技有限公司	赵丽娜、王一舒、徐国辉	20180904
566	20180566	普世蓝 271	越橘属	大连普世蓝农业科技有限公司	王一舒、陈英敏、闫东玲	20180904
567	20180567	普世蓝 327	越橘属	大连普世蓝农业科技有限公司	王一舒、陈英敏、赵丽娜	20180904
568	20180568	普世蓝 334	越橘属	大连普世蓝农业科技有限公司	陈英敏、徐国辉、王一舒	20180904
569	20180569	普世蓝 368	越橘属	大连普世蓝农业科技有限公司	徐国辉、陈英敏、王一舒	20180904

（续）

序号	申请号	品种名称	属（种）	申请人	培育人	申请日
570	20180570	森茂 68	越橘属	大连森茂现代农业有限公司	王贺新、徐国辉	20180904
571	20180571	森茂 99	越橘属	大连森茂现代农业有限公司	王贺新、徐国辉	20180904
572	20180572	森茂 133	越橘属	大连森茂现代农业有限公司	王贺新、徐国辉、雷蕾、闫东玲	20180904
573	20180573	森茂 140	越橘属	大连森茂现代农业有限公司	王贺新、徐国辉	20180904
574	20180574	森茂 176	越橘属	大连森茂现代农业有限公司	王贺新、张敏、徐国辉、雷蕾、彭恒辰	20180904
575	20180575	森茂 181	越橘属	大连森茂现代农业有限公司	王贺新、徐国辉、赵丽娜、张敏	20180904
576	20180576	森茂 225	越橘属	大连森茂现代农业有限公司	徐国辉、王贺新	20180904
577	20180577	森茂 273	越橘属	大连森茂现代农业有限公司	徐国辉、王贺新、雷蕾	20180904
578	20180578	森茂 B-1	越橘属	大连森茂现代农业有限公司	王贺新、徐国辉	20180904
579	20180579	森茂 484	越橘属	大连森茂现代农业有限公司	王贺新、徐国辉	20180904
580	20180580	森茂 S20	越橘属	大连森茂现代农业有限公司	刘国玲、王贺新、徐国辉	20180904
581	20180581	森茂 S23	越橘属	大连森茂现代农业有限公司	王贺新、徐国辉	20180904
582	20180582	森茂 S24	越橘属	大连森茂现代农业有限公司	王贺新、徐国辉	20180904
583	20180583	森茂 S28	越橘属	大连森茂现代农业有限公司	王贺新、徐国辉	20180904
584	20180584	永福彩 11	桂花	福建新发现农业发展有限公司	陈日才、吴启民、小芳、陈菁菁、王聪成、詹正锎、陈朝暖、王一、吴其超、陈	20180904
585	20180585	永福彩 18	桂花	福建新发现农业发展有限公司	陈日才、吴启民、小芳、陈菁菁、王聪成、陈朝暖、吴其超、王一、陈	20180904
586	20180586	永福彩 29	桂花	福建新发现农业发展有限公司	陈日才、吴启民、小芳、陈菁菁、詹正锎、陈朝暖、吴其超、王一、陈	20180904
587	20180587	永福彩 32	桂花	福建新发现农业发展有限公司	陈日才、吴启民、小芳、陈菁菁、詹正锎、陈朝暖、吴其超、王一、陈	20180904
588	20180588	永福彩 33	桂花	福建新发现农业发展有限公司	陈日才、吴启民、小芳、陈菁菁、王聪成、陈朝暖、吴其超、王一、陈	20180904
589	20180589	永福彩 34	桂花	福建新发现农业发展有限公司	陈日才、吴启民、小芳、陈菁菁、王聪成、陈朝暖、吴其超、王一、陈	20180904
590	20180590	永福彩 35	桂花	福建新发现农业发展有限公司	陈日才、吴启民、小芳、陈菁菁、王聪成、陈朝暖、吴其超、王一、陈	20180904
591	20180591	永福彩 36	桂花	福建新发现农业发展有限公司	陈日才、吴启民、小芳、陈菁菁、王聪成、王一、詹正锎、陈朝暖、吴其超、陈	20180904
592	20180592	永福彩 37	桂花	福建新发现农业发展有限公司	陈日才、吴启民、小芳、陈菁菁、詹正锎、陈朝暖、吴其超、王一、陈	20180904

（续）

序号	申请号	品种名称	属（种）	申请人	培育人	申请日
593	20180593	永福彩 38	桂花	福建新发现农业发展有限公司	陈日才、吴启民、王聪成、吴其超、詹正钿、陈朝暖、陈小芳、陈菁菁	20180904
594	20180594	永福彩 39	桂花	福建新发现农业发展有限公司	陈日才、吴启民、王聪成、吴其超、詹正钿、陈朝暖、陈小芳、陈菁菁	20180904
595	20180595	永福彩 40	桂花	福建新发现农业发展有限公司	陈日才、吴启民、王聪成、吴其超、詹正钿、陈朝暖、陈小芳、陈菁菁	20180904
596	20180596	紫彩	紫薇	湖南省林业科学院	王晓明、曾慧杰、乔中全、李永欣、蔡能、王湘莹、陈艺、刘思思	20180904
597	20180597	紫梦	紫薇	湖南省林业科学院	王晓明、曾慧杰、乔中全、蔡能、陈艺、李永欣、王湘莹、刘思思、陈艺	20180904
598	20180598	紫怡	紫薇	湖南省林业科学院	曾慧杰、王晓明、乔中全、蔡能、陈艺、李永欣、刘思思、王湘莹	20180904
599	20180599	紫琦	紫薇	湖南省林业科学院	王湘莹、蔡能、王晓明、乔中全、曾慧杰、李永欣、刘思思、陈艺	20180904
600	20180600	紫妍	紫薇	湖南省林业科学院	蔡能、王晓明、曾慧杰、乔中全、陈艺、李永欣、王湘莹、刘思思	20180904
601	20180601	紫婉	紫薇	湖南省林业科学院	乔中全、王晓明、蔡能、李永欣、陈艺、王湘莹、陈艺	20180904
602	20180602	紫湘	紫薇	湖南省林业科学院	陈艺、王晓明、李永欣、蔡能、曾慧杰、王湘莹、刘思思	20180904
603	20180603	紫秀	紫薇	湖南省林业科学院	王晓明、乔中全、曾慧杰、王永欣、陈艺、王湘莹、刘思思	20180904
604	20180604	紫幻	紫薇	湖南省林业科学院	刘思思、曾慧杰、乔中全、李永欣、蔡能、王湘莹、陈艺	20180904
605	20180605	紫魁	紫薇	湖南省林业科学院	王晓明、王晓明、乔中全、李永欣、蔡能、王湘莹、陈艺、刘思思	20180904
606	20180606	紫恋	紫薇	湖南省林业科学院	李永欣、王晓明、蔡能、乔中全、刘思思、陈艺、王湘莹	20180904
607	20180607	楚红	李属	武汉市园林科学研究院	聂超仁、夏文胜、张思思、丁昭全、许小过	20180905
608	20180608	素锦年华	杜鹃花属	中国科学院昆明植物研究所	马永鹏、张敬丽、田晓玲	20180907
609	20180609	流光溢彩	杜鹃花属	中国科学院昆明植物研究所	马永鹏、张长芹、田晓玲、魏薇	20180907
610	20180610	繁星	杜鹃花属	中国科学院昆明植物研究所	马永鹏、张长芹、魏薇、孙育红	20180907
611	20180611	森茂 S26	越橘属	大连大学	徐国辉、娄鑫、彭恒辰、王贺新、雷蕾、魏炳康	20180913
612	20180612	森茂 S19	越橘属	大连大学	徐国辉、闫东玲、雷蕾、王贺新、张明宇、魏炳康	20180913
613	20180613	森茂 486	越橘属	大连大学	徐国辉、魏炳康、彭恒辰、王贺新、娄鑫、张明宇	20180913
614	20180614	森茂 438	越橘属	大连大学	王贺新、雷蕾、彭恒辰、娄鑫、张明宇、魏炳康	20180913
615	20180615	森茂 295	越橘属	大连大学	徐国辉、张明宇、闫东玲、娄鑫、彭恒辰、王贺新	20180913
616	20180616	森茂 263	越橘属	大连大学	王贺新、彭恒辰、闫东玲、张明宇、魏炳康、娄鑫	20180913
617	20180617	紫焰	木兰属	四川农业大学	王刚、李天兴、范彦、范继才、卢昌太、梁远冬、孙志鹏	20180914
618	20180618	尼尔巴若（NIRPBARO）	蔷薇属	尼尔普国际有限公司（NIRP INTERNATIONAL S.A.）	亚历山德罗·吉奥恩（Alessandro Ghione）	20180914
619	20180619	尼尔帕夫（NIRPAV）	蔷薇属	尼尔普国际有限公司（NIRP INTERNATIONAL S.A.）	亚历山德罗·吉奥恩（Alessandro Ghione）	20180914

(续)

序号	申请号	品种名称	属（种）	申请人	培育人	申请日
620	20180620	曼巴娅（MANBAIA）	蔷薇属	尼尔普国际有限公司（NIRP INTERNATIONAL S.A.）	亚历山德罗·吉奥恩（Alessandro Ghione）	20180914
621	20180621	曼德瑞梦（MANDREAM）	蔷薇属	尼尔普国际有限公司（NIRP INTERNATIONAL S.A.）	安德里亚·曼苏英诺（Andrea Mansuino）	20180914
622	20180622	可丽包斯（KRIBOISE）	蔷薇属	尼尔普国际有限公司（NIRP INTERNATIONAL S.A.）	米切尔·可丽洛夫（Michael Kriloff）	20180914
623	20180623	尼尔拜尔（NIRPBER）	蔷薇属	尼尔普国际有限公司（NIRP INTERNATIONAL S.A.）	亚历山德罗·吉奥恩（Alessandro Ghione）	20180914
624	20180624	尼尔卜琳娜（NIRPBRINA）	蔷薇属	尼尔普国际有限公司（NIRP INTERNATIONAL S.A.）	亚历山德罗·吉奥恩（Alessandro Ghione）	20180914
625	20180625	尼尔普格力（NIRPGRY）	蔷薇属	尼尔普国际有限公司（NIRP INTERNATIONAL S.A.）	亚历山德罗·吉奥恩（Alessandro Ghione）	20180914
626	20180626	尼尔普哈弗（NIRPHARV）	蔷薇属	尼尔普国际有限公司（NIRP INTERNATIONAL S.A.）	亚历山德罗·吉奥恩（Alessandro Ghione）	20180914
627	20180627	尼尔芬（NIRPHIN）	蔷薇属	尼尔普国际有限公司（NIRP INTERNATIONAL S.A.）	亚历山德罗·吉奥恩（Alessandro Ghione）	20180914
628	20180628	尼尔菲特（NIRPHIT）	蔷薇属	尼尔普国际有限公司（NIRP INTERNATIONAL S.A.）	亚历山德罗·吉奥恩（Alessandro Ghione）	20180914
629	20180629	尼尔普豪斯（NIRPHORSE）	蔷薇属	尼尔普国际有限公司（NIRP INTERNATIONAL S.A.）	亚历山德罗·吉奥恩（Alessandro Ghione）	20180914
630	20180630	尼尔普皮卢（NIRPIRO）	蔷薇属	尼尔普国际有限公司（NIRP INTERNATIONAL S.A.）	亚历山德罗·吉奥恩（Alessandro Ghione）	20180914
631	20180631	尼尔普涛（NIRPTOR）	蔷薇属	尼尔普国际有限公司（NIRP INTERNATIONAL S.A.）	亚历山德罗·吉奥恩（Alessandro Ghione）	20180914
632	20180632	尼尔派（NIRPAL）	蔷薇属	尼尔普国际有限公司（NIRP INTERNATIONAL S.A.）	亚历山德罗·吉奥恩（Alessandro Ghione）	20180914
633	20180633	尼尔普宫（NIRPGO）	蔷薇属	尼尔普国际有限公司（NIRP INTERNATIONAL S.A.）	亚历山德罗·吉奥恩（Alessandro Ghione）	20180914
634	20180634	尼尔普高（NIRPGOO）	蔷薇属	尼尔普国际有限公司（NIRP INTERNATIONAL S.A.）	亚历山德罗·吉奥恩（Alessandro Ghione）	20180914
635	20180635	尼尔皮姆（NIRPIM）	蔷薇属	尼尔普国际有限公司（NIRP INTERNATIONAL S.A.）	亚历山德罗·吉奥恩（Alessandro Ghione）	20180914

（续）

序号	申请号	品种名称	属（种）	申请人	培育人	申请日
636	20180636	尼尔品客思（NIRPINEX）	蔷薇属	尼尔普国际有限公司（NIRP INTERNATIONAL S.A.）	亚历山德罗·吉奥恩（Alessandro Ghione）	20180914
637	20180637	尼尔普马可（NIRPMACLE）	蔷薇属	尼尔普国际有限公司（NIRP INTERNATIONAL S.A.）	亚历山德罗·吉奥恩（Alessandro Ghione）	20180914
638	20180638	尼尔普曼（NIRPMANT）	蔷薇属	尼尔普国际有限公司（NIRP INTERNATIONAL S.A.）	亚历山德罗·吉奥恩（Alessandro Ghione）	20180914
639	20180639	尼尔普木（NIRPMUT）	蔷薇属	尼尔普国际有限公司（NIRP INTERNATIONAL S.A.）	亚历山德罗·吉奥恩（Alessandro Ghione）	20180914
640	20180640	尼尔泡普（NIRPOP）	蔷薇属	尼尔普国际有限公司（NIRP INTERNATIONAL S.A.）	亚历山德罗·吉奥恩（Alessandro Ghione）	20180914
641	20180641	尼尔斯普瑞德（NIRPSPRIDE）	蔷薇属	尼尔普国际有限公司（NIRP INTERNATIONAL S.A.）	亚历山德罗·吉奥恩（Alessandro Ghione）	20180914
642	20180642	尼尔普 SW（NIRPSW）	蔷薇属	尼尔普国际有限公司（NIRP INTERNATIONAL S.A.）	亚历山德罗·吉奥恩（Alessandro Ghione）	20180914
643	20180643	尼尔普塔（NIRPTAG）	蔷薇属	尼尔普国际有限公司（NIRP INTERNATIONAL S.A.）	亚历山德罗·吉奥恩（Alessandro Ghione）	20180914
644	20180644	甜盒-929（TH-929）	越橘属	美国佐治亚大学研究基金公司（The University of Georgia Research Foundation, Inc., USA）	D·斯考特·奈史密斯（D. Scott NeSmith）	20180914
645	20180645	红云	紫薇	泰安市泰山林业科学研究院	王长宪、张林、王峰、程甜甜、高红、孙芳、谢学阳	20180921
646	20180646	红海	紫薇	泰安市泰山林业科学研究院	程甜甜、张林、王峰、朱翠翠、于永畅、乔谦、杨波	20180921
647	20180647	花海	紫薇	泰安市泰山林业科学研究院	王峰、孙忠奎、王郑昊、张林、朱翠翠、孙芳、李承秀新、于永畅、任红剑	20180921
648	20180648	浓情	紫薇	泰安市泰山林业科学研究院	王峰、孙忠奎、张林、程甜甜、李承秀、王郑昊、李长新、仲凤维、王长宪	20180921
649	20180649	祥云	紫薇	泰安市泰山林业科学研究院	张林、孙忠奎、王峰、张安琪、王长宪、仲凤维、王波、杨波、乔谦	20180921
650	20180650	追梦	紫薇	泰安市泰山林业科学研究院	李承秀、程甜甜、孙忠奎、张兴、程甜甜、王长宪、李长新、谢学阳、王波、李承秀	20180925
651	20180651	紫仙	紫薇	泰安市泰山林业科学研究院	张林、程甜甜、王峰、孙忠奎、张安琪、杨波、王波、朱翠翠	20180925

（续）

序号	申请号	品种名称	属（种）	申请人	培育人	申请日
652	20180652	罗汉	流苏树属	泰安市泰山林业科学研究所	张林、孙忠奎、杜辉、王峰、李承秀、程甜甜、王长宪、王郑昊、朱翠翠、谷文硕、张安琪	20180925
653	20180653	玫维杰斯（MEIVILJOIS）	蔷薇属	法国玫兰国际有限公司（MEILLAND INTERNATIONAL S.A.）	巳波秀贵（Hideki MINAMI）	20180927
654	20180654	科盆 078（KORpot078）	蔷薇属	科德斯月季育种公司（W. Kordes' Sohne Rosenschulen GmbH & Co KG）	威廉-亚历山大·科德斯（Wilhelm-Alexander Kordes）	20181008
655	20180655	科盆 079（KORpot079）	蔷薇属	科德斯月季育种公司（W. Kordes' Sohne Rosenschulen GmbH & Co KG）	威廉-亚历山大·科德斯（Wilhelm-Alexander Kordes）	20181008
656	20180656	科盆 080（KORpot080）	蔷薇属	科德斯月季育种公司（W. Kordes' Sohne Rosenschulen GmbH & Co KG）	威廉-亚历山大·科德斯（Wilhelm-Alexander Kordes）	20181008
657	20180657	科盆 082（KORpot082）	蔷薇属	科德斯月季育种公司（W. Kordes' Sohne Rosenschulen GmbH & Co KG）	威廉-亚历山大·科德斯（Wilhelm-Alexander Kordes）	20181008
658	20180658	科盆 083（KORpot083）	蔷薇属	科德斯月季育种公司（W. Kordes' Sohne Rosenschulen GmbH & Co KG）	威廉-亚历山大·科德斯（Wilhelm-Alexander Kordes）	20181008
659	20180659	凤飞	槭属	泰安市泰山林业科学研究院	张林、王峰、杜辉、程甜甜、张安琪、孙忠奎、朱翠翠、王郑昊、任红剑、王波、谷文硕	20181009
660	20180660	凤蝶	槭属	泰安市泰山林业科学研究院	张林、王长宪、孙忠奎、李承秀、程甜甜、王峰、张安琪、朱翠、乔培、于永谦、李长畅、李长新	20181009
661	20180661	黄金甲	蔷薇属	云南省农业科学院花卉研究所	邱显钦、唐开学、张颢、王其刚、陈敏、蹇洪英、晏慧君、周宁、李淑斌	20181009
662	20180662	光影	蔷薇属	云南省农业科学院花卉研究所	陈敏、唐开学、张颢、王其刚、蹇洪英、晏慧君、邱显钦、李淑斌、张婷	20181009
663	20180663	劳心	蔷薇属	云南省农业科学院花卉研究所	蹇洪英、王其刚、李淑英、李淑斌、唐开学、张颢、周宁、张婷、周宁宁	20181009
664	20180664	橙色多梦	蔷薇属	云南省农业科学院花卉研究所	晏慧君、王其刚、张颢、唐开学、周宁宁、张婷、陈敏、邱显钦、李淑斌	20181009

（续）

序号	申请号	品种名称	属（种）	申请人	培育人	申请日
665	20180665	粉晕	蔷薇属	云南省农业科学院花卉研究所	李淑斌、唐开学、张颢、王其刚、蹇洪英、晏慧君、周宁宁、邱显钦、陈敏、张婷	20181009
666	20180666	满园春	蔷薇属	云南省农业科学院花卉研究所	李淑斌、王其刚、唐开学、张颢、蹇洪英、周宁宁、邱显钦、陈敏、张婷	20181009
667	20180667	瑞克1999A（RUICK1999A）	蔷薇属	迪瑞特知识产权公司（De Ruiter Intellectual Property B.V.）	汉克·德·格罗特（H.C.A. de Groot）	20181011
668	20180668	瑞慕克0029（RUIMCR0029）	蔷薇属	迪瑞特知识产权公司（De Ruiter Intellectual Property B.V.）	汉克·德·格罗特（H.C.A. de Groot）	20181011
669	20180669	粉黛	蔷薇属	苏州市华冠园创园艺科技有限公司	姜正之	20181011
670	20180670	雀之舞	蔷薇属	苏州市华冠园创园艺科技有限公司	姜正之	20181011
671	20180671	空蒙	蔷薇属	苏州市华冠园创园艺科技有限公司	姜正之	20181011
672	20180672	黄金油杏	杏	中国农业科学院郑州果树研究所	陈玉玲、夏乐晗、冯义彬、黄振宇、回经涛、徐善坤、李玉峰、陈占营	20181015
673	20180673	醉玲珑	蔷薇属	昆明锦苑康乃馨种植有限公司	曹荣根、张力、倪功、田连通、白云评、乔丽婷、阳明祥、何琼	20181017
674	20180674	一丈红	蔷薇属	昆明锦苑康乃馨种植有限公司	曹荣根、张力、倪功、田连通、白云评、乔丽婷、阳明祥、何琼	20181017
675	20180675	琉璃	蔷薇属	昆明锦苑康乃馨种植有限公司	曹荣根、张力、倪功、田连通、白云评、乔丽婷、阳明祥、何琼	20181017
676	20180676	金蝉	蔷薇属	昆明锦苑康乃馨种植有限公司	曹荣根、张力、倪功、田连通、白云评、乔丽婷、阳明祥、何琼	20181017
677	20180677	梦想家	蔷薇属	昆明锦苑康乃馨种植有限公司	曹荣根、张力、倪功、田连通、白云评、乔丽婷、阳明祥、何琼	20181017
678	20180678	芳菲	栀子属	南京林业大学	王贤荣、段一凡、伊贤贵、王华辰、陈林、李蒙、赵昌恒	20181018
679	20180679	芳姿	栀子属	南京林业大学	王贤荣、段一凡、伊贤贵、王华辰、陈林、李蒙、赵昌恒	20181018
680	20180680	玫伯杰（MEIBERGEY）	蔷薇属	法国玫兰国际有限公司（MEILLAND INTERNATIONAL S.A.）	阿兰·安东尼·玫兰（Alain Antoine MEILLAND）	20181019
681	20180681	湘粉娇	山茶属	湖南省林业科学院	王湘南、陈永忠、王瑞、彭邵锋、张震、许彦明、李志钢、唐炜、马力、彭映赫	20181019
682	20180682	湘艳	山茶属	湖南省林业科学院	王湘南、陈永忠、彭邵锋、王瑞、陈隆升、许彦明、张震、李志钢、马力、唐炜、彭映赫	20181019
683	20180683	普世蓝27	越橘属	大连普世蓝农业科技有限公司	徐国辉、王一舒	20181020
684	20180684	普世蓝233	越橘属	大连普世蓝农业科技有限公司	陈英敏、王一舒	20181020
685	20180685	普世蓝474	越橘属	大连普世蓝农业科技有限公司	王一舒、陈英敏、徐国辉	20181020
686	20180686	森茂222	越橘属	大连森茂现代农业有限公司	王贺新、徐国辉	20181020
687	20180687	森茂230	越橘属	大连森茂现代农业有限公司	王贺新、赵丽娜	20181020
688	20180688	森茂270	越橘属	大连森茂现代农业有限公司	王贺新、徐国辉、刘国玲	20181020

（续）

序号	申请号	品种名称	属（种）	申请人	培育人	申请日
689	20180689	森茂 287	越橘属	大连森茂现代农业有限公司	王贺新，徐国辉	20181020
690	20180690	森茂 298	越橘属	大连森茂现代农业有限公司	王贺新，徐国辉	20181020
691	20180691	森茂 338	越橘属	大连森茂现代农业有限公司	王贺新，徐国辉	20181020
692	20180692	森茂 340	越橘属	大连森茂现代农业有限公司	王贺新，徐国辉	20181020
693	20180693	森茂 353	越橘属	大连森茂现代农业有限公司	王贺新，徐国辉	20181020
694	20180694	森茂 402	越橘属	大连森茂现代农业有限公司	王贺新，徐国辉	20181020
695	20180695	森茂 403	越橘属	大连森茂现代农业有限公司	王贺新，徐国辉	20181020
696	20180696	森茂 431	越橘属	大连森茂现代农业有限公司	王贺新，徐国辉	20181020
697	20180697	森茂 478	越橘属	大连森茂现代农业有限公司	王贺新，徐国辉	20181020
698	20180698	森茂 492	越橘属	大连森茂现代农业有限公司	王贺新，徐国辉	20181020
699	20180699	森茂 715	越橘属	大连森茂现代农业有限公司	王贺新，徐国辉，闫东玲，彭恒辰	20181020
700	20180700	森茂 725	越橘属	大连森茂现代农业有限公司	王贺新，徐国辉	20181020
701	20180701	森茂 728	越橘属	大连森茂现代农业有限公司	王贺新，徐国辉，刘国玲，姜长辉	20181020
702	20180702	森茂 804	越橘属	大连森茂现代农业有限公司	王贺新，徐国辉，雷蕾	20181020
703	20180703	森茂 B-4	越橘属	中国科学院植物研究所	王亮生，冯成金，李冰，李珊珊	20181022
704	20180704	青岛春晖	李属	山东省林业科学研究院	胡丁猛，王松，许景伟，甸兴建	20181022
705	20180705	齐鲁风韵	李属	山东省林业科学研究院	胡丁猛，王松，许景伟，甸兴建	20181022
706	20180706	迎春红	李属	山东省林业科学研究院	胡丁猛，王松，许景伟，甸兴建	20181022
707	20180707	金如意	山楂属	聂宗省	聂宗省，刘海敏	20181026
708	20180708	秾滟香语	芍药属	中国农业科学院蔬菜花卉研究所	张秀新，薛璟祺，王顺利，薛玉前，杨若文	20181031
709	20180709	秾苑虹妆	芍药属	中国农业科学院蔬菜花卉研究所	张秀新，薛璟祺，王顺利，薛玉前，高洁	20181031
710	20180710	秾苑湘月	芍药属	中国农业科学院蔬菜花卉研究所	张秀新，薛璟祺，王顺利，薛玉前，房桂霞，任秀霞，高洁	20181031
711	20180711	秾醉墨香	芍药属	中国农业科学院蔬菜花卉研究所	张秀新，薛璟祺，王顺利，薛玉前，任秀霞，杨若文	20181031
712	20180712	秾苑麦香	芍药属	中国农业科学院蔬菜花卉研究所	张秀新，贾强，包振宇，王桂亮，孙青文，薛璟祺，王顺利，范俊峰，薛玉前	20181031
713	20180713	秾醉鸢飞	芍药属	中国农业科学院蔬菜花卉研究所	张秀新，贾强，包振宇，王桂亮，孙青文，薛璟祺，王顺利，范俊峰，薛玉前	20181031
714	20180714	宫矮合一号（MKR1）	柿	株式会社山阳农园	铁村，琢哉	20181102
715	20180715	京欧 4 号	李属	北京中医药大学	李卫东，刘保旺	20181104
716	20180716	灿云	杏	牛三义	牛三义，尹新彦，储博彦，张全锋，王鑫，滕艳颖，霍对对	20181105
717	20180717	晨雪	桃花	王燕	王燕	20181105
718	20180718	傲雪	桃花	王燕	王燕	20181105

序号	申请号	品种名称	属（种）	申请人	培育人	申请日
719	20180719	武陵春色	桃花	王燕	王燕	20181105
720	20180720	朝霞	桃花	王燕	王燕	20181105
721	20180721	烟云	桃花	王燕	王燕	20181105
722	20180722	旭日	桃花	王燕	王燕	20181105
723	20180723	热林22	桉属	中国林业科学研究院热带林业研究所	徐建民、李光友、陆钊华、卢国桓、赵汝玉、黄发健、胡杨、谭沛涛、陈守光、徐秀婷	20181105
724	20180724	热林120	桉属	中国林业科学研究院热带林业研究所	徐建民、李光友、陆钊华、姚庆端、胡德荣、刘来忠、陆海飞、罗成学、栗国磊、陈儒香	20181105
725	20180725	热林518	桉属	中国林业科学研究院热带林业研究所	徐建民、李光友、彭仕尧、吴世军、赵汝玉、黄宏健、陈应彪、谭沛涛、陈文平、陈儒香	20181105
726	20180726	雅韵	桦属	湖南省森林植物园	颜立红、蒋利媛、向光锋、田晓明	20181106
727	20180727	翔云	含笑属	湖南省森林植物园	颜立红、向光锋、蒋利媛、田晓明	20181106
728	20180728	瑞克1232A（RUICK1232A）	蔷薇属	迪瑞特知识产权公司（De Ruiter Intellectual Property B.V.）	汉克·德·格罗特（H.C.A. de Groot）	20181109
729	20180729	津绿	越橘属	天津农学院	刘艳军、杨静慧	20181109
730	20180730	永福彩30	桂花	福建新发现农业发展有限公司	陈日才、吴启民、王聪成、詹正钿、陈朝暖、陈小芳、陈菁菁	20181114
731	20180731	永福彩31	桂花	福建新发现农业发展有限公司	陈日才、吴启民、王聪成、詹正钿、陈朝暖、陈小芳、陈菁菁	20181114
732	20180732	金流鹤舞	芍药属	上海辰山植物园	胡永红、叶康、秦俊、张颖	20181115
733	20180733	云薇一号	蔷薇属	云南艾蔷薇园艺科技有限公司	卢秀慧、谭思艳、杨晓灿	20181118
734	20180734	云薇二号	蔷薇属	云南艾蔷薇园艺科技有限公司	严莎莎、谭思艳、卢秀慧	20181118
735	20180735	云薇三号	蔷薇属	云南艾蔷薇园艺科技有限公司	谭思艳、卢秀慧、杨晓灿	20181118
736	20180736	小甜心	蔷薇属	云南艾蔷薇园艺科技有限公司	程小毛、卢秀慧、谭思艳、张林华	20181118
737	20180737	清醇	蔷薇属	云南艾蔷薇园艺科技有限公司	傅小鹏、谭思艳、卢秀慧、何燕红	20181118
738	20180738	萌萌哒	蔷薇属	云南艾蔷薇园艺科技有限公司	严莎莎、谭思艳、卢秀慧、何燕红、程小毛、傅小鹏	20181118
739	20180739	烈焰	蔷薇属	云南艾蔷薇园艺科技有限公司	谭思艳、卢秀慧、程小毛、张林华	20181118
740	20180740	绿雅	蔷薇属	云南艾蔷薇园艺科技有限公司	何燕红、谭思艳、卢秀慧、傅小鹏、张林华	20181118
741	20180741	烈火	蔷薇属	云南艾蔷薇园艺科技有限公司	程小毛、谭思艳、卢秀慧、张林华	20181118
742	20180742	黄金戒指	蔷薇属	云南艾蔷薇园艺科技有限公司	严莎莎、谭思艳、卢秀慧、程小毛、何燕红	20181118
743	20180743	甬绿1号	杜鹃花属	浙江万里学院	谢晓鸿、吴月燕、沃绵康	20181120
744	20180744	甬绿2号	杜鹃花属	宁波北仑亿润花卉有限公司	沃科军、沃绵康	20181120
745	20180745	甬绿3号	杜鹃花属	浙江万里学院	吴月燕、谢晓鸿、沃科军、沃绵康	20181120

（续）

序号	申请号	品种名称	属（种）	申请人	培育人	申请日
746	20180746	甬绿4号	杜鹃花属	宁波北仑亿润花卉有限公司	沃绵康、沃科军	20181120
747	20180747	甬绿5号	杜鹃花属	宁波北仑亿润花卉有限公司	沃绵康、沃科军	20181120
748	20180748	甬绿6号	杜鹃花属	宁波北仑亿润花卉有限公司	沃绵康、沃科军	20181120
749	20180749	甬绿7号	杜鹃花属	宁波北仑亿润花卉有限公司	沃科军、沃绵康	20181120
750	20180750	甬绿8号	杜鹃花属	浙江万里学院	吴月燕、谢晓鸿、沃绵康、沃科军	20181120
751	20180751	甬紫蝶	杜鹃花属	浙江万里学院	章辰飞、吴月燕、沃科军、沃绵康	20181120
752	20180752	甬小雪	杜鹃花属	浙江万里学院	柳海宁、谢晓鸿、沃绵康、谢晓鸿	20181120
753	20180753	甬小春	杜鹃花属	宁波北仑亿润花卉有限公司	沃科军、沃绵康	20181120
754	20180754	甬小阳	杜鹃花属	宁波北仑亿润花卉有限公司	沃科军、沃绵康	20181120
755	20180755	甬小桃	杜鹃花属	宁波北仑亿润花卉有限公司	沃科军、沃绵康	20181120
756	20180756	甬小彤	杜鹃花属	宁波北仑亿润花卉有限公司	沃科军、沃绵康	20181120
757	20180757	甬小霞	杜鹃花属	浙江万里学院	吴月燕、沈梓力、谢晓鸿、沃科军	20181120
758	20180758	甬小娇	杜鹃花属	宁波北仑亿润花卉有限公司	沃科军、沃绵康	20181120
759	20180759	甬绵之光	杜鹃花属	宁波北仑亿润花卉有限公司	沃科军、沃绵康	20181120
760	20180760	甬绯玫	杜鹃花属	宁波北仑亿润花卉有限公司	沃科军、沃绵康	20181120
761	20180761	甬金玫	杜鹃花属	宁波北仑亿润花卉有限公司	沃科军、沃绵康	20181120
762	20180762	甬红玫	杜鹃花属	宁波北仑亿润花卉有限公司	沃绵康、沃科军	20181120
763	20180763	粤桂明珠	杜鹃花属	棕桐生态城镇发展股份有限公司	刘信凯、孙映波、高继银、于波、严丹峰、张佩霞、黄丽丽	20181121
764	20180764	夏日红霞	杜鹃花属	棕桐生态城镇发展股份有限公司	钟乃盛、刘信凯、黎艳玲、叶艳君、高继银、严丹峰、谢雨慧	20181121
765	20180765	夏蝶群舞	山茶属	棕桐生态城镇发展股份有限公司	赵强民、佩霞、孙映波、黎艳玲、于波、黄丽丽、钟乃盛、张……（张）	20181121
766	20180766	金童常山	大青属	河南名品彩叶苗木股份有限公司	王华明、石海燕、王华昭、袁向阳、寇新良、贾涛。	20181123
767	20180767	点绛唇	芍药属	甘肃省林业科技推广总站	李京璟、张延东、张兴莹、白建军、张莉、何丽霞	20181123
768	20180768	尘尽光生	芍药属	甘肃省林业科技推广总站	成娟、滕保琴、马春鲤、何丽霞、王花兰、李楠	20181123
769	20180769	茶花韵	芍药属	甘肃省林业科技推广总站	李睿、王建强、李睿、李京璟、李楠	20181123
770	20180770	权紫嫣红	芍药属	甘肃省林业科技推广总站	何丽霞、成娟、李建强、张晶、王花兰	20181123
771	20180771	粉脂绣球	芍药属	甘肃省林业科技推广总站	金辉亮、何智宏、马春鲤、张晶、何丽霞	20181123
772	20180772	红荷韵	芍药属	甘肃省林业科技推广总站	孔芬、沈延民、李京璟、赵生春、李京璟、何丽霞	20181123
773	20180773	红珊瑚	芍药属	甘肃省林业科技推广总站	李睿、金辉亮、李建强、李楠、何智宏	20181123
774	20180774	旧颜新貌	芍药属	甘肃省林业科技推广总站	张莉、张延东、成娟、王建强、金辉亮	20181123
775	20180775	蜡梅梅影	芍药属	甘肃省林业科技推广总站	何丽霞、王花兰、杨国州、张莉、金辉亮、张延东	20181123
776	20180776	落日熔金	芍药属	甘肃省林业科技推广总站	张延东、苏宏斌、何丽霞、成娟、何智宏、李楠	20181123
777	20180777	秋林	芍药属	甘肃省林业科技推广总站	李睿、滕保琴、李楠、辛冬亮、何丽霞、沈延民	20181123

（续）

序号	申请号	品种名称	属（种）	申请人	培育人	申请日
778	20180778	珊瑚映绿	芍药属	甘肃省林业科技推广总站	成娟，何丽霞，张延东，李睿，张莉，杨国州	20181123
779	20180779	深墨红	芍药属	甘肃省林业科技推广总站	张莉，李睿，何丽霞，金辉亮，杨国州，成娟	20181123
780	20180780	紫霞心	芍药属	甘肃省林业科技推广总站	李楠，何丽霞，沈延民，成娟，李睿	20181123
781	20180781	紫楼蕴金	芍药属	甘肃省林业科技推广总站	杨全生，杨雅琪，何丽霞，李睿，李京璟	20181123
782	20180782	丝路花语	芍药属	甘肃省林业科技推广总站	王花兰，汪淑娟，杨国州，何智宏，李睿	20181123
783	20180783	紫彩融绛罗	芍药属	甘肃省林业科技推广总站	王花兰，张莉，何丽霞，成娟，李京璟	20181123
784	20180784	洮玖	芍药属	甘肃省林业科技推广总站	杨国洲，何丽霞，汪淑娟，成娟，李京璟	20181123
785	20180785	陶然	芍药属	甘肃省林业科技推广总站	张韬，潘鑫，金辉亮，白建军，杨国州，张延东，何丽霞	20181123
786	20180786	小叶丽董	芍药属	甘肃省林业科技推广总站	郭军霞，白建军，李睿，何丽霞，何智宏	20181123
787	20180787	雪绣球	芍药属	甘肃省林业科技推广总站	杨全生，王丽，辛平，何丽霞，李建强	20181123
788	20180788	余霞散绮	芍药属	甘肃省林业科技推广总站	撒静，何丽霞，张延东，李楠，何智宏	20181123
789	20180789	玉龙双艳	芍药属	甘肃省林业科技推广总站	杨全生，辛中尧，王永兰，杨国州，王花兰	20181123
790	20180790	紫珊瑚	芍药属	甘肃省林业科技推广总站	张延东，赵生春，王丽，何丽霞，金辉亮，李建强	20181123
791	20180791	紫燕归巢	芍药属	甘肃省林业科技推广总站	李楠，苏宏斌，李睿，何丽霞，成娟	20181123
792	20180792	紫韵轮回	芍药属	甘肃省林业科技推广总站	李睿，何丽霞，杨国州，金辉亮，李建强	20181123
793	20180793	艳影	蔷薇属	云南锦科花卉工程研究中心有限公司	倪功，曹丽婷，何琼，田连通，阳明祥，白云平	20181124
794	20180794	粉之语	蔷薇属	云南锦科花卉工程研究中心有限公司	倪功，曹荣根，何琼，田连通，阳明祥，白云平	20181124
795	20180795	温存	蔷薇属	云南锦科花卉工程研究中心有限公司	倪功，曹荣根，何琼，田连通，阳明祥，白云评	20181124
796	20180796	娇羞	蔷薇属	云南锦科花卉工程研究中心有限公司	倪功，曹丽婷，何琼，田连通，阳明祥，白云平	20181124
797	20180797	简之爱	蔷薇属	云南锦科花卉工程研究中心有限公司	倪功，曹丽婷，何琼，田连通，阳明祥，白云平	20181124
798	20180798	星辉	蔷薇属	云南锦科花卉工程研究中心有限公司	倪功，曹荣根，何琼，田连通，阳明祥，白云平	20181123
799	20180799	风之情	蔷薇属	云南锦科花卉工程研究中心有限公司	倪功，曹荣根，何琼，田连通，阳明祥，白云平	20181124
800	20180800	娇颜	蔷薇属	云南锦科花卉工程研究中心有限公司	倪功，曹荣根，何琼，田连通，阳明祥	20181124
801	20180801	冀早红	杏	河北省农林科学院石家庄果树研究所	赵习平，武晓红，陈雪峰，景晨娟	20181126
802	20180802	中林10号	梓树属	中国林业科学研究院林业研究所	麻文俊，王军辉，赵鲲，张明刚，杨桂娟，焦云德，姚淑均	20181130
803	20180803	醉金1号	醉鱼草属	杨彦青	杨彦青	20181130
804	20180804	雾灵紫肉	山楂属	耿金川	耿金川，赵玉亮，陆凤勤，毕振良，梁义春，金铁娟，夏文作，马桂梅，高剑利，崔红莉，吴小仿，马玉海	20181201
805	20180805	先达1号	榛属	辽宁省经济林研究所	王道明，梁维坚，郑金利，解明，肖军，杨帆，李志军，张悦，马端峰	20181203
806	20180806	中绿银红	杜鹃花属	广东中绿园林集团有限公司	王旭光，肖军，王雪芹，路丽平	20181203
807	20180807	中绿艳红	杜鹃花属	广东中绿园林集团有限公司	刘明辉，邹艳红，李瑞成，王银英，朱梦甜，黄捷	20181203
808	20180808	中绿洋红	杜鹃花属	广东中绿园林集团有限公司	王辉，路小妹，胡耀欢，宋睿，方星星，石建娅	20181203

（续）

序号	申请号	品种名称	属（种）	申请人	培育人	申请日
809	20180809	金叶玉枝	蜡梅	河南省林业科学研究院	沈植国、尚忠海、岳长平、丁鑫、王安亭、孙萌、程建明、汤正辉、汪世忠、尚苗苗、沈希辉	20181203
810	20180810	如意	蔷薇属	通海锦海农业科技发展有限公司	董春富、张军云、张建康、张钟、杨世先、胡颖、胡丽琴	20181204
811	20180811	华中冰樱	李属	青岛樱花谷科技生态园有限公司	王凤、胡丁猛、许景伟、画兴建、李贵学、丁守和	20181205
812	20180812	缘溪2号	山核桃属	福建合缘农业有限公司	徐永杰、宋晓波、李虹、徐春永、李维雪、汤富军、张树明	20181205
813	20180813	红烛	石榴属	国家林业局调查规划设计院	郭郁、李体松、罗华、侯乐峰	20181205
814	20180814	赤艳	石榴属	国家林业局调查规划设计院	郭郁、罗华、李体松、侯乐峰	20181205
815	20180815	北沙柳内衣1号	柳属	内蒙古农业大学	张国盛、郝蕾、路东晔、薛凤英、郭文雨、宁端些、宁明世、李娅翔、阿力玛	20181206
816	20180816	北沙柳内衣2号	柳属	内蒙古农业大学	张国盛、郝蕾、路东晔、阿拉腾苏和、郭文雨、宁静、宁瑞些、韩胜利、李娅翔	20181206
817	20180817	北沙柳内衣3号	柳属	内蒙古农业大学	张国盛、郝蕾、张磊、路东晔、薛凤英、于丽丽、宁明世、李娅翔、张玉琨	20181206
818	20180818	北沙柳内衣4号	柳属	内蒙古农业大学	张国盛、郝蕾、路东晔、阿拉腾苏和、郭文雨、宁静、于丽丽、张磊、韩胜利、张玉琨	20181206
819	20180819	玉蝴蝶	连翘属	北京林业大学	潘会堂、申建双、张启翔、马帅、程堂仁、王佳	20181207
820	20180820	日星	连翘属	北京林业大学	潘会堂、张启翔、申建双、马帅、程堂仁、王佳	20181207
821	20180821	素衣	连翘属	北京林业大学	潘会堂、申建双、张启翔、马帅、程堂仁、王佳	20181207
822	20180822	纷飞	连翘属	北京林业大学	潘会堂、申建双、张启翔、马帅、程堂仁、王佳	20181207
823	20180823	玉童	连翘属	北京林业大学	潘会堂、申建双、张启翔、马帅、程堂仁、王佳	20181207
824	20180824	妹玉	连翘属	北京林业大学	潘会堂、申建双、张启翔、马帅、程堂仁、王佳	20181207
825	20180825	紫盈	连翘属	北京林业大学	潘会堂、申建双、张启翔、马帅、程堂仁、王佳	20181207
826	20180826	尼尔普提坎（NIRPTICAN）	蔷薇属	尼尔普国际有限公司（NIRP INTERNATIONAL SA）	亚历山德罗·吉奥恩（Alessandro Ghione）	20181207
827	20180827	西昌78149（SCH78149）	蔷薇属	荷兰彼得·西昌厄斯控股公司（Piet Schreurs Holding B.V.）	P·N·J·西昌厄斯（Petrus Nicolaas Johannes Schreurs）	20181207
828	20180828	佳驰001（GARCHI001）	蔷薇属	丹麦永恒月季公司（ROSES FOREVER ApS, Denmark）	R·艾斯克伦德（Rosa Eskelund）	20181207
829	20180829	佳驰002（GARCHI002）	蔷薇属	丹麦永恒月季公司（ROSES FOREVER ApS, Denmark）	R·艾斯克伦德（Rosa Eskelund）	20181207
830	20180830	佳驰003（GARCHI003）	蔷薇属	丹麦永恒月季公司（ROSES FOREVER ApS, Denmark）	R·艾斯克伦德（Rosa Eskelund）	20181207

（续）

序号	申请号	品种名称	属（种）	申请人	培育人	申请日
831	20180831	佳驰 005（GARCHI005）	蔷薇属	丹麦永恒月季公司（ROSES FOREVER ApS, Denmark）	R·艾斯克伦德（Rosa Eskelund）	20181207
832	20180832	佳驰 006（GARCHI006）	蔷薇属	丹麦永恒月季公司（ROSES FOREVER ApS, Denmark）	R·艾斯克伦德（Rosa Eskelund）	20181207
833	20180833	佳驰 007（GARCHI007）	蔷薇属	丹麦永恒月季公司（ROSES FOREVER ApS, Denmark）	R·艾斯克伦德（Rosa Eskelund）	20181207
834	20180834	尼尔普塔莫（NIRPTAMO）	蔷薇属	尼尔普国际有限公司（NIRP INTERNATIONAL S.A.）	亚历山德罗·吉奥恩（Alessandro Ghione）	20181207
835	20180835	尼尔维尔迪（NIRPVERDI）	蔷薇属	尼尔普国际有限公司（NIRP INTERNATIONAL S.A.）	亚历山德罗·吉奥恩（Alessandro Ghione）	20181207
836	20180836	尼尔普伟菲（NIRPWIFI）	蔷薇属	尼尔普国际有限公司（NIRP INTERNATIONAL S.A.）	亚历山德罗·吉奥恩（Alessandro Ghione）	20181207
837	20180837	尼尔普丁（NIRPDIN）	蔷薇属	尼尔普国际有限公司（NIRP INTERNATIONAL S.A.）	亚历山德罗·吉奥恩（Alessandro Ghione）	20181207
838	20180838	尼尔派得（NIRPEDE）	蔷薇属	尼尔普国际有限公司（NIRP INTERNATIONAL S.A.）	亚历山德罗·吉奥恩（Alessandro Ghione）	20181207
839	20180839	尼尔普 RPR（NIRPRPR）	蔷薇属	尼尔普国际有限公司（NIRP INTERNATIONAL S.A.）	亚历山德罗·吉奥恩（Alessandro Ghione）	20181207
840	20180840	尼尔派特（NIRPET）	蔷薇属	尼尔普国际有限公司（NIRP INTERNATIONAL S.A.）	亚历山德罗·吉奥恩（Alessandro Ghione）	20181207
841	20180841	可丽堪（KRICAN）	蔷薇属	尼尔普国际有限公司（NIRP INTERNATIONAL S.A.）	亚历山德罗·吉奥恩（Alessandro Ghione）	20181207
842	20180842	曼洛斯（MANLOS）	蔷薇属	尼尔普国际有限公司（NIRP INTERNATIONAL S.A.）	亚历山德罗·吉奥恩（Alessandro Ghione）	20181207
843	20180843	曼洛克（MANOCK）	蔷薇属	尼尔普国际有限公司（NIRP INTERNATIONAL S.A.）	亚历山德罗·吉奥恩（Alessandro Ghione）	20181207
844	20180844	尼尔普 ASC（NIRPASC）	蔷薇属	尼尔普国际有限公司（NIRP INTERNATIONAL S.A.）	亚历山德罗·吉奥恩（Alessandro Ghione）	20181207
845	20180845	曼塔维尔（MANTAVEL）	蔷薇属	尼尔普国际有限公司（NIRP INTERNATIONAL S.A.）	亚历山德罗·吉奥恩（Alessandro Ghione）	20181207
846	20180846	尼尔帕勒特（NIRPALERT）	蔷薇属	尼尔普国际有限公司（NIRP INTERNATIONAL S.A.）	亚历山德罗·吉奥恩（Alessandro Ghione）	20181207

（续）

序号	申请号	品种名称	属（种）	申请人	培育人	申请日
847	20180847	尼尔普 H2O（NIRPH2O）	蔷薇属	尼尔普国际有限公司（NIRP INTERNATIONAL S.A.）	亚历山德罗·吉奥恩（Alessandro Ghione）	20181207
848	20180848	尼尔普格莱（NIRPGREK）	蔷薇属	尼尔普国际有限公司（NIRP INTERNATIONAL S.A.）	亚历山德罗·吉奥恩（Alessandro Ghione）	20181207
849	20180849	尼尔普哈皮（NIRPHOPI）	蔷薇属	尼尔普国际有限公司（NIRP INTERNATIONAL S.A.）	安德里亚·曼苏英诺（Andrea Mansuino）	20181207
850	20180850	尼尔普金（NIRPKIN）	蔷薇属	尼尔普国际有限公司（NIRP INTERNATIONAL S.A.）	亚历山德罗·吉奥恩（Alessandro Ghione）	20181207
851	20180851	尼尔普宝特（NIRPOT）	蔷薇属	尼尔普国际有限公司（NIRP INTERNATIONAL S.A.）	亚历山德罗·吉奥恩（Alessandro Ghione）	20171207
852	20180852	尼尔普莱特（NIRPRIGHT）	蔷薇属	尼尔普国际有限公司（NIRP INTERNATIONAL S.A.）	亚历山德罗·吉奥恩（Alessandro Ghione）	20181207
853	20180853	尼尔普洛萨（NIRPROSA）	蔷薇属	尼尔普国际有限公司（NIRP INTERNATIONAL S.A.）	亚历山德罗·吉奥恩（Alessandro Ghione）	20181207
854	20180854	尼尔普拉西（NIRPRUSH）	蔷薇属	尼尔普国际有限公司（NIRP INTERNATIONAL S.A.）	亚历山德罗·吉奥恩（Alessandro Ghione）	20181207
855	20180855	尼尔普泰棱（NIRPTALENT）	蔷薇属	尼尔普国际有限公司（NIRP INTERNATIONAL S.A.）	亚历山德罗·吉奥恩（Alessandro Ghione）	20181207
856	20180856	坦 07463（TAN07463）	蔷薇属	德国坦涛月季育种公司（Rosen Tantau KG, Germany）	克里斯汀丁安·埃维尔斯（Christian Evers）	20181207
857	20180857	坦 12320（TAN12320）	蔷薇属	德国坦涛月季育种公司（Rosen Tantau KG, Germany）	克里斯汀丁安·埃维尔斯（Christian Evers）	20181207
858	20180858	坦 12377（TAN12377）	蔷薇属	德国坦涛月季育种公司（Rosen Tantau KG, Germany）	克里斯汀丁安·埃维尔斯（Christian Evers）	20181207
859	20180859	俊果 4 号	悬钩子属	浙江师范大学	查笑君	20181207
860	20180860	天台白	铁线莲属	江苏省中国科学院植物研究所	李林芳、李亚、王淑安、王鹏、杨如同、汪庆、姚溢、高露璐、李素梅	20181207
861	20180861	德瑞斯黑十八（DrisBlack Eighteen）	悬钩子属	德瑞斯克公司（Driscoll's, Inc.）	加文·R·西尔斯（Gavin R. SILLS）、佩德罗·希门尼斯（Pedro JIMENEZ）、马克 F·克苏哈（Mark F. CRUSHA）、安德烈 M·加彭（Andrea M. PABON）	20181207
862	20180862	滨海秋韵	榆属	江苏省林业科学研究院	王保松、窦全琴、刘云鹏、郑纪伟、教忠意、王伟伟	20181208
863	20180863	滨海彩豹	榆属	江苏省林业科学研究院	陈庆生、王保松、窦全琴、王伟伟、教忠意	20181208
864	20180864	滨海丹霞	榆属	江苏省林业科学研究院	王保松、王伟伟、窦全琴、隋德宗、蒋泽平、姜开朋	20181208

（续）

序号	申请号	品种名称	属（种）	申请人	培育人	申请日
865	20180865	滨海精红	榆属	江苏省林业科学研究院	窦全琴、王保松、隋德宗、陈庆生、姜开朋	20181208
866	20180866	滨海紫焰	榆属	江苏省林业科学研究院	王伟伟、窦全琴、王保松、陈德宗、隋德宗、蒋泽平	20181208
867	20180867	滨海魔幻	榆属	江苏省林业科学研究院	窦全琴、陈庆生、王保松、王伟伟、教忠意、郑纪伟	20181208
868	20180868	轻舞飞扬	蔷薇属	义乌飞猫园艺场	朱新军、虞凤兰	20181208
869	20180869	璎珞	杜鹃花属	虹越花卉股份有限公司	方永根	20181210
870	20180870	紫韵	杜鹃花属	虹越花卉股份有限公司	方永根	20181210
871	20180871	燕京彩虹	蔷薇属	北京市园林科学研究院	周燕、冯慧、巢阳、陈晓、陈洪菲、卜燕华	20181211
872	20180872	燕京黄	蔷薇属	北京市园林科学研究院	周燕、赵世伟、冯慧、李纳新、王洪伟	20181211
873	20180873	赤壁	蔷薇属	北京市园林科学研究院	周燕、赵世伟、冯慧、吉乃喆、卜燕华	20181211
874	20180874	粉笑	蔷薇属	北京市园林科学研究院	周燕、陈晓、冯慧、李纳新、张宇	20181211
875	20180875	美月	蔷薇属	北京市园林科学研究院	周燕、冯慧、巢阳、王涛	20181211
876	20180876	丽妃	蔷薇属	北京市园林科学研究院	周燕、赵世伟、冯慧、吉乃喆、单进	20181211
877	20180877	粉燕巢	蔷薇属	北京市园林科学研究院	周燕、吉乃喆、陈洪菲、李纳新、王岩	20181211
878	20180878	朋脂笑	蔷薇属	北京市园林科学研究院	周燕、张西西、吉乃喆、单进	20181211
879	20180879	燕山黄	蔷薇属	北京市园林科学研究院	周燕、赵世伟、冯慧、李纳新、华莹	20181211
880	20180880	燕京香	蔷薇属	北京市园林科学研究院	周燕、高述民、孙亚红、吴洪敏、华莹	20181211
881	20180881	燕京红	蔷薇属	北京市园林科学研究院	周燕、高述民、杨慕菡、孙亚红、马俊丽	20181211
882	20180882	燕山粉	蔷薇属	北京市园林科学研究院	周燕、高述民、杨西西、张亚红、孙亚红、马俊丽	20181211
883	20180883	飞燕	蔷薇属	北京市园林科学研究院	周燕、高述民、杨慕菡、吴洪敏、李纳新	20181211
884	20180884	燕山红	蔷薇属	北京市园林科学研究院	周燕、高述民、吉乃喆、杨慕菡、陈洪菲、张凡	20181211
885	20180885	燕京贵妃	蔷薇属	北京市园林科学研究院	周燕、丛日晨、杨慕菡、吴洪敏、祝园园	20181211
886	20180886	金粉玉	蔷薇属	北京市园林科学研究院	周燕、高述民、吉乃喆、杨慕菡、吴洪敏、李纳新	20181211
887	20180887	香飞燕	蔷薇属	北京市园林科学研究院	周燕、舒健骅、孙亚红、祝园园、王岩	20181211
888	20180888	雪粉	蔷薇属	北京市园林科学研究院	周燕、高述民、张亚红、杨西西、甄伟	20181211
889	20180889	冰妃	蔷薇属	北京市园林科学研究院	周燕、高述民、吉乃喆、杨慕菡、吴洪敏	20181211
890	20180890	春燕	蔷薇属	北京市园林科学研究院	周燕、高述民、杨慕菡、孙亚红、李纳新、甄伟	20181211
891	20180891	汉风	李属	南京林业大学	王宇、伊贤贵、司家朋、王贤荣、段一凡、王华辰、陈林、李蒙、李雪霞、朱淑霞	20181211
892	20180892	张仁3号	杏	张家口市农业科学院	王秀荣、吕丽霞、张斌、许建铭、张宝英、任全军、张敏、闫凤岐、王伟军、祁建宇、景刚	20181212
893	20180893	燕隆山楂	山楂属	梁义春	梁义春、高尚金、陆凤勤、赵玉亮、耿金川、王东晨、吴小仿、金铁娟、高剑利、刘学生、陈宏兴、任志宽、马玉海、崔红莉、杨春鹏	20181212

（续）

序号	申请号	品种名称	属（种）	申请人	培育人	申请日
894	20180894	赏皇福枣	枣	褚发朝	褚发朝、刘孟军、杜吉格	20181213
895	20180895	艾维驰21（EVERCHI21）	蔷薇属	丹麦永恒月季公司（ROSES FOREVER ApS, Denmark）	R·艾斯克伦德（Rosa Eskelund）	20181214
896	20180896	艾维驰04（EVERCHI04）	蔷薇属	丹麦永恒月季公司（ROSES FOREVER ApS, Denmark）	R·艾斯克伦德（Rosa Eskelund）	20181214
897	20180897	艾维驰050（EVERCHI050）	蔷薇属	丹麦永恒月季公司（ROSES FOREVER ApS, Denmark）	R·艾斯克伦德（Rosa Eskelund）	20181214
898	20180898	紫婵	紫薇属	华南农业大学	奚如春、邓小梅	20181214
899	20180899	戴尔佐（Delzou）	蔷薇属	法国乔治斯·戴尔巴德月季有限公司（Société Nouvelle Pépinières & Roseraies Georges DELBARD）	阿诺德·戴尔巴德（Arnaud Delbard）	20181216
900	20180900	燕京粉	蔷薇属	北京林业大学	高述民、周燕、冯惠、杨慕菡、张凡、祝园园、范莉娟、郑国欢、李纳新	20181217
901	20180901	燕京公主	蔷薇属	北京林业大学	高述民、周燕、杨慕菡、祝园园、孙亚红、吴洪敏、张凡、李纳新	20181217
902	20180902	笑妃	蔷薇属	北京林业大学	高述民、周燕、杨慕菡、祝园园、孙亚红、吴洪敏、张凡、李纳新	20181217
903	20180903	粤顺菩提1号	无患子属	北京林业大学	贾黎明、孙操稳、高媛、陈仲、刘济铭、翁学煌、余剑平、高世轮、赵国春、刘诗琦、张赞齐	20181218
904	20180904	康乐红	野牡丹属	广州市绿化公司	黄颂谊、周仁超、沈海今、陈峥、黄桂莲	20181218
905	20180905	星光天空（Starlit Sky）	绣球属	川舆园艺有限公司（有限会社川舆园艺）	川口隆德	20180901
906	20180906	饲构2号	构属	河南省林业科学研究院	王念、翟晓巧、任媛媛、王文君、何威、张秋娟	20181218

数据来源：国家林业和草原局植物新品种保护办公室。

附表3 2018年林产品地理标志

序号	地理标志名称	省（自治区、直辖市）	申请单位	划定的地域保护范围	备注
1	舒席	安徽	潜山县市场监督管理局	舒席产地范围为安徽省潜山县王河镇、油坝乡、梅城镇现辖行政区域。	国家质量监督检验检疫总局已批准
2	龙山百合	湖南	龙山县食品药品工商质量监督管理局	龙山百合产地范围为湖南省龙山县民安街道、华塘街道、兴隆街道、石羔街道、石牌镇、洗洛镇、茨岩塘镇、红岩溪镇、洗车河镇、苗儿滩镇、靛房镇、里那镇、召市镇、桂塘镇、农车乡、大安乡、茅坪乡、洛塔乡、内溪乡、咱果乡现辖行政区域。	国家质量监督检验检疫总局已批准
3	雪峰山鱼腥草	湖南	怀化市质量技术监督局	雪峰山鱼腥草产地范围为湖南省怀化市鹤城区、中方县、芷江侗族自治县、洪江市现辖行政区域。	国家质量监督检验检疫总局已批准
4	焦岭冬笋	广东	广东省焦岭工商和质监局	焦岭冬笋产地范围为广东省梅州市焦岭县现辖行政区域。	国家质量监督检验检疫总局已批准
5	孙吴汉麻	黑龙江	孙吴县市场监督管理局	孙吴汉麻产地范围为黑龙江省黑河市孙吴县现辖行政区域。	国家质量监督检验检疫总局已批准
6	呼中偃松籽	黑龙江	大兴安岭行署质量技术监督局	呼中偃松籽产地范围为黑龙江省大兴安岭地区呼中区现辖行政区域，呼中区全境及呼中国家级自然保护区。	国家质量监督检验检疫总局已批准
7	长宁苦笋	四川	长宁县质量技术监督局	长宁苦笋产地范围为四川省宜宾市长宁县长宁镇、三元乡、花滩镇、井江镇、铜锣镇、竹海镇、桃坪乡、老翁镇、下场镇、梅白乡、古河镇、开佛镇、铜鼓乡、硐底镇、龙头镇、双河镇、富兴乡、梅硐镇现辖行政区域。	国家质量监督检验检疫总局已批准
8	望谟板栗	贵州	望谟县市场监督管理局	望谟板栗产地范围为贵州省望谟县王母街道办、平洞街道办、新屯街道办、蔗香镇、油迈瑶族乡、乐元镇、石屯镇、边饶镇、打易镇、郊纳镇、乐旺镇、大观镇、麻山镇、昂武镇、桑郎镇、桑武镇现辖行政区域。	国家质量监督检验检疫总局已批准
9	西藏藏红花	西藏	西藏自治区质量技术监督局	西藏藏红花产地范围为西藏自治区拉萨市、日喀则市、昌都市、林芝市、山南市、那曲地区比如县、索县、巴青县雅安乡、嘉黎县尼屋乡（曾名：忠玉乡）和阿里地区噶尔县、普兰县、札达县、日土县现辖行政区域。	国家质量监督检验检疫总局已批准
10	麟游核桃	陕西	麟游县市场监督管理局	麟游核桃产地范围为陕西省宝鸡市麟游县九成宫、酒房、两亭、招贤、丈八、崔木、常丰等镇现辖行政区域。	国家质量监督检验检疫总局已批准
11	长白虎眼万年青	吉林	吉林省长白朝鲜族自治县人民政府	长白虎眼万年青产地范围为吉林省长白朝鲜族自治县现辖行政区域。	国家知识产权局已批准
12	嘉荫木耳	黑龙江	黑龙江省嘉荫县人民政府	嘉荫木耳产地范围为黑龙江省嘉荫县现辖行政区域。	国家知识产权局已批准

（续）

序号	地理标志名称	省（自治区、直辖市）	申请单位	划定的地域保护范围	备注
13	阿藏李子	贵州	贵州省兴仁县人民政府	阿藏李子产地范围为贵州省兴仁县城北街道、真武山街道、城南街道、东湖街道、巴铃镇、大山镇、百德镇、马马崖镇、波阳镇、鲁础营乡共10个乡镇街道现辖行政区域。	国家知识产权局已批准
14	永寿槐花蜜	陕西	陕西省永寿县人民政府	永寿槐花蜜产地范围为陕西省永寿县监军街道办、店头镇、甘井镇、永平镇、渠子镇、常宁镇共7个乡镇现辖行政区域。	国家知识产权局已批准
15	南口佛杏	河北	阳原县高墙乡农业综合服务中心	张家口市阳原县所辖高墙乡、化稍营镇、三马坊乡、东城镇、井儿沟乡、东坊城堡乡、西城镇、要家庄乡、揣骨疃镇、浮图讲乡、马圈堡乡、辛堡乡、大田洼乡共计14个乡镇153个行政村。地理坐标为东经113°54′09″～114°48′21″，北纬39°53′33″～40°22′51″。	农业部已审核
16	平顺连翘	山西	平顺县农业技术推广中心	长治市平顺县所辖东寺头乡、杏城关乡、龙溪镇、西沟乡、中五井乡、青羊镇、苗庄镇、北社乡、石城镇、阳高乡、北耽车乡共计12个乡镇262个行政村。地理坐标为东经113°11′45″～113°44′04″，北纬35°56′37″～36°27′44″。	农业部已审核
17	金塘李	浙江	舟山市定海区农业技术推广中心站	舟山市定海区金塘镇所辖仙居村、柳行村、河平村、大浦村、新丰村、山潭村、穆岙村、东堠村、西堠村、和建村、沥平村、大观村共计12个行政村。地理坐标为东经121°50′41″～121°55′09″，北纬29°58′16″～30°06′10″。	农业部已审核
18	旌德灵芝	安徽	旌德县农产品质量安全监管局	宣城市旌德县所辖云乐乡、庙首镇、旌阳镇、俞村镇、三溪镇、兴隆镇、白地镇共计7个乡镇。地理坐标为东经118°15′11.14″～118°44′13.22″，北纬30°07′37.54″～30°29′28.28″。	农业部已审核
19	水东蜜枣	安徽	宣城市宣州区文化旅游产业发展协会	宣城市宣州区所辖水东镇境内10个村（社区）。地理坐标为东经118°55′38.83″～118°59′14.76″，北纬30°43′3.20″～30°49′20.25″。	农业部已审核
20	玉山香榧	江西	上饶市玉山香榧研究所	上饶市玉山县所辖怀玉乡的洋塘村、下塘乡的均物村和石塘村、双明镇的土城村、紫湖镇的陶源村共计5个村。地理坐标为东经117°51′13″～118°25′38″，北纬28°30′48″～28°56′15″。	农业部已审核
21	栾川核桃	河南	栾川县农业产业化龙头企业协会	洛阳市栾川县所辖城关镇、庙子镇、潭头镇、秋扒乡、狮子庙镇、赤土店镇、合峪镇、叫河镇、冷水镇、陶湾镇、石庙镇、三川镇、白土镇共计14个乡镇209个行政村。地理坐标为东经111°12′～112°02′，北纬33°39′～34°11′。	农业部已审核
22	田林灵芝	广西	田林县农业技术推广中心	百色市田林县所辖乐里镇、利周乡、浪平乡、百乐乡、旧州镇、定安镇、平塘乡、者苗乡、潞城乡、八桂乡、六隆镇、八渡乡、那比乡、高龙乡共计14个乡镇165个行政村。地理坐标为东经105°27′～106°15′，北纬23°58′～24°47′。	农业部已审核

（续）

序号	地理标志名称	省（自治区、直辖市）	申请单位	划定的地域保护范围	备注
23	保亭红毛丹	海南	保亭黎族苗族自治县热带作物发展中心	保亭县所辖保城镇、三道镇、加茂镇、什玲镇、新政镇、毛感乡、南林乡、六弓乡、七仙岭乡、新星农场、国营金江农场、国营三道农场共计13个乡镇（农场）。地理坐标为东经109°21′～109°48′，北纬18°23′～18°53′。	农业部已审核
24	镇巴黑木耳	陕西	陕西省镇巴县食用菌技术服务推广站	汉中市镇巴县所辖泾洋镇、杨家河镇、小洋镇、渔渡镇、赤南镇、盐场镇、巴山镇、平安镇、观音镇、碾子镇、长岭镇、仁村镇、三元镇、黎坝镇、简池镇、永乐镇、大池镇、青水共计20个镇（办）183个行政村。地理坐标为东经107°25′30″～108°16′42″，北纬32°08′54″～32°50′42″。	农业部已审核
25	天水连翘	甘肃	天水市中药材种植业协会	天水市所辖秦州区、清水县、武山县、麦积区、甘谷县、秦安县、张家川县共计7个县（区）43个乡镇。地理坐标为东经104°35′～106°44′，北纬34°05′～35°10′。	农业部已审核
26	佳木斯木耳	黑龙江	佳木斯市食用菌产业发展办公室	佳木斯市所辖富锦市、同江市、桦川县、桦南县、汤原县、佳木斯市郊区、东风区、向阳区、前进区共计9个县（市、区）。地理坐标为东经129°29′～135°05′，北纬45°56′～48°28′。	农业农村部已登记
27	柘山板栗	山东	安丘市柘山镇农业综合服务中心	安丘市柘山镇所辖26个行政村。地理坐标为东经118°57′06″～118°59′00″，北纬36°08′56″～36°12′47″。	农业农村部已登记
28	靖西大果山楂	广西	靖西市水果生产办公室	百色市靖西市所辖新靖镇、化峒镇、同德乡、湖润镇、岳圩镇、壬庄乡、龙邦镇、安宁乡、地州镇、禄峒镇、吞盘乡、南坡乡、安德镇、龙临镇、果乐乡、新甲乡、武平乡、渠洋镇、魁圩乡共计19个乡（镇）282个行政村。地理坐标为东经105°56′～106°48′，北纬22°51′～23°34′。	农业农村部已登记
29	桂林罗汉果	广西	桂林市经济作物技术推广站	桂林市阳朔县、灵川县、全州县、兴安县、永福县、灌阳县、龙胜县、资源县、平乐县、荔浦县、恭城县、雁山区、七星区、临桂区共计14个县（区）131个乡镇。地理坐标为东经109°36′50″～111°29′30″，北纬24°15′23″～26°23′30″。	农业农村部已登记
30	耀州花椒	陕西	铜川市耀州区农畜产品质量安全检验检测中心	铜川市耀州区所辖孙塬镇、董家河镇、石柱镇、照金镇、小丘镇、庙湾镇、瑶曲镇、关庄镇、锦阳路街道、天宝路街道小计10个镇（街道）177个行政村。地理坐标为东经108°34′～109°05′，北纬34°48′～35°19′。	农业农村部已登记

（续）

序号	地理标志名称	省（自治区、直辖市）	申请单位	划定的地域保护范围	备注
31	吉林长白山黑木耳	吉林	吉林省园艺特产协会	吉林省辖区内25个县（市、区）97个乡镇，包括吉林市的丰满区、桦甸市、蛟河市、磐石市、舒兰市、梅河口市，通化市的集安市、通化县、辉南县、柳河县，白山市的长白朝鲜族自治县、靖宇县、江源区、临江市、浑江区，延边州的图们市、敦化市、龙井市、珲春市、安图县，辽源市的东丰县、东辽县，长白山自然保护区。地理坐标为东经124°50′～131°18′，北纬40°52′～44°30′。	农业农村部已登记
32	吉林长白山灵芝	吉林	吉林省园艺特产协会	吉林省辖区内15个县（市、区）29个乡镇，包括吉林市的桦甸市，通化市的通化县、辉南县，白山市的长白朝鲜族自治县、靖宇县，延边州的图们市、龙井市、珲春市、和龙市、安图县，长白山自然保护区。地理坐标为东经125°17′～131°18′，北纬41°21′～44°30′。	农业农村部已登记
33	新街女贞	江苏	东台市新街镇苗木协会	东台市新街镇所辖沿海村、堤东村、东海村、周洋村、双洋村、丰桥村、新街村、来东村、东兴村、葛墩村、邱敦村、九总村、郝首村、陈文村、建洋村、方东村、方塘村，街北村共计18个村。地理坐标为东经120°44′52″～120°47′42″，北纬32°34′57″～32°43′45″。	农业农村部已登记
34	嵊州香榧	浙江	嵊州市香榧产业协会	绍兴市嵊州市所辖谷来镇、竹溪乡、石璜镇、雅璜乡、通源乡、长乐镇、崇仁镇、黄泽镇、三界镇、贵门乡、里南乡、下王镇、金庭镇、北漳镇，市林场共计17个乡镇（林场）147个行政村。地理坐标为东经120°27′23″～121°06′55″，北纬29°19′45″～29°49′55″。	农业农村部已登记
35	宁国山核桃	安徽	宁国市农产品质量监管局	宣城市宁国市所辖云梯乡、仙霞镇、中溪镇、南极乡、万家乡、宁墩镇、甲路镇、胡乐镇，霞西镇共计9个乡（镇）。地理坐标为东经118°44′49.03″～119°24′24.06″，北纬30°16′52.85″～30°31′53.20″。	农业农村部已登记
36	汉中银杏	陕西	汉中市银杏产业协会	汉中市所辖汉台区、南郑区、城固县、洋县、西乡县、勉县、宁强县、略阳县、镇巴县、留坝县、佛坪县共计11个县（区）176个镇（街道办）。地理坐标为东经105°30′～108°16′，北纬32°08′～33°53′。	农业农村部已登记
37	麦积花椒	甘肃	天水市麦积区农产品质量安全监测中心	天水市麦积区所辖元龙镇、伯阳镇、东岔镇、花牛镇、五龙镇、琥珀镇、新阳镇、三岔镇、社棠镇、甘泉镇、渭南镇、麦积镇、石佛镇、党川镇、中滩镇，利桥镇共计17个镇375个行政村。地理坐标为东经105°25′～106°43′，北纬34°06′～34°48′。	农业农村部已登记

数据来源：中国地理标志产品服务中心网站、农业部农产品质量安全监管局网站和中国商标网。

附表4　2018年主要林业图书

序号	ISBN	题名	责任者	出版者	出版日期
1	978-7-5038-9721-4	"一带一路"胡杨林生态修复计划	中国绿化基金会编	中国林业出版社	201808
2	978-7-03-051279-6	"一带一路"蒙俄区生态环境遥感监测	徐新良、李静、王勇、蔡红艳著	科学出版社	201807
3	978-7-5111-3579-7	"一带一路"生态环境蓝皮书. 2018. 沿线重点国家环境战略与规划	中国-东盟环境保护合作中心、中国-上海合作组织环境保护合作中心、澜沧江-湄公河环境合作中心编著	中国环境出版集团	201805
4	978-7-03-051284-0	"一带一路"中亚区生态环境遥感监测	包安明、李小玉、白杰、常存、古丽·加帕尔著	科学出版社	201811
5	978-7-5359-7025-1	100种常见林业有害生物图鉴	李南林、梁远楠主编	广东科技出版社	201808
6	978-7-5046-7935-2	2016—2017林业科学学科发展报告	中国林学会编著	中国科学技术出版社	201803
7	978-7-5038-9711-5	2017集体林权制度改革监测报告	国家林业和草原局"集体林权制度改革监测"项目组著	中国林业出版社	201809
8	978-7-5038-9814-3	2017年度中国林业和草原发展报告	国家林业和草原局编著	中国林业出版社	201811
9	978-7-5038-9499-2	2017中国林业知识产权年度报告	国家林业局科技发展中心、国家林业局知识产权研究中心编	中国林业出版社	201804
10	978-7-5038-9843-3	2018 行游国家森林步道	国家林业和草原局森林旅游管理办公室、北京诺兰特生态设计研究院有限公司编	中国林业出版社	201811
11	978-7-5038-9798-6	2018 中国森林保险发展报告	国家林业局、中国保监会监督管理委员会编	中国林业出版社	201810
12	978-7-5525-4447-3	阿拉善地区昆虫	牛春花主编	阳光出版社	201808
13	978-7-03-056427-6	桉树人工林土壤生态过程	郑华、张凯、陈法霖著	科学出版社	201802
14	978-7-03-054437-7	白桦 BpGT14 基因在细胞壁发育和抗逆境胁迫中的功能	曾凡锁著	科学出版社	201806
15	978-7-03-056861-8	白桦多倍体育种研究	姜静、穆怀志、林琳著	科学出版社	201804
16	978-7-03-054752-1	白桦种群的材性变异与木材腐朽分子机理探析	杨传平、尚洁、刁桂萍、闫绍鹏、王秋玉著	科学出版社	201802
17	978-7-109-24431-3	北方草地生态经济系统适应性管理研究:以锡林郭勒盟为例	徐广才著	中国农业出版社	201808
18	978-7-302-50229-6	北方生态林主要树种栽培养护技术	闫治华、石进明编著	清华大学出版社	201807
19	978-7-03-057223-3	北京汉石桥湿地昆虫图鉴	蔡春铁、朱绍文、潘彦平主编	科学出版社	201806
20	978-7-03-057224-0	北京汉石桥湿地植物病害与菌物图册	朱绍文、潘彦平、蔡春铁主编	科学出版社	201806
21	978-7-5038-9633-0	北京九龙山植物图谱	张永安、余海、贺淑霞编著	中国林业出版社	201808
22	978-7-5038-9613-2	北京市森林生态安全评价与预警调控	鲁莎莎、徐珊、关兴良著	中国林业出版社	201811
23	978-7-03-059347-4	被子植物的曙光:揭秘花的起源及陆地植物生殖器官的演化	王鑫著	科学出版社	201811
24	978-7-03-057958-4	濒危植物水青树的保护生物学	甘小洪主编	科学出版社	201807

（续）

序号	ISBN	题名	责任者	出版者	出版日期
25	978-7-03-057896-9	采煤塌陷区新生湿地生物多样性研究	袁兴中，侯元同，张冠雄著	科学出版社	201806
26	978-7-5341-8202-0	彩叶地被植物	杭州市临安区科学技术协会，杭州市临安区林业局（农业局）编	浙江科学技术出版社	201805
27	978-7-5116-3362-0	草地害虫绿色防控研发应用研究	刘爱萍，高书晶，韩海斌著	中国农业科学技术出版社	201807
28	978-7-109-24438-2	草原保护工程效益监测报告.2017	全国畜牧总站编	中国农业出版社	201810
29	978-7-109-23793-3	草原生态实用技术.2017	全国畜牧总站编	中国农业出版社	201805
30	978-7-03-058986-6	昌平林业昆虫	冯平快主编	科学出版社	201812
31	978-7-122-31837-4	常见植物识别速查图谱	耿世磊主编	化学工业出版社	201808
32	978-7-5116-3626-3	常熟林业生态系统生态学	谈家金，郝德君，戴惠忠编著	中国农业科学技术出版社	201806
33	978-7-112-22131-8	城市公园绿地有机更新研究	刘源著	中国建筑工业出版社	201801
34	978-7-03-057419-0	城市景观规划设计方法	袁犁，姚祥编著	科学出版社	201809
35	978-7-03-059060-2	城市景观生态学：过程、影响和可持续性	何春阳等编	科学出版社	201810
36	978-7-112-22640-5	城市生态网络分析及其景观生态格局优化研究	张远景著	中国建筑工业出版社	201801
37	978-7-03-052852-0	城市湿地生态系统生态学	董鸣主编	科学出版社	201801
38	978-7-5038-9742-9	城市园林绿化苗圃规划设计：以黑龙江省哈尔滨市资市种苗科研示范基地为例	王希群，巩智民，郭保香编著	中国林业出版社	201811
39	978-7-5210-0037-5	大连滨海湿地鸟类	马明辉，海志杰，李冕，洛昊，鲍旻光著	海洋出版社	201802
40	978-7-5116-3775-8	大树反季节移栽技术与应用实例	邓华平，刘庆阳，杨小民，冯国红，马继东著	中国农业科学技术出版社	201807
41	978-7-03-055408-6	大小兴安岭用材精细化经营技术	朱玉杰，王景峰，史正军著	科学出版社	201803
42	978-7-03-055902-9	大型丛生竹应用基础性能研究：以巨龙竹和甜龙竹为例	孙龙，胡海清，胡同欣著	科学出版社	201803
43	978-7-03-056912-7	大兴安岭林火与碳循环	徐庆，高德强，方建民，姜春武，张蓓蓓著	科学出版社	201804
44	978-7-5038-9870-9	淡水森林湿地火恢复技术	刀保辉，刘冰，杨新凯主编	中国林业出版社	201812
45	978-7-03-056734-5	德宏珍稀濒危保护植物	泽桑梓等编著	科学出版社	201806
46	978-7-03-054742-2	德宏州原料林植物遴选	王鑫厅，姜超著	科学出版社	201807
47	978-7-03-057139-7	典型草原放牧干扰下的点格局研究	谢和生著	科学出版社	201805
48	978-7-5038-0179-9	典型家庭林业合作组织制度：比较、选择与多样化发展	王丹，陈晓明，刘明学著	中国商业出版社	201803
49	978-7-03-058784-8	电离辐射的植物学和微生物学效应	周露编著	科学出版社	201811
50	978-7-5674-1258-3	东北木彩色图志	何友均，覃林，梁星云，苏立娟，邹慧，范垚城，陈科屹著	东北林业大学出版社	201802
51	978-7-03-059875-2	东北天然次生林多目标经营与经济效应研究	何友均，覃林，梁星云，苏立娟，邹慧，范垚城，陈科屹著	科学出版社	201812

序号	ISBN	题名	责任者	出版者	出版日期
52	978-7-03-051490-5	东北主要森林植物及其解剖图谱	王庆贵，王洪峰，韩士杰编	科学出版社	201806
53	978-7-5038-9355-1	东亚特有植物石蒜属的种间关系与物种形成	史树德著	中国林业出版社	201809
54	978-7-03-057787-0	洞庭湖湿地植物彩色图鉴	赵运林，蒋道松著	科学出版社	201806
55	978-7-5038-9841-9	俄罗斯林业管理及中俄林业合作研究	陈绍志，宿海颖编著	中国林业出版社	201811
56	978-7-5625-4236-0	发达国家国家公园发展及中国国家公园进展	黄德林主编	中国地质大学出版社	201809
57	978-7-03-058057-3	分子标记在落叶松遗传多样性研究中的应用	张含国，张磊著	科学出版社	201806
58	978-7-112-18971-7	风景园林竖向数字化策略	李利，李志刚著	中国建筑工业出版社	201801
59	978-7-5038-9429-9	风景园林植物学	潘远智，车代弟主编	中国林业出版社	201806
60	978-7-5038-9762-7	福建省生态公益林保护对林农的经济影响评估及其生态补偿标准研究	陈钦等著	中国林业出版社	201810
61	978-7-5038-9434-3	甘肃省重点保护野生植物图鉴	陈明琦，朱耀宝，李常青主编	中国林业出版社	201802
62	978-7-03-058022-1	干旱地区高寒草原湿地生态安全调查与评估：以新疆巴音布鲁克草原为例	汤买提·沙吾提，尼格拉，部克强，冯朝阳，胡小页编著	科学出版社	201807
63	978-7-5682-5013-9	干旱区土壤盐渍化遥感监测及评价研究	买买提·沙吾提，尼格拉·塔什甫拉提，丁建丽，吐尔逊·艾山著	北京理工大学出版社	201803
64	978-7-5111-3386-1	干旱沙漠自然保护区旅游生态影响研究	王文瑞著	中国环境科学出版社	201804
65	978-7-5038-9850-1	赣东北珍稀濒危树种资源	曹晓平主编	中国林业出版社	201812
66	978-7-03-054753-8	高寒沙地防护林生态服务功能研究	贾志清等著	科学出版社	201806
67	978-7-5681-3223-7	高科技时代的植物组织培养新技术的研究应用	刘茜，李莉云著	东北师范大学出版社	201804
68	978-7-5655-1929-1	公园规划设计	马锦义主编	中国农业大学出版社	201801
69	978-7-5038-9756-6	裸露坡面综合防护与植被恢复技术	宋桂龙等著	中国林业出版社	201810
70	978-7-5038-9665-1	广东森林公园概览	虞依娜，王琪主编	中国林业出版社	201809
71	978-7-5680-3553-8	广东植物图鉴·上册	叶华谷，邢福武，廖文波主编	华中科技大学出版社	201803
72	978-7-5680-3624-5	广东植物图鉴·下册	叶华谷，邢福武，廖文波主编	华中科技大学出版社	201803
73	978-7-03-057367-4	广西滨海湿地	梁士楚主编	科学出版社	201806
74	978-7-5551-0957-0	广西林业碳汇计量研究	蔡会德等著	广西科学技术出版社	201810
75	978-7-03-059019-0	桂林岩溶石山常见木本植物生态学研究	梁士楚，胡刚，张忠华，李峰，甘肖梅等著	科学出版社	201801
76	978-7-03-055812-1	国际竹类栽培品种登录报告.2015—2016	史军义主编	科学出版社	201803
77	978-7-5038-9700-9	国家储备林山东主要树种造营林技术	孙霞，邢世岩主编	中国林业出版社	201811
78	978-7-5111-3357-1	国家公园体制研究与实践	李俊生，朱彦鹏，罗遵兰著	中国环境科学出版社	201801
79	978-7-5038-9503-6	国家林业局经济效益监测报告.2017	国家林业局经济发展研究中心，国家林业局发展规划与资金管理司编	中国林业出版社	201804
80	978-7-5111-2171-4	国家重点生态功能区生态系统状况评估与动态变化	张林波等著	中国环境出版集团	201808

（续）

序号	ISBN	题名	责任者	出版者	出版日期
81	978-7-5111-3853-8	国家重点生态功能区县域生态环境质量监测评价与考核典型案例汇编	生态环境部生态环境监测司编	中国环境科学出版社	201812
82	978-7-5038-9243-1	国外荒漠化防治：全2册	国家林业局防治荒漠化管理中心编著	中国林业出版社	201811
83	978-7-5038-9569-2	国有林场改革监测报告（全三册）	国有林场改革监测项目组编著	中国林业出版社	201804
84	978-7-5201-4070-6	国有林场基本实现现代化：原山林场评估报告	中国社会科学评价研究院，中国林业经济学会编著	社会科学文献出版社	201812
85	978-7-03-058741-1	国有林区林业产业识别与产业建设研究：以黑龙江省为例	吕洁华，张滨著	科学出版社	201809
86	978-7-5038-9695-8	海南城市景观植物图鉴	宋希强，雷金睿主编	中国林业出版社	201809
87	978-7-5038-9571-5	海南省人工林主要树种林业数表模型研建	陈振雄等编著	中国林业出版社	201805
88	978-7-5038-9547-0	旱区造林绿化技术模式选编	国家林业和草原局造林绿化管理司编著	中国林业出版社	201808
89	978-7-5038-9546-3	旱区造林绿化技术指南	国家林业和草原局造林绿化管理司编著	中国林业出版社	201808
90	978-7-5038-9544-9	夯实绿色根基：2017天保记者行报道集	李树铭主编	中国林业出版社	201805
91	978-7-5038-7241-9	杭州湾湿地鸟类	吴明，蒋科毅，焦盛武，赵锷编著	中国林业出版社	201810
92	978-7-5038-9573-9	河北平原林业集约经营技术	毕君，郭书彬编著	中国林业出版社	201805
93	978-7-5116-3403-0	河套平原与鄂尔多斯高原盐碱地常见植物图谱手册	王婧，逯焕成主编	中国农业科学技术出版社	201808
94	978-7-5116-3873-1	河西走廊盐碱地现状及常见盐生植物	王春梅，崔光欣，路远主编	中国农业科学技术出版社	201812
95	978-7-109-23266-2	核桃学	张志华主编	中国农业出版社	201803
96	978-7-5388-9844-6	黑龙江省木本植物彩色图志	任毅主编	黑龙江科学技术出版社	201811
97	978-7-03-057798-6	红松种质资源评价与利用研究	张含国，张振著	科学出版社	201806
98	978-7-5612-5928-3	红叶杨选育	杨淑红，朱延林主编	西北工业大学出版社	201803
99	978-7-5144-2988-6	壶关古树名木	政协壶关县委员会编	方志出版社	201804
100	978-7-5038-9745-0	壶关林业志	壶关林业志编纂委员会编	中国林业出版社	201809
101	978-7-5144-2995-4	壶关树木图志	政协壶关县委员会编	方志出版社	201804
102	978-7-5038-9621-7	湖南可持续森林经营管理手册	童方平主编	中国林业出版社	201809
103	978-7-5038-9328-5	花的精细解剖和结构观察新方法及应用	洪亚平著	中国林业出版社	201802
104	978-7-03-056787-1	花卉绿色生产策略及管理模式探索	王丽花主编	科学出版社	201803
105	978-7-03-057797-9	华东鸟类学研究	朱曦，宋厚辉著	科学出版社	201806
106	978-7-03-057860-0	华南归化植物暨入侵植物	曾宪锋主编	科学出版社	201806
107	978-7-5680-3537-8	环境景观植物与设计	王璐，王艳红主编	华中科技大学出版社	201803
108	978-7-5680-4104-1	环境生态学	胡荣桂，刘康主编	华中科技大学出版社	201808

（续）

序号	ISBN	题名	责任者	出版者	出版日期
109	978-7-03-058608-7	环境数据分析	庄树林编著	科学出版社	201809
110	978-7-5096-5769-0	荒漠濒危生存：沙冬青衰退与真菌群落结构的耦合关系研究	王珊，高永，魏杰，党晓宏著	经济管理出版社	201808
111	978-7-03-059002-2	黄河三角洲贝壳堤生态系统水分特征与植被恢复技术	夏江宝，刘京涛，王贵霞，赵丽洋著	科学出版社	201810
112	978-7-03-057242-4	黄河三角洲滨海湿地演变机制与生态修复	韩广轩，王光美，毕晓丽，王佐远著	科学出版社	201806
113	978-7-03-057119-9	黄山风景区资源环境评估与基础数据库建构	王祥荣主编	科学出版社	201804
114	978-7-03-056529-7	黄土丘陵沟壑区退耕还林生态效应及其评价	韩新辉著	科学出版社	201806
115	978-7-5095-8621-1	浑河流域森林生态补偿机制研究	蒋毓琪，陈珂著	中国财政经济出版社	201812
116	978-7-122-30602-9	活性炭制造与应用技术	蒋剑春主编	化学工业出版社	201801
117	978-7-5359-6966-8	火炬松基因资源评价与选择	黄少伟，刘天颐编著	广东科技出版社	201811
118	978-7-5116-3886-1	基于3S技术的橡胶树精准施肥	黎小清，陈桂良著	中国农业科学技术出版社	201810
119	978-7-03-058501-1	基于GAP分析的三江平原湿地生物多样性保护与规划	刘吉平，郑岩岩，吕宪国著	科学出版社	201809
120	978-7-5170-6962-1	基于气候变化视角的林业碳汇研究	王艳芳著	中国水利水电出版社	201810
121	978-7-5038-9811-2	基于森林资源状态的森林生态系统服务功能评价	陈存根著	中国林业出版社	201811
122	978-7-03-058623-0	基于生态功能区建设的国有林区社会经济转型问题研究	王玉芳著	科学出版社	201811
123	978-7-5038-9491-6	家具材料学	张求慧主编	中国林业出版社	201805
124	978-7-5184-2135-0	家具设计	许柏鸣著	中国轻工业出版社	201811
125	978-7-122-31071-2	胶黏剂与胶接技术	张彦华，朱丽滨，谭海彦编著	化学工业出版社	201803
126	978-7-5189-2888-0	胶黏剂生产工艺技术	韩长日，宋小平，瞿平主编	科学技术文献出版社	201801
127	978-7-5038-9404-6	京津冀地区保护植物图谱	张志翔，沐先运，欧阳喜辉等编著	中国林业出版社	201801
128	978-7-5591-0939-2	经济林病虫害防治指南	栾庆书，王零，王建军主编	辽宁科学技术出版社	201809
129	978-7-5116-3456-6	科尔沁草原维管植物名录	齐广，张卫国著	中国农业科学技术出版社	201811
130	978-7-5142-2093-3	快速固化酚醛树脂木材胶黏剂	张伟主编	文化发展出版社有限公司	201810
131	978-7-5046-7930-7	昆虫学科学发展报告	中国科学技术协会主编	中国科学技术出版社	201803
132	978-7-5038-9916-4	廉价碳汇资源高值清洁利用技术	吴淑芳，夏余宇，赵敬培编著	中国林业出版社	201812
133	978-7-5591-0943-9	辽宁木本植物志	张淑梅主编	辽宁科学技术出版社	201809
134	978-7-5038-9757-3	辽宁省生态公益林资源及其生态系统服务动态监测与评估	王兵，赵博，牛香，祁爽著	中国林业出版社	201812
135	978-7-302-49698-4	辽宁省野外常见植物速查手册	周兴文，张卓编著	清华大学出版社	201804
136	978-7-5038-9238-7	辽宁树木志	邹学忠，李作文，王韦凯主编	中国林业出版社	201805
137	978-7-5038-9661-3	林火调查与评估	张思玉，张水锋，王军国编著	中国林业出版社	201808

（续）

序号	ISBN	题名	责任者	出版者	出版日期
138	978-7-5682-4172-4	林-浆-纸企业生产物流智能控制与配送研究	张国华、刘斌、徐承杰、李祥、张荣强著	北京理工大学出版社	201803
139	978-7-215-11497-5	林木根系形态及生理生态学研究	杨田富主编	河南人民出版社	201806
140	978-7-122-32861-8	林木固碳效应与绿色保障	秦磊、郭明辉、李坚著	化学工业出版社	201809
141	978-7-03-057849-5	林木生理与生态水文	陈存根编著	科学出版社	201809
142	978-7-5096-5717-1	林木生物质能源产业链优化路径研究	米锋、程宝栋著	经济管理出版社	201804
143	978-7-5525-4408-4	林木枝条改良宁夏沙化土壤研究	李志刚、倪细炉、郭军成著	阳光出版社	201808
144	978-7-5130-5542-0	林农致富实用手册	国家林业局农村林业改革发展司编	知识产权出版社	201805
145	978-7-5038-9771-9	林农专业合作社运行效率研究：以福建为例	黄森慰著	中国林业出版社	201812
146	978-7-5038-9372-8	林权制度改革与绿色创新发展：农户林业全要素生产率增长机理研究	苏时鹏著	中国林业出版社	201809
147	978-7-5038-9427-5	林业GIS数据处理与应用	亓兴兰主编	中国林业出版社	201808
148	978-7-5130-4916-0	林业服务手册	国家林业局农村林业改革发展司编	知识产权出版社	201805
149	978-7-5111-3554-4	林业工程项目环境保护管理实务	蔡宗昭、杨吉华、房用、刘正臣编	中国环境出版集团	201812
150	978-7-5680-4343-4	林业基础知识教程	白涛主编	华中科技大学出版社	201811
151	978-7-5038-9703-0	林业经济管理	蔡敏主编	中国林业出版社	201808
152	978-7-5038-9505-0	林业生态知识读本	温国胜、伊力塔、俞飞编	中国林业出版社	201804
153	978-7-5130-4917-7	林业实用技术手册	国家林业局农村林业改革发展司编	知识产权出版社	201805
154	978-7-5038-9516-6	林业系统自然保护区生态因子与生物多样性监测手册	邹发生、何克军主编	中国林业出版社	201805
155	978-7-5038-9550-0	林业信息化知识读本	李世东主编	中国林业出版社	201803
156	978-7-5066-9055-3	林业有害生物飞机防治工程质量管理标准汇编	新疆维吾尔自治区标准研究院、新疆维吾尔自治区林业工程质量管理总站编	中国标准出版社	201809
157	978-7-5038-9532-6	林业与绿色经济	刘珉、王刚、陈文汇、郎晓娟、张海鹏著	中国林业出版社	201811
158	978-7-5130-5268-9	林业政策问答手册	国家林业局农村林业改革发展司编	知识产权出版社	201801
159	978-7-5038-8519-8	林业重点产业竞争力和发展潜力预测研究	陈绍志、赵荣、刁钢著	中国林业出版社	201809
160	978-7-5038-9331-5	临安珍稀野生植物图鉴	夏国华、梅爱君主编	中国林业出版社	201805
161	978-7-5038-9744-3	凌道扬 姚传法 韩安 李寅恭 陈嵘 梁希年谱	王希群、秦向华、何晓琦、王安琪、郭保香编著	中国林业出版社	201811
162	978-7-5038-9821-1	凌道扬生平与学术思想研究	中国林学会编	中国林业出版社	201811
163	978-7-03-057231-8	罗布泊中部地区的极端环境与植物引种驯化研究	孙永强、李从娟、赵元杰、罗西超编著	科学出版社	201806
164	978-7-5038-9016-1	裸露坡面植被恢复养护技术研究	王英宇、宋桂龙著	中国林业出版社	201803
165	978-7-5525-4403-9	落叶松叶蜂研究	陶文科、王双贵、夏固成著	阳光出版社	201808
166	978-7-5038-9775-7	绿色丰碑：三北防护林体系建设40年治理典范	国家林业和草原局西北华北东北防护林建设局编	中国林业出版社	201809

序号	ISBN	题名	责任者	出版者	出版日期
167	978-7-307-19756-5	麻城树木志	周火明，杨旭主编	武汉大学出版社	201804
168	978-7-5038-9608-8	闽粤楼栽培实用技术	洪宜聪，郑双全，黄健韬，谢莹编著	中国林业出版社	201807
169	978-7-5509-2085-9	名优特经济林栽培	冯占亭，苗青主编	黄河水利出版社	201807
170	978-7-5416-8447-0	明武经典家具文化研究·史论卷	沈勤著	云南科技出版社	201805
171	978-7-308-18775-6	莫干山区乡土树种	白洪青，马丹丹主编	浙江大学出版社	201812
172	978-7-5066-8902-1	木材保护标准汇编	木材节约发展中心、中国木材保护工业协会编	中国标准出版社	201812
173	978-7-5038-9687-3	木材保护与改性	曹金珍编著	中国林业出版社	201808
174	978-7-03-048641-7	木材仿生智能科学引论	李坚、孙庆丰、王成毓著	科学出版社	201803
175	978-7-5038-9442-8	木材干燥实践技术手册	刘能文主编	中国林业出版社	201804
176	978-7-03-057536-4	木材干燥学	高建民，王喜明主编	科学出版社	201808
177	978-7-03-058033-7	木材高效节材圆锯切加工技术	张占宽，李博，李伟光著	科学出版社	201806
178	978-7-5038-9906-5	木材加工机械课程设计指导书	王宝金主编	中国林业出版社	201812
179	978-7-5038-9907-2	木材加工装备实验	王宝金主编	中国林业出版社	201812
180	978-7-5038-9660-6	木材鉴定基础	薛晓明，陈云霞主编	中国林业出版社	201809
181	978-7-5038-9614-9	木材切削原理与刀具	郭晓磊，曹平祥主编	中国林业出版社	201811
182	978-7-5038-9846-4	木地板锁扣技术专利分析报告.2017	国家林业局知识产权研究中心编著	中国林业出版社	201812
183	978-7-03-055538-0	木塑复合材料制造与应用	王清文，王伟宏著	科学出版社	201806
184	978-7-5038-9473-2	木塑复合材料专利分析报告	国家林业局知识产权研究中心编著	中国林业出版社	201804
185	978-7-5142-2092-6	木质素胶黏剂化学	张伟主编	文化发展出版社有限公司	201810
186	978-7-122-32076-6	木质纤维生物质的酶糖化技术	杨静等著	化学工业出版社	201808
187	978-7-5170-6799-3	木质纤维素的生物转化	刘同军著	中国水利水电出版社	201810
188	978-7-03-054708-8	纳帕海典型高寒湿地系统格局、过程及效应	李杰等著	科学出版社	201801
189	978-7-03-056913-4	南方红豆杉侵蚀芒萁的生长特征与生态恢复效应	陈志强著	科学出版社	201804
190	978-7-5111-3642-8	南四湖湿地植被及生态恢复研究	葛秀丽，刘建，张依然著	中国环境科学出版社	201806
191	978-7-5038-9658-3	南阳古树名木	南阳市林业局编著	中国林业出版社	201809
192	978-7-5038-9451-0	南阳市林业志	南阳市林业局主编	中国林业出版社	201805
193	978-7-109-24571-6	内蒙古自治区草地蝗虫图鉴	内蒙古自治区草原工作站编著	中国农业出版社	201808
194	978-7-03-059492-1	内蒙古自治区荒漠化防治史	于永等著	科学出版社	201811
195	978-7-5038-9612-5	宁夏灵武白芨滩国家级自然保护区综合科学考察报告	王兴东主编	中国林业出版社	201807
196	978-7-5116-3662-1	宁夏土地沙漠化动态监测及预警机制研究	温学飞著	中国农业科学技术出版社	201807

（续）

序号	ISBN	题名	责任者	出版者	出版日期
197	978-7-5525-4518-0	柠条资源生态保护与应用技术研究论文集	温学飞、潘占兵、左忠主编	阳光出版社	201801
198	978-7-5038-9735-1	庞泉沟陆生野生动物资源监测研究	杨向明、武保平、郭玉永著	中国林业出版社	201809
199	978-7-03-055850-3	鄱阳湖湿地复合生态系统研究	谢冬明、周杨明、钱海燕著	科学出版社	201811
200	978-7-5038-9475-6	扑救森林火灾典型案例：2006—2015年	国家森林防火指挥部办公室主编	中国林业出版社	201803
201	978-7-03-054880-1	普陀山植被：类型、结构、功能、管护	闫恩荣、赵慈良、胡军飞著	科学出版社	201801
202	978-7-03-057890-7	气候变化影响与风险：气候变化对湿地影响与风险研究	吕宪国、邹元春、王毅勇、李爱农、薛振山著	科学出版社	201806
203	978-7-5111-3682-4	气候变化与植被的响应研究：以黄河源区为例	史丹丹、胡金明、罗宏著	中国环境科学出版社	201808
204	978-7-5136-5405-0	青藏高原东部草原生态建设补偿区域的优先级判别研究：以玛曲县、若尔盖县、红原县、阿坝县为例	宗鑫著	中国经济出版社	201812
205	978-7-03-056053-7	青藏高原高寒草地植物——土壤系统的生物多样性对全球变化的响应	董世魁、王学霞、张勇、汤琳、刘世梁著	科学出版社	201808
206	978-7-5689-0353-0	青藏高原野花大图鉴	牛洋、王辰、彭建生编著	重庆大学出版社	201810
207	978-7-5608-6179-1	轻型木结构	熊海贝、康加华、何敏娟著	同济大学出版社	201805
208	978-7-5349-8608-6	楸树有性生殖与发育	樊利丽著	河南科学技术出版社	201803
209	978-7-5681-4196-3	区域生态环境遥感监测与评估实践研究	卢远著	东北师范大学出版社	201802
210	978-7-03-058418-2	区域生态系统质量与生态系统服务评估：以甘肃省为例	潘竟虎、潘发俊著	科学出版社	201808
211	978-7-5116-3762-8	区域土壤质量时空演变分析方法与实证研究	张世文著	中国农业科学技术出版社	201809
212	978-7-5038-9741-2	全国森林经营规划：2016—2050年	国家林业局编制	中国林业出版社	201810
213	978-7-5038-8996-7	全国森林潜在生产力分区研究	高显连、高金萍、郑小贤、郝月兰著	中国林业出版社	201806
214	978-7-03-054969-3	热带云雾林植物多样性	龙文兴著	科学出版社	201806
215	978-7-5038-9368-1	人工林桉树木材单板利用技术	吕建雄、周永东、陈志林著	科学出版社	201804
216	978-7-03-055783-4	人工林的生态环境效应与景观生态安全格局：以云南桉树引种区为例	赵筱青、易琦著	科学出版社	201808
217	978-7-03-054997-6	人造板VOCs快速检测研究	沈隽、赵杨、杜超、刘婉君、沈照为著	科学出版社	201802
218	978-7-5038-9696-5	人造板生产质量管理与检验	金菊婉主编	中国林业出版社	201812
219	978-7-5038-9526-5	容器苗木栽培	郎咸白、江胜德主编	中国林业出版社	201804
220	978-7-5038-9368-1	三北地区林木良种	张炜主编	中国林业出版社	201811
221	978-7-5111-2834-8	三江源高寒草地退化成因及保护对策	赵志平、李俊生、翟俊、关潇、肖能文著	中国环境科学出版社	201807
222	978-7-5038-9481-7	三江源湿地常见植物	韦玮、李胜男、张怀清编著	中国林业出版社	201804
223	978-7-224-12767-6	三秦生物多样性精华之地：陕西国家级自然保护区	侯钰荣主编	陕西人民出版社	201806
224	978-7-5038-9618-7	森林病害与菌物认知	田呈明主编	中国林业出版社	201806

（续）

序号	ISBN	题名	责任者	出版者	出版日期
225	978-7-5038-9727-6	森林防火	刘发林主编	中国林业出版社	201809
226	978-7-5038-9447-3	森林工程导论	赵尘主编	中国林业出版社	201802
227	978-7-03-057848-8	森林固碳与生态演替	陈存根编著	科学出版社	201809
228	978-7-5038-9424-4	森林火灾监测与预警	殷继艳、李勇、张国壮主编	中国林业出版社	201802
229	978-7-5038-9616-3	森林经理学研究方法与实践	张会儒主编	中国林业出版社	201806
230	978-7-03-057850-1	森林经营与生态修复	陈存根编著	科学出版社	201809
231	978-7-5038-8676-8	森林康养实务	雷巍娥主编	中国林业出版社	201802
232	978-7-5038-9896-9	森林生态学方法论	王兵、牛香、陶玉柱等著	中国林业出版社	201812
233	978-7-5692-3315-5	森林生态学实验指导书	吕瑞恒、陈家力主编	吉林大学出版社	201805
234	978-7-5038-9682-8	森林生态学科发展报告	中国林业科学研究院编著	中国林业出版社	201809
235	978-7-5038-9430-5	森林文化	李霞、余荣卓主编	中国林业出版社	201803
236	978-7-121-32696-7	森林资源管理信息技术应用与实践	颜伟、谭靖、彭松、李健生著	电子工业出版社	201801
237	978-7-03-057851-8	森林资源与生境保护	陈存根编著	科学出版社	201809
238	978-7-03-056194-7	沙地樟子松天然林对火干扰及气候变化的响应	时忠杰、喻泓、杨晓晖、魏巍著	科学出版社	201806
239	978-7-5038-9803-7	山西省森林经营规划与全同期森林经营模式	梁守伦、刘菊、孙拖焕、龚怀勋、李军著	中国林业出版社	201812
240	978-7-03-059056-5	陕西茶树地方种质资源图集	江昌俊、江歆、纪晓明、班秋艳、余有本、任华江著	科学出版社	201810
241	978-7-5038-9437-4	上海市森林生态连清与生态系统服务研究	韩玉洁、李奇、王兵等著	中国林业出版社	201803
242	978-7-5038-9458-9	神农架植物志·第一卷	邓涛、张代贵、孙航主编	中国林业出版社	201804
243	978-7-5038-9459-6	神农架植物志·第二卷	邓涛、张代贵、孙航主编	中国林业出版社	201805
244	978-7-5038-9460-2	神农架植物志·第三卷	邓涛、张代贵、孙航主编	中国林业出版社	201804
245	978-7-5608-7492-0	生态公益林建设技术规程	上海市林业总站主编	同济大学出版社	201802
246	978-7-5038-9276-9	生态文明关键词	黎祖交编	中国林业出版社	201803
247	978-7-122-32756-7	生物腐植酸与有机碳肥	李瑞波、吴少全编著	化学工业出版社	201811
248	978-7-122-31191-7	生物质化工与材料	黄进、夏涛主编	化学工业出版社	201804
249	978-7-5116-3806-9	湿地昆虫	黄安平、魏美才、罗庆怀编著	中国农业科学技术出版社	201812
250	978-7-03-059722-9	湿地生态流量调控模型及效应	杨薇等著	科学出版社	201811
251	978-7-109-24370-5	石斛兰品种及栽培技术彩色图说	任羽、尹俊梅、杨光穗主编	中国农业出版社	201808
252	978-7-5160-2123-1	手绘中国造园艺术	陆楚石著	中国建材工业出版社	201805

（续）

序号	ISBN	题名	责任者	出版者	出版日期
253	978-7-03-059065-7	数量生态学	张金屯著	科学出版社	201811
254	978-7-03-055061-3	水曲柳体细胞胚胎发生及其调控机理	杨玲著	科学出版社	201801
255	978-7-5046-7936-9	水土保持与荒漠化防治学科发展报告	中国水土保持学会编著	中国科学技术出版社	201803
256	978-7-5359-6934-7	松树体细胞胚胎发生与超低温冻存技术	郭文冰、赵奋成、王为民主编	广东科技出版社	201805
257	978-7-5335-5412-5	探秘潭江口红树林	朱巧玉、方圩滨编著	福建科学技术出版社	201807
258	978-7-5038-8945-5	土壤理化分析	查同刚主编	中国林业出版社	201805
259	978-7-03-059678-9	土壤污染生态修复实验技术	王友保主编	科学出版社	201811
260	978-7-5038-8804-5	退耕还林工程生态效益监测国家报告.2016	国家林业局编著	中国林业出版社	201801
261	978-7-5201-2371-6	退耕还林政策研究的地方实践	钟义菊著	社会科学文献出版社	201806
262	978-7-5618-6113-4	魏晋南北朝园林史探析	傅晶、王其亨著	天津大学出版社	201805
263	978-7-5646-4034-7	温带森林调落物和土壤有机碳稳定性对大气氮沉降等因素的响应	吴娜娜、唐靖、王宇思著	中国矿业大学出版社	201806
264	978-7-03-058831-9	温室苗木繁育	蒋森、沈德县主编	科学出版社	201811
265	978-7-5189-4315-9	武功山地区种子植物区系及珍稀濒危保护植物研究	肖佳伟、陈功锡、向晓媚著	科学技术文献出版社	201806
266	978-7-5201-3575-7	武平：全国林改第一县乡村振兴之路	胡熠主编	社会科学文献出版社	201810
267	978-7-03-055468-0	西北干旱区沙漠绿洲陆气相互作用	吕世华等著	科学出版社	201804
268	978-7-5038-9332-2	西北华北森林可持续经营技术研究	惠刚盈等编著	中国林业出版社	201803
269	978-7-5038-9728-3	西南桦培育技术	庞正轰、苏付保、冯立新主编	中国林业出版社	201811
270	978-7-5038-8194-5	西南桦人工林群落研究	王卫斌著	科学出版社	201808
271	978-7-03-056500-6	西南喀斯特退化生态系统植被恢复区土壤质量及抗侵蚀性影响机制	赵洋毅、段旭著	科学出版社	201802
272	978-7-03-055799-5	细叶百合茎休眠发及育生理研究	周蕴薇、刘芳、何淼著	科学出版社	201804
273	978-7-5208-0254-3	现代林业技术	宋壤福、李心嫱主编	中国商业出版社	201806
274	978-7-5647-5905-6	现代林业理论与管理	王海帆著	电子科技大学出版社	201807
275	978-7-03-060121-6	小黑杨抗逆基因工程育种研究	姜静、穆怀志、陈肃著	科学出版社	201812
276	978-7-5038-9863-1	新疆湿地生态系统服务功能评估	蔡新斌主编	中国林业出版社	201812
277	978-7-5038-6935-6	亚热带次生林群落结构与土壤特征	项文化、方晰著	科学出版社	201806
278	978-7-5038-9464-0	亚太森林组织发展研究	赵树丛主编	中国林业出版社	201803
279	978-7-5525-4466-4	盐柳1号研究与示范	李月祥、田生昌著	阳光出版社	201809
280	978-7-5655-2101-0	盐渍化区域土壤系统培肥研究	牛灵安编著	中国农业大学出版社	201810
281	978-7-03-058726-8	羊草种子生态学与盐碱地植被恢复	马红媛著	科学出版社	201810

（续）

序号	ISBN	题名	责任者	出版者	出版日期
282	978-7-5038-7809-1	野生植物资源开发与利用	王振宇，王承南主编	中国林业出版社	201811
283	978-7-03-056862-5	优良碳汇树种的评价与选育	杨传平等主编	科学出版社	201804
284	978-7-5618-6106-6	油茶群落生态效应研究	张军红著	天津大学出版社	201805
285	978-7-5038-9438-1	油料植物资源与工业利用新技术	李昌珠，蒋丽娟主编	中国林业出版社	201801
286	978-7-5643-5922-5	有机污染土壤植物生态修复研究	刁春燕著	西南交通大学出版社	201801
287	978-7-5038-9668-2	园林草坪与地被	杨秀珍，王兆龙主编	中国林业出版社	201811
288	978-7-5680-3771-6	园林规划设计	周红灿主编	华中科技大学出版社	201807
289	978-7-111-58821-4	园艺植物遗传育种	于立杰，张文新主编	机械工业出版社	201803
290	978-7-03-057027-7	园艺植物有机栽培基质的开发与应用	李萍萍，张西良，赵青松著	科学出版社	201806
291	978-7-03-056941-7	云南油茶	石草功主编	科学出版社	201808
292	978-7-313-19588-3	云南植物研究史略	胡宗刚著	上海交通大学出版社	201807
293	978-7-5201-3442-2	造林补贴政策与林业可持续发展	于金娜，姚顺波著	社会科学文献出版社	201811
294	978-7-5189-3779-0	造纸用化学品生产工艺与技术	韩长日，宋小平主编	科学技术文献出版社	201805
295	978-7-5038-8957-8	樟树种质资源描述规范和数据标准	江香梅，林富荣主编	中国林业出版社	201804
296	978-7-5038-9552-4	长柄扁桃	王伟，许新桥，张应龙著	中国林业出版社	201806
297	978-7-03-054717-0	长江三峡库区森林生态系统研究．Ⅰ．植被、土壤与森林生产力	肖文发，程瑞梅，潘磊，雷静品，王鹏程，刘建锋著	科学出版社	201801
298	978-7-03-059386-3	植物的咯斯特适生性检测原理和技术	吴沿友等著	科学出版社	201811
299	978-7-5130-5687-8	植物免疫学解：拟南芥非寄主抗性研究	刘晓柱著	知识产权出版社	201808
300	978-7-109-24322-4	植物品种特异性、一致性和稳定性测试相关规定汇编	农业农村部科技发展中心，农业农村部植物新品种测试中心编	中国农业出版社	201806
301	978-7-03-045960-2	植物迁地保育原理与实践	黄宏文主编	科学出版社	201804
302	978-7-03-055318-8	植物生理学	武维华主编	科学出版社	201803
303	978-7-04-048703-9	植物生物化学	陈玉惠，贾路，李靖主编	高等教育出版社	201808
304	978-7-04-047145-8	植物生物学	林宏辉主编	高等教育出版社	201807
305	978-7-03-055657-8	植物学	金银根主编	科学出版社	201801
306	978-7-5170-6252-3	植物学核心理论及其保护与利用研究	邢顺林，丁燕，黄文娟主编	中国水利水电出版社	201810
307	978-7-5038-9868-6	植物园：六十年的实践与认知	许再富著	中国林业出版社	201812
308	978-7-5038-9657-6	植物组培快繁技术	李军主编	中国林业出版社	201811
309	978-7-03-057325-4	植物组织培养与生物技术	陈劲枫主编	科学出版社	201808
310	978-7-5046-7943-7	制浆造纸科学技术学科发展报告	中国造纸学会编著	中国科学技术出版社	201803

（续）

序号	ISBN	题名	责任者	出版者	出版日期
311	978-7-5038-9602-6	智慧林业标准规范	李世东主编	中国林业出版社	201805
312	978-7-5038-9600-2	智慧林业测评考核	李世东主编	中国林业出版社	201805
313	978-7-5038-9598-2	智慧林业顶层设计	李世东主编	中国林业出版社	201805
314	978-7-5038-9599-9	智慧林业决策部署	李世东主编	中国林业出版社	201805
315	978-7-5038-9603-3	智慧林业政策制度	李世东主编	中国林业出版社	201805
316	978-7-5038-9601-9	智慧林业最佳实践	李世东主编	中国林业出版社	201805
317	978-7-109-24032-2	中国草原生物灾害	全国畜牧总站编著	中国农业出版社	201802
318	978-7-109-24367-5	中国草原鼠害综合防控技术应用与实践	全国畜牧总站编著	中国农业出版社	201803
319	978-7-109-24572-3	中国草种管理	全国畜牧总站编著	中国农业出版社	201806
320	978-7-5088-5438-0	中国常见灌木生物量模型手册	谢宗强，王杨，唐志尧，徐文婷著	龙门书局	201809
321	978-7-100-15980-7	中国常见植物野外识别手册·北京册	马克平主编	商务印书馆	201804
322	978-7-5010-5532-6	中国古代家具用材图鉴	周默著	文物出版社	201805
323	978-7-5111-3693-0	中国国家公园财政事权划分和资金机制研究	邓毅等著	中国环境科学出版社	201810
324	978-7-5111-3748-7	中国国家公园规划编制指南研究	杨锐，马之野，庄优波著	中国环境科学出版社	201810
325	978-7-5111-3681-7	中国国家公园生态系统和自然文化遗产保护措施研究	王磐岩，张同升，李俊生等著	中国环境科学出版社	201810
326	978-7-5111-3677-0	中国国家公园特许经营机制研究	张海霞著	中国环境科学出版社	201810
327	978-7-5201-2225-2	中国国家公园体制建设研究	苏杨，何思源，王宇飞，魏钰著	社会科学文献出版社	201802
328	978-7-5111-3678-7	中国国家公园治理体系研究	刘金龙等著	中国环境科学出版社	201810
329	978-7-5111-3701-2	中国国家公园自然资源管理体制研究	余振国，刘勤飞，李闻，刘向敏，姚霖著	中国环境科学出版社	201806
330	978-7-5111-3749-4	中国国家公园总体空间布局研究	欧阳志云等著	中国环境科学出版社	201810
331	978-7-5038-9490-9	中国集体林权制度改革	张建龙著	中国林业出版社	201804
332	978-7-5038-9822-8	中国集体林森林认证模式研究与联合国实践指南	徐斌，胡延杰，陈洁主编	中国林业出版社	201812
333	978-7-5046-7931-4	中国景观生态学科发展报告	中国科学技术协会主编	中国科学技术出版社	201806
334	978-7-5160-2338-9	中国林产工业循环经济标准体系及绿色产品评价标准	张冉，段新芳著	中国建材工业出版社	201808
335	978-7-5038-9515-9	中国林业发展之路：从生态赤字到生态盈余	刘珉著	中国林业出版社	201811
336	978-7-5038-9782-5	中国林业科学研究院院史：1958—2018年	《中国林业科学研究院院史》修订委员会编	中国林业出版社	201810
337	978-7-5038-9744-3	中国林业事业的先驱和开拓者	王希群，秦向华，何晓琦，王安琪，郭保香编著	中国林业出版社	201811
338	978-7-5038-9415-2	中国林业移动互联网发展研究报告	李世东，顾红波，梁宇著	中国林业出版社	201801
339	978-7-5038-9752-8	中国林业植物授权新品种.2017	国家林业局科技发展中心（国家林业局植物新品种保护办公室）编	中国林业出版社	201809

（续）

序号	ISBN	题名	责任者	出版者	出版日期
340	978-7-5038-9838-9	中国柳树种质资源	王保松、施士争主编	中国林业出版社	201812
341	978-7-5088-5439-7	中国陆地生态系统增汇技术途径及其潜力分析	丁贵杰、赵新全、刘国华主编	科学出版社，龙门书局	201809
342	978-7-100-16040-7	中国鸟类图鉴	赵欣如主编	商务印书馆	201805
343	978-3-639-82656-2	中国清代以来林业史	樊宝敏著	金琅学术出版社	201808
344	978-7-5038-9607-1	中国森林公园与森林旅游研究进展：森林公园生态修复与绿色发展. 2017	兰思仁等主编	中国林业出版社	201807
345	978-7-03-052776-9	中国森林群落分类及其群落学特征	蒋有绪、郭泉水、马娟著	科学出版社	201801
346	978-7-5038-9848-8	中国森林认证发展报告. 2018	国家林业和草原局科技发展中心、国家林业和草原局森林认证研究中心编	中国林业出版社	201811
347	978-7-5088-5393-2	中国森林生态系统碳储量：动态及机制	王万同、唐旭力、黄玫著	龙门书局	201807
348	978-7-5088-5392-5	中国森林生态系统碳储量：生物量方程	周国逸、尹光彩、唐旭力著	龙门书局	201806
349	978-7-5038-9531-9	中国森林资源及其生态功能四十年监测与评估	国家林业局中国森林生态系统服务功能评估项目组编著	中国林业出版社	201805
350	978-7-03-054166-6	中国沙漠图集	国家林业局编	科学出版社	201802
351	978-7-5111-2919-2	中国生物多样性国情研究	高吉喜、薛达元、马克平编著	中国环境出版集团	201807
352	978-7-301-29817-6	中国唐松草属植物	王文采著	北京大学出版社	201809
353	978-7-03-057336-0	中国外来人侵生物	徐海根、强胜主编	科学出版社	201806
354	978-7-03-055120-7	中国维管植物科属词典	李德铢主编	科学出版社	201801
355	978-7-03-059737-3	中国西部瘠草绿色防控与利用技术	王保海、郭青云著	科学出版社	201811
356	978-7-03-057535-7	中国西部天然草地毒害草的主要种类及分布	尉亚辉、赵宝玉、魏朔南、刘咏梅等著	科学出版社	201811
357	978-7-03-055649-3	中国西部天然草地疯草概论	刘建枝、赵宝玉、王宝海编著	科学出版社	201806
358	978-7-03-058425-0	中国西南野生生物种质资源库种子名录. 2018	李德铢主编	科学出版社	201809
359	978-7-5038-8886-1	中国野牡丹属植物保育与利用	彭东辉、兰思仁、代色平著	中国林业出版社	201801
360	978-7-5038-9690-3	中国油橄榄引种与产业发展	李聚桢编著	中国林业出版社	201808
361	978-7-5576-5378-1	中国园林构成要素分析	葛静著	天津科学技术出版社	201806
362	978-7-5038-9716-0	中国园林植物保护高端论坛报告荟萃：2009—2018	赵美琦、张伟兴主编	中国林业出版社	201809
363	978-7-03-056219-7	中国云杉林	王国宏著	科学出版社	201812
364	978-7-03-052779-0	中国栽培植物名录	林秦文编著	科学出版社	201806
365	978-7-5349-9376-3	中国长翅目昆虫原色图鉴	王吉申、花保祯编著	河南科学技术出版社	201811

（续）

序号	ISBN	题名	责任者	出版者	出版日期
366	978-7-5116-3389-7	中国植胶区林下植物·云南卷	兰国玉，吴志祥，谢贵水著	中国农业科学技术出版社	201805
367	978-7-5038-9597-5	中国植物园	黄宏文主编	中国林业出版社	201807
368	978-7-03-058590-5	中国主要热带草坪草种质资源研究	王志勇，白昌军，廖丽著	科学出版社	201811
369	978-7-5111-3694-7	中国自然保护管理体制改革方向和路径研究	李文军，徐建华，芦玉著	中国环境科学出版社	201810
370	978-7-5111-3676-3	中国自然保护区域管理体制：解构与重构	田世政著	中国环境科学出版社	201810
371	978-7-5655-1937-6	中外园林史	陈教斌主编	中国农业大学出版社	201805
372	978-7-5038-9347-6	竹藤家具制造工艺	吴智慧等编著	中国林业出版社	201801
373	978-7-5038-9830-3	自然保护区建设与管理关键技术	崔国发，徐建华，芦玉著	中国林业出版社	201812
374	978-7-5038-9769-6	走近中国林业：外国使节看三北纪行	国家林业和草原局西北华北东北防护林建设局编	中国林业出版社	201810

数据来源：中国林业科学研究院图书馆。

附表5 2018年主要林业软件著作权

序号	登记号	软件名称	著作权人	发布日期
1	2018SR448181	三种针叶林梢部害虫信息素监测信息系统	北京丽坤泰科技有限责任公司，中国林业科学研究院森林生态环境与保护研究所，大通回族土族自治县东峡林场	20180613
2	2018SR021194	北极海冰遥感信息提取分析平台	北京林业大学	20180109
3	2018SR082667	北京林业大学实验林场生态信息监测平台	北京林业大学	20180201
4	2018SR072447	北京林业大学武警国防生档案管理系统	北京林业大学	20180130
5	2018SR575085	北林国防生军理刷题宝典	北京林业大学	20180723
6	2018SR082473	北林激光点云数据扫描和三维建模软件	北京林业大学	20180201
7	2018SR371904	北林信息研招网后台管理系统	北京林业大学	20180523
8	2018SR252502	不同林分枯落物层水文效应评价系统	北京林业大学	20180413
9	2018SR649508	不同密度林分冠幅定量估算软件	北京林业大学	20180815
10	2018SR252524	不同森林植被水土保持功能评价系统	北京林业大学	20180413
11	2018SR651612	城市森林生态服务价值估算软件	北京林业大学	20180815
12	2018SR092968	城市森林生态效益评估系统	北京林业大学	20180206
13	2018SR637560	古建筑木构件内部缺陷敲击信号采集与处理软件	北京林业大学	20180810
14	2018SR620797	海淀区行道树耗水估算软件	北京林业大学	20180806
15	2018SR362441	呼伦贝尔林业生态监测平台	北京林业大学	20180521
16	2018SR081937	基于.NET的北林业生态环境参数监测系统软件	北京林业大学	20180201
17	2018SR573254	基于3D结构激光的原木凹痕检测软件	北京林业大学	20180723
18	2018SR310679	基于Android的森林防火视频监控移动终端APP	北京林业大学	20180507
19	2018SR463888	基于Android的野生动物监测系统客户端	北京林业大学	20180620
20	2018SR694285	基于Android系统的树木查询平台	北京林业大学	20180829
21	2018SR687754	基于Android系统的树木信息数据管理平台	北京林业大学	20180828
22	2018SR293825	基于contourlet变换的树木雷达波图像处理分析软件	北京林业大学	20180428
23	2018SR145175	基于ESP插件的最佳影像分割参数确定系统	北京林业大学	20180306
24	2018SR393464	基于Java的森林多功能经营模拟系统	北京林业大学	20180529
25	2018SR757387	基于MATLAB的苗木库存统计系统	北京林业大学	20180918
26	2018SR293805	基于MATLAB的树木内部结构仿真软件	北京林业大学	20180428
27	2018SR145167	基于SAFS模型的高分遥感影像阴影检测系统	北京林业大学	20180306
28	2018SR293820	基于shearlet变换的树木雷达图像处理分析软件	北京林业大学	20180428
29	2018SR377565	基于web的森林巡检辅助平台	北京林业大学	20180524

（续）

序号	登记号	软件名称	著作权人	发布日期
30	2018SR606113	基于六自由度运动平台的伐木机虚拟驾驶训练系统	北京林业大学	20180801
31	2018SR604859	基于六自由度运动平台的林业车辆虚拟驾驶训练系统	北京林业大学	20180801
32	2018SR145183	基于面向对象方法的精细树种分类系统	北京林业大学	20180306
33	2018SR195083	基于鸟类 RGB 图像的目标检测软件	北京林业大学	20180322
34	2018SR020414	基于群智能算法的空间布局优化系统	北京林业大学	20180109
35	2018SR577205	基于图像处理的旋切机用原木直径测量系统	北京林业大学	20180723
36	2018SR767940	基于图像的单木三维重建及参数提取系统	北京林业大学	20180920
37	2018SR088172	基于无线传感器网络的野生动物监测及数据管理系统	北京林业大学	20180202
38	2018SR468257	基于无线数显卡尺的立木胸径测量系统	北京林业大学	20180621
39	2018SR678867	基于移动端的古树名木信息展示软件	北京林业大学	20180824
40	2018SR295217	基于自组网络的远程林区监控系统	北京林业大学	20180502
41	2018SR366687	鹭峰林场微环境监测软件	北京林业大学	20180522
42	2018SR639725	菌物采集 Android 应用软件	北京林业大学	20180810
43	2018SR293808	雷达波树木内部正演软件	北京林业大学	20180428
44	2018SR605454	立木胸径测量卡尺蓝牙传输软件控制系统	北京林业大学	20180801
45	2018SR611235	立木胸径的自动测量装置软件控制系统	北京林业大学	20180802
46	2018SR204921	林火识别监控端软件	北京林业大学	20180326
47	2018SR671025	林区微环境监测与显示软件控制系统	北京林业大学	20180822
48	2018SR065316	林下枯落层水文生态特征计算软件	北京林业大学	20180126
49	2018SR631232	林业采摘机械臂中央控制软件	北京林业大学	20180808
50	2018SR575917	林业史料编纂进度信息管理系统	北京林业大学	20180723
51	2018SR627157	林业运动模糊图像边缘提取软件	北京林业大学	20180807
52	2018SR645476	面向林区监测的多张图像快速拼接系统	北京林业大学	20180814
53	2018SR683750	面向鸟类声谱图的迁移学习系统	北京林业大学	20180827
54	2018SR649140	面向赛罕乌拉自然保护区野生动物科普微信小程序	北京林业大学	20180815
55	2018SR672147	面向野生动物监测的光照环境计算软件	北京林业大学	20180822
56	2018SR194487	木材单板缺陷自动检测及挖补路径计算软件	北京林业大学	20180322
57	2018SR592358	木结构居适环境评价软件	北京林业大学	20180727
58	2018SR935106	平原造林目标树管理系统	北京林业大学	20181122
59	2018SR661327	人造板悬臂振动动态黏弹性评估快速检测系统	北京林业大学	20180820
60	2018SR583335	森林病虫害风险评估软件系统	北京林业大学	20180725
61	2018SR020420	森林病虫害监测分析平台	北京林业大学	20180109
62	2018SR017484	森林病虫害时空模式挖掘分析系统	北京林业大学	20180108

序号	登记号	软件名称	著作权人	发布日期
63	2018SR195826	森林防火视频监控管理服务系统	北京林业大学	20180322
64	2018SR453042	森林火灾蔓延仿真软件	北京林业大学	20180614
65	2018SR611241	森林空间结构制图软件	北京林业大学	20180802
66	2018SR545891	森林生态环境大数据可视化分析与展现软件	北京林业大学	20180712
67	2018SR318747	森林生态监测系统	北京林业大学	20180509
68	2018SR378041	森林巡检系统	北京林业大学	20180524
69	2018SR417947	山系的丰真实感可视化	北京林业大学	20180605
70	2018SR281329	树叶撕裂模拟软件	北京林业大学	20180425
71	2018SR692784	桃核壳仁风选机物料横向漂移量计算软件	北京林业大学	20180829
72	2018SR630034	土壤CO_2通量模型分析软件	北京林业大学	20180808
73	2018SR703305	遥控立木整枝机实时监控系统	北京林业大学	20180903
74	2018SR692070	用于生物质热解的鼓泡流式气固两相流化床计算软件	北京林业大学	20180829
75	2018SR577204	原木截面拟合复原系统	北京林业大学	20180723
76	2018SR615006	植物气孔的性状特征提取软件	北京林业大学	20180803
77	2018SR630339	植物生长状况播报系统	北京林业大学	20180808
78	2018SR615019	植物叶脉信息特征的提取软件	北京林业大学	20180803
79	2018SR606499	植物叶片识别手机软件	北京林业大学	20180801
80	2018SR289521	植株数量统计软件系统	北京林业大学	20180427
81	2018SR371845	智慧园林植物识别系统	北京林业大学	20180523
82	2018SR703325	自动立木整枝机器人远程控制系统	北京林业大学	20180903
83	2018SR679957	景观绩效评价关键因子计算平台（生态评价行业版）	北京林业大学，北京金都园林绿化有限责任公司	20180824
84	2018SR075019	基于MATLAB GUI的木材砂带磨削力BP神经网络预测系统	北京林业大学，浙江裕华木业有限公司	20180130
85	2018SR257932	东北林业大学留学生管理与安全预警系统	东北林业大学	20180417
86	2018SR729752	风景园林专业课程学习软件	东北林业大学	20180910
87	2018SR041140	基于东曼的光谱优选的木材抗弯强度预测软件	东北林业大学	20180118
88	2018SR692202	园林景观定量化分析计算软件	东北林业大学	20180829
89	2018SR692112	园林景观演示及设计软件	东北林业大学	20180829
90	2018SR869483	植物次生代谢产物提取工艺虚拟仿真软件	东北林业大学，北京欧倍尔软件技术开发有限公司，吴昊	20181030
91	2018SR001062	基于等位线反投影算法立木腐朽电阻断层成像查询系统	东北林业大学，王立海、高珊、徐庆波、陶新民	20180102
92	2018SR927216	基于随机森林的机载LiDAR点云滤波软件	东北林业大学，邢艳秋、闫灿	20181120
93	2018SR195039	基于小光斑机载LiDAR全波形数据的林分平均高提取方法研究	东北林业大学，邢艳秋、闫灿	20180322
94	2018SR158015	活立木年轮测试系统	东北林业大学，徐华东、程智星	20180309

（续）

序号	登记号	软件名称	著作权人	发布日期
95	2018SR883515	基于机载全波形 LiDAR 数据的森林地上生物量估测软件	东北林业大学，闫灿，邢艳秋	20181105
96	2018SR1040928	木质素基磺酰基炭材料电化学性能分析系统	东北林业大学，赵佳宁	20181220
97	2018SR1040642	脲醛树脂基炭材料形貌和结构调控机制成分采集分析软件	东北林业大学，赵佳宁	20181219
98	2018SR234577	动植物培养灯光强智能控制系统	福建农林大学	20180408
99	2018SR1011714	金线莲智能林下种植专家管理系统	福建农林大学	20181213
100	2018SR747495	昆虫远程识别系统	福建农林大学	20180914
101	2018SR892609	森林郁闭度自动测定手机软件	福建农林大学	20181107
102	2018SR747482	松墨天牛诱捕器智能监控系统	福建农林大学	20180914
103	2018SR747350	松墨天牛诱捕信息管理系统	福建农林大学	20180914
104	2018SR1003445	一种兰科植物产业化智能繁育专家监管系统	福建农林大学	20181212
105	2018SR1003451	一种兰科植物生态箱控制专家咨询系统	福建农林大学	20181212
106	2018SR1003461	一种林下仿生种植中药材控制专家咨询系统	福建农林大学	20181212
107	2018SR813145	竹资源智能监控管理系统	福建农林大学	20181011
108	2018SR827040	县级森林资源一张图互联网管理系统	国家林业局华东林业调查规划设计院	20181017
109	2018SR827111	县级森林资源一张图平板系统	国家林业局华东林业调查规划设计院	20181017
110	2018SR824399	县级森林资源一张图手机软件	国家林业局华东林业调查规划设计院，福建兴宇信息科技有限公司	20181016
111	2018SR380061	资源数据综合处理与分析系统	国家林业局华东林业调查规划设计院，洪奕丰，朱磊，张振中	20180524
112	2018SR378444	影像切片与格式转换系统桌面端软件	国家林业局华东林业调查规划设计院，李国志，朱磊，洪奕丰，张振中	20180524
113	2018SR377829	森林资源野外巡护系统	国家林业局华东林业调查规划设计院，林辉，陈伟，郑云峰，洪奕丰	20180524
114	2018SR378423	森林资源与生态状况动态监测数据发布系统服务器端软件	国家林业局华东林业调查规划设计院，张振中，朱磊，洪奕丰，陈伟	20180524
115	2018SR380059	森林资源与生态状况动态监测数据发布系统客户端软件	国家林业局华东林业调查规划设计院，张振中，朱磊，李国志，陈伟	20180524
116	2018SR378124	森林资源快速查询系统	国家林业局华东林业调查规划设计院，郑云峰，林辉，洪奕丰，陈伟	20180524
117	2018SR1085811	低空无人机森林资源调查蓄积量模型编辑软件	国家林业局昆明勘察设计院，曹忠，刘绍娟，巨正平	20181227
118	2018SR1075650	低空无人机森林资源调查点云表面可视化软件	国家林业局昆明勘察设计院，蒋之富，马国强，孔富	20181226

（续）

序号	登记号	软件名称	著作权人	发布日期
119	2018SR379622	林木采集管理平台	国家林业局昆明勘察设计院，孔雷，罗春林，唐芳林，李陆勋，曹忠，张敏筠，刘绍娟，张良，许先鹏，洪忠，宋志伟，黄贝，鲜明睿，武旭	20180524
120	2018SR1075601	低空无人机森林资源调查监测样木位置图生成软件	国家林业局昆明勘察设计院，罗春林，李华，曹忠	20181226
121	2018SR1075660	低空无人机森林资源调查监测单木编辑软件	国家林业局昆明勘察设计院，罗春林，唐芳林，张锦绣	20181226
122	2018SR1075617	低空无人机森林资源调查监测数据后台处理系统	国家林业局昆明勘察设计院，唐芳林，罗春林，余莉，曹忠，张锦绣	20181226
123	2018SR1075631	低空无人机森林资源调查监测树高胸径模型编辑软件	国家林业局昆明勘察设计院，余莉，张成程，张锦绣	20181226
124	2018SR873821	林业遥感监测高分影像批处理插件	国家林业局森林病虫害防治总站	20181101
125	2018SR664360	东北内蒙古重点国有林区森林资源管理综合平台	国家林业局调查规划设计院	20180820
126	2018SR661734	东北内蒙古重点国有林区森林资源规划设计调查成果展示示范平台	国家林业局调查规划设计院	20180820
127	2018SR520719	国家林业局东北内蒙古重点国有林区二类调查外业人库检查统计系统	国家林业局调查规划设计院	20180705
128	2018SR664792	吉林森工二类调查外业采集软件（平板端）	国家林业局调查规划设计院	20180820
129	2018SR663140	吉林森工二类调查外业采集软件（桌面端）	国家林业局调查规划设计院	20180820
130	2018SR615123	陆地碳卫星湖南综合实验调查信息系统（移动端）	国家林业局调查规划设计院	20180803
131	2018SR615116	陆地碳卫星湖南综合实验调查信息系统（桌面端）	国家林业局调查规划设计院	20180803
132	2018SR664742	内蒙古大兴安岭重点国有林二类调查外业采集软件（平板端）	国家林业局调查规划设计院	20180820
133	2018SR664745	内蒙古大兴安岭重点国有林二类调查外业采集软件（桌面端）	国家林业局调查规划设计院	20180820
134	2018SR183467	湿地公园总体规划系统	国家林业局调查规划设计院	20180320
135	2018SR357602	林地图斑多尺度缩编软件	国家林业局调查规划设计院，国家测绘地理信息局第二地理信息制图院	20180518
136	2018SR464754	高分遥感碳储量估测大样地解译标志自动布设及提纯软件	国家林业局调查规划设计院，西安瑞特森信息科技有限公司	20180620
137	2018SR516013	高分遥感碳储量估测最优分类软件	国家林业局调查规划设计院，西安瑞特森信息科技有限公司	20180704
138	2018SR1077317	高分遥感碳储量估测建模软件	国家林业局调查规划设计院，西安瑞特森信息科技有限公司，郑冬梅，夏朝宗，王海宾	20181226
139	2018SR330630	20L爆炸球内混合木粉燃爆实验压强模拟软件	南京林业大学	20180511
140	2018SR614021	GPS 杨树病虫害定位管理软件	南京林业大学	20180803
141	2018SR959317	LiDAR 遥感人工林样地调查数据自动汇总统计软件	南京林业大学	20181129
142	2018SR857754	沉降法激光点云木单株分离软件	南京林业大学	20181026
143	2018SR547638	国土资源移动巡查 APP	南京林业大学	20180713
144	2018SR261979	活立木激光点云体素软件	南京林业大学	20180418
145	2018SR863215	机载 LiDAR 的阔叶树虚拟建模系统软件	南京林业大学	20181029

（续）

序号	登记号	软件名称	著作权人	发布日期
146	2018SR958494	机载 LiDAR 点云可视化及多尺度林冠综合特征提取软件	南京林业大学	20181129
147	2018SR952656	机载 LiDAR 人工林波形预处理及冠层波形特征提取软件	南京林业大学	20181128
148	2018SR932677	基于 Java 的南林游泳馆管理系统	南京林业大学	20181121
149	2018SR861445	基于 LBP 的树皮图像识别软件	南京林业大学	20181029
150	2018SR622896	基于 LiDAR 的单株树木叶片分离的软件	南京林业大学	20180807
151	2018SR609124	基于 LiDAR 的点云树木 1 范数的特征抽取软件	南京林业大学	20180802
152	2018SR609111	基于 LIDAR 的橡胶林数据提取的软件	南京林业大学	20180802
153	2018SR619427	基于 python 的香樟树信息整合的平台设计软件	南京林业大学	20180806
154	2018SR619419	基于 Spring MVC 的珍贵树种信息平台开发软件	南京林业大学	20180806
155	2018SR865421	基于 SVM 的林火图像分割软件	南京林业大学	20181030
156	2018SR615619	基于地面移动 Lidar 的活力木激光点云体素软件	南京林业大学	20180803
157	2018SR617279	基于点云数据的树叶归计属计算软件	南京林业大学	20180803
158	2018SR921656	基于分形理论的树皮图像识别软件	南京林业大学	20181119
159	2018SR919615	基于均值漂移的林火图像分割软件	南京林业大学	20181119
160	2018SR979569	基于模糊推理的森林火灾预警系统软件	南京林业大学	20181205
161	2018SR614453	基于爬虫重构的银杏信息整合分析系统软件	南京林业大学	20180803
162	2018SR073631	基于三维重构的马尾松苗木形态学参数在线提取系统	南京林业大学	20180130
163	2018SR631814	基于深度学习的林火图像识别软件	南京林业大学	20180808
164	2018SR613969	基于神经网络的树叶识别软件	南京林业大学	20180803
165	2018SR011223	基于数字图像处理的杨树苗缺水判别软件	南京林业大学	20180104
166	2018SR832495	基于双向 2DPCA 的木材表面死节缺陷图像分割软件	南京林业大学	20181018
167	2018SR609120	基于网络的茶树信息整合的开发软件	南京林业大学	20180802
168	2018SR967657	基于小波包的林火图像分割软件	南京林业大学	20181203
169	2018SR987385	基于小波包的木材表面死节缺陷图像分割软件	南京林业大学	20181207
170	2018SR981345	基于小波变换的林火图像分割软件	南京林业大学	20181205
171	2018SR982128	基于小波变换的木材表面死节缺陷图像分割软件	南京林业大学	20181206
172	2018SR609913	基于压电加速度传感器的木材无损检测仪系统软件	南京林业大学	20180802
173	2018SR609115	基于移动激光扫描的橡胶林风害反演的软件	南京林业大学	20180802
174	2018SR861423	基于鱼目图像的活立木树冠图像分割系统软件	南京林业大学	20181029
175	2018SR863081	基于鱼目图像的林分冠层结构参数测量系统软件	南京林业大学	20181029
176	2018SR927235	基于阈值与 K- 均值的林火图像分割软件	南京林业大学	20181120
177	2018SR958478	激光雷达森林冠层原始波形提取及可视化分析软件	南京林业大学	20181129
178	2018SR110668	家具制造设备管理信息系统	南京林业大学	20180212

（续）

序号	登记号	软件名称	著作权人	发布日期
179	2018SR861416	林分内梯度值计算方法软件	南京林业大学	20181029
180	2018SR543292	林火监测节点部署及更新软件	南京林业大学	20180712
181	2018SR359054	林火图像分割算法软件	南京林业大学	20180521
182	2018SR575262	林间路面裂缝图像检测算法软件	南京林业大学	20180723
183	2018SR910690	林木信息数据管理系统	南京林业大学	20181114
184	2018SR695100	木材中应力波走时测量软件	南京林业大学	20180830
185	2018SR637697	南方型杨树人工林经营模型	南京林业大学	20180810
186	2018SR131833	南京林业大学网上选课系统	南京林业大学	20180228
187	2018SR1076158	南林教务助手软件	南京林业大学	20181226
188	2018SR661990	南林重修报名系统	南京林业大学	20180820
189	2018SR661997	南林转专业报名管理系统	南京林业大学	20180820
190	2018SR427576	轻型木结构建筑结构框架自动建模插件	南京林业大学	20180607
191	2018SR631735	全国水质分析管理系统软件	南京林业大学	20180808
192	2018SR043168	人工林固碳能力评估系统软件	南京林业大学	20180118
193	2018SR407471	森林火灾监测的无线传感器定位系统软件	南京林业大学	20180601
194	2018SR019001	森林火灾监测节点布置方法优化软件	南京林业大学	20180109
195	2018SR383336	沙发腿木工复合加工机床数控系统软件	南京林业大学	20180525
196	2018SR178092	树木视频监控 Android 手机端软件	南京林业大学	20180319
197	2018SR000182	太湖西山古村古镇文化景观信息管理系统	南京林业大学	20180102
198	2018SR958486	无人机激光雷达数据预处理及森林信息分析软件	南京林业大学	20181129
199	2018SR798094	珍贵树种实木家具构件弯曲设备控制系统	南京林业大学	20181008
200	2018SR330346	基于 OpenCV 的树木健康诊断系统	西北农林科技大学	20180511
201	2018SR117559	基于点云的树模型三维重建软件	西北农林科技大学	20180223
202	2018SR328671	基于三维激光扫描获取树木冠幅范围的软件	西北农林科技大学	20180511
203	2018SR811800	基于非线性拟合树形状的喷头俯仰角度调整软件	西北农林科技大学	20181011
204	2018SR615411	基于机器视觉的果树果信息获取软件	西北农林科技大学	20180803
205	2018SR274904	基于三维激光单面扫描获取树冠冠幅范围的软件	西北农林科技大学	20180424
206	2018SR273478	基于三维激光双面扫描获取树冠冠幅范围的软件	西北农林科技大学	20180423
207	2018SR779103	基于树莓派的红枣图像智能采集软件	西北农林科技大学	20180926
208	2018SR789128	基于线性拟合树冠冠形状的喷头俯仰角度调整软件	西北农林科技大学	20180925
209	2018SR218854	三维树模型生成系统	西北农林科技大学	20180329
210	2018SR047013	西北农林科技大学教学辅助系统	西北农林科技大学	20180122
211	2018SR049150	西北农林科技大学师生互动交流平台	西北农林科技大学	20180122

（续）

序号	登记号	软件名称	著作权人	发布日期
212	2018SR202628	叶片叶脉识别提取演示软件	西北农林科技大学	20180326
213	2018SR199893	植物器官CT影像轮廓提取与可视化软件	西北农林科技大学	20180323
214	2018SR225282	植物叶片分割系统	西北农林科技大学	20180402
215	2018SR012676	核桃保险微信公众平台	西南林业大学	20180105
216	2018SR379161	基于SVM的木材特征识别算法	西南林业大学	20180524
217	2018SR325542	林火发生预报及时空过程模拟系统	西南林业大学	20180510
218	2018SR477831	木材图像采集系统（Android）	西南林业大学	20180625
219	2018SR325708	无人机林火视频监控室内监测系统	西南林业大学	20180510
220	2018SR586562	香格里拉市高山松地上生物量和碳储量遥感估测通用平台	西南林业大学	20180726
221	2018SR488901	遥感图像融合软件	西南林业大学	20180627
222	2018SR012669	云南核桃有害生物智能空间大数据平台（二维版）	西南林业大学	20180105
223	2018SR027573	云南核桃有害生物智能空间大数据平台（三维版）	西南林业大学	20180111
224	2018SR446486	华山松种子园数据管理系统	西南林业大学、北京博锐思捷科技有限责任公司	20180613
225	2018SR446484	生物多样性管理系统	西南林业大学、北京博锐思捷科技有限责任公司	20180613
226	2018SR446231	云南林业有害生物管理系统	西南林业大学、北京博锐思捷科技有限责任公司	20180613
227	2018SR446485	云南自然保护区大数据管理平台	西南林业大学、北京博锐思捷科技有限责任公司	20180613
228	2018SR680045	一种基于数字图像处理与烟火智能识别的林火行为实时监测软件	西南林业大学，高仲亮、李智、龙腾腾、张雪涛、周健文、福周	20180824
229	2018SR680039	一种实时监测林火行为特征的蔓延预测与防控系统	西南林业大学，高仲亮、李智、龙腾腾、张雪涛、周健文、福周	20180824
230	2018SR680022	一种基于连续监测林火行为的动态数据驱动的林火预警与应急处理系统	西南林业大学，高仲亮、李智、龙腾腾、陈福周、张雪涛、健文	20180824
231	2018SR918653	一种基于森林可燃物时空特征数据动态驱动下的重大森林火灾阈值发演促进模拟软件	西南林业大学、刘安宇，高仲亮、龙腾腾、李智、张雪涛、福周、健文	20181116
232	2018SR680031	一种基于林火行为实时特征分析的智能应急预警与辅助决策系统	西南林业大学，高仲亮、龙腾腾、李智、周健文、张雪涛、福周	20180824
233	2018SR995355	基于图像处理的植物叶片病害识别系统	西南林业大学，秦明明、董建娥	20181210
234	2017SR629438	三维林火蔓延预测软件	西南林业大学，吴瑞旭、徐伟恒	20180116
235	2018SR941557	林业调查软件	西南林业大学，彭静、杨磊	20181126
236	2018SR891641	基于Android护林员巡检系统	西南林业大学，杨丙、杨磊	20181107
237	2018SR542723	基于C#语言的林火蔓延模拟平面可视化软件	西南林业大学，徐伟恒、杨磊	20180712
238	2018SR970965	鸟类叫声特征提取与分析系统	西南林业大学，张雁、徐海峰	20181203
239	2018SR339774	基于应力波传播路径和空间插值的木材内部缺陷层析成像软件	浙江农林大学	20180515

（续）

序号	登记号	软件名称	著作权人	发布日期
240	2018SR395322	森林资源动态感知大数据平台	浙江农林大学	20180529
241	2018SR192320	一种基于激光传感器的树高智能测量控制系统软件	浙江农林大学	20180322
242	2018SR192495	一种基于窨栅传感器的树木胸径自动测量控制系统软件	浙江农林大学	20180322
243	2018SR690815	竹木地板CAD/CAM集成系统	浙江农林大学	20180829
244	2018SR629726	地区生态脆弱性评价软件	中国林业科学研究院	20180808
245	2018SR629729	耕地资源生态承载力计算软件	中国林业科学研究院	20180808
246	2018SR629302	基于GIS的土壤碳存储系统平台	中国林业科学研究院	20180808
247	2018SR1021938	基于高分卫星图像的盐碱地智慧识别及分级软件	中国林业科学研究院	20181217
248	2018SR629853	基于森林资源核算的森林碳蓄积量估算软件	中国林业科学研究院	20180808
249	2018SR629856	景观林内景观斑块的类型特征提取软件	中国林业科学研究院	20180808
250	2018SR629315	生态节点提取软件	中国林业科学研究院	20180808
251	2018SR629289	生态网络模拟分析软件	中国林业科学研究院	20180808
252	2018SR629474	生态系统内生物多样性评估评价分析软件	中国林业科学研究院	20180808
253	2018SR629307	土地生态安全格局动态监测系统软件	中国林业科学研究院	20180808
254	2018SR1021931	盐碱地生态服务价值估算软件	中国林业科学研究院	20181217
255	2018SR1021922	盐碱地土壤肥力评估分析软件	中国林业科学研究院	20181217
256	2018SR1021927	盐碱地系统查询平台	中国林业科学研究院	20181217
257	2018SR629296	植被覆盖度估算与监测软件	中国林业科学研究院	20180808
258	2018SR921265	中国沙地基础地理信息数据平台	中国林业科学研究院	20181119
259	2018SR927409	林业专业知识服务系统移动端APP软件	中国林业科学研究院林业科技信息研究所	20181120
260	2018SR383067	红树林湿地鸟类富营养化实时监测系统	中国林业科学研究院林业新技术研究所	20180525
261	2018SR896016	动态图像采集实验平台控制程序	中国林业科学研究院林业新技术研究所机械研究所，国家林业局北京林业	20181108
262	2018SR896208	规格材表面缺陷检测系统	中国林业科学研究院林业新技术研究所机械研究所，国家林业局北京林业	20181108
263	2018SR895757	桦木孔洞检测软件	中国林业科学研究院林业新技术研究所机械研究所，国家林业局北京林业	20181108
264	2018SR895749	中密度纤维板板边缺损检测实验系统	中国林业科学研究院林业新技术研究所机械研究所，国家林业局北京林业	20181108
265	2018SR896206	中密度纤维板外观检测系统控制软件	中国林业科学研究院林业新技术研究所机械研究所，国家林业局北京林业	20181108
266	2018SR896010	中密度纤维板外观质量检测监控系统	中国林业科学研究院林业新技术研究所机械研究所，国家林业局北京林业	20181108

（续）

序号	登记号	软件名称	著作权人	发布日期
267	2018SR034058	鸟调通湿地水鸟调查与监测系统	中国林业科学研究院林业新技术研究所、西安三图信息技术有限公司	20180115
268	2018SR902935	木门内部结构特征与材料种类识别系统	中国林业科学研究院林业新技术研究所、中国林业科学研究院木材工业研究所、李伟光、张占宽、张楷、肖天际	20181112
269	2018SR865520	基于热红外图像的植物冠层温度精准提取软件	中国林业科学研究院林业研究所	20181030
270	2018SR680083	基于台站初级观测数据推导通量产品的计算软件	中国林业科学研究院林业研究所	20180824
271	2018SR973359	山杏种质资源库查询系统	中国林业科学研究院林业研究所	20181204
272	2018SR889497	杉木不确定性林分枯损模型系统	中国林业科学研究院林业研究所	20181107
273	2018SR606726	杉木单木枯损不确定性模型系统	中国林业科学研究院林业研究所	20180801
274	2018SR299421	杉木单木枯损率模型系统	中国林业科学研究院林业研究所	20180503
275	2018SR591997	数据自动处理软件	中国林业科学研究院林业研究所	20180727
276	2018SR678844	微波原始电压信号的分析计算软件	中国林业科学研究院林业研究所	20180824
277	2018SR966746	文冠果品种选择与交配亲和性查询系统	中国林业科学研究院林业研究所	20181203
278	2018SR966623	文冠果种质资源信息管理系统	中国林业科学研究院林业研究所	20181203
279	2018SR016326	野牛草高通量数字考种系统	中国林业科学研究院林业研究所	20180108
280	2018SR036434	野牛草性状数字化提取系统	中国林业科学研究院林业研究所	20180116
281	2018SR036387	野牛草杂交种子质量识别分级控制软件	中国林业科学研究院林业研究所	20180116
282	2018SR894932	植被理化参数反演计算软件	中国林业科学研究院林业研究所	20181108
283	2018SR987939	植被特征敏感波段筛选软件	中国林业科学研究院林业研究所	20181207
284	2018SR842246	植物活体叶面面测定图像处理软件	中国林业科学研究院林业研究所	20181023
285	2018SR036428	制种田野牛草生长状态实时远程监测软件	中国林业科学研究院林业研究所	20180116
286	2018SR1028070	基于PLC模拟量模块的电机调速软件	中国林业科学研究院木材工业研究所	20181218
287	2018SR1018124	木材横纹压缩二次硬化本构关系模型计算软件	中国林业科学研究院木材工业研究所	20181214
288	2018SR1028060	人造板表面缺陷检测装置采集速度采集软件	中国林业科学研究院木材工业研究所	20181218
289	2018SR103431	生物质及木材热分解力学参数多模式可视化求解软件	中国林业科学研究院木材工业研究所	20180209
290	2018SR680510	饰面胶合板与细木工板生产数据生产信息管理软件	中国林业科学研究院木材工业研究所	20180824
291	2018SR1028047	特定直线运动凸轮廓线绘制软件	中国林业科学研究院木材工业研究所	20181218
292	2018SR1033714	凸轮静平衡除料轮廓设计软件	中国林业科学研究院木材工业研究所	20181218
293	2018SR1033722	用于板材在线速度采集的串口通信软件	中国林业科学研究院木材工业研究所	20181218
294	2018SR688798	中（高）密度纤维板生产数据信息管理软件	中国林业科学研究院木材工业研究所	20180828
295	2018SR215886	连续平压热压机移动监控与报警平台软件	中国林业科学研究院木材工业研究所、茌平县森强密度板有限公司	20180328

（续）

序号	登记号	软件名称	著作权人	发布日期
296	2018SR1019772	饰面胶合板与细木工板生产线设备运行数据监测与推送系统软件	中国林业科学研究院木材工业研究所，广西壮族自治区林业科学研究院	20181214
297	2018SR872981	饰面胶合板与细木工板生产管理中间件软件	中国林业科学研究院木材工业研究所，广西壮族自治区林业科学研究院	20181031
298	2018SR926963	森林公园防火指挥地理信息系统	中国林业科学研究院森林生态环境与保护研究所	20181120
299	2018SR1072883	森林土壤数据库查询软件	中国林业科学研究院森林生态环境与保护研究所	20181226
300	2018SR1069103	森林土壤数据库及共享平台	中国林业科学研究院森林生态环境与保护研究所	20181225
301	2018SR924461	湿地森林防火指挥地理信息系统软件	中国林业科学研究院森林生态环境与保护研究所	20181120
302	2018SR927514	植被群落调查及遥感影像分析软件	中国林业科学研究院森林生态环境与保护研究所，李春蕾	20181120
303	2018SR989246	城镇森林景观特征分析软件	中国林业科学研究院亚热带林业研究所，史久西，王斌，格日乐图，张龙	20181207
304	2018SR069333	储备林经营管理外业数据采集系统	中国林业科学研究院资源信息研究所	20180129
305	2018SR572225	多功能森林经营方案辅助设计系统	中国林业科学研究院资源信息研究所	20180720
306	2018SR187273	多期样地调查数据处理系统	中国林业科学研究院资源信息研究所	20180321
307	2018SR912349	基于点云数据的单木生物量估测系统	中国林业科学研究院资源信息研究所	20181115
308	2018SR931458	基于点云数据的单木树冠图像分割系统	中国林业科学研究院资源信息研究所	20181121
309	2018SR931468	基于点云数据的马尾松纯林森林垂直结构参数提取系统	中国林业科学研究院资源信息研究所	20181121
310	2018SR660461	基于高分辨率遥感数据的浑善达克沙地榆树疏林信息提取软件	中国林业科学研究院资源信息研究所	20180820
311	2018SR246621	基于深度卷积神经网络的多源遥感植被类型信息提取软件	中国林业科学研究院资源信息研究所	20180412
312	2018SR909934	基于无人机采集数据的样地数据管理系统	中国林业科学研究院资源信息研究所	20181114
313	2018SR701201	林业小班三维编辑应用软件	中国林业科学研究院资源信息研究所	20180831
314	2018SR997255	林业野外多业务综合巡护服务平台软件	中国林业科学研究院资源信息研究所	20181211
315	2018SR997259	林业野外多业务综合巡护管理平台软件	中国林业科学研究院资源信息研究所	20181211
316	2018SR997176	林业野外多业务综合巡护终端软件	中国林业科学研究院资源信息研究所	20181211
317	2018SR247417	面向植被信息遥感提取的深度语义分割软件	中国林业科学研究院资源信息研究所	20180412
318	2018SR931565	目标树单株木造材预估系统	中国林业科学研究院资源信息研究所	20181121
319	2018SR827877	南方天然混交林立地质量评价系统	中国林业科学研究院资源信息研究所	20181017
320	2018SR1026491	区域水平森林碳汇计量系统	中国林业科学研究院资源信息研究所	20181217
321	2018SR572238	森林多功能区划系统	中国林业科学研究院资源信息研究所	20180720
322	2018SR712287	森林火灾不确定性发生模型系统	中国林业科学研究院资源信息研究所	20180904
323	2018SR068517	森林资源空间大数据检查与预处理系统（ETL）	中国林业科学研究院资源信息研究所	20180129
324	2018SR572232	森林作业法分配到小班工具系统	中国林业科学研究院资源信息研究所	20180720

（续）

序号	登记号	软件名称	著作权人	发布日期
325	2018SR572218	森林作业法设计系统	中国林业科学研究院资源信息研究所	20180720
326	2018SR447431	杉木人工林生长动态可视化模拟系统	中国林业科学研究院资源信息研究所	20180613
327	2018SR806566	树木图像理解软件	中国林业科学研究院资源信息研究所	20181010
328	2018SR407383	檀香图像分析软件	中国林业科学研究院资源信息研究所	20180601
329	2018SR1026014	通用统计与林业数值分析软件	中国林业科学研究院资源信息研究所	20181217
330	2018SR789235	样地调查数据统计及分析系统	中国林业科学研究院资源信息研究所	20180928
331	2018SR781159	择伐型森林收获调整模型软件	中国林业科学研究院资源信息研究所	20180926
332	2018SR711636	中国陆地生态系统定位观测研究站网	中国林业科学研究院资源信息研究所	20180904
333	2018SR710630	中国陆地生态系统定位观测研究站网	中国林业科学研究院资源信息研究所	20180904
334	2018SR042603	资源信息研究所短信平台	中国林业科学研究院资源信息研究所	20180118
335	2018SR082796	资源信息研究所人力资源管理信息系统	中国林业科学研究院资源信息研究所，山东淼迈信息科技有限公司	20180201
336	2018SR1022443	FY-3 系列卫星林火热点提取系统	中南林业科技大学	20181217
337	2018SR1028757	MODIS 系列卫星林火热点提取系统	中南林业科技大学	20181218
338	2018SR1022424	NOAA 系列卫星林火热点提取系统	中南林业科技大学	20181217
339	2018SR294360	森林火灾图像去烟雾系统	中南林业科技大学	20180428
340	2018SR1026346	卫星林火信息管理系统	中南林业科技大学	20181217
341	2018SR1025785	卫星林火热点信息推送系统	中南林业科技大学	20181217

数据来源：中国版权保护中心《计算机软件著作权登记公告》。

附表6 2018年林业科研院所授权发明专利

序号	专利号	专利名称	专利权人	发明人	申请日	授权公告日
1	ZL201510683442.5	坡面压带绿化方法	宝鸡市林业科学研究所	杨恩让、韩昭侠、谢晓霞	20151020	20181016
2	ZL201710084284.0	一种铜矿废弃地土壤重金属污染修复方法	保定学院、上海市园林科学规划研究院	魏俊杰、张冬梅、张妍、滕忠才、陈萍、朱维红、管征、王琳、徐兆翮	20170216	20180608
3	ZL201710035348.8	一种铝锌矿区土壤重金属污染修复方法	保定学院、上海市园林科学规划研究院	崔彬彬、张冬梅、周丽娜、滕忠才、管延英、高飞、张妍、郝征、王琳、王磊、蔡燊	20170118	20180420
4	ZL201510857554.8	细长松塔形苹果树形及其修剪方法	赤峰市林业科学研究院	李显玉、李错、张凤阁	20151130	20180420
5	ZL201510427442.9	一种适用于消落带植树的环保型竹筒肥篓编容器	淳安县新安江开发总公司、浙江省林业科学研究院、浙江元成园林集团股份有限公司	徐高福、刘乐群、卢刚、张建和、方震凡、余梅生、董飞岳、余明华、洪利兴	20150721	20180119
6	ZL201510559074.3	一种对波纹杂毛虫幼虫具有致病力的白僵菌菌株及其应用	福建省林业科学研究院	蔡守平、何学友、詹祖仁、吴培衍	20150907	20180921
7	ZL201510559073.9	一株对老挝拟棘天牛具有致病力的绿僵菌菌株及其应用	福建省林业科学研究院	何学友、蔡守平、苏文晶、钟景辉、陈曜、徐先英	20150907	20180817
8	ZL201510404619.3	一种紫薇艺术字造型的高效培育方法	福建省林业科学研究院	范辉华、姚湘明、李乾振、汤行昊、张娟、张天宇	20150710	20180525
9	ZL201610055731.5	一种木麻黄生根苗育的方法	福建省林业科学研究院	柯玉铸、叶功富、黄金水、黄国清、杨希、曾丽、林延生、陈文山、林喜金、黄素兰	20160127	20181113
10	ZL201410014534.X	一种退化人工梭梭林防风固沙功能恢复的方法	甘肃省治沙研究所	马全林、樊宝丽、刘虎俊、徐先英	20140113	20180807
11	ZL201510504138.X	条带状活植物栅栏式沙障防护林系建植方法	甘肃省治沙研究所	张大彪、刘世增、唐进年、张凤春	20150817	20180130
12	ZL201610044301.3	一种荒漠区药用植物果枸杞的快速繁殖方法	甘肃省治沙研究所	王方琳、柴成武、马俊梅、崔建国、李爱德、王昱淇、高松涛、张莹花、魏林源、张锦春、李金辉、常丽、胡静	20160122	20180713
13	ZL201510871105.9	一种有效破除沙拐枣种子休眠，促进出苗的方法	甘肃省治沙研究所	樊宝丽、马全林、尉秋实、郭树江、张剑挥、杜娟、张晓娟、魏林源、肖斌	20160121	20180119
14	ZL201510459923.8	一种干旱荒漠区防护林系建设的方法	甘肃省治沙研究所	李得禄、刘世增、康才周、满多清、严子柱	20150730	20180313

（续）

序号	专利号	专利名称	专利权人	发明人	申请日	授权公告日
15	ZL201510197890.4	一种干旱区植物梭梭大苗的移植方法	甘肃省治沙研究所	郑庆钟、永忠、张元恺、李发明	20150422	20180731
16	ZL201510460664.0	一种适应干沙蒿木蓼扦插育苗的方法	甘肃省治沙研究所	李得禄、李亚、尉秋实、姜生秀、魏林源	20150730	20180601
17	ZL201610122925.2	一种便携式多功能测量仪	甘肃省治沙研究所	李亚、常兆丰	20160304	20180814
18	ZL201610050124.X	一种银沙槐的育苗方法	甘肃省治沙研究所	王理德、刘开琳、满多清、李发明、郭春秀、李建宏	20160126	20181207
19	ZL201610063985.1	一种利用路驼蓬化感作用提高沙冬青种子萌发率的方法	甘肃省治沙研究所	柴成武、王方琳、魏林源、尉秋实、王昱淇、张莹花、张锦春、李金辉、常丽、胡静	20160129	20180313
20	ZL201510125583.5	一种沙生针茅林丛移植的方法	甘肃省治沙研究所	李亚、万翔、李发明、刘克彪、唐卫东	20150320	20180731
21	ZL201510602836.3	一种固沙先锋植物沙米种质资源的扩繁技术	甘肃省治沙研究所	魏林源、马全林、张德魁、樊宝丽、陈芳、胡小柯	20150921	20180522
22	ZL201510126051.3	一种培养皿铺垫滤纸的方法	甘肃省治沙研究所	万翔、杨杨、李亚、汪媛艳、魏林源	20150320	20181002
23	ZL201610637864.3	金搭檐柳的组织培养生根方法	甘肃省治沙研究所	柴成武、王方琳、马俊梅、张锦春、刘有军	20160805	20180406
24	ZL201610958954.2	一种沙生柽柳组织培养生根方法	甘肃省治沙研究所	王方琳、张锦春、马俊梅、柴成武、刘有军	20161027	20180529
25	ZL201610948614.1	一种柽柳快速生根组织培养方法及柽柳组织培养方法	甘肃省治沙研究所	柴成武、王方琳、马俊梅、张锦春、刘有军、王晶	20161102	20181030
26	ZL201610230157.2	一种热线风速仪探头的固定装置	甘肃省治沙研究所	徐先英、张莹花、赵伯有	20160413	20180717
27	ZL201610212622.X	一种青海云杉合子胚愈伤组织诱导的培养基方法	甘肃省治沙研究所	张莹花、徐先英、贺访印、王方琳	20160407	20180109
28	ZL201610364525.2	一种沙葱再生苗和沙葱愈伤组织的获取方法	甘肃省治沙研究所	张莹花、刘世增、康才周、李雪冰、陈政融、马俊梅	20160530	20180515
29	ZL201610569001.7	一种沙障结构及其制备方法	甘肃省治沙研究所	柴成武、王方琳、徐先英、唐卫东、王多泽、常兆丰	20160719	20180504
30	ZL201610234868.7	一种风洞可调节高度的铺沙装置	甘肃省治沙研究所	张莹花、徐先英、赵伯有	20160415	20181012
31	ZL201510765630.2	一种龙脑型阴香树的扦插繁育方法	广东华清园生物科技有限公司、梅州市林业科学研究所	李志良、张汉永、凌凤清、陈桂琼、肖腊兴、罗万业、陈聪、曾令海、苏健裕、林胜	20151110	20180413
32	ZL201510683550.2	南洋楹组织培养外植体的培育方法	广东省林业科学研究院	晏姝、胡德活、韦如萍、王润辉、郑会全	20151020	20180413

序号	专利号	专利名称	专利权人	发明人	申请日	授权公告日
33	ZL201610859656.8	防控团水虱的双重药剂应用该药剂防控团水虱的方法	广东省林业科学研究院	何雪香、管伟、廖宝文、李兴伟、熊燕梅	20160927	20180911
34	ZL201510586503.6	木棉花粉活力的检测方法	广东省林业科学研究院	朱报著、潘文、张方秋、黎士兰	20150915	20181109
35	ZL201611023990.6	一种木材塑化剂及其制备方法	广东省林业科学研究院	李兴伟、熊伟、陈利芳、李拾欣	20161117	20180109
36	ZL201410442466.7	一种畜禽用中药饲料添加剂及其制备方法	广西大学、南宁市桂福园农业有限公司、广西壮族自治区林业科学研究院	李秋庭、陆顺忠、孟磊、关继华、黎贵、邱米、杨漓、杨素华、吴建文、梁剑、苏丽华、党中甲	20140902	20180327
37	ZL201510915950.1	一种油茶早实丰产的栽培方法	广西师范大学、桂林市林业科学研究所	邓荫伟、张敏、陈江平、杜忠、赵祖辉、黄东、蒋柏生、姚吉霞、文桂峰、周新富	20151210	20180109
38	ZL201410445196.5	一种增进食欲、提高免疫力的肉桂生物饲料的制备方法	广西壮族自治区林业科学研究院	李军集、周丽珠、何春茂、谷瑶、梁忠云、陈海燕、李桂珍、秦荣秀、常新民	20140903	20180327
39	ZL201510378588.9	一种在桉树林下间种山毛豆的方法	广西壮族自治区林业科学研究院	蒋燚、韦铄星、易显凤、梁瑞龙、黄荣林、李娟、林建勇、戴菱	20150701	20180814
40	ZL201510905708.6	马尾松组培苗嫩枝短穗扦插育苗方法	广西壮族自治区林业科学研究院	姚瑞玲、王胤、苏炬	20151209	20180508
41	ZL201510429797.1	一种分离高纯长叶烯的方法及装置	广西壮族自治区林业科学研究院	陆顺忠、关继华、吴建文	20150721	20180410
42	ZL201610117556.8	一种促进邓恩桉组培苗生根方法	广西壮族自治区林业科学研究院	姚瑞玲、王胤	20160302	20180105
43	ZL201610026882.8	4-松油醇型互叶白千层组培继代增殖方法及其培养基	广西壮族自治区林业科学研究院	刘海龙、吴丽君、陈博雯、肖玉菲、张烨、覃子海、姚瑞玲、张晓宁	20160115	20180629
44	ZL201510739761.3	山毛豆匀速播种机	广西壮族自治区林业科学研究院	韦铄星、蒋燚、张烨、刘雄盛、田红灯、王勇、林建勇、刘菲	20151104	20180515
45	ZL201511018510.2	一种萝卜的室内繁殖方法和装置	广西壮族自治区林业科学研究院	邓艳、蒋学建、罗辑、黄华艳、李德伟、常明山、吴耀军、赵程劭、廖旺姣、秦元丽	20151229	20180817
46	ZL201510529724.X	一种油茶秋季根部嫁接繁殖方法	广西壮族自治区林业科学研究院	吴艺梅、谢少义、叶航、梁国校、夏莹莹、江泽鹏、王东雪	20150826	20180803
47	ZL201510695358.5	石漠化地区任豆与降香黄檀混交造林方法	广西壮族自治区林业科学研究院	侯远瑞、申文辉、庞世龙、黄发珊、陈金艳、李娥英、黄小荣	20151026	20180710
48	ZL201511026976.7	一种简便实用的米峨成虫收集装置	广西壮族自治区林业科学研究院	李德伟、邓艳、蒋学建、常明山、罗辑、吴耀军、黄华艳、赵程劭、邹东霞、秦元丽	20151231	20180626
49	ZL201510436452.9	一种黄金间碧玉的扦插繁殖方法	广西壮族自治区林业科学研究院	徐振国、黄大勇、李立杰、郭起荣	20150723	20180511

（续）

序号	专利号	专利名称	专利权人	发明人	申请日	授权公告日
50	ZL201510175430.1	南方松高温季节插穗促愈伤的方法	广西壮族自治区林业科学研究院	谭健晖、马良青、杨章旗	20150414	20180511
51	ZL201610078473.2	4-松油醇型互叶白千层组培继代芽的开放式生根培养方法	广西壮族自治区林业科学研究院	陈博雯、刘海龙、肖玉菲、覃子海、张烨、张晓宁	20160204	20180313
52	ZL201410685070.5	一种山苍子油的提取方法	广西壮族自治区林业科学研究院	陆顺忠、李秋庭、关继华、邱米、吴建文、杨燕文、曾祥、谭桂菲	20141125	20180831
53	ZL201510529554.5	一种油茶水培扦插繁殖方法	广西壮族自治区林业科学研究院	罗扬卓、刘巧情、李月娟、周招娣、夏莹、梁国校、王东雪、江泽鹏	20150826	20180126
54	ZL201610223065.1	一种黄樟油素型樟树嫩枝组培繁殖方法	广西壮族自治区林业科学研究院	安家成、蔡玲、黄金使、李开祥、梁晓静、丘米、杨素华、黄宏章	20160412	20180417
55	ZL201610134126.7	一种互叶白千层组培继代芽瓶外生根方法	广西壮族自治区林业科学研究院	肖玉菲、陈博雯、刘海龙、张烨、张晓宁、刘雄盛	20160309	20180601
56	ZL201610222360.5	一种黄樟油素型樟树组培芽的生根方法	广西壮族自治区林业科学研究院	蔡玲、韦颖文、黄艳、陆顺忠、黄金使、梁晓静、丘米、杨素华、覃玉凤、覃杰	20160412	20180417
57	ZL201710021231.4	用于快速鉴定油茶良种岑软2号的特异性标记引物及鉴定方法	广西壮族自治区林业科学研究院	刘凯、张乃燕、王东雪、江泽鹏	20170111	20180327
58	ZL201610520657.X	一种提取高纯度芳樟醇的方法	广西壮族自治区林业科学研究院	杨素华、安家成、陆顺忠、吴建文、杨燕、李秋庭、邱米、黎贵、关继华、苏骊华、党中广	20160629	20180928
59	ZL201610788239.5	一种岑溪软枝油茶密植果树两用林的营建方法	广西壮族自治区林业科学研究院	江珊鸿、江泽鹏、叶航、刘凯、陈玩、张乃燕、王东雪、夏莹	20160831	20180109
60	ZL201611044074.0	一种岑溪软枝油茶双种子园菜本的选配方法	广西壮族自治区林业科学研究院	张乃燕、王东雪、陈林强、江泽鹏、陈国臣、刘凯、梁斌、曾雯珺、夏莹	20161124	20180417
61	ZL201510749517.5	黄花风铃木根插的繁殖方法	广西壮族自治区林业科学研究院	李进华、孙开道、汪小玉	20151106	20181123
62	ZL201610555521.4	促进马尾松嫩枝扦插生根的液体肥料、制备方法及其应用	广西壮族自治区林业科学研究院	姚瑞玲、王胤	20160715	20180313
63	ZL201610820910.3	一种多级收集浮渣有机垃圾沼气发酵装置	广西壮族自治区林业科学研究院	黄凌志、徐铁纯、姜文弟、李金怀、潘文	20160913	20181016
64	ZL201510709056.9	一种木质复合材料用高效阻燃抑烟剂及其制备方法	贵州省林业科学研究院	杨守禄、姬宁、李丹、张彦雄、邹映雪、吴义强	20151028	20180706
65	ZL201410097710.0	一种毛竹油茶素内酯受体蛋白及其编码基因与应用	国际竹藤中心	高志民、赵韩生、董丽莉、孙化雨	20140314	20180313

（续）

序号	专利号	专利名称	专利权人	发明人	申请日	授权公告日
66	ZL201510420300.X	一种能源自给型竹材生物质焙烧炭制备方法	国际竹藤中心	刘志佳、江泽慧、费本华、米冰冰、胡万河	20150717	20180116
67	ZL201610723712.5	规格竹条模量和密度的分级方法	国际竹藤中心	孙正军、江泽慧、张秀标、刘焕荣、张融、倪林、杨利梅、刁倩倩	20160825	20180525
68	ZL201610301874.X	一种模块化集成石竹复合墙体构件的制造方法	国际竹藤中心	王戈、陈复明、程海涛、李海栋	20160429	20180112
69	ZL201610710560.5	一种植物源光稳定剂在农药上的应用	国际竹藤中心	王进、宋丽、岳永德、汤锋	20160823	20180821
70	ZL201610170300.3	一种植物源杀蚜剂的增效剂	国际竹藤中心	王进、姜浩、岳永德、汤锋、姚曦	20160323	20180626
71	ZL201710680863.1	一种低温油热改性竹材的加工方法	国际竹藤中心	费本华、陈秀芳、张波、吕黄飞、陈礼生	20170810	20181218
72	ZL201610170299.4	一种植物源杀蚜剂刺槐种子杀虫植物材料	国际竹藤中心	王进、岳永德、汤锋、姜浩	20160323	20180330
73	ZL201610389017.X	一种缓释型多功能胶粘剂的制备方法	国际竹藤中心	张融、覃道春、李谕瑶、靳肖贝、费本华、江泽慧	20160602	20181130
74	ZL201610170263.6	一种植物源杀虫剂及其制备方法	国际竹藤中心、安徽农业大学	姜浩、王进、岳永德、汤锋	20160323	20180619
75	ZL201610523053.0	一种抗菌型竹材复合材料及制备方法	国际竹藤中心、中国科学院青岛生物能源与过程研究所	费本华、陈秀芳、牟新东、张波、张俊逸、吕黄飞	20160705	20180316
76	ZL201410269568.3	一种桉树 TPS 基因、RNA 干扰载体及应用	国家林业局桉树研究开发中心	陈鸿鹏、谢耀坚	20140617	20180612
77	ZL201510415811.2	一种大果印加果嫁接繁殖的方法	国家林业局桉树研究开发中心	彭彦、高丽琼、林彦、尚秀华、陈鸿鹏、谢耀坚	20150716	20180413
78	ZL201510416345.X	一种大果印加果扦插繁殖的方法	国家林业局桉树研究开发中心	彭彦、高丽琼、尚秀华、林彦、陈鸿鹏、谢耀坚	20150716	20180413
79	ZL201510378334.7	木材铣削加工电主轴实时监控系统	国家林业局北京林业机械研究所	张伟、张鹏飞、何海龙、金征、王双永	20150701	20180216
80	ZL201610214541.3	一种果实采摘方法及采摘设备	国家林业局北京林业机械研究所	张伟、何海龙、陈东、金征、张前卫	20160407	20180216
81	ZL201610625819.6	用于竹材原态多方重组材的锚固系统	国家林业局北京林业机械研究所	王呈罩、傅万四、刘博瀚、高黄喜、代英、鹏、周建波	20160727	20180824

（续）

序号	专利号	专利名称	专利权人	发明人	申请日	授权公告日
82	ZL201710600605.8	一种测量物体凹痕的系统及方法	国家林业局北京林业机械研究所	袁乐、杨建华、傅万四、于淼、杨光、张端、许心梦	20170721	20180713
83	ZL201710022023.6	板材节疤外观质量评价方法	国家林业局北京林业机械研究所	杨建华	20170112	20181218
84	ZL201610480091.2	一种基于挖掘机实现索道集材装置	国家林业局哈尔滨林业机械研究所	郭克君、苗振坤、吴立国、满大为	20160627	20180803
85	ZL201611270512.5	基于林用快速组装功能可扩展工作平台的作业臂	国家林业局哈尔滨林业机械研究所	汤晶宇、曲振兴、朱波、樊涛、王德柱、李应珍、刘洋	20161230	20180112
86	ZL201510687041.7	一种红叶植物防止叶片花色苷流失的石蜡切片方法	国家林业局泡桐研究开发中心	朱景乐、刘慧东、马顺兴、杨赟、孟伟、刘烨君、李振山、王英、刘照华、张少伟、苗作云、赵毅	20151022	20180320
87	ZL201510602088.9	一种自发热薄板电暖墙墙体及其制造方法	国家林业局竹子研究开发中心	黄成建、包永洁、吴再兴、陈玉和、何盛、李能、陈章敏、李景鹏	20150921	20180511
88	ZL201610047351.7	建立中小径级覆盖毛竹笋-延胡索仿野生轮作系统的方法	国家林业局竹子研究开发中心	李伟成、于辉、束怡、周妍、田新立	20160125	20180828
89	ZL201610455733.3	一种可拆卸电暖玻璃墙墙体及其制造方法	国家林业局竹子研究开发中心	于辉、黄成建、包永洁、吴再兴、陈玉和、李景鹏、何盛、陈章敏	20160622	20180724
90	ZL201710080696.7	一种竹质异色层积装饰材板的制造方法	国家林业局竹子研究开发中心	何盛、陈玉和、徐军、吴再兴、包永洁、陈章敏、李能、李景鹏、黄成建	20170215	20180724
91	ZL201610493255.5	耐光老化户外重组竹制造方法及产品	国家林业局竹子研究开发中心	李能、陈玉和、包永洁、黄成建、吴再兴、陈章敏、何盛、李景鹏	20160624	20181221
92	ZL201610540256.0	一种重组竹木复合装饰单板及其制造方法	国家林业局竹子研究开发中心	黄成建、李能、包永洁、吴再兴、于辉、何盛、李景鹏、陈章敏	20160711	20181130
93	ZL201510617695.2	一种中药组合物、其制备方法和应用	海南省林业科学研究所	钟剑锋、陈喜蓉、欧漫、林芳能、王东江、阳记萍	20150925	20181012
94	ZL201310520912.7	一种露地葡萄深沟小阳坡增温栽植方法	河北省林业科学研究院	刘俊、李敬川、张东风、于玮飞、汉瑞峰、宫英、刘黄喆、刘宁、李宁、陈利、赵艳丽、王瑛、王瑛	20131030	20180814
95	ZL201310523251.3	一种露地葡萄固沙栽培方法	河北省林业科学研究院	刘俊、李敬川、刘黄喆、李宁、朱玉菲、陈利、孙源蔚、王萍、宫英、于玮飞、赵艳丽、王瑛、王丽辉	20131030	20180316
96	ZL201310522124.1	一种土壤风蚀测定盘及野外土壤风蚀量测定的方法	河北省林业科学研究院	刘俊、李敬川、张东风、刘黄喆、伊宏岩、杨俊梅、孙源蔚、王萍、王丽辉、宫英、于玮飞、汉瑞峰、伊宏岩、王	20131030	20180316

（续）

序号	专利号	专利名称	专利权人	发明人	申请日	授权公告日
97	ZL201610124824.9	用秋火焰枝扦插苗芽接繁育北美红枫秋日梦幻的方法	河北省林业科学研究院	储博彦、赵玉芬、尹新彦、李金霞、张全锋、杨海菊、闫继峰、张丽荣、李海军、袁媛	20160304	20180717
98	ZL201610016347.4	打破有鬃鸢尾杂交种子休眠的方法	河北省林业科学研究院	张全锋、尹新彦、储博彦、赵玉芬、李金霞、贾红姗	20160111	20180508
99	ZL201510953288.9	花椒青果辣酱的制备方法	河北省林业科学研究院	郭伟珍、赵京献、刘建婷、秦素洁、赵萌娇、刘丽霞、郭小军、杜子春	20151217	20181211
100	ZL201610033584.1	有鬃鸢尾杂交种子打破休眠的方法	河北省林业科学研究院	张全锋、尹新彦、储博彦、赵玉芬、李金霞、贾红姗	20160119	20181113
101	ZL201510937358.1	活体植物屋造型方法	河北省林业科学研究院	储博彦、尹新彦、赵玉芬、李金霞、张全锋、吴明仁、王东晨、李永伟、王乃泽、李立	20151215	20181106
102	ZL201410621428.8	防治核桃露仁问题的专用叶面肥	河北省林业科学研究院	张建英、张莹莹、毛向红	20141106	20181113
103	ZL201410620599.9	防治核桃露仁问题的土施专用肥	河北省林业科学研究院	张建英、张莹莹、毛向红	20141106	20181113
104	ZL201610760785.1	一种皂荚小枝脱刺器及脱刺方法	河南省林业科学研究院	范定臣、刘艳萍、杨伟敏、路玉平、陈涛、赵英普、罗敏、陈丽文、陈丽培	20160830	20180817
105	ZL201610027430.1	一种豫子淀粉及其制备方法	黑龙江省林副特产研究所	张学义、柴军红、何婷婷、张晓华、幺宏伟、谢晨阳、胡伟、付婷婷、张鹤东、李尊强	20160115	20180406
106	ZL201510386893.2	一种用于驾斯越橘的嫩枝扦插基质及其配制方法	黑龙江省林业科学研究所	吕跃东、姚颖、魏晓雪、朱万才、郭树平、邢亚娟、李亚洲、刘建明、殷东生、温爱亭、翁海龙	20150703	20180522
107	ZL201510386892.8	一种用于蓝靛果忍冬的嫩枝扦插基质及其配制方法	黑龙江省林业科学研究所	吕跃东、姚颖、刘忠华、张东来、刘建明、温爱亭、李海霞、张妍妍、张玲、张海峰、田新华、翁海龙	20150703	20180206
108	ZL201610911319.9	核桃楸离体培养不定芽诱导植株再生的方法	黑龙江省林业科学研究所	张海峰、袁显磊、殷东生、黄海娇、张建英、周志军、王福德、翁海龙、赵彦龙	20161019	20180925
109	ZL201510810151.8	一种土壤分层取样固定装置及方法	黑龙江省林业科学研究所	孙楠、李亚洲、张怡春、吴瑶、朱万才、肖锐、刘奇、李兄寒	20151119	20180925
110	ZL201610915614.1	一种红皮云杉体细胞胚诱导及应用	黑龙江省林业科学研究所	袁显磊、殷东生、张海峰、王福德、黄海娇、宁晓、张文达	20161020	20180921
111	ZL201710001334.4	一种大白花杓兰叶片愈伤组织复苗植株诱导培养基	黑龙江省林业科学研究所	孙一萌、刘延滨、李晶、李秀芬、牟兆军、王晓蓉、张华、崔嵩、魏嵩、蒙宽宏、宫士、王承义	20170103	20181116
112	ZL201710149040.6	一种欧洲山杨品系组培育苗方法	黑龙江省林业科学研究所	白丹、邢亚娟、毕金鸽、王艳敏、卢慧颖、郭成博、李乐、兰岚、李祺	20170314	20180911

（续）

序号	专利号	专利名称	专利权人	发明人	申请日	授权公告日
113	ZL201610998572.2	一种用于树莓波拉纳的扩繁培养基及波拉纳的组培方法	黑龙江省林业科学研究所	李艳霞、邢亚娟、李桂君、田新华、王洪梅、殷东生、王鑫	20161114	20180911
114	ZL201610998569.0	一种越橘脱毒繁育方法及其脱毒培养基	黑龙江省林业科学研究所、黑龙江科之诺科技有限公司	李艳霞、李桂君、刘建明、刘忠玲、王洪梅、田新华	20161114	20180720
115	ZL201510384288.1	植树用快速整齐确定树穴位置的装置	黑龙江省牡丹江林业科学研究所、杜人杰、李晓秀、李敏、曲跃军	曲跃军、杜人杰、赵敏、李晓秀、杜运长、王晓静、周冬跃、张翼、郑焕春、林海峰	20150630	20181113
116	ZL201510358489.4	一种提高高山楂果实黄酮含量的天然肥料添加剂	黑龙江省牡丹江林业科学研究所、杜人杰、赵敏、曲跃军	杜人杰、曲跃军、杜运长、赵敏、夏善智、崔正刚、王庆斌、汪春眷、陶双勇、张翼、孙强、金虎、林海峰	20150626	20180130
117	ZL201510773793.5	一种山楂果园恶性杂草植物源抑制剂	黑龙江省牡丹江林业科学研究所、杜运长、杜人杰、曲跃军	曲跃军、杜人杰、赵敏、李晓秀、夏善智、殷嘉瑞、孙强、董文轩、张翼、朱悦、李霞、付静、赵玉辉、谢华	20151113	20180302
118	ZL201610072564.5	茶多酚抑制采绒革盖菌和密粘褶菌的用途	黑龙江省木材科学研究所	张佳彬、黄海兵、高丹丹、何金存、刘秀艳	20160202	20180216
119	ZL201510837899.7	一种能观察林木种实害虫生活史的绿枝养虫装置	黑龙江省森林与环境科学研究院	赵玉栖、李晶、张剑斌、毕广有、闫教良	20151126	20181019
120	ZL201710281875.7	一种鹿茸活性肽提取装置及提取方法	黑龙江省野生动物研究所	王帅、杨阳、翟学超、朱立夫、尹冬冬、钟立成、张明明、梁宇祥	20170426	20180316
121	ZL201510477284.8	一种灰紫香蘑仿野生栽培方法	呼伦贝尔市林业科学研究所	唐庆明、孙少辉、邹莉、于洋、徐飞、南海涛、刘巍、张红蕾、孙婷婷、张国权、郭静	20150806	20180508
122	ZL201610278314.7	一种高效的竹片自动进料设备	湖北省林业科学研究院	李军章、李光荣、蔡芳、王霄、李晖、刘谊	20160503	20180309
123	ZL201610705790.2	一种竹段加工机械自动上料设备	湖北省林业科学研究院	李军章、蔡芳、李吴忌、辜忠春、李光荣、杜业云、王苢	20160823	20180731
124	ZL201610597415.0	一种生态板饰面用负离子浸渍集成纸	湖北省林业科学研究院	辜忠春、李军章、杜业云、李光荣	20160727	20180309
125	ZL201610981483.7	一种楸树微繁殖的培育方法	湖北省林业科学研究院	张新叶、李振芳、陈慧玲、杨彬、张亚东、彭婵、黄国伟、马林江、周国清、杜拾平	20161109	20181102
126	ZL201610050367.3	一种竹奶醋及其制备方法	湖南省林业科学院	涂佳、艾文胜、杨明、孟勇、李美群、胡伟	20160126	20180706
127	ZL201510922413.X	一种尾叶沙坝繁殖修复栽培方法	湖南省林业科学院	童方平、李贵、刘振华、吴敏、陈瑞、童琪、周雅惠	20151214	20181002
128	ZL201610548608.7	一种气缸驱动摆动支撑装置及样油机	湖南省林业科学院	李昌珠、刘汝宽、张爱华、吴红、肖志红	20160713	20180612

序号	专利号	专利名称	专利权人	发明人	申请日	授权公告日
129	ZL201610195205.9	一种竹材、木材与泡沫铝复合夹芯板材及其制作方法	湖南省林业科学院	肖飞、孙晓东、彭亮、龚玉子、丁渝峰	20160331	20180928
130	ZL201710320962.9	一种用于修复山茶属植物树洞的复合材料和修复方法	湖南省林业科学院	彭邵锋、陆佳、许彦明、王志钺、陈永忠、王湘南、陈隆升、罗健、李美群、王瑞、李	20170509	20180424
131	ZL201610131723.4	一种防治紫薇丛枝病的药剂及方法	湖南省林业科学院	王晓明、曾慧杰、乔中全、李永欣、蔡能、陈建军	20160309	20180417
132	ZL201710202401.9	一种龙脑樟瓶苗增殖及复壮方法	湖南省林业科学院	何洪城、李刘泽木、杨夕宽、何可丹	20170330	20181207
133	ZL201510290672.5	一种紫薇免移栽的嫩枝扦插育苗药剂及方法	湖南省林业科学院，湖南富林生物科技有限公司	李永欣、王晓明、曾慧杰、乔中全、蔡能、陈建军	20150529	20180420
134	ZL201510859507.7	一株杨树烂皮病生防菌	吉林省林业科学研究院	李立梅、张晓军、陈越渠、李鑫、孙伟、王聪慧、杨帆、毛赫、左彤彤、张健	20151201	20180828
135	ZL201510496376.0	一种黑木相思人工种子制备方法	江门市新会区林业科学研究所	王立、黄宏健、谭沛涛、胡杨	20150804	20180413
136	ZL201510406326.9	盐碱特困地简易暗沟排盐造林工艺	江苏省林业科学研究院	施士争、王红玲、韩杰峰、隋德宗、何旭东	20150710	20180717
137	ZL201510403996.5	一种沿海盐碱地雨季柳树扦插造林方法	江苏省林业科学研究院	王红玲、施士争、隋德宗、韩杰峰	20150710	20180911
138	ZL201410580751.5	一种竹木混合炭化重组复合板材方料的制备方法	江西康替龙竹业有限公司，江西省林业科学院	贺磊、钟三明、王玉	20141027	20180202
139	ZL201610108565.0	一种超声联合提取长齐型天然竹纤维的方法	江西省林业科学院	黄慧、孙丰文、王玉、王小东、余能富、贺磊	20160229	20180223
140	ZL201510527157.4	丝栗栲和米槠微卫星标记的特异性引物及检测方法	江西省林业科学院	肖复明、伍艳芳、徐海宁、邱凤英、江香梅、江建、汪信东、王	20150825	20180427
141	ZL201510445846.0	一种提高煤矸石废弃地造林成活率的微生物复合菌剂和方法	江西省林业科学院	王小东、黄小春、刘丽婷、王丽艳、黄建建、叶金山、李田	20150727	20181002
142	ZL201510427556.3	一种改善南丰蜜橘化渣度的叶面肥及其使用方法	江西省林业科学研究院	王小东、江香梅、王玉、黄慧、任琼、余能富、周莉荫、华小菊	20150720	20180928
143	ZL201510840416.9	一种香榧遮阴设备及遮阴方法	丽水市林业科学研究院	吴连海、吴巍、颜福花、殷声毅、杨先裕、谢建	20151127	20180420
144	ZL201610467435.6	一种便携式竹子高度测量装置及测量方法	丽水市林业科学研究院	宋艳冬、章启淇、周成敏、李泽建、吴健	20160624	20181026
145	ZL201610050612.0	植物扦插水分控制仪	辽宁省经济林研究所	赵垒军、刘枫、宫永红	20160125	20180525

（续）

序号	专利号	专利名称	专利权人	发明人	申请日	授权公告日
146	ZL201510353627.X	一种金电子绿僵菌固体培养方法	南京林业大学、福建省林业科学研究院	蔡守平、何学友、曾丽琼、黄金水、汤陈生、嵇保中	20150624	20181123
147	ZL201610826017.1	基于微波加热的木材膨化装置	南京三乐微波技术发展有限公司、南京三乐电子信息产业集团有限公司、中国林业科学研究院木材工业研究所	傅峰、熊令明、林兰英、谭延君、周永东、赵剑红	20160914	20180330
148	ZL201510833942.2	一种适合干旱地区的葡萄组培苗移栽方法	宁夏林业研究所股份有限公司	徐美隆、刘玉娟、谢军、陈春伶、王巧珍、乔改霞	20151126	20180525
149	ZL201510748428.9	钢结构日光温室	濮阳市林业科学院	郭利民、常聚普、桑圣奇、乔毓峰、苏衍修、袁自更、杜霄霞、牛瑞清、周琨、张万东、黄运明、王淑利、谢守江、谢立江、杨旭琦、杨玉巧、刘焕、王天亮、吴丽珍、王朝献、王仓文、李洁茹、魏鸿利、张志杰、李舒梅、杨旭照	20151107	20180410
150	ZL201710170198.1	一种黄花风铃木组织培养快速繁殖方法	钦州市林业科学研究所	陈丽文、时群、杨利平、陈乃明、何贵整、王华宇、蔡林、梁刚、樊东函、陈艳、杨琼	20170321	20180727
151	ZL201710081396.0	一种火龙果组织培养的培养基	钦州市林业科学研究所	李清香、陈丽文、吴红英、何克钦、黄永钦、陈乃明	时群、杨利平、张桂兰、张建华、吕月	20170215	20181130
152	ZL201710170196.2	阳春砂试管分株培养基及一次成苗组培分株快繁方法	钦州市林业科学研究所	时群、陈丽文、何贵整、樊东函、王华宇、梁刚、陈乃明、杨利平、梁小娟、杨琼	20170321	20181009
153	ZL201510213816.7	一种原生态的笋干加工设备及其加工方法	青田真旺农林科技发展有限公司、浙江省林业科学研究所	张建、汪奎宏、金加民、贺亮	20150429	20181211
154	ZL201710266173.1	一种丽盐碱速生白榆无性系叶片愈伤组织诱导及分化方法	山东建筑大学风景园林规划研究所、山东省林业科学研究院	慕德宇、房用、梁玉、许景伟、王立辉、朱升祥、李传荣、王强、慕宗昭、范小利、董举文	20170421	20181109
155	ZL201610028509.6	一种北美海棠苗木的整形修剪方法	山东省林业科学研究院、昌邑海棠苗木专业合作社	胡丁猛、杜华兵、孙锐、王开芳、回兴建、明建	20160118	20180706
156	ZL201510732980.9	一种使用果品抗菌保鲜用膜层制成的盖体、分隔板及利用分隔板构成的果品放置装置	山东省林业科学研究院	孙蕾、杜华兵、孙锐、王开芳、王小芳、韩传明、白瑞亮	20151030	20180807

（续）

序号	专利号	专利名称	专利权人	发明人	申请日	授权公告日
157	ZL201510732697.6	绒毛白蜡耐盐的 FvSnRK2.1 基因及其应用	山东省林业科学研究院	庞彩红、夏阳、李双云、周健、王振猛	20151102	20180907
158	ZL201610017997.0	一种国槐离体叶片体细胞胚诱导的快速繁殖方法	山东省林业科学研究院	李双云、杨国良、李丽、庞彩红、刘盛芳、王守国、张炳孪、夏阳	20160112	20180525
159	ZL201610017808.X	一种国槐子叶体细胞胚诱导的快速繁殖方法	山东省林业科学研究院	庞彩红、李双云、孙超、王因花、毛秀红、刘盛芳、王学义、夏阳	20160112	20180522
160	ZL201610114330.2	无花果田间抗寒方法、抗寒剂及制备方法、抗寒罩	山东省林业科学研究院	孙蕾、贾明、孙锐、杜华兵、王开芳、王小劳、白瑞亮、韩传明	20160301	20181012
161	ZL201610018015.X	一种国槐子叶体细胞胚诱导的成套培养基	山东省林业科学研究院	夏阳、李双云、杨国良、刘盛芳、庞彩红、孙超、王守国、刘瑞梅	20160112	20180525
162	ZL201511035395.X	一种改进柳树切枝人工杂交的方法	山东省林业科学研究院	乔玉玲、秦光华、姜岳忠、康智、桑亚林、韩跃、于振旭、刘风荣	20151230	20180622
163	ZL201511035397.9	一种集藏水洗盐保水提盐碱地速生树种造林成活率的方法	山东省林业科学研究院	秦光华、宋玉民、乔玉玲、姜岳忠、马风云、康智、王卫东、韩跃、于振旭、盖文杰、边清福	20151230	20181106
164	ZL201510258515.6	一种高椒树嫁接砧木繁殖效率的方法	山东省林业科学研究院	董玉峰、姜岳忠、荀守华、秦光华、孔令刚	20150520	20180227
165	ZL201511035396.4	一种节水灌溉提高裸根苗造林成活率的栽植方法	山东省林业科学研究院	秦光华、乔玉玲、宋玉民、姜岳忠、刘风荣、康智、董玉峰、韩跃、于振旭	20151230	20180928
166	ZL201610222094.6	无花果采收装置及采收方法	山东省林业科学研究院	孙蕾、孙锐、贾明、杜华兵、王开芳、王小劳、谭淑玲、刘风花	20160411	20180406
167	ZL201510752223.8	一种速生树种超短轮伐期插造林栽培方法	山东省林业科学研究院	秦光华、焦传礼、宋玉民、乔玉玲、姜岳忠、董玉峰、王卫东、杨庆山、李永涛、于振旭	20151106	20180202
168	ZL201610330179.6	一株天根际促生阿氏芽孢杆菌及应用	山东省林业科学研究院	马海林、刘方春、杜秉海、马丙尧、李丽、杜振宇、姚良同、单连娟	20160517	20181211
169	ZL201510757028.4	一种利用单芽短枝撒播扦插繁育侧柏树的方法	山东省林业科学研究院	秦光华、焦传礼、曹帮华、乔玉玲、姜岳忠、刘德玺、康智、王卫东、王霞、郭丽华、于振旭	20151106	20180406
170	ZL201610252213.2	一种防止松材线虫病传播的方法	山东省林业科学研究院	李延平、朱文成、武海卫、李东军、王清海、姜善、海、刘瑞梅、刘焕秀、刘懿、段春华、安小林、于玉昆	20160421	20180306
171	ZL201610354404.X	一种仙鹤草的快速繁殖方法	上海市园林科学规划研究院	罗玉兰、朱春玲、张冬梅、沈烈英	20160526	20180316

（续）

序号	专利号	专利名称	专利权人	发明人	申请日	授权公告日
172	ZL201610152691.6	一种可降解育苗穴盘及其制备方法	上海市园林科学规划研究院	张群、崔心红、朱义、何小丽	20160317	20181002
173	ZL201610861802.0	一种将绿化结构土用作雨水蓄积器的安装方法	上海市园林科学规划研究院、上海临港漕河泾生态环境建设有限公司	方海兰、伍海兵、王贤超、周建强、郝冠军、王宝华、王若男、朱丽、刘明星	20160929	20180918
174	ZL201610043531.8	一种杜鹃花育苗方法	四川省林业科学研究院	马文宝、姬慧娟、郑窕、周星梅、耿玉英	20160124	20181207
175	ZL201610633075.2	一种四川桤木雄花序快速干燥及花粉高效收集方法	四川省林业科学研究院	陈炙、黄振、郭洪英、杨勇智、王泽亮、肖兴翠、李丕军、杜晋城	20160804	20180914
176	ZL201510858741.8	一种防治地蛆类害虫的植物源制剂及其制备方法	泰安市泰山林业科学研究院	庞献伟、刘朗、王永普、张灿刚、李冬梅、李波	20151201	20180807
177	ZL201610712115.2	一种建立泰山黄精高频再生体系的方法及培养基	泰安市泰山林业科学研究院	黄艳艳、罗磊、李国华、王玉山、赵进红、王新花、张继亮	20160824	20180508
178	ZL201610412366.9	一种青檀彩叶品种的诱变方法	泰安市泰山林业科学研究院	张林、朱翠翠、王长宪、王峰、孙忠奎、程甜甜、张安琪、李承秀、王波、韦忠刚	20160614	20181009
179	ZL201610159552.6	一种松脂波纹面蒸馏器	梧州市西江林产化工技术设备研究所	陆让先、陆欢	20160321	20180330
180	ZL201510885441.9	一种黑杞一号雪播育苗的方法	新疆林科院经济林研究所	韩宏伟、李勇、王建友、赵玉玲、刘凤兰、毛金梅、王琴、蒋江照、罗达	20151204	20180323
181	ZL201410279016.0	土壤改良剂及其制备方法和造林地盐碱化土壤改良方法	新疆林科院造林治沙研究所	鲁天平、郭靖、刘永萍、吴圣华	20140622	20180525
182	ZL201510788758.0	利用沙地灌木桑裸根幼苗在干旱区沙地植苗造林的方法及其专用苗木栽植装置	新疆林科院造林治沙研究所	宁虎森、罗青红、陈启民、何苗、刘茂秀、刘吉发、吉小敏、雷春英、王新英	20151117	20180703
183	ZL201510461048.7	一种杏树测土配方施肥方法	新疆林业科学院、北京林业大学、新疆维吾尔自治区林业厅	孙守文、杨健、商靖、边芬艳、古丽米热、陶秀冬、赵蕾、李珊珊、帕提古丽·买买提吐尔逊、蒋腾、米热古丽·亚森、阿不都热依、牙合提古丽·阿力木	20150729	20180213
184	ZL201610873126.9	一种基于点云数据的树干横断面轮廓曲线的断面积计算方法	信阳师范学院、中国林业科学研究院资源信息研究所	尤磊、唐守正、宋新宇、李艳灵、王财玉	20160930	20181221
185	ZL201610179314.1	一种黑赤松针叶束水培生根方法	烟台市林业科学研究所	祁树安、李保进、陈丽英、路兆军、苗杰、吴德军、臧真荣	20160328	20180928

（续）

序号	专利号	专利名称	专利权人	发明人	申请日	授权公告日
186	ZL201510565656.2	一种木材绿色防霉处理方法	云和县绿林幼教装备股份有限公司、浙江省林业科学研究院	庄晓伟、董凌宇、刘海华、陈顺华、潘炘、蒋应梯	20150906	20180928
187	ZL201610023179.1	一种美丽马醉木的漂浮育苗方法	云南省林业科学院	张学星、周筑、陈海云、白平、部金平、施莹、郑小龙、孙宏	20160114	20180824
188	ZL201510519755.7	一种大树杜鹃扦插技术	云南省林业科学院	李贵祥、段培文、毕曾、毕波、和丽萍、孟广涛、李品荣、柴勇	20150815	20180511
189	ZL201510418119.5	一种用于栽培平菇的微甘菊培养基及其制备方法	泽桑梓、云南省林业有害生物防治检疫局、云南省林业科学院、西南林业大学	泽桑梓、朱家颖、季梅、杨斌、赵宁、卢连荣、张知晓、陈嘉骑、徐小伟、张新瑜	20150716	20180706
190	ZL201510782278.3	祁连圆柏快速繁殖方法	张掖市林业科学研究院	占玉芳、马力、鲁延芳、杜国新、陈斌、甄伟玲	20151116	20180130
191	ZL201410562605.X	一种富锌桑黄液体发酵产物的制备方法	浙江省林业科学研究院	程俊文、贺亮、胡传久、付立忠、李海波、邹景泉、魏海龙	20141021	20180406
192	ZL201510066293.8	一种含金针菇菌糠的轻型容器苗栽培基质	浙江省林业科学研究院	付立忠、程俊文、李海波、魏海龙、胡传久、贺亮	20150209	20180619
193	ZL201511025968.0	一种中国被毛孢发酵培养方法	浙江省林业科学研究院	程俊文、贺亮、胡传久、魏海龙、李海波、付立忠	20151231	20181123
194	ZL201511027688.3	一种利用食药菌发酵三叶青获得的组合物及其制备方法	浙江省林业科学研究院	程俊文、贺亮、杨华、程诗明、卢庭高、胡传久、魏海龙	20151231	20180406
195	ZL201510495492.0	一种稻壳炭基保水剂的制备方法	浙江省林业科学研究院	潘炘、庄晓伟、朱杭瑞、陈顺伟	20150813	20180612
196	ZL201510495434.8	稻壳炭基保水剂的制备方法及稻壳炭基保水剂	浙江省林业科学研究院	潘炘、庄晓伟、朱杭瑞、陈顺伟	20150813	20180522
197	ZL201511027713.8	一种提高生真菌发酵产物中紫杉醇产量的方法	浙江省林业科学研究院	程俊文、贺亮、魏海龙、胡传久、方茹、李海波	20151231	20181012
198	ZL201510432024.9	检测彩色豆马勃侵染马尾松的分子特异性标记引物及方法	浙江省林业科学研究院	王丽玲、秦玉川、王衍彬、刘本同、钱华	20150721	20180717
199	ZL201510622140.7	一种竹木表面防霉防腐色变剂	浙江省林业科学研究院	潘炘、庄晓伟、陈顺伟、蒋应梯	20150921	20181002
200	ZL201510317093.5	一种竹液化酚醛树脂封端珍珠岩负载相变材料的制备方法	浙江省林业科学研究院	刘乐群、张文福、方晶	20150605	20180529
201	ZL201510144144.9	一种三叶青育苗专用栽培基质	浙江省林业科学研究院	程诗明、吴在卫、宋维治	20150330	20180206
202	ZL201510622150.0	一种竹木天然防霉防腐剂	浙江省林业科学研究院	庄晓伟、陈顺伟、潘炘、蒋应梯、张文福	20150921	20181002

（续）

序号	专利号	专利名称	专利权人	发明人	申请日	授权公告日
203	ZL201510436641.6	一种油茶良种的分子特异性标记引物及鉴定方法	浙江省林业科学研究院	沈爱华、袁位高、吴初平、江波、李婷婷、李海波	20150723	20180928
204	ZL201610046531.3	聚醚改性生物质树脂常温快速发泡的制备方法	浙江省林业科学研究院	刘乐群、张文福、方晶	20160117	20180109
205	ZL201710032924.3	一种表面负载氧化石墨烯和二氧化硅的疏水竹材及其生产工艺	浙江省林业科学研究院	王进、庄晓伟、潘炘、蒋应梯、刘亚群	20170118	20180619
206	ZL201610132589.X	一种苗木芽对芽嫁接方法	浙江省林业科学研究院	石从广、周荣高、柳新红、李因刚、杨少宗	20160309	20180803
207	ZL201610880789.3	一种从化学法活化料中逆流回收磷酸的装置	浙江省林业科学研究院	蒋应梯、庄晓伟、潘炘	20160929	20180619
208	ZL201710443232.8	一种竹材表面负载纳米二氧化钛材料的制造方法	浙江省林业科学研究院	王洪艳	20170613	20181207
209	ZL201510766375.3	一种多用途聚氨酯有效微生物固化载体	浙江省林业科学研究院	江波、吴初平、钟哲科、朱锦茹	20151111	20180119
210	ZL201510018757.8	农杆菌介导叶菜白粉菌转化子菌株及其制备方法和应用	浙江省林业科学研究院、韩凝	彭华正、韩凝、金群英、边红武、朱汤军、钱佳	20150114	20180323
211	ZL201510565658.1	一种枫木增色改性处理方法	浙江省林业科学研究院、云和县绿林工艺品有限公司	庄晓伟、陈顺伟、潘炘、蒋应梯、董凌宇、刘海华	20150906	20180309
212	ZL201610451403.7	一种生物质基含氮多孔碳的制备方法及多孔碳及其用途	中国科学院青岛生物能源与过程研究所、国际竹藤中心	陈秀芳、费本华、牟新东、张波、张俊逸	20160621	20181211
213	ZL201510243251.7	观果玫瑰树的培育方法	中国林业科学研究院华北林业实验中心	孙敬爽、孙长忠、陈家端、贺淑霞	20150513	20180406
214	ZL201510427923.X	大豆油基阻燃增塑剂及其制备方法和应用	中国林业科学研究院林产化学工业研究所	周永红、汤志敏、贾普友、张猛、胡立红	20150720	20180403
215	ZL201210310773.0	一种高纯度饱和漆酚及其缩甲醛衍生物的制备方法	中国林业科学研究院林产化学工业研究所	王成章、何源峰	20120829	20180320
216	ZL201610942979.3	一种1,8-对孟烷二席夫碱衍生物及其碱及制备方法与应用	中国林业科学研究院林产化学工业研究所	赵振东、徐士超、朱守记、王婧、毕良武、陈玉湘、卢言菊、古研	20161026	20180921
217	ZL201410799742.5	一种利用液相沉积技术制备纳米木质木质素的方法	中国林业科学研究院林产化学工业研究所	孔振武、熊凯、金灿	20141219	20180209

（续）

序号	专利号	专利名称	专利权人	发明人	申请日	授权公告日
218	ZL201410831516.0	一种竹子生物质废弃物酶水解产可发酵糖的两步预处理方法	中国林业科学研究院林产化学工业研究所	杨静、卫民、张宁、蒋剑春、赵剑	20141226	20180727
219	ZL201410729288.6	原木剥皮机	中国林业科学研究院林产化学工业研究所	房桂干、盘爱享、邓拥军、沈葵忠、丁来保、施英乔、张华兰、韩善明、焦健、梁芳敏	20141204	20180508
220	ZL201410441888.2	端羟基聚氨酯预聚体增韧改性酚醛泡沫的制备方法	中国林业科学研究院林产化学工业研究所	陈日清、刘娟、丁海阳、王春鹏、储富祥	20140901	20180209
221	ZL201610019225.0	一种α-蒎烯丙位选择性氧化方法及其产品	中国林业科学研究院林产化学工业研究所	徐士超、赵振东、朱守记、陈玉湘、毕良武、李冬梅、王婧、古研、卢言菊	20160112	20180629
222	ZL201510192172.8	一种超级电容器用木质活性炭复合材料及其制备方法	中国林业科学研究院林产化学工业研究所	孙康、蒋剑春、邓先伦、卢辛成、陈超、朱光真、贾羽洁	20150421	20180619
223	ZL201510131775.7	一种马来海松酸双组分水性聚氨酯的制备方法	中国林业科学研究院林产化学工业研究所	宋湛谦、司红燕、商士斌、朱杰、王丹、刘鹤、沈明贵、廖圣良	20150324	20180427
224	ZL201410664910.X	一种纤维素多孔吸附材料的制备方法	中国林业科学研究院林产化学工业研究所	刘鹤、黄旭娟、王爱婷、商士斌、朱杰	20141118	20180601
225	ZL201510357134.3	木质基聚氨酯聚脲改性酚醛泡沫塑料的制备方法	中国林业科学研究院林产化学工业研究所	周永红、薄采颖、明立红、周静	20150625	20180410
226	ZL201610008413.3	一种高效异质结紫外光催化剂及其制备方法和应用	中国林业科学研究院林产化学工业研究所	田庆文、施英乔、房桂干、丁来保、邓拥军、沈葵忠、盘爱享、韩善明、焦健、李红斌、梁芳敏、张华兰、林艳、梁龙、冉淼	20160107	20180330
227	ZL201610451860.6	N-酰基-1,2-环氮对孟烷及其制备方法与除草活性应用	中国林业科学研究院林产化学工业研究所	赵振东、朱守记、徐士超、陈玉湘、毕良武、王婧、古研、卢言菊	20160621	20180403
228	ZL201610389027.3	异海松酰腙类化合物及其制备方法与应用	中国林业科学研究院林产化学工业研究所	赵振东、刘娟娟、卢言菊、毕良武、徐士超、王婧、古研	20160602	20180116
229	ZL201610154869.0	从漆树木粉中提取具有抑制酪氨酸酶活性的硫磺菊素和紫铆花素的方法	中国林业科学研究院林产化学工业研究所	王成章、陈虹霞	20160318	20180615
230	ZL201610947955.7	对孟-3-烯-1-胺席夫碱衍生物及其制备方法与除草活性应用	中国林业科学研究院林产化学工业研究所	赵振东、朱守记、徐士超、陈玉湘、李冬梅、毕良武、王婧、古研、卢彦菊	20161026	20180727
231	ZL201610693368.X	含磷植物油基阻燃型多元醇及其制备方法和应用	中国林业科学研究院林产化学工业研究所	周永红、郑敏馨、张猛、薄采颖	20160818	20180626

（续）

序号	专利号	专利名称	专利权人	发明人	申请日	授权公告日
232	ZL201510750106.8	阴离子型聚硅氧烷改性帖烯基环氧树脂多元醇水分散体及其制备方法	中国林业科学研究院林产化学工业研究所	吴国民、刘迪、孔振武	20151106	20180515
233	ZL201610525657.9	一种松香基丙烯酰胺改性大豆油基固化树脂及其制备方法	中国林业科学研究院林产化学工业研究所	商士斌、杨艳平、沈明贵、王丹、宋杰	20160704	20180417
234	ZL201611202031.0	一种改善石墨烯在环氧树脂中分散性及界面相容性的方法	中国林业科学研究院林产化学工业研究所	黄金瑞、聂小安、胡芳芳、王义刚、李小英	20161223	20181218
235	ZL201610154914.2	从漆树木粉中提取具有抗氧化活性的黄颜木素和3,4',7-三羟基二氢黄酮醇的方法	中国林业科学研究院林产化学工业研究所	王成章、陈虹霞	20160318	20180410
236	ZL201611216768.8	PVC用油脂源钠/锌复合体热稳定剂及其制备方法和应用	中国林业科学研究院林产化学工业研究所	李梅、夏建陵、丁呈祥、汪梅、许利娜、李守海、黄坤	20161226	20181127
237	ZL201610246473.9	一种漆酚缩水甘油醚的制备方法	中国林业科学研究院林产化学工业研究所	王成章、方传杰、周昊	20160415	20180928
238	ZL201610346143.7	一种PVC用热稳定剂及其制备方法和应用	中国林业科学研究院林产化学工业研究所	夏建陵、汪梅、李梅、李守海、黄坤、蒋剑春	20160523	20180904
239	ZL201610810989.1	一种基于乙基纤维素/蓖麻油超分子复合膜及其制备方法	中国林业科学研究院林产化学工业研究所	李守海、夏建陵、毛伟、李梅、杨小华、张燕、杨雪娟、许利娜、黄坤	20160908	20180821
240	ZL201610188926.7	一种含磷腰果酚基聚氨酯预聚体改性酚醛泡沫塑料及其制备方法	中国林业科学研究院林产化学工业研究所	周永红、薄采颖、胡立红、周静、梁兵川	20160329	20180713
241	ZL201610609794.0	纳米SiO_2复合聚硅氧烷改性水性帖烯基EP/PU超疏水自清洁聚合物及其制备方法	中国林业科学研究院林产化学工业研究所	吴国民、刘迪、孔振武	20160728	20180706
242	ZL201610689334.3	一种植物油基多元醇及其制备方法和应用	中国林业科学研究院林产化学工业研究所	周永红、郑敏睿、张猛、胡立红	20160818	20180626
243	ZL201610557528.8	一种阻燃型蓖麻油基乙烯基酯树脂单体的制备方法	中国林业科学研究院林产化学工业研究所	夏建陵、许利娜、黄坤、李梅、杨雪娟、宋健、杨小华、张燕	20160714	20180511
244	ZL201610951681.9	含硅环氧腰果酚基酚醛树脂及其制备方法和应用	中国林业科学研究院林产化学工业研究所	周永红、薄采颖、胡立红、张猛、杨晓慧	20161102	20181030

（续）

序号	专利号	专利名称	专利权人	发明人	申请日	授权公告日
245	ZL201610207017.3	一种β-石竹烯-马来酸酐的共聚物及其制备方法与应用	中国林业科学研究院林产化学工业研究所	陈玉湘、闵邓昊、赵振东、卢言菊、徐士超、毕良武、王婧、古妍	20160405	20180213
246	ZL201610826194.X	一种自催化型腰果酚/木质素基聚氨酯泡沫及其制备方法	中国林业科学研究院林产化学工业研究所	霍淑平、孔振武、陈健、吴国民、刘贵锋	20160914	20181002
247	ZL201610902093.6	一种磺酸离子催化剂、其制备方法及其应用	中国林业科学研究院林产化学工业研究所	沈明贵、杨艳平、商士斌、王丹、朱杰	20161017	20180928
248	ZL201710098788.8	一种脱醇型室温硫化橡胶松香改性有机硅硅交联剂及其制备方法	中国林业科学研究院林产化学工业研究所	刘鹤、李怀光、朱港谦、商士斌、朱杰	20170223	20180911
249	ZL201610621193.1	一种阴离子聚丙烯酰胺助留助滤剂及其制备方法	中国林业科学研究院林产化学工业研究所	焦健、房桂干、申淼、梁芳敏、韩善明、邓拥军、沈葵忠、施英乔、丁来保、盘爱享、张华、林艳、梁龙、田庆文、李萍、庄国俊、李漫、周静	20160729	20180824
250	ZL201610520257.9	一种双磺酸基功能离子液体、其制备方法及应用	中国林业科学研究院林产化学工业研究所	沈明贵、杨艳平、商士斌、王丹、朱杰	20160704	20180619
251	ZL201610161400.X	一种改性生漆防腐涂料制备方法	中国林业科学研究院林产化学工业研究所	王成章、周昊	20160322	20180619
252	ZL201610997546.8	一种竹材化学机械浆生物酶预处理方法	中国林业科学研究院林产化学工业研究所	李红斌、房桂干、邓拥军、沈葵忠、施英乔、丁来保、韩善明、焦健、梁芳敏、林艳、田庆文、梁龙	20161111	20180529
253	ZL201610348522.X	一种利用醇类溶剂制备竹材高白度漂白化机浆的方法	中国林业科学研究院林产化学工业研究所	房桂干、焦健、梁芳敏、邓拥军、韩善明、林艳、沈葵忠、丁来保、盘爱享、张华兰、田庆文、施英乔、庄国俊、李漫、周静、梁龙、李红、梁、李	20160524	20180504
254	ZL201610289428.1	一种荧光淬灭法测定原花青素-金属离子络合能力的方法	中国林业科学研究院林产化学工业研究所	张亮亮、汪咏梅、徐曼、胡新宇	20160504	20181228
255	ZL201610157014.3	纤维素纳米纤丝组分水性聚氨酯及其制备方法和用途	中国林业科学研究院林产化学工业研究所	吴国民、孔振武、陈健、刘贵锋	20160317	20181221
256	ZL201510225149.4	化香树果序提取物的应用	中国林业科学研究院林产化学工业研究所	汪咏梅、张亮亮、徐曼、李元跃、王秋荣	20150505	20181218
257	ZL201610442161.5	一种降低生物质成型燃料热解焦油酸值的方法	中国林业科学研究院林产化学工业研究所	刘石彩、黄丽、杨华、邓先伦、蒋剑春	20160620	20181214

（续）

序号	专利号	专利名称	专利权人	发明人	申请日	授权公告日
258	ZL201610891146.9	一种松香衍生物改性生物水凝胶的制备方法	中国林业科学研究院林产化学工业研究所	商士斌、张海波、杨艳平、沈明贵、黄新、王丹、刘鹤、宋杰、宋湛谦	20161012	20180403
259	ZL201610400436.9	一种聚萜烯马来酸酐聚乙二醇酯表面活性剂及其制备方法	中国林业科学研究院林产化学工业研究所	饶小平、闫鑫焱、宋湛谦、商士斌	20160608	20180403
260	ZL201610851778.2	有机酚类物质-纳米二氧化硅体系及其制备方法和应用	中国林业科学研究院林产化学工业研究所	胡立红、郭亚军、周永红、薄采颖	20160927	20181127
261	ZL201611018396.8	具有荧光性能的碳量子点及其制备方法和应用	中国林业科学研究院林产化学工业研究所	李守海、许利娜、李梅、黄坤、丁海阳、夏建陵、杨小华、张燕	20161117	20181127
262	ZL201510585034.6	一种超声辅助提取栀子活性物的装置及方法	中国林业科学研究院林产化学工业研究所	王成章、陈虹霞、周昊、陶冉、李文君、叶建中	20150911	20181030
263	ZL201611025349.6	一种基于无机氧化物的抑制高得率浆返黄的加填浆料及其制备与应用	中国林业科学研究院林产化学工业研究所	房桂干、胡嘉驹、沈葵忠、盘爱享、张华兰、林艳、施英乔、丁来保、梁衣、邓拥军、韩善明、焦健、李红斌、庄国俊、梁芳敏、朱北平	20161116	20180202
264	ZL201610221929.6	一种高纯度p-丙烯海松酸的制备与分离方法	中国林业科学研究院林产化学工业研究所	卢言菊、赵振东、陈玉湘、古研、王婧、徐士超、毕良武、李冬梅	20160411	20180209
265	ZL201610339927.7	一种松香基多元胺导电环氧固化剂及其制备方法和应用	中国林业科学研究院林产化学工业研究所，南京赛润得新材料科技有限公司	黄金瑞、夏小安、董建	20160520	20180518
266	ZL201610514799.5	一种桐油基阻燃型聚酰胺固化剂及其制备方法	中国林业工业科学研究所、中国林业科学研究院林业新技术研究所	李守海、夏建陵、毛伟、黄坤、李梅、许利娜、杨小华、张燕	20160630	20180814
267	ZL201610218345.3	N-乙酰基-3-对孟烯-1-胺及其制备方法	中国林业工业科学研究所、中国林业科学研究院林业新技术研究所	赵振东、朱守记、徐士超、陈玉湘、毕良武、古研、王婧、卢言菊	20160408	20180619
268	ZL201510605400.X	一种基于蓖麻油的双固化树脂单体的制备方法	中国林业工业科学研究所、中国林业科学研究院林业新技术研究所	夏建陵、毛伟、李守海、黄坤、李梅、许利娜、杨小华、张燕	20150921	20180612
269	ZL201610956066.1	一种含硅阻燃型松香基多元醇及其制备方法和应用	中国林业工业科学研究所、中国林业科学研究院林业新技术研究所	张猛、周永红、郑敏睿、贾普友	20161027	20181218

（续）

序号	专利号	专利名称	专利权人	发明人	申请日	授权公告日
270	ZL201610365804.0	一种阻燃型月桂烯基双固化树脂单体的制备方法	中国林业科学研究院林业新技术研究所	李守海、杨雪娟、夏建陵、黄坤、李梅、杨小华、张燕	20160527	20180403
271	ZL201510392059.4	一种调控杨树不定根发育的生长素响应因子基因及其应用	中国林业科学研究院林业研究所	卢孟柱、刘颖丽、赵树堂、周艺华	20150706	20180605
272	ZL201510659032.7	一种调控杨树不定根发育的生长素受体基因及其应用	中国林业科学研究院林业研究所	卢孟柱、舒文波、赵树堂	20151012	20180605
273	ZL201510578994.X	杂种落叶松微扦插育苗方法	中国林业科学研究院林业研究所	张守攻、孙晓梅、李魁鹏、韩华	20150911	20180828
274	ZL201510544023.3	楸树CabuAP3蛋白及其编码基因与应用	中国林业科学研究院林业研究所	王军辉、景丹龙、夏燕、张守攻	20150828	20180508
275	ZL201510549236.5	楸树雌雄蕊发育相关的CabuAG基因及其蛋白质和应用	中国林业科学研究院林业研究所	王军辉、景丹龙、夏燕、张守攻	20150831	20181009
276	ZL201610412130.5	一种春石斛品种'火鸟'组培快繁的方法	中国林业科学研究院林业研究所	李振坚、孙振元、张俊民、杨业波、刘俊祥、彭向永、龚晓慧	20160614	20181026
277	ZL201610576607.3	一种同时去除植物组织培养时外植体表面和内生菌的方法	中国林业科学研究院林业研究所	苏晓华、张冰玉、丁昌俊、褚延广	20160720	20181106
278	ZL201610576639.3	一种培养表面多脂植物外植体的方法	中国林业科学研究院林业研究所	张冰玉、苏晓华、常英英、黄秦军	20160720	20181106
279	ZL201610576636.X	一种去除植物组织培养时外植体内生菌的方法	中国林业科学研究院林业研究所	张冰玉、苏晓华、张伟溪、高亚楠	20160720	20181106
280	ZL201510019568.2	一种木材表面微创装置和木材表面处理方法	中国林业科学研究院木材工业研究所	吴玉章、屈伟、蒋明亮、马星霞	20150115	20180706
281	ZL201710500410.6	一种鉴别9种黄檀属木材的DNA组合条形码及其鉴别方法和应用	中国林业科学研究院木材工业研究所	殷亚方、余敏、何拓、郭娟、张永刚、姜笑梅	20170627	20180706
282	ZL201610055034.X	一种甲壳素纳米纤丝及其制备方法	中国林业科学研究院木材工业研究所	卢芸、叶贵超、焦立超、刘波、张永刚	20160127	20180710
283	ZL201610055042.4	一种利用甲壳素气凝胶制备的碳气凝胶及其制备方法	中国林业科学研究院木材工业研究所	卢芸、刘波、叶贵超、姜笑梅、尹江苹、殷亚方	20160127	20180116
284	ZL201510531679.1	一种复合板及其制备方法	中国林业科学研究院木材工业研究所	陈志林、牛二彦、张龙飞、李红霞	20150826	20180904

（续）

序号	专利号	专利名称	专利权人	发明人	申请日	授权公告日
285	ZL201510660889.0	复合超疏水微粒及其制备方法和制备超疏水涂层的方法	中国林业科学研究院木材工业研究所	吕少一、黄景达、傅峰	20151014	20180330
286	ZL201610055536.2	一种利用TEMPO氧化的超细纳米气凝胶制备的碳气凝胶及其制备方法	中国林业科学研究院木材工业研究所	卢芸、叶贵超、郭娟、闫晓美、刘波、殷亚方、绯批、张毛毛、袁	20160127	20180206
287	ZL201610056577.3	一种利用天然结构高分子纳米纤维气凝胶制备氮掺杂的碳气凝胶及其制备方法	中国林业科学研究院木材工业研究所	卢芸、叶贵超、焦立超、姜笑梅、董梦好	20160127	20180925
288	ZL201510716344.7	一种热塑性树脂胶合板连续组环设备	中国林业科学研究院木材工业研究所	常亮、郭文静、陈勇平、高黎、任一萍、唐启恒	20151029	20180109
289	ZL201510394140.6	一种重组木制造方法	中国林业科学研究院木材工业研究所	余养伦、于文吉	20150707	20180821
290	ZL201510394138.9	一种喷蒸辅助重组材快速成型方法	中国林业科学研究院木材工业研究所	余养伦、于文吉、张亚慧、张亚梅	20150707	20181016
291	ZL201710511802.2	一种鉴别6种紫檀属木材的DNA组合条形码及其鉴别方法和应用	中国林业科学研究院木材工业研究所	焦立超、何拓、余敏、刘波、张永刚、姜笑梅	20170627	20180706
292	ZL201710103176.3	一种鉴别檀香紫檀和染料紫檀的微型DNA条形码及其鉴别方法和应用	中国林业科学研究院木材工业研究所	焦立超、殷亚方、余敏、何拓、张永刚、姜笑梅	20170224	20180629
293	ZL201611168086.4	一种聚丙烯/纤维素插层纳米晶体母粒、制备方法及其应用	中国林业科学研究院木材工业研究所	郭娟、殷亚方、卢芸、焦立超、余敏、姜笑梅、张永刚	20161216	20181012
294	ZL201611168061.4	一种聚丙烯/纤维素插层纳米晶体组合物及制备方法	中国林业科学研究院木材工业研究所	郭娟、焦立超、余敏、卢芸、殷亚方、姜笑梅、张永刚	20161216	20180911
295	ZL201610230240.X	一种用于干木材的DNA提取方法	中国林业科学研究院木材工业研究所	殷亚方、董梦好、焦立超、卢芸、姜笑梅	20160414	20180629
296	ZL201710094534.9	一种利用纳米纤维素的饱水木质文物加固方法	中国林业科学研究院木材工业研究所	卢芸、董梦好、殷亚方、张永刚、姜笑梅、焦立超	20170221	20180911
297	ZL201610809177.5	一种无氟醛耐水塑膜增强柔性装饰薄木及其制备方法	中国林业科学研究院木材工业研究所	彭晓瑞、张占宽	20160907	20180810
298	ZL201610264965.0	降低木工刀具切削时的摩擦系数的木工刀具及其制造方法	中国林业科学研究院木材工业研究所	李伟光、张占宽、彭晓瑞、李博、张冉	20160426	20180424

（续）

序号	专利号	专利名称	专利权人	发明人	申请日	授权公告日
299	ZL201610354065.5	一种古建筑木柱内部缺陷的雷达波无损检测方法	中国林业科学研究院木材工业研究所	陈勇平、郭文静、王正、常亮、任一萍、高黎	20160525	20181023
300	ZL201510745389.7	一种防潮强化木地板及其制造方法	中国林业科学研究院木材工业研究所	黄安民、余养伦、吕斌、王沈南	20151106	20180427
301	ZL201410199867.4	一种水性弹性漆及其制备方法	中国林业科学研究院木材工业研究所	龙玲、徐建峰、于家豪	20140513	20181106
302	ZL201510745390.X	一种地热用实木复合地板及其制造方法	中国林业科学研究院木材工业研究所	黄安民、吕斌、贾东宇、王方	20151106	20181016
303	ZL201710441897.5	一种压缩木材变形固定的方法	中国林业科学研究院木材工业研究所	黄荣凤、高志强、张耀明、李任、伍艳梅	20170613	20180928
304	ZL201610194234.3	桉树人工林的经营方法	中国林业科学研究院热带林业实验中心	明安刚、蔡道雄、温远光、卢立华、王群能、农友	20160331	20180831
305	ZL201410768012.9	一种博罗中慢生根瘤菌及其应用	中国林业科学研究院热带林业研究所	陆俊锟、朱亚杰、康丽华	20141212	20180703
306	ZL201410397664.6	一种惠州中慢生根瘤菌及其用途	中国林业科学研究院热带林业研究所	康丽华、陆俊锟、王胜坤	20140813	20180202
307	ZL201610021478.1	一种监测森林原位土壤氮矿化量装置及其安装工具	中国林业科学研究院热带林业研究所	杨怀、刘世荣、李意德、刘文杰、陈仁利、姚海荣、杨秋	20160114	20180824
308	ZL201510342278.1	一种提高顶果木发芽率的方法	中国林业科学研究院热带林业研究所	吴世军、徐建民、陆钊华	20150618	20180710
309	ZL201610237241.7	一种基于离子注入尾细桉人工杂交种的快速育种方法	中国林业科学研究院热带林业研究所	李光友、徐建民、陆钊华、吴世军	20160415	20180511
310	ZL201510412613.0	高盐度沙质养殖塘红树林造林方法	中国林业科学研究院热带林业研究所	陈玉军、廖宝文、李玫、管伟、苏文拔、莫燕妮	20150714	20180109
311	ZL201610439258.0	一种快速防治团水虱的烟剂、烟熏装置和方法	中国林业科学研究院热带林业研究所	管伟、何雪香、廖宝文、熊燕梅、李兴伟	20160616	20180515
312	ZL201610723947.4	一种尾柳桉生根培养基及应用	中国林业科学研究院热带林业研究所	韩超	20160825	20181002
313	ZL201610511965.6	一种桉树组织的石蜡切片方法	中国林业科学研究院热带林业研究所	韩超、徐建民	20160630	20180102
314	ZL201610728674.2	一种尾叶桉生根培养基及应用	中国林业科学研究院热带林业研究所	韩超	20160825	20181106

（续）

序号	专利号	专利名称	专利权人	发明人	申请日	授权公告日
315	ZL201510134128.1	落叶松八齿小蠹虫驱避剂和诱芯及其制备方法	中国林业科学研究院森林生态环境与保护研究所	孔祥波、张真、李叶静、张苏芳	20150325	20181019
316	ZL201510359064.5	一种人工繁育白蜡吉丁肿腿蜂及应用于防治蛀干害虫的方法	中国林业科学研究院森林生态环境与保护研究所	唐艳龙、张彦龙、王小艺、杨忠岐、魏可	20150625	20180126
317	ZL201610069296.1	一种三维地形模型的显示控制方法及装置	中国林业科学研究院森林生态环境与保护研究所、东北林业大学	刘世荣、罗传文	20160201	20180907
318	ZL201510337779.0	一种檫木种子处理及播种方法	中国林业科学研究院亚热带林业研究所	刘军、姜景民	20150617	20180420
319	ZL201610042221.4	木麻黄嫩枝扦插育苗方法	中国林业科学研究院亚热带林业研究所	何贵平	20160122	20181130
320	ZL201510337028.9	一种笑属树种扦插繁殖方法	中国林业科学研究院亚热带林业研究所	刘军、姜景民、韩东坤、岳华峰	20150617	20180323
321	ZL201510396387.1	一种石斛栽培基质及其制备方法	中国林业科学研究院亚热带林业研究所	张金萍、杜孟浩、姚小华、胡立松	20150708	20180320
322	ZL201510902475.4	一种低成本茶皂素连续高效提取工艺	中国林业科学研究院亚热带林业研究所	郭少海、杜孟浩、王亚萍、罗凡、费学谦	20151209	20180316
323	ZL201610556022.5	一种简易薄壳山核桃人工辅助授粉方法	中国林业科学研究院亚热带林业研究所	常君、邓伟平、任华东、周燕、姚小华	20160713	20181016
324	ZL201510836710.2	一种低成本茶皂素连续提取原料预处理工艺	中国林业科学研究院亚热带林业研究所	郭少海、杜孟浩、罗凡、王亚萍、姚小华、费学谦	20151125	20180724
325	ZL201610850548.4	一种茶皂素提纯的加工方法	中国林业科学研究院亚热带林业研究所	郭少海、杜孟浩、姚小华、费学谦	20160926	20180619
326	ZL201610850277.2	一种茶皂素连续提取高效回收工艺	中国林业科学研究院亚热带林业研究所	郭少海、杜孟浩、姚小华、费学谦	20160926	20181207
327	ZL201410666898.6	高级烷醇护发生发剂及其制备方法	中国林业科学研究院资源昆虫研究所	马金菊、马李一、陈晓鸣、段琼芬、甘瑾、张重权、王有	20141120	20180223
328	ZL201410666928.3	天然虫白蜡护发生发剂及其制备方法	中国林业科学研究院资源昆虫研究所	马金菊、马李一、陈晓鸣、段琼芬、郑华、张弘、张重权、王有	20141120	20180706
329	ZL201510332356.X	一种辣木扦插繁育的方法	中国林业科学研究院资源昆虫研究所	郑益兴、张燕平、吴疆翀	20150616	20180511

（续）

序号	专利号	专利名称	专利权人	发明人	申请日	授权公告日
330	ZL201510926431.5	一种水体重金属修复剂及其使用方法	中国林业科学研究院资源昆虫研究所	唐国勇、王家嫭、陈航、和锐、吴海霞、刘娟、张金稳、陆沁	20151214	20180202
331	ZL201610304870.7	一种郁闭度的测定方法和装置	中国林业科学研究院资源信息研究所	王雪峰、李晓冬	20130428	20180330
332	ZL201510979624.7	森林郁闭度的测量方法和装置	中国林业科学研究院资源信息研究所	刘清旺、陈尔学、庞勇、李世明	20151224	20180130
333	ZL201610130275.6	一种马鞭草植固沙的方法	中国林业科学研究院资源信息研究所	刘宪钊、薛杨、陆元昌、王雪峰、林之盼、宿少峰	20160308	20180803
334	ZL201510799094.8	一种利用单中波红外通道进行林火识别的方法	中国林业科学研究院资源信息研究所	覃先林、孙桂芬、祖笑锋、尹凌宇	20151119	20180130
335	ZL201610889062.1	一种基于激光雷达扫描特征的点云抽稀方法	中国林业科学研究院资源信息研究所	刘清旺、李世明、庞勇、李增元、陈尔学	20161012	20180921
336	ZL201610237761.8	一种促进热带滨海沙地乡土植被恢复的方法	中国林业科学研究院资源信息研究所、海南省林业科学研究所、龙泉市林业总站、浙江凤阳山—百山祖国家级自然保护区管理局凤阳山管理处	刘宪钊、薛杨、彭辉、周红敏、陆元昌、王小燕、林之盼、宿少峰、巴合提牙尔尔克热木	20160415	20180313
337	ZL201510593952.3	一种观叶植物专用肥及其制备方法	重庆市风景园林科学研究院	徐福银、胡艳燕、陈祥、包兵、朱本国、何琴	20150918	20180206
338	ZL201610845945.2	一种液态发酵罐	重庆市风景园林科学研究院	吴道军、田立超	20160923	20180615
339	ZL201610303359.5	一种幼苗成活率高的育苗基质	重庆市风景园林科学研究院	徐福银、胡艳燕、陈祥、包兵、朱本国、何琴	20140813	20181221
340	ZL201710372780.6	利用细菌进行多肉植物繁殖的方法及该细菌的用途	重庆市风景园林科学研究院、重庆千春词生态农业发展有限公司	李玲莉、李卿、孔立生、邹世慧、汤丽红、韦冠吾、田立超	20170524	20181102
341	ZL201610004642.8	用一种专用喷粉器械防治云斑天牛的方法	遵义市林业科学研究所	付甫永、司徒春南、王健、王安良、展茂魁、路纪芳、蔡静芸	20160107	20180130

数据来源：国家知识产权局中国专利数据库。